加拿大毅伟商学院
对外经济贸易大学国际商学院
联袂推荐

管理创新案例集

Management Innovation: A Casebook

[英] 克里斯托弗·威廉斯（Christopher Williams）加拿大毅伟商学院
戚依南　对外经济贸易大学国际商学院
编译

北京大学出版社
PEKING UNIVERSITY PRESS
IVEY Business School
WESTERN UNIVERSITY · CANADA

图书在版编目(CIP)数据

管理创新案例集/(英)威廉斯(Williams,C.),戚依南编译.—北京:北京大学出版社,2014.10
ISBN 978-7-301-24364-0

Ⅰ.①管… Ⅱ.①威… ②戚… Ⅲ.①企业管理—创新管理—案例—汇编 Ⅳ.①F270

中国版本图书馆 CIP 数据核字(2014)第 124818 号

书　　名:管理创新案例集
著作责任者:克里斯托弗·威廉斯(Christopher Williams)　戚依南　编译
责 任 编 辑:刘誉阳
标 准 书 号:ISBN 978-7-301-24364-0/F·3962
出 版 发 行:北京大学出版社
地　　址:北京市海淀区成府路 205 号　100871
网　　址:http://www.pup.cn
电 子 信 箱:em@pup.cn　　QQ:552063295
新 浪 微 博:@北京大学出版社　@北京大学出版社经管图书
电　　话:邮购部 62752015　发行部 62750672　编辑部 62752926　出版部 62754962
印 刷 者:三河市博文印刷有限公司
经 销 者:新华书店
787 毫米×1092 毫米　16 开本　22 印张　516 千字
2014 年 10 月第 1 版　2014 年 10 月第 1 次印刷
印　　数:0001—3000 册
定　　价:52.00 元

推荐序

企业管理必须创新,但是这种创新必须在管理理论与管理实践中并举推进与交互作用。显而易见,这种并举推进与交互作用的现实路径就是对企业管理创新案例的关注、梳理与提炼。以"追踪企业发展、贡献管理新知"为己任的对外经济贸易大学国际商学院,一直致力于企业管理变革、战略转型、商业模式培植、国际化经营、公司治理、集团管控、资本运作的案例研究与教学,并已取得了一系列的成果与影响力。这次展现给读者的《管理创新案例集》就是相关成果之一。

这本案例集由加拿大韦士敦大学(原西安大略大学)毅伟商学院和对外经济贸易大学国际商学院联合推出,具体是由毅伟商学院的克里斯托弗·威廉斯(Christopher Williams)教授和我院案例中心主任戚依南博士共同从毅伟商学院案例库中精选21篇案例并编译而成。威廉斯教授是毅伟商学院的助理教授,主要的研究领域在于创新管理和创业管理,在加盟毅伟商学院之前拥有超过20年的在国际知名企业工作的经历。我院戚依南博士投入大量精力进行案例的研究与开发,负责领导组织我院的案例研究,曾到毅伟商学院现场观摩与学习MBA课堂上的案例教学和撰写的培训项目,并与毅伟商学院的教授共同开发基于中国企业实践的教学案例。

管理创新无止境!我希望本书的翻译、编辑与出版既能为中国企业的管理实践创新推波助澜,也能为中国商学院的案例教学提供新颖的素材,还能对求索企业管理创新理念与路径的每位读者有所启迪。

汤谷良
对外经济贸易大学国际商学院院长
2014年8月

译者序

管理创新主要涉及企业如何利用新的管理方法、新的管理手段、新的管理模式或要素组合形成创造性思想并将其转换为有用的产品或服务的过程。一个富有创造力的组织能够不断地将创造性思想转变为组织期望的某种成果。因此,管理创新正日益成为企业生存与发展的不竭源泉和动力。目前国内商学院的案例教学方兴未艾,但是专门服务于管理创新教学的案例书籍还非常稀缺。为此,我们和加拿大韦士敦大学毅伟商学院联合推出这本《管理创新案例集》。

好的案例不仅能够为学习者提供一个模拟实践的机会,更能为其提供一个鲜活的示例以获取成功的经验或者失败的教训。无论是面向尚无实际管理经验的本科生、初涉职场的 MBA 学生,还是经验丰富的 EMBA 学生,毅伟商学院的案例都是最佳选择之一。作为世界上最早使用案例教学的两所商学院之一,毅伟商学院多年来一直致力于面向全球开发和传播高质量的案例。本书所精选的管理创新领域的案例不仅可以为高校的学生提供学习工具,还可以作为创新实践者的参考书。近些年来,案例教学(特别是以哈佛商学院和毅伟商学院的案例教学为代表)在国内众多商学院中都得到了更加充分的认识。译者曾在毅伟商学院现场观摩和学习 MBA 课堂上的案例教学,参加过数次案例教学与撰写的培训项目,并与毅伟商学院的教授共同开发基于中国企业实践的教学案例,在这个过程中深深体会到好的案例对于提升学习效果的显著作用。

本书由毅伟商学院的克里斯托弗·威廉斯教授和我共同从毅伟商学院案例库中精选 21 篇案例并编纂而成。威廉斯教授是毅伟商学院的助理教授,主要的研究领域在于创新管理和创业管理,在加盟毅伟之前拥有超过 20 年的在国际知名企业工作的经历。因此,威廉斯教授既是一位学术成绩斐然的学者,也是一位拥有丰富企业经验的实践者。在与威廉斯教授共同编译本书的过程中,其认真细致的态度以及专业负责的精神给我留下了深刻的印象,我也从中获得了很多宝贵的知识和经验。本书的编译过程也是我本人的一个学习和提高的过程,让我对管理创新有了更深刻的认识。我也相信本书的出版能够为相关的课程教学以及实践者提供有价值的帮助。

本书既包含管理创新方面的经典案例,也包含众多近年来开发的新案例;所涉及的行业既包括制造业,也包括服务业;所涉及的国家既有发达国家,也有发展中国家。书中的每一个案例都包含着非常翔实的背景资料和数据图表,这些内容非常有助于学生自主思考、独立分析、互相讨论,而这恰恰是通过案例教学提高学生逻辑分析能力和管理决策能力的最佳路径。为了更好地帮助读者使用本书的案例,我们将精选的 21 篇案例分为 6 个部分,即产品与过程创新、创新管理中的组织问题、协同创新、创新管理、新兴市场中的创新(制度环境)、面向 BOP 的创新。

第一部分 产品与过程创新

Devium 公司的案例介绍了一家创业公司如何为自己的创新产品获得投资者资金的过程。这里面描述了产品的生产模式、销售模式,以及包括“众筹”模式在内的不同集资模式的选择。

Wii 游戏机的案例描述了日本任天堂公司创造 Wii 游戏机的整个过程。在这个过程中,读者将会领略到一家拥有悠久历史的传统公司如何设计并推出一种革命性产品所经历的各种困难和抉择。

宏全集团的案例讲述了一家 PET 饮料瓶的生产企业如何利用“厂内连续”的全新生产模式为客户提供超值服务的过程。

第二部分 创新管理中的组织问题

苹果 A 的案例为学生提供了如何审视高速成长的高科技企业中的战略、组织和领导力问题的机会。学生可以从事后的理性分析视角去重新审视苹果公司发展历程中的组织、领导与创新模式之间的关系。

谷歌的案例描述了 Google. org(谷歌公司设立的一家专注于解决贫困、传染性疾病和气候变化的公司)的新任执行董事面临的巨大挑战。执行董事必须解决如何利用谷歌公司给予的资源去获得成功,依靠何种标准去分配这些资源,以及如何衡量成功与否的问题。

美国联盟医疗的案例聚焦于一家创新型公司如何通过实施组织变革使得自身的专利技术更快地实现商业化。

翡翠源的案例介绍了一家创业公司进军中国内地市场,并获得快速成长和风险投资的历程,从中可以看到诸多影响创新成败的因素,譬如企业家精神、人际关系以及产品设计等。

SawStop 的案例描述了一位发明家将自己的新发明进行产业化的努力,这其中包括是自己创立公司还是将自己的专利授权给他人的抉择。

Infusion 公司的案例讲述了一家快速成长的软件公司在进行国际化过程中,如何通过组织和管理结构的创新保持自身的竞争力和创新能力。

Meridian 的案例描述了一家跨国的汽车配件企业识别分布于世界不同地区的分公司拒绝吸收新技术的原因,以及设计解决方案,以确保新技术能够在这些分公司中得以顺利实施的过程。

第三部分 协同创新

3M 公司的案例聚焦于大型跨国企业的海外子公司进行产品创新的过程,其中涉及海外子公司如何处理与公司总部之间的关系,如何获取必要的资源和支持来加速产品开发过程等决策。

诺基亚的案例描述了诺基亚将产品研发外包给富士康的过程中遇到的挑战和问题,这其中涉及价值链重新规划、确定研发活动可以外包的内容,以及组织结构的调整等决策。

GDR 与柯达的案例介绍了创业公司在产品创新的过程中涉及的经营策略和管理问题,包括如何协调客户、股东和员工需求之间的关系,如何处理项目团队的合作以及员工的管理问题。

第四部分　创新管理

Simbhaoli 的案例描述了一家企业在按照经营目标组织和计划创新活动中遇到的重重困难和挑战，以及如何通过高效的管理活动推动创新的顺利实施。

Pothi.com 的案例聚焦在一家创业公司选择进入哪个市场和选择进入模式中面临的诸多问题。通过这个过程，学生可以理解产品创新对于传统管理模式的突破，以及高效创新过程管理的重要性。

Taíno 建材的案例侧重于一家中小型企业通过创新管理应对来自不利市场的风险，这其中包括对风险的识别以及如何管理来自不同利益相关者的复杂要求。

Experience-wine.com 的案例介绍了创业公司在产品创新过程中如何分析市场需求，如何确定公司战略，如何设计产品经营模式等。

第五部分　新兴市场中的创新（制度环境）

诺华公司的案例揭示了大型跨国医疗企业如何分析新兴市场中不完善的知识产权保护制度，以及如何通过创新的战略和管理模式应对相应的风险。

百康公司的案例描述了位于印度的一家医药公司如何面对国际通用的知识产权保护制度，通过设计合适的战略和商业模式推出创新产品的过程。

第六部分　面向 BOP 的创新

Baring 的案例介绍了一家印度的大型私募股权投资公司在孟加拉国开展业务的过程，这其中包含了如何分析和获取来自贫困人群的需求，如何创新商业模式为这些需求服务，如何从以社会服务为目标到以商业成长为目标的转换等决策。

Danimal 的案例聚焦在南非达能公司为处于金字塔底层的贫困人群设计创新型产品、创新分销渠道，并同时保持赢利性的历程。

本书的翻译工作由对外经济贸易大学国际商学院的戚依南副教授组织并指导朱笑仪同学完成翻译的初稿，最后由戚依南对全书统一修正和定稿。由于水平有限和时间限制，译文中肯定有很多可以改善之处，敬请读者批评指正。此外，由于案例中涉及行业较为广泛，译文中难免有对专业术语和惯用表述翻译不当之处，敬请读者原谅。最后，我对北京大学出版社的编辑和相关工作人员表示衷心的感谢，没有他们辛勤的工作，这本书就不会如此顺利地出版。

戚依南
对外经济贸易大学国际商学院
2014 年 8 月

目录
content

第1部分

产品与过程创新

IVEY Publishing

案例 1-1

Devium 公司的 Dash 连接器:Kickstarter 网站的风险众筹项目

作者:Simon Parker, Ken Mark

主题:虚拟产品开发和供应链管理创新

简介

摄像机记录了 Devium LLC(简称 Devium)的创始人 Paul Lizer 利用其最近发明的车载音响智能手机展示的“Dash”连接器的原型。由于客户可以使用像拥有苹果系统和安卓系统这样的触屏智能手机作为车载音响的主要组成部分,Lizer 对于他的新产品表现得十分兴奋。2011 年 11 月 12 日,美国科罗拉多斯普林斯市是一个晴天,Lizer 完成了他准备在潜在投资者会议上播放的视频的拍摄。

Lizer 从弗吉尼亚理工学院计算机科学专业毕业后加入美国陆军,并开始自己的事业,现在作为一名工程师受聘于 Lockhead Martin 公司并参与人造卫星项目。Lizer 看着自己手头上“Dash”连接器的工作模型开始考虑,怎样才能从一个业余发明家成为管理一个消费品的整个商品化进程的经营者。

他有许多问题需要考虑,包括产品外观、目标人群、宣传方式、制造者与消费者之间价值链的管理,以及对于 Lizer 来说最重要的一点,如何筹集创业资金。他可以提供任何脑力劳动所必须具备的条件,如创意、图纸和市场营销计划。迄今为止,Lizer 自己已经投入资金10 000美元。[①] 但如果剩余部分的创业资金仍需自给,这将超出 Lizer 的风险承受范围。

Lizer 停好他的车,拿着拍摄完成的两个展示影片视频步行回家后,将母带导入电脑进行剪辑。他一边拿着已经完全设计好了的模型,一边列出他需要在生产流程形成之前注意的问题。在之后的几天中,Lizer 强迫自己用空闲的时间设计出了一个可以使他的新产品投入生产的可行性方案。

“Dash”的形成与发展

在鼓捣了他买的两个不同的车载音响并感到很沮丧后,在 2010 年 7 月末 Lizer 产生了设计“Dash”的想法。“我之前从来没有做过任何一个产品。我没有想过要成为一名企业家”,Lizer 说,“但是恰好我不喜欢市面上任何一款车载音响,所以我决定自己造一个。而且一旦当我开始投入后,我认为把它销售到市场上将会是一个好点子。”

Lizer 的日产 Xterra 音响坏了后,他便试图找到一个可以同时代替全球定位系统(简称 GPS)和车载音响的设备。“我把我的 Verizon 黑莓风暴手机当做车载音响,用杯托做扩音器”,Lizer 回忆说。他花 600 美元买了一个知名品牌的 GPS 和一个音响模型,并且安装了新的扬声器。但是在开车回家的路上,他发现转弯的时候设备反应慢,这令

① 本案例除特别注明外,所有货币单位均为美元。

他很失望,所以他拆除了设备,退还了回去。他又尝试买了一个价值 1 800 美元、功能丰富的装置。尽管这个新设备有个很有特色的大屏幕,可是他还是不太喜欢这个图文并茂的界面,用他的话来说,"看起来就像 Windows 3.1 操作系统,没有什么区别"。Lizer 把他的郁闷心情跟朋友说过之后,朋友建议他自己来解决这件事情并制造出属于他自己的车载音响。

"在 7 月初的时候,我想那行,我就自己动手做吧",Lizer 回忆道:"我从一个有代表性的车载音响下手开始自学电子学。我学了有关扩音器和充电电路的知识。2010 年 11 月,当安卓系统和 Windows 操作系统的智能手机推出时,我就准备好测试我的设计构想了。"他使用从家得宝(Home Depot)和其他专卖商店购得的零件在一部三星 Focus 系列手机周围搭建概念结构框架。Lizer 在零件方面总共花费了 1 000 美元,他用金属丝将扩音器、接头和磁铁连在一起,然后使用 Dremel 牌子的工具在车载音响外面的木块上进行雕刻。整个工程耗费了三周的时间,远超过 Lizer 原本估计的两天时间。他回忆道:

> 为了做我的第一个模型,我买了一个车载音响,然后把它拆开了,因为我不知道我到底需要什么东西。我做的第一个电路不是在电路板上。我仅仅使用了 16 号线把它们焊接在一起,但是我并不知道我把电线装反了,所以当我接通电源的时候电容器爆炸了。幸运的是,我当时戴着护目镜。等到我再次尝试的时候,我买了一个远程装置,并且在给装置供电之前离开了房间。当它再次爆炸时,我意识到了原来是我把定向电容器装反了。第三次试验我成功了。

Lizer 花费了接下来几个月的时间来调整他的概念结构框架。2011 年年初,他开始寻找一种适用于苹果 iPhone 手机原型的可能性。他测量了 iPhone 数据传输插口的布局后开始设计原型。考虑到需要工业设计方面的帮助,他在一个为自由职业者提供远程工作环境的全球化网络工程市场——oDesk——里面发现了一个缩小版的三维空间模型。Lizer 自学学会了如何使用一个由电脑辅助设计包组成的三维机械设计系统,并且在 2011 年 4 月设计出一个可以适用于大部分车载立体音响插口的原型。

ISO 7736 作为针对汽车音响设备单元工程的标准已在 1984 年被采用。"Dash"是 Lizer 的新产品,宽 4 英寸,长 7 英寸,完全符合汽车音响设备中应用的"收音机托架总成(Double DIN)"。Lizer 估测"Dash"不需要任何修改就可以适用于 80% 产于 1984 年后的汽车音响设备插口。

"Dash"中最重要的组成部分就是屏幕、外壳和电器元件。为了制造出屏幕的原型,Lizer 在名为 Ponoko 的提供 3D 打印和激光切割的网站上花了 300 美元做了一个"印刷"的"Dash"的屏幕原型。他打算用折叠的金属片薄板作为外壳。但是事情没有 Lizer 想象中的那么顺利。

2011 年 8 月,Lizer 通过 oDesk 雇用了一个电工来设计"Dash"的内部电路系统。"Dash"的电路系统结合前置放大器信号,使其在 iPhone 放入指定位置后支持汽车的母语使用者。"Dash"内部的连接支持它能够被连接到汽车的线束。

Lizer 曾希望在 2011 年 11 月准备好电路系统，但他不得不容忍供货商一再的托辞。更差劲的是，作为提高工作效率的交换，供货商要求持有 Devium 公司的股份。最终 Lizer 在 2011 年 11 月初结束了与供货商合约关系。尽管只有一个不能工作的模拟原型，但是他决定继续下去。Lizer 说："我知道这种产品的潜在市场非常广阔，这个事实是我前进的动力。市场上还没有一个类似'Dash'的东西。说实话，我花了这么长的时间，投入了这么多钱，我不能放弃。"

高级音响系统的市场

"在美国，汽车的平均寿命为 11 年，目前有 2.54 亿辆汽车正在使用中。国内有 9 800 万部智能手机。即使排除不能使用高级音响系统的汽车，我们仍有 2 000 万的潜在顾客"，Lizer 说。根据 IHS iSuppli 自动化调查（IHS iSuppli Automotive Research）估算，2011 年全球高级音响系统销售量将达到 790 万台，比上一年增长 14%，这表明其销售收入将从 2010 年的 66 亿美元增长到 73 亿美元左右。研究者表明：

> 当车主倾向于花费 300—6 300 美元购买音响系统时，从熟悉的卖方购入产品令他们感觉更放心，所以出售的大部分高端音频系统都是优质的品牌产品。博士音响（Bose）和哈曼·卡顿（Harman/Kardon）是领先的高级音响系统供应商，它们都致力于有 6 个或 8 个声道的环绕声系统。博士音响为超过 18 个汽车品牌提供音响系统和扬声器，其中包含通用汽车的许多品牌，如阿尔法·罗密欧（Alfa Romeo）、奥迪（Audi）、英菲尼迪（Infiniti）、马自达（Mazda）、菲亚特（Fiat）、尼桑（Nissan）和保时捷（Porsche）。像宝马（BMW）、别克（Buick）、现代（Hyundai）、路虎（Land Rover）和奔驰（Mercedes-Benz）用的则是哈曼·卡顿。还有其他高级音响供应商，包括阿尔派（Alpine）、天龙·马兰士（D&M Holdings）的波士顿声学（Boston Acoustics）、B&W（Bowers & Wilkins）、柏林之声（Burmester）、歌乐（Clarion）、现代摩比斯（Hyundai Mobis）的尺寸系列（Dimersion）、索尼（Sony）、松下（Panasonic）的 ELS 环绕（ELS Surround）和芬达（Fender），还有先锋（Pioneer）。
>
> 高级音响的一个重要趋势是汽车制造商在车内添加可以使用数字音乐播放器播放音乐的配置接口。辅助输入接口（Aux）[①]是目前最便宜的接口，几乎在美国销售的所有高级音响系统中现在都配有这一接口。iPod 作为一种音频的来源，它的接口使用也变得越来越普遍，可在 91% 的 2011 年款美国汽车以及全世界 61% 的汽车上使用。IHS 公司认为接下来的两年内 USB 和 SD 卡作为接口的使用将明显增加。
>
> 在某些地区也可以通过卫星广播和数字无线电广播来获得数字音乐。在美

① 辅助输入接口可以使便携式数码音乐播放器支持源音频。

> 国,尽管卫星广播本身已无力使销量持续增长,但是 Sirius XM Radio Corp. 仍在不断地增加基于空间定位的服务和其他的优质内容以保证收入的持续增长。另一方面,从 2008 年至今,高清无线电广播和数字无线电广播技术市场迅速增长,在美国汽车业产生了引人注目的崛起。[①]

给售后汽车安装音频系统通常是个很简单的过程,安装“Dash”也不例外。使用者向前拉出就可卸载现有的车载音响,然后将它从汽车的电线束里面拔出,再将“Dash”装置直接插入原来的位置并且推进去。相比从超市买来现成的车载音响自己安装或者让专业的技工帮忙安装,这个安装过程毫不费力。

比较“Dash”和在杯托里放置使用配有辅助输入接口的手机,后者尽管便宜,但是并不美观,并且使用时不能充电,而“Dash”克服了这些缺点。使用“Dash”时,手机可以插在车载音响的缝隙中,顾客无须学习新接口的使用方法;手机不仅安装方便、安全且有趣,同时还能自动充电。

附录 1 和附录 2 展示了“Dash”的电脑合成图,附录 3 展示了一些同类竞争产品。这些竞争产品通常结合物理上的硬件设备和使用具有蓝牙免提通话、语音功能 GPS 导航的专利软件。除了可以单独添加的扩音器,现在像苹果的 iPhone 5 和最新的安卓系统或 Windows 系统的智能手机模型都会提供相似的功能软件(例如,GPS 导航、蓝牙免提通话、音乐播放等)。因此,iPhone 和其他一些最新款智能手机的大部分功能都已经支持高级音响系统。为使智能手机变成高级音响系统,仅需要一个扩音器和一个优雅的物理接口。Lizer 手中持有原型并且正在申请专利,他希望研究如何大量制造和销售他的新产品。

生产模式

Lizer 说:“我的目标是找到一个前期成本最低的制造解决方案,即使制造时每个零件会花费多一点。”关于使用面板,他考虑到了像塑料注射成型和金属片折叠的过程。通过塑料注射成型制造面板每个需要花费 1 美元,但是创建一个四腔模具会花费 30 000 美元。如果他选择折叠金属片,在小于 100 个单位数量时,他将在每个面板上花费 100 美元。如果他预定 5 000 个或更多,面板的单价将会降至 20 美分。Lizer 最终决定使用铝挤压处理方式。他将在工具上投入 500 美元且面板的单位成本在订购 100—500 个时将会在 9 美元左右。他决定先从一个铝制面板设计开始。

他决定采用与制造外壳时相同的方式。他通过一个叫做阿里巴巴的、基于亚洲的采购网站找到一个愿意与他合作的中国供货商。Lizer 说:“基于现在的制作过程,我估计生产一个‘Dash’的成本在 100 美元左右。”

---

① IHS,“Market for Car Premium Audio Systems Turns up the Volume,”press release, November 7,2011, http://press.ihs.com/press-release/design-supply-chain/market-car-premium-audio-systems-turns-volume,2012 年 4 月 20 日访问。

运费大约为每个面板1美元，从工厂发货到Lizer指定的仓库估计需要6周。他假设在所有过程中大约有10%的次品率。整合"Dash"价值链的一个益处就是将通常的12—18个月的产品开发周期减少至3个月甚至更短。事实上，Lizer直接联系制造和其他所有活动。他可以批准对产品的当场更改，不需要和客户商讨。

另一方面，他在自由塑造项目的同时，需要承担所有责任。Lizer必须保证在投入生产之前没有任何设计问题被忽视。他花了2 000美元设计了一个高品质的3D打印面板，同时将外壳做成了他期望的精确标准。这个模型将会成为他为这个项目筹集资金的"原型"。即使在这个阶段，Lizer发现他仍有需要克服的问题：

> 我总是认为我可以监管整个过程，仅需要提供我的想法，然后支付合同价款，之后我会得到一个完美制作的产品。但是实际上我需要关注具体细节。我需要弄清楚连接头在哪里合适。设计花费的时间远超过了我的预期。我认为我给出的指示是清晰的，但是实际上不是这样的。他们完全按照我的指示操作，但是结果却不尽如人意，而这仅仅是我处理的原型。我知道如果进入生产全过程，并且依赖于一个海外供货商，这将会产生一系列新的问题。

作为除了直接与供货商联系外的第二选择，Lizer考虑雇用一家采购公司代他来管理制造过程。他估计这项咨询费在5 000—10 000美元左右。

销售模式

Lizer意识到他在竞争市场中是一个新的参与者。他参考竞争者系统（详见附录4）并决定他的主要竞争者将会来自中端至高端系统。他将Dash的售价定为300美元，而高品质竞争者系统的价格大约为900美元，苹果公司iPhone的价格大约为600美元，他有300美元左右的剩余价值空间。

从现实角度来看，Lizer想知道他究竟是应该通过网站直接销售，还是通过建立零售商销售"Dash"给顾客。高级车载音响系统的零售商通常挣得35%的毛利。根据条款的不同，零售商倾向于1—2个月订购一批的方式，并希望制造商负担运费。Lizer也需要把制造商给零售商常规广告账户的合作广告费考虑进去，以用于支付像无线电台、电视和广告传单等媒介的宣传费用。这项费用一般为制造商价格的9%。此外，制造商还要给零售商提供3%的销售损害赔偿准备金。零售商将把从所有的制造商那里得来的损害赔偿准备金汇成一个日常资金，用来支付在运输过程中造成的损坏或者是商品本身自带的瑕疵。此外，零售商一般希望制造商参与并且拨款给多方面的贸易促销，比如出售作为高级车载音响系统的其他配套电子设备的套装交易。在一年中，这种贸易促销总计可占制造商价格的10%。此外，运输和入仓库储存商品等费用将占制造商价格的5%。

如果通过零售商销售，Lizer决定将目标定位于高端电子设备商店。他考虑的一个选择是委托销售代理代表他与零售商接洽。委托销售代理一般和零售购买者之间存在现有的合作关系,并且已经有一系列的商品在零售商的货架上放置出售。对于 Lizer 而言,相较试着挨个给零售购买者打电话,倒不如用销售代理简单,但是这个选择会使他花费大约 5% 的销售额,并且需要几个星期来做销售简报。如果他需要一个经销商来编制产品目录并向零售商发货,这项服务会花费大约 10% 的销售额。Lizer 想知道他应该给“Dash”确定什么样的零售价位,还有是否针对不同的零售商设置不同的价位。

作为另一种选择,Lizer 可以在 4 天的年度产品贸易展览中租用一个摊位向零售商展示他的产品。这种方式将会使他绕过中间媒介,但是为展会做准备并且在贸易展上得到一个展位将花费 8 000 美元,这是已经将旅费和食宿费考虑在内的结果。他会与物流供应商签订协议以保证提供库存和配送的服务。物流供应商能代表 Lizer 持有库存,然后取货,最终打包邮递给零售商。一般一个货板储存商品每月花费 10 美元(一个货板大约可以容纳 200 个物品),每件物品的提取及包装会花费大约 2 美元,不包括邮递费。

Lizer 还有一个选择是自己储存商品,然后直接卖给顾客。但是他有一个全职工作,并且他家里没有太多的空间来存放成百上千件产品。他想知道把产品外包给美国或中国的承包商是否可行。

Lizer 不知道如何宣传“Dash”。运用有限的资金,他只能寄希望于口头的广告宣传,通过自己的公共关系以及有共鸣的博主来努力地散布消息。或者,他投入 5 000 美元举办一个为期 4 个月的公关活动,雇用一个以电子产品为重点的公关代理公司来为他的产品造势。但是公关代理公司不能保证宣传一定会成功,它们通常只是争取将其委托人的产品覆盖有影响力的杂志和博客。另一个选择是 Lizer 在主要的技术评论网站或者技术杂志上购买特定的广告页面。在月刊中花费 1 000 美元购买三分之一的版面是很普遍的。Lizer 认为要使广告产生影响,他需要购买 6 个这样的广告位置。Lizer 开始收集可以作为其目标的汽车和技术博客的名单。他不知道应该选择哪一种方式。

然后,Lizer 考虑到了他最大的挑战:如何为他的投资筹集资金。包括贸易预算和市场营销费用,他仍没有生产出电子设备产品,在产品完成之前已经提前使用未来发展资金了。

集资模式

考虑到项目的复杂性(例如,开发电子设备内部需要额外的时间和建立充足的库存水平),Lizer 估计他大约需要 25 000—50 000 美元的投入资金。他的第一个念头是求助于熟人,或者用投资者的说法是“朋友和家人”。在他的社交网络中,他是一个大家熟悉的人并且无需建立可信度。开展这方面的经营规划大约会用两周的时间。他能通过制订一个简单的商业计划并回答几个问题,然后在 500—1 000 美元的范围内寻求股权投资。他已经有了一位名叫 Andy Jones 的投资者,他为这一项目投入 3 000 美元并获得 4% 的股份作为回报。Lizer 把 Jones 作为他的想法的宣传者。

另外,他能卖掉 500—1 000 美元份额的钱给友善的投资者并允诺支付 5%—10%

的利息来增加自己的负债。但是 Lizer 担心“Dash”不一定会成功。他的朋友和家人与其说投资他的产品，不如说投资的是他本人。

另一个集资的方式是修改商业计划来接近天使投资人。天使投资人是指有兴趣通过购买股份参与投资高风险项目的高资产净值人士（通常是投资大户）。这时，Lizer 很有可能要面对一个高层次的审查。他需要认真准备他的商业计划，特别是要注意每个精明的商业分析家的聚焦点。他需要彻底地调查研究所属的产业并且列出站得住脚的理论来支持收入、费用和利润的数据。Lizer 估计设计这样一个商业计划会花费几周的时间。从他的通讯录可以看出，他在科罗拉多斯普林斯市能接触到五个不同的天使投资者小组。他不知道他应该给天使投资者小组带来什么样的交易结构。Lizer 估算，有工作原型的 Devium（和“Dash”）至少能值 850 000 美元。

第三种方式是利用许多众筹网站中的一个。例如，Kickstarter 是一个以“门槛保证系统（threshold pledge systems）”为特点的针对合理创意项目的网站。门槛保证系统是指申请人为筹款活动设定一个特定的门槛，比如 10 000 美元，而且只有筹款总和达到或超出门槛，项目才会被资助。

发起人本质上是有兴趣支持项目的网站浏览者，其将根据申请人设置的基金种类对项目做出资金承诺。基金种类被分为不同的等级。比如，申请人可以请求不同等级的任何组合形式，如在单纯的“捐款”范畴里发起人基本上能赋予项目所需总资金（1—30 美元或者更多）；在“入门级”范畴里保证金达到 30—50 美元，发起人才有资格生产一个物品；在“特别版”范畴里为发起人提供限量版物品才能生产；甚至在“成套”范畴里捐款达到某种水平将会以一组产品进行奖励。

Kickstarter 和顾客之间依赖于亚马逊的付费系统来操作这些保证金，亚马逊在信用卡里收取 3%—5% 的手续费和募集基金总金额的 5%。除了发布承诺和募集资金，资助者是没有办法保证申请人可以将项目进行到底的，即使其已经收到了资金。

Lizer 注意到 Kickstarter 将自己定位成新创业者用诸如书籍或电影一类的创新项目筹集资金支持的一种选择。如果将“Dash”作为一个项目提交的话，他不知道会有怎样一个效果。

Lizer 需要申请 Kickstarter 账户并且接受一些作为网站项目的条款（总共大约有十几个不同的类别）。申请人需要有一个美国银行账户，项目背后要有一个恰当的“故事”，并且提供一个吸引人的“奖励”或者设置不同等级的奖励来诱导“群体”中的成员们来探索。Lizer 浏览了一些 Kickstarter 的项目例子，并且注意到许多项目都提供介于 15—100 美元或者更多的保证金，通常承诺把他们第一次制造的产品提供给“援助者”。

实施计划

Lizer 坐在餐桌前思考：“我个人认为如果我正确地安排好，‘Dash’会有很好的销量。”但是 Lizer 也清楚他必须进行全职工作，估计自己只能在每天下班后花费 3—4 个小时在“Dash”上。他觉得随着花在调查研究“Dash”可行性上的时间越多，自己对于这一项目的热情就越高涨。他现在已经有一个可行的外部设计，他需要决定“Dash”的价格、市场和分销渠道。他仍需要委托并完成产品的电路工作系统。此外，他需要一个适当的资金来源来支持他的项目。Lizer 决定用接下来的两天时间考虑，并比较众筹资金与常规的小型商业银行贷款、传统的非常规融资（通过家人及朋友，或者天使投资者）两者之间的利与弊。

附录 1　早期 Devium“Dash”图示

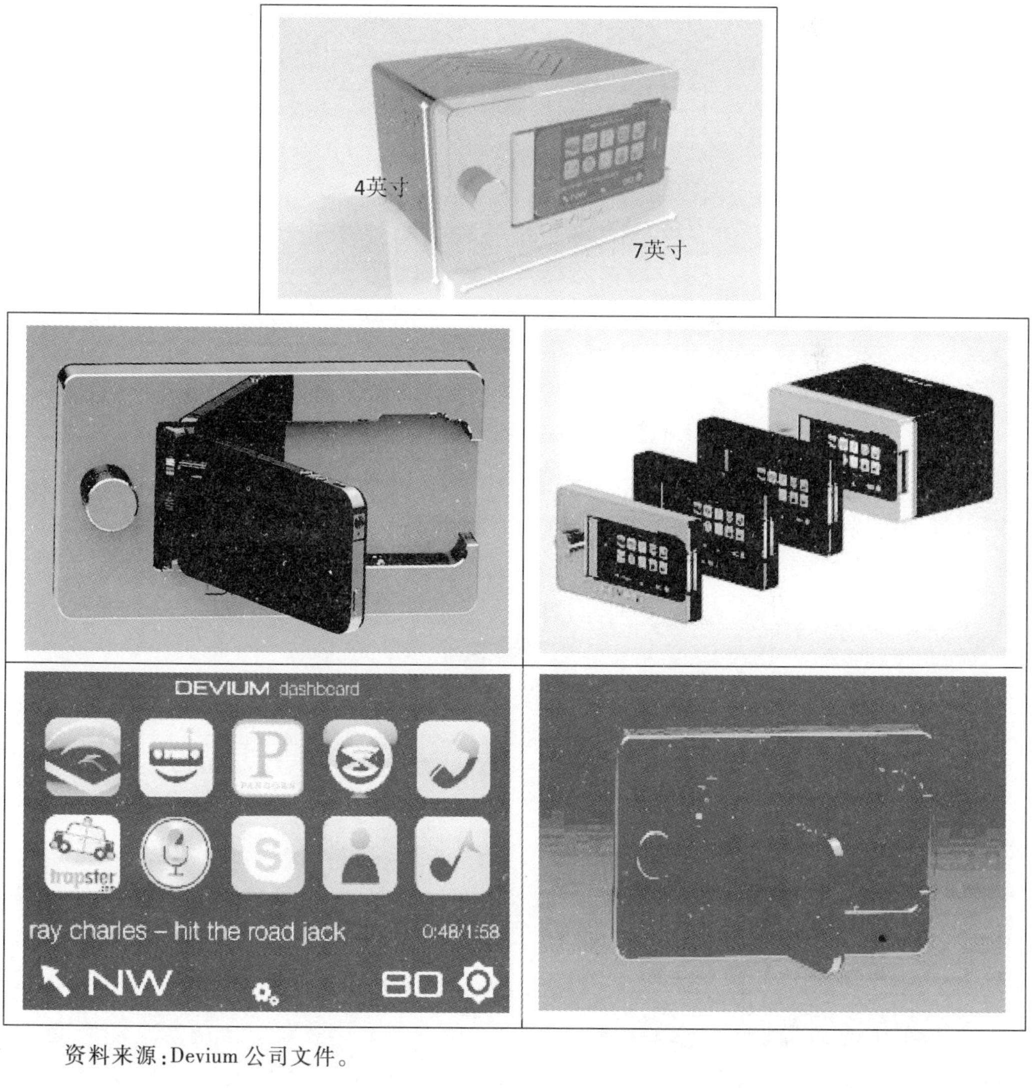

资料来源：Devium 公司文件。

附录 2 Devium“Dash”的应用

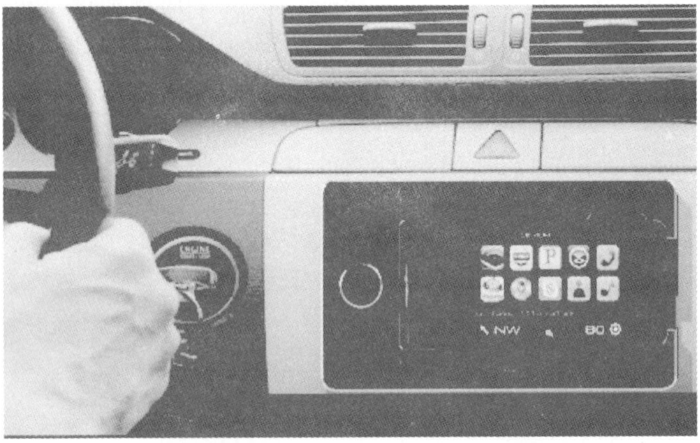

资料来源：Devium 公司文件。

附录 3 Devium“Dash”的同类竞争产品

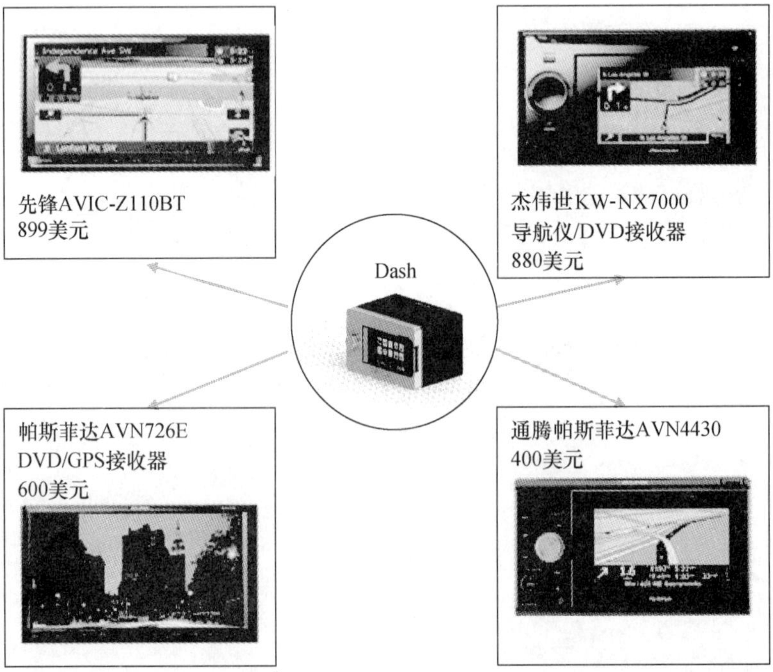

资料来源：Devium 公司文件和案例作者。

附录 4　Devium"Dash"竞争产品的具体资料

先锋 AVIC Z130BT	873.99—922.00 美元	先锋 AVIC-Z130BT 的产品套装里有人们期望的全部汽车必备技术，包括免提通话、语音控制数字音乐播放和详细的交通行驶指示。
阿尔派 iDA-X305	199.95 美元	阿尔派 iDA-X305 为首次听 MP3/WMA/AAC 音频的人提供了一个使用最简单的接口，以便在车内浏览数字媒体材料。
El Kameleon 杰伟世高科技新生代产品 KD-AVX77 多媒体播放器	389.00—414.95 美元	杰伟世高科技新生代产品 KD-AVX77 El Kameleon 对于系统设计者来说是一个很好的接收器，但是触屏界面在使用上不如其他竞争产品的肢体控制策略方便。
索尼 XAV-701HD	699.99 美元	索尼 XAV-701HD 将你的车载音响系统与智能手机和双屏互动系统结合为一体。如果你渴望使用智能手机，你会知道手机将成为你生活的一部分。你用手机储存并播放音乐，获得驾车指示，并且有时甚至用它打电话。当你在驾车时如果不能轻松地点击进入这些功能会很遗憾。这就是这款接收器令你激动的地方。这种先进的车载音响使用双屏互动系统，使你能够用仪表盘操控还在增多的智能手机类型，其中包括安卓系统和诺基亚塞班系统。
帕斯菲达 AVN726E DVD/GPS 接收器	1 338.99 美元	帕斯菲达 AVN726e 将满足大部分使用者对于免提通话、导航、音频和图像为一体的需求。它同时对于系统设计者也是一个很好的出发点。

资料来源：CNET，"Best 5 Car Stereos，" August 29，2012，http://reviews.cnet.com/best-car-stereos/；Ken Nail，"Our Take on the Sony XAV-701HD"，http://www.crutchfield.com/p_158*xav*701*h*/*sony-xav*-701*hd*.html? tp = 20217，2012 年 8 月 29 日访问。

D'Amore-McKim School of Business Northeastern University | IVEY Publishing

案例 1-2

Wii 游戏机:任天堂的视频游戏革命[①]

作者:Gloria Barczak, David Wesley

主题:突破性创新;推出新产品

---

① 本案例仅根据公开资料编写。因此,在本案例中呈现的解释和观点并不一定代表美国任天堂公司或其任何员工的观点。

George Harrison 担任的职位令人羡慕。作为美国任天堂公司（Nintendo of America）主管市场营销的高级副总裁，他已经目睹了任天堂再次成为美国领先的视频游戏机制造商。公司近期推出的两款游戏机都取得了空前的成功。其中最新的一款家庭视频游戏机 Wii 甚至超过了公司最乐观的销售预测。然而，在 Wii 游戏机推出几个月后，尽管公司产能增加了，可产品却出现了持续短缺。

随着假期销售旺季的临近，Harrison 越来越担心在日本市场上，公司推出的热门掌上游戏机 DS 也会出现持续断货。同 Wii 游戏机一样，DS 掌上游戏机也席卷了整个日本市场。新货一到零售店，马上就被一抢而空。一些小型零售商抱怨，所有货品都给了大型零售商；而消费者也投诉说，他们不得不花高价从灰市（grey market）[①]购买游戏机。

"我们无法保证在这个假期的销售旺季中我们的产品不会出现'断货'。"Harrison 解释道，"我们正在设法弄清楚每个月合理的出货量，但我们看到，每次产品一上柜，不管是在日本市场还是这里的美国市场，几天工夫就卖光了。"[②]尽管 Harrison 建议，由于可能出现假期缺货，消费者最好提前购买游戏机，但他知道许多消费者还是等到最后一刻才会去购买。

公司背景

任天堂公司于 1889 年在日本京都成立，最初生产精美的手工扑克牌。第二次世界大战后，公司进入了玩具和游戏行业。20 世纪 70 年代末，公司总裁山内溥（Hiroshi Yamauchi）开始酝酿从传统玩具业转向电子娱乐业。当时，由于投币式街机的兴起，日本已经出现了硬币短缺。在此次转型之际，山内溥与 Magnavox 公司达成协议，成为该公司视频游戏机奥德赛（Odyssey）的日本代理商。这款游戏机是全球最早的家庭视频游戏机之一。与此同时，任天堂还开始设计自己的街机游戏，然后出租给游戏机中心、购物中心和酒店。

对于山内溥来说，代理 Magnavox 公司的奥德赛游戏机，让任天堂有机会了解视频游戏市场，并与主要客户、游戏开发商以及电子供应商建立合作关系。20 世纪 80 年代初，任天堂发布了自己的家庭游戏机，并一炮而红。此后，任天堂主导了整个视频游戏市场，既包括家庭视频游戏机市场，也包括掌上游戏机市场。2007 年，在任天堂 82 亿美元的营业收入中，超过 99% 的营业收入来自电子娱乐产品，共实现利润 15 亿美元（参见附录 1）。[③] 公司在全球共有 3 000 名员工。

---

① 灰市是指通过未经制造商授权的零售渠道合法销售商品。在美国，跳蚤市场和拍卖网站（如 eBay）是灰市商品的主要销售渠道。

② "任天堂 Wii 游戏机假期可能出现缺货"，路透社，2007 年 7 月 11 日（http://reuters.com/article/technology-media-telco-SP/idUSN11400220070711，2007 年 7 月 23 日访问）。

③ 截至 2007 年 3 月 31 日财年的财务数据；数据来源：http://nintendo.com/corp/report/FY07FinancialResults.pdf，2007 年 7 月 6 日访问。日元兑美元汇率为 1∶0.0085；数据来源：Oanda Currency Converter（http://oanda.com/convert/classic，2007 年 7 月 6 日访问）。

宫本茂与《大金刚》游戏的设计

任天堂的成功在很大程度上要归因于被公认为“现代视频游戏之父”的宫本茂(Shigeru Miyamoto)。他在20世纪70年代末加入任天堂。刚开始,这位奔波求职的艺校毕业生并没有给山内溥留下什么印象。当宫本茂背着一大包自己设计的玩具来参加面试时,山内溥却对他说,任天堂需要的是工程师,不是画家。只是由于宫本茂的父亲和山内溥是儿时好友,山内溥才让宫本茂做了任天堂的首位画家。

在任天堂工作的最初几年里,宫本茂的任务是为街机箱体设计图案。之后,在1980年的一天,山内溥把宫本茂叫到办公室,想听听他对一款滞销街机游戏的看法。宫本茂认为,现在的游戏普遍存在玩法过于简单、暴力内容过多的问题。他建议,要想改进游戏,就必须借鉴古典文学,提供有趣的故事情节和复杂的人物关系。①

宫本茂的想法激起了山内溥的兴趣,他让这位年轻的画家负责对这款街机游戏进行重新设计。结果就有了《大金刚》(Donkey Kong)这款游戏。新款游戏描写的是一个名叫“跳人”(Jumpman)的英雄,他必须从一个名叫“大金刚”的大猩猩手中救出一位落难的姑娘。当任天堂公司的美国销售人员得知《大金刚》这款游戏后,都感到沮丧。因为这款游戏不仅没有那些成熟的功能,如炸弹和导弹,而且“更像是《兔八哥》(Bugs Bunny)卡通片,而不是预示灾难的科幻传奇”。② 尽管如此,《大金刚》游戏在1981年面世后,迅速成为畅销的街机游戏,首年销售收入就超过了1亿美元。③

任天堂将《大金刚》这款游戏授权给了美国玩具制造商Coleco公司,后者也是最早推出家庭视频游戏机的公司之一。它在此后销售了超过600万套《大金刚》游戏。任天堂将其新兴的视频游戏业务所带来的收入再投资于开发自己的视频游戏机。与此同时,宫本茂致力于开发新的视频冒险游戏,包括《超级玛利》(Super Mario Brothers)、《塞尔达传说》(The Legend of Zelda),以及《大金刚》续集。

1983年,随着消费者对简单的街机游戏失去兴趣,并开始将注意力转向新兴的家用电脑市场,家庭视频游戏市场出现了急剧下滑。多数游戏机制造商退出了这一市场,它们不是宣布破产,就是向其他产品线转型。在少数幸存下来的企业中,有一家Atari公司。它是通过大幅削减成本存活下来的。1983—1984年,Atari公司将员工从1万名裁减到只剩200名。④ Atari公司前游戏开发员Chris Crawford回忆了1984年时的情形。

> 视频游戏行业在1983年就消亡了;而家用电脑销量在1983年圣诞节期间大幅攀升。那些与视频游戏最接近的电子游戏领域受到的损害最为严重。多数小型

① Chaplin, Heather & Aaron Ruby, *Smartbomb: The Quest for Art, Entertainment, and Big Bucks in the Videogame Revolution*, Algonquin Books, 2005, p. 73.

② Ibid., p. 75.

③ Gardiner, Roy, *Games for Business and Economics*, Wiley, 2003, p. 230.

④ The History of Computer Games: The Atari Years, *The Journal of Computer Game Design*, Volume 5, 1992, www.erasmatazz.com/library/JCGD_Volume_5/The_Atari_Years.html(2007年6月1日访问)。

的游戏发行商，以及所有专门开发技能游戏和动作游戏的发行商，都倒闭了。而那些幸存下来的，为了能够继续活下去，只有削减成本和生产其他非游戏产品，或者至少是一些更为严肃的产品。①

任天堂娱乐系统

正是在这种环境下，任天堂决定推出自己的家庭视频游戏机"任天堂娱乐系统"（Nintendo Entertainment System，NES）。尽管有些人看不懂任天堂为何要进入一个"已经死亡"的市场，但有些人却相信，正是市场的崩溃帮助任天堂确立了无可争议的市场领先地位。"在 1984 年行业倾覆后的废墟中，一个新的娱乐软件行业开始兴起"，Crawford说。

视频游戏行业已经彻底失去了吸引力，因此任天堂进入时没有任何竞争对手，它能够以自己的意愿重塑视频游戏行业的形象。②

而这个形象就是一系列充满想象力的虚幻世界和冒险故事，它们来源于宗教传说、荷马时代的冒险故事，以及莎士比亚式的戏剧。20 世纪 70 年代末、80 年代初的简单射击游戏已经不复存在。那些游戏"充斥了太多的暴力"，宫本茂解释道。相反，他设想电子游戏中的世界将体现"善与恶、荣与辱、美与丑"。③

游戏行业有一句老话，那就是一款好的游戏"上手容易，精通难"。而早期游戏机提供的游戏都是"上手容易，精通也容易"。但 NES 游戏机就不是这样的。任天堂开展的消费者满意度调查显示，NES 游戏机最吸引人的卖点就是，它能够利用具有挑战性的游戏来维持玩家的兴趣。④

1989 年，任天堂推出了一款 NES 掌上游戏机 Game Boy。这款掌机最初配有一块 2.6 英寸的单色屏，内置的游戏许多都是 NES 游戏机上的热门游戏，如《超级马利》《大金刚》等。到 1992 年，任天堂已经占据了视频游戏行业 80% 的市场份额，营业收入超过 43 亿美元，实现利润 12.5 亿美元。⑤

索尼与 32 位革命

早在 1993 年，就有评论家开始抱怨 NES 游戏机"很乏味"。那个时候，日本世嘉公司（Sega Corporation）和美国 3DO 公司已经各自推出了更为先进的游戏机，定价分别为

① The History of Computer Games: The Atari Years, *The Journal of Computer Game Design*, Volume 5, 1992, www.erasmatazz.com/library/JCGD_Volume_5/The_Atari_Years.html（2007 年 6 月 1 日访问）。

② Ibid.

③ Chaplin, Heather & Aaron Ruby, *Smartbomb: The Quest for Art, Entertainment, and Big Bucks in the Videogame Revolution*, Algonquin Books, 2005, p. 73.

④ Video Games Are Enjoying A Resurgence in Popularity, *The Washington Post*, June 21, 1987.

⑤ Game Over: How Nintendo Zapped an American Industry, Captured Your Dollars, and Enslaved Your Children, *Kirkus Reviews*, February 1, 1993.

300 美元和 700 美元。这些新款游戏机提供了更优质的画面以及更适合成人的游戏。①

不过,任天堂遭遇的最大挑战出现在 1995 年。当时索尼公司(Sony)推出了 PlayStation(PS)游戏机。作为 NES 游戏机的主要零部件供应商,索尼十分了解电子游戏市场。当任天堂决定对新的市场威胁置之不理时,索尼抓住机会推出了自己的游戏机。尽管 PS 每部 299 美元的价格是任天堂游戏机的两倍多,但却迅速赢得了市场。

1996 年,索尼、世嘉和 3DO 将各自的游戏机价格降到了 199 美元。面对挑战,任天堂推出了自己的先进机型 Nintendo 64(N64)。然而,对于多数消费者来说,任天堂的游戏产品还是出得太少、太晚了。当所有竞争对手开始采用现代化的 CD 系统,可以同时播放音乐时,任天堂则选择继续使用游戏卡。

到 1998 年,索尼的 PS 销量已经达到了 N64 的 10 倍。此外,任天堂的大部分软件开发都是自己完成的,而索尼则利用其在电子行业的领先地位,与独立游戏开发商建立了强有力的合作关系。因此,索尼能够为 PS 玩家不断提供新的游戏软件。仅 1998 年,PS 就有 500 套新的游戏软件,而 N64 只有 40 套。②

任天堂的衰退

2000 年,任天堂的境况进一步恶化。同年,索尼发布了 PlayStation 2(PS2)游戏机。PS2 提供了更好的画面,并内置 DVD 播放器。最重要的是,它能向后兼容。这就意味着,原来的 PS 玩家能够继续玩已玩过的游戏,同时逐渐升级到更新的游戏软件。一年后,当任天堂的下一代游戏机 Gamecube 上市时,PS2 在市场中的地位已经牢不可破,销量超过 500 万部。③

Gamecube 游戏机最初定价 199 美元,比 PS2 便宜 100 美元。但是,它不能播放 DVD 和 CD,也不能运行 N64 的游戏。它采用一种新的专有 MD 格式,与前几代游戏机中的游戏无法兼容。考虑到购买新的游戏软件每套需要 50 美元,另购一个 DVD 播放器又需要 150 美元或更多④,因此许多玩家都觉得 PS2 更物有所值。⑤

任天堂还面临着来自微软(Microsoft)的激烈竞争,后者在 Gamecube 游戏机上市前三天推出了 Xbox 游戏机。虽然微软在视频游戏机领域是个新手,但在电脑游戏市场却是领头羊。Xbox 游戏机继承了微软在个人电脑领域的传统,它采用的硬件和软件几乎与现有的个人电脑差不多。另外,同 PS2 一样,Xbox 也内置了 DVD 播放器。

玩家把 Gamecube 跟 PS2 和 Xbox 比较后认为,Gamecube 是一种低性能的玩具,里面的许多游戏都是给小孩玩的。他们希望游戏画面逼真,有更多的暴力和动作内容。

---

① Nintendo; Game over?, *The Economist*, November 20, 1993.

② "Marketing Focus: Market raider: How Sony Won the Console Game," *Marketing*, September 10, 1998.

③ "Restocking Keeps Xbox Rockin'," *Video Business*, December 17, 2001.

④ 2001 年,单碟 DVD 播放器平均售价 150—200 美元之间。资料来源:"DVD Players", *Consumer Reports*, December 2001.

⑤ "Winners are Many in War of Consoles," *Video Business*, November 26, 2001.

像索尼 PS2 上的《侠盗飞车》(Grand Theft Auto)这样的游戏就非常热门。[①] 然而,宫本茂对此毫不在乎。任天堂还是要"生产畅销的好游戏",而不是要追求逼真和性能。"如果你回顾一下我们过去所做的",他解释道,"你会发现任天堂有一个独特的优势,那就是它非常擅于生产孩子们喜欢的游戏。"

> 但是这些游戏也是所有人都喜欢的。我认为,我们把主要精力放在游戏开发上,这样你就会看到大量各个年龄段的人都喜欢的游戏。
>
> 这些年来,非常简单的游戏和非常简单的游戏规则已经不足以让玩家感到满足,于是游戏变得越来越复杂。随着硬件和图形技术的发展,游戏背景变得越来越复杂,画面也越来越逼真,从某种程度上来说,游戏越来越好了,但同时也变得不再简单了,因此真正能沉浸于游戏之中的人也越来越少了。
>
> 对于任天堂,我们想做的是要让其他游戏开发商和第三方合作伙伴明白,你们没必要做更复杂或更好看的游戏,实际上你们可以做非常简单的游戏,同样能给人们带来乐趣和兴奋感。[②]

任天堂前任总裁兼 CEO 岩田聪(Satoru Iwata)认为,游戏应该具有创新性、敏锐性和吸引力。"画面逼真并非改善游戏体验的唯一手段",他断言道,"它只是方法之一。"[③]

尽管如此,任天堂的市场份额仍在不断地被索尼和微软夺走。到 2003 年,任天堂的市场份额已降至 16%,公司不得不减产 Gamecube 游戏机,以便把 500 万部的积压库存清理出去。与此同时,索尼和微软的市场份额则分别增至 55% 和 22%。[④] 宫本茂坦言,他对任天堂的未来表示担忧。"当然,一直以来我最大的担心是,人们对任天堂的印象开始下降,或者人们不再想起我们",他说道。[⑤]

Nintendo DS:瞄准非玩家

任天堂认识到,它面临着一个"艰难的环境":竞争对手为了抢占市场宁愿遭受重大损失。[⑥] 尽管游戏机制造商降价销售让玩家们得到了好处,但宫本茂觉得这样做不利于行业的发展。

> 我们已经进入一个对于游戏玩家来说是梦想实现的时代,因为他们能够用更低的价格买到这些高性能的游戏机。很显然,这种情况对游戏机厂商来说是不利

---

① Chaplin, Heather & Aaron Ruby, *Smartbomb: The Quest for Art, Entertainment, and Big Bucks in the Videogame Revolution*, Algonquin Books, 2005, p. 85.

② 摘自 www.miyamotoshrine.com 网站于 2003 年 5 月 16 日发表的一份访谈,2007 年 3 月 20 日访问。

③ Chaplin, Heather and Aaron, Ruby, *Smartbomb: The Quest for Art, Entertainment, and Big Bucks in the Videogame Revolution*, Algonquin, 2005, p. 254.

④ 资料来源:NPD 集团 TRSTS 报告中 2005 年 12 月的预测数据,2006 年 1 月美国索尼电脑娱乐公司(Sony Computer Entertainment America)的幻灯报告《电脑娱乐业的新趋势》(Emerging Trends In Computer Entertainment)中引用。

⑤ A Developing Revolution, *Nintendo Power*, June 2007, pp. 74—77.

⑥ Analysis of Operations and Financial Review, Nintendo 2005 Annual Report, p. 36.

的，因为它们等于是在撒钱，这势必会引出这样一个问题：它们能否继续存活下去。[①]

任天堂没有继续跟索尼和微软争夺核心玩家这一日益有限的市场，而是通过开发不太复杂、功能更多的游戏系统来寻求扩大自己的市场份额。Nintendo DS 掌机就是第一个这样的游戏系统。DS 游戏机配有双屏，其中一个是触摸屏，同时还具备无线网络功能和话筒端口（参见附录 2）。

任天堂还为该机型安装了新的游戏软件，瞄准年长的玩家。其中一款游戏就是《任天狗狗》（Nintendogs），这是一款宠物模拟器，玩家可以在上面养虚拟宠物狗。玩家可以通过语音识别功能给自己的宠物狗发出命令，还可以用触摸笔抚摸狗狗、给它们洗澡、和它们玩耍。到 2007 年，任天堂已经售出了超过 1 300 万套《任天狗狗》。[②]

另一款热门游戏是益智游戏《脑年龄》（Brain Age）。这个游戏如果每天玩的话，将有助于刺激脑部活动，增强脑力（参见附录 3）。任天堂将《脑年龄》游戏瞄准中年和老年玩家，因为他们喜欢益智游戏及相关活动。到 2006 年年底，任天堂《脑年龄》游戏的全球销量已超过 800 万套。[③]

以往，美国市场接受新视频游戏技术的时间总要早于世界其他地区。然而，对于 DS 掌机，美国却是最后一个接受该产品的主要视频游戏市场。岩田聪指出，"尽管我们几乎同时在欧洲和美国发布了脑部锻炼软件，但是欧洲市场每周的 DS 掌机销量总要多得多。"

> 我们想当然地认为美国市场的销量可以轻易达到欧洲市场的两倍，但是欧洲市场率先繁荣起来，而美国市场尚未显示出其真正实力。当然，由于《皮卡丘》（Pokémon）和其他游戏的热销，我们预计 DS 在美国市场的销量也会大增。我们很高兴《皮卡丘》销量会继续增加，但这还不够，因为我们希望扩大游戏玩家群体。
>
> 当美国方面向我报告说他们已经售出了 100 万套《皮卡丘》时，我问他们："为什么上周欧洲市场售出了 3 万套《脑年龄》，而你们只售出了 1 万套？"这是我跟美国方面人员的惯常沟通方式。我们需要不断吸引新的玩家。[④]

为了吸引新玩家，任天堂将产品的开发重点放在了探索 DS 的新用途上。例如，东京艺术博物馆开始用 DS 提供艺术品展览的互动式参观。游戏机上的一个屏幕显示展出的艺术品，另一个屏幕则对艺术品做出详细的解释。与此同时，使用者可以利用游戏

---

① Nintendo Interviews：Miyamoto speaks！，*Computer and Video Games*，May 13，2003，computerandvideogames. com/article. php?id = 91537，2007 年 7 月 6 日访问。

② Nintendo Full Year Results Show Rapid Gain，*Gamasutra Industry News*，April 26，2007，gamasutra. com/php-bin/news_index. php?story = 13682，2007 年 7 月 9 日访问。

③ Nintendo Posts $456. 6 Million Profit，*GameSpot News*，October 26，2006，gamespot. com/news/6160557. html，2007 年 7 月 9 日访问。

④ 摘自 2007 年 4 月 27 日任天堂分析师会议的问答记录，press. nintendo. com/object?id = 7657，2007 年 7 月 9 日访问。

机上的耳机收听语音导游讲解。[①] 在京都，公立中学借助特殊的文字识别软件通过 DS 游戏机教授英语。在其中一所学校，使用 DS 游戏机的学生的英语熟练水平达到了 80%，而未使用 DS 游戏机的学生的英语熟练水平只有 18%。[②]

此外，岩田聪还相信游戏机可以成为生产力工具。“现代人可用于从事任何活动的时间和精力都越来越少了”，他说道。

> 有许多事情都在以惊人的速度变化着。一个人可以用在娱乐上的精力从来就不多。我们有一款非常特别的 DS 软件，它会告诉你怎么做菜。我休息在家的时候很喜欢用这个软件帮我做菜。我想我们得开发这样的软件，它们会让使用者保持很长时间的兴趣……
>
> 随着单一架构的游戏机数量不断增加，游戏机可能为社会带来各种好处，而 DS 要想丰富其拥有者的日常生活，可能也就几步之遥。[③]

在日本，DS 游戏机每月的销量达到了 60 万—70 万部，而生产速度仍然满足不了市场需求。尽管 DS 上市已有两年多了，但在零售店还是一到货即告售罄。在假期销售旺季，日本市场的缺货情况甚至严重至任天堂不得不向顾客公开道歉。[④]

到 2007 年年初，DS 游戏机的全球销量已经超过了 4 000 万部。任天堂也开始逐渐淘汰 GB 游戏机，以便将所有精力都放在 DS 平台上（参见附录 4）。尽管不同版本的 GB 游戏机进入市场已超过 15 年了，但岩田聪希望 DS 能够取得更加辉煌的成绩。“如果我们能够对 DS 继续进行投入使它成为一种社会基础设施”，他说道，“那么，它的生命可能会比过去任何一种游戏机都长久得多。”[⑤]

Wii：任天堂具有革命性意义的游戏机

到了 2003 年，市场分析人士开始怀疑任天堂是否真的有希望“从与索尼竞争的惨败中重新站立起来”。[⑥] 但是，岩田聪并不对这样的批评感到担忧。“我们正在开发一种新产品，这种产品会让消费者大吃一惊”，他在 2003 年的一次会议上解释道。[⑦] 而那个“会让人大吃一惊的”就是开发代号为“Revolution”的 Wii 早期原型。

---

① TAB Event-“Super Escher” Exhibition, *Tokyo Art Beat*, December 2006, tokyoartbeat. com/tablog/entries. en/2006/12/super_escher_at_bunkamura_muse. html, 2007 年 7 月 10 日访问；Nintendo DS museum guide, plasticbamboo. com/2006/10/31/nintendo-ds-museum-guide/, 2007 年 7 月 13 日访问。

② Beyond Pokémon: Nintendo DS Goes To School in Japan, *The Wall Street Journal*, July 11, 2007, p. A1.

③ 摘自 2007 年 4 月 27 日任天堂分析师会议的问答记录，press. nintendo. com/object?id = 7657, 2007 年 7 月 9 日访问。

④ Nintendo DS Shortage Strikes Japan, Leads to $300 Prices, *GamePro News*, January 10, 2006, gamepro. com/news. cfm?article_id = 51053, 2007 年 7 月 13 日访问。

⑤ 同上。

⑥ Earnings Roundup: Software Up, Hardware Down, Prospects Mixed for Sony, Nintendo, and Atari, *Electronic Gaming Business*, August 13, 2003.

⑦ Ibid.

任天堂管理层早就认识到，他们没有希望依靠速度更快的处理器和更逼真的游戏画面来夺回市场份额，同时继续保持赢利。他们也知道，如果游戏机的性能继续落后于竞争对手，那么即使降低售价，销量也不会持久。顾客们似乎还是愿意接受略高一点的价格购买性能更好的产品的。任天堂面临的困境是，如何在保持低成本的同时提高产品的性能。岩田聡和宫本茂决定将公司的产品设计重心放在价格最便宜的游戏机配件——游戏控制器上。

近二十年来，视频游戏控制器的基本设计并没有什么变化（参见附录5）。岩田聡和宫本茂认为，现在的游戏机手柄以及上面的按键排列会让大多数非游戏玩家望而却步。如果任天堂能够设计出一款看上去更像是电视遥控器那样的控制器，可能就会吸引从未玩过视频游戏的新顾客来玩游戏机。Nintendo Revolution 并不直接瞄准索尼和微软所针对的18—35岁男性玩家这一核心群体，而是面向更广的年龄群体，包括青少年、父母，甚至是老年人。[①] 岩田聡指出：

> 我们决定让任天堂走另外一条路——游戏扩张。我们不与索尼或微软直接竞争。我们要战胜那些对视频游戏毫无兴趣的人。[②]

美国动视公司（Activision）是一家领先的游戏发行商。该公司 CEO Robert Kotick 是支持任天堂新方法的多位行业领袖之一。“在过去，我会说 Xbox 360 和 PlayStation 3 很可能会拥有主要的市场份额，而任天堂会面临非常严峻的竞争局面”，他说道。

> 但是，我们对 Revolution 游戏机越来越感兴趣了，我们确实觉得它会给未来带来一些有趣的机会。游戏控制器非常具有创新性，以至于我觉得你们会看到具有显著差异的应用软件开发和游戏类型开发潜能，它将成为一个不错的差异化点。[③]

软件开发

软件开发商也对 Revolution 相对于其他游戏机的简单性表示欢迎。他们经常抱怨游戏系统的复杂性变得越来越难以掌控了。到2005年，开发一款游戏的成本经常要超过2 000万美元[④]，开发时间也延长到了近三年。[⑤]

Nintendo Revolution 采用的技术很多都和 Gamecube 游戏机是一样的。它比其他游戏机更为简单。因此，任天堂游戏的开发成本一般是 Xbox 360 或 PlayStation 3 等类似游戏的25%—50%。开发周期也要短得多，这样发行商在同样的时间内可以开发出更多的游戏。[⑥]“这对任天堂来说是个好消息”，某位视频游戏分析人士指出，“知名游戏

---

① How the Wii is creaming the competition, *Business* 2.0 *Magazine*, April 25, 2007.

② Wii will rock you, *Fortune*, June 1, 2007.

③ Ibid.

④ Microsoft Xbox 360; Game prices rise, reflecting advancements, *St. Petersburg Times*, November 21, 2005.

⑤ Product Development, *THQ* 2006 *Annual Report*, June 7, 2006.

⑥ Wii dev costs fraction of PS3's, 360's, *GameSpot. com*, May 5, 2006, 2007年2月20日访问。

发行商已经在为 Revolution 开发内容，最终这些软件将推动硬件的销售。”①

在 E3 登台亮相

> 推出游戏机 Wii，读音同“we（我们）”。
>
> 开发代号“Revolution”代表了我们的方向，而 Wii 就是最终答案。Wii 将打破视频游戏玩家与其他人群之间的界限。它将拉近人与游戏，以及人与人之间的距离。
>
> 但是，你可能会问：这个名称代表什么意思？Wii 音同“we”，它强调这个游戏机是为所有人设计的。全世界的人，不管他们说哪种语言，都能很容易地记住它。不会出现混淆，也没必要进行缩写，就是 Wii。而这里面与众不同的“ii”字母拼写，既代表了独特的游戏控制器，也体现了人们在一起玩 Wii 的情形。作为一个名称和一款游戏机，Wii 给视频游戏领域带来了革命，也使自己有别于其他众多游戏机产品。
>
> 这就是 Wii。但是，任天堂现在需要你们的支持，因为这不是关乎你或者我，而是关乎 Wii。只要一起努力，Wii 将改变一切。②

Nintendo Wii 在 2006 年 5 月 9 日举行的年度视频游戏展览会“电子娱乐展”（Electronic Entertainment Expo，E3）上首次亮相。游戏玩家们对任天堂选择的这个名称嗤之以鼻，他们觉得这个名称很古怪，也没有“Revolution”来得有气势。“几个月的大肆宣传，一个真正具有竞争优势的产品，他们就取名 Wii？”一位游戏玩家埋怨道，“如果消费者连产品的名称都不愿意说，那就更不可能买了。”③

面对众多批评，美国任天堂公司的公关经理 Matt Atwood 表示：“每次你宣布一个新名称，人们总会提出大量问题。”

> 我们希望这个名称能够代表这样一个事实：这款产品真的适合所有人玩。有人提出继续使用“Revolution”这个名称，也有人要求采用一个完全不同的名称，但是全盘考虑后定下来的就是这个名称。我想任天堂想要的是一个非常独特的名称，因为这款游戏机提供了一种全新的游戏方式，是一种全新的游戏机类型。④

与游戏玩家不同，参加 E3 的行业分析人士将目光更多地投向 Wii 新的动作感应控制器，因为它重新定义了人们的游戏方式。传统的游戏控制器要求玩家操作各种按键和手柄，而 Wii 控制器通常不需要玩家按任何按键（参见附录 6）。Wii 控制器是“一种

---

① Don't Write Off Nintendo's ‘Revolution’, Analysts Say, *Consumer Electronics Daily*, March 10, 2006.

② Nintendo Press Release, cited in Are Wii Ready? Nintendo's Revolution Renamed, *1up. com news*, April 27, 2006, 1up. com/do/newsStory?cld = 3150013, 2007 年 6 月 18 日访问。

③ The Revolution Has A Name: Nintendo Wii, *MTV News*, April 27, 2006, www. mtv. com/news/articles/1529658/20060427/index. jhtml, 2007 年 6 月 18 日访问。

④ The Revolution Gets A Name: Wii, *Game Informer News*, April 27, 2006, gameinformer. com/News/Story/200604/N06. 0427. 1154. 38678. htm, 2007 年 6 月 18 日访问。

多功能装置,只要游戏设计师能想到的功能,它都能实现”,任天堂这样宣称。

> 在网球游戏中,它就是你挥舞的网球拍。在赛车游戏中,它就是你的方向盘。在单人射击游戏中,Wii Remote 就是你的武器。像这样的游戏功能还有很多很多。此外,除了瞄准和动作感应功能,Wii Remote 还包括了一个扬声器、震动装置[①]和一个连接其他输入设备的扩展槽。[②]

展览会参观者都迷上了任天堂的新机型,他们排队等在任天堂设置的 75 个游戏间门口,想要亲自体验一番。有些人足足排了 3 个小时。

在 2006 年的 E3 展会上,索尼也展示了其新的 PlayStation 3 游戏机。同 Nintendo Wii 一样,这款 PS3 游戏机也将在 2006 年 11 月上市。在展会开幕前的几个月里,索尼进行了 PS3 的宣传,将它定位为唯一提供“类似超级计算机的性能和表现”的游戏机。[③]然而,当索尼公布其定价策略时,分析人士都感到很失望。他们表示,599 美元的定价比 Xbox 360 和 Wii 加起来都要高。在索尼举行的新闻发布会上,索尼电脑娱乐公司总裁久多良木健(Ken Kutaragi)成为了人们嘲弄的对象,因为他表示,PS3“可能太便宜了”。[④] “尽管 PS3 的画面效果的确很好”,某位游戏分析人士写道,“但我们更期待 Nintendo Wii 及其所有游戏。”

> 我们觉得,只依靠更逼真的画面是难以战胜 Wii 将会给玩家带来的无限乐趣的。当然,这纯属个人观点,所以我们拭目以待,看 Xbox 360 和 PS3 能给游戏机游戏带来多大的突破。[⑤]

Wii 游戏机也给投资分析人士留下了深刻印象。其中一位分析人士指出:

> 任天堂完成了一项任务,那就是说服游戏发行商、开发商、零售商和投资界,使他们相信任天堂拥有一个令人信服的游戏系统。虽然有些评论家可能会说 Wii 只不过是一部加了动作感应控制器的 Gamecube,其他并没有什么,但事实是,其他硬件制造商正在转向成本高得多的游戏平台——PS3 和 Xbox,开发成本已经翻了一番。任天堂拥有一些差异化的东西,而人们会喜欢这些东西。[⑥]

2006 年 E3 展会闭幕时,任天堂赢得的奖项比其他任何公司都多,其中包括人人都向往的“展会最佳奖(Best of Show)”以及“最佳硬件奖(Best Hardware)”。[⑦] 美国任天堂公司总裁兼首席运营官 Reginald Fils-Aime 在离开展会时表现出对自己公司的战略再次充满了信心。“我们的两个竞争对手走的是同一条道路”,他说道。

---

① 震动功能是指控制器上的一种反馈机制,它能对某些游戏动作做出震动反应,如武器射击、碰撞、路面震动等。

② What is Wii?:Wii Remote,*wii. nintendo. com/controller. jsp*,2007 年 6 月 6 日访问。

③ PlayStation 3 System Fact Sheet,*Sony Computer Entertainment of America Press Release*,December 18,2006.

④ E3 2006:Kutaragi Claims PS3 Too Cheap?,*IGN E3 Expo Coverage*,*ign. com*,May 9,2006,2007 年 6 月 20 日访问。

⑤ E3 2006:PlayStation 3 and Nintendo Wii,*anantech. com*,May 16,2006,2007 年 6 月 6 日访问。

⑥ E3 06:Analysts react swiftly to console news,*GameSpot. com*,May 11,2006,2007 年 6 月 6 日访问。

⑦ Wii tops Game Critics' Best of E3 2006,*GameSpot. com*,May 31,2006,2007 年 6 月 6 日访问。

它们两个都认为，更高的性能和更高的价格是成功的关键。那我是怎么看的呢？我认为，我们的两个竞争对手在市场份额上会相互倾轧，而我们则会另辟蹊径，选择一种完全不同的方式来夺取市场份额。①

营销宣传

病毒式营销

任天堂在 Wii 的营销宣传上没有采用传统的印刷和电视广告，而是进行了病毒式营销。公司在购物广场和其他场所设置了游戏机，人们可以进行试玩，然后他们会将自己的游戏体验告诉朋友、熟人和家人。“公司会提供大量的体验活动”，Fils-Aime 解释道，“以展示 Wii 游戏到底有何与众不同。”

我们要进行造势，要让每一个体验过 Wii 的人都跟他的朋友和邻居去说。这将是一个真正令人激动的场面：十几岁、二十几岁、四十几岁、五十几岁的人都在谈论这种体验是何等不同。②

为了突破 9—24 岁男性玩家这个传统的目标市场，任天堂在美国的主要城市找出了那些重要的社区影响者，其中包括游戏玩家、妈妈们以及几代同堂的家庭，然后邀请他们参加公司主办的活动。每个参加活动的人，从小孩到祖父母，都轮流玩游戏机。活动结束后，这些人回到各自的社区，跟人们谈论自己的游戏体验。“我们的核心假设是，如果我们能够让某些人来玩这个游戏，他们就会迷上它”，Harrison 解释说。

大多数人都不是视频游戏玩家，或者可能对视频游戏持反面态度，但我们认为他们在各自的社区里都很有影响力。我们考虑的一点是，如果我们一开始就在电视上做广告，向这些受众进行宣传，他们是不会关注的。我们觉得，在开始做电视广告之前，得先让他们愿意听我们说。③

任天堂还在非传统场所进行产品宣传。其中一个引起媒体关注的场所就是美国退休人员协会年会（American Association of Retired Persons Annual Meeting）。任天堂是第一家参加该大会的视频游戏公司。大量有关任天堂争取老年玩家（grey gamer）的文章见诸报端，其中包括《纽约时报》（*The New York Times*）的头版位置。④

媒体对 Wii 游戏机进行了广泛报道，而且都是正面的报道，这让任天堂受益匪浅（参见附录 7）。每个月在报纸上发表的有关 Wii 游戏机的文章有 300 多篇，其中绝大多数主要讲述的是该款游戏机的动作感应控制器帮助减肥和健身的功能，以及它是如何战胜 Xbox 360 和 PS3 的，而少数的几篇负面文章则主要报道了一些运动伤害事件以

---

① Nintendo hopes Wii spells winner, *USA Today*, August 15, 2006, p. 3B.

② Ibid.

③ Marketing moms, *Los Angeles Times*, December 25, 2006, p. C-1.

④ As Minds Age, What's Next? Brain Calisthenics, *The New York Times*, December 27, 2006, p. 1.

及控制器脱手造成的财产损毁。

广告

传统的游戏广告一般会突出游戏机的技术特性。而电视广告会显示游戏画面，以证明游戏机有更为先进的特性。例如，索尼在PS3广告中将游戏画面和解说配合起来，以证明该款游戏机拥有先进的图形技术（参见附录8）。

任天堂在Wii的广告宣传上则采取了一种截然不同的方式。广告中没有出现游戏，而是将镜头对准了使用者。在一个题为“所有人的Wii”（Wii for all）的电视广告中，任天堂的两个日本代表身穿黑色西装来到美国人的家中。在向主人鞠躬致意后，他们宣布：“Wii想玩。”这是广告中唯一的一句话，接下来的画面是许多普通人在挥舞手臂、蹦跳、奔跑，而那两个任天堂代表则在屋子后面静静地看着他们（参见附录9）。“娱乐中非常重要的一点是，当一个人在做什么事情的时候，这个事情必须非常有趣，这样当其他人看到那个人在玩游戏，他们也会想玩”，宫本茂解释道。

> 这是Wii要倡导的理念之一。我们不仅希望它有趣，也希望它看上去有趣，这样就会吸引其他人也想拿起游戏机来玩。①

定价

Wii的售价为249美元，是下一代游戏机中最便宜的。Xbox 360和PS3都要求另购内容才能玩游戏，而Wii的标准零售套装中已经包含了5款运动游戏。任天堂对这些游戏精挑细选，为的是能够展现Wii Remote的动作感应功能。例如，在Wii网球游戏中，玩家可以把控制器当做球拍；而在Wii棒球游戏中，控制器就成了球棒。

尽管Wii的售价低于竞争对手，但每部游戏机还是能为任天堂带来约50美元的利润。据称，Wii Remote控制器的制造成本约为10美元，包括一个动作感应芯片、震动功能，以及蓝牙无线通信功能。②

在线游戏

尽管在在线游戏领域微软是无可争议的领先者——其Xbox Live服务网站共有600多万用户，但任天堂提供了名为“Wii频道”（Wii Channel）的免费服务。任天堂希望，随着在线服务的扩大，他们能通过在线广告和用户有偿使用网站的高级功能来获得收入。

任天堂在线服务的一个热门功能是“虚拟游戏机”（Virtual Console，VC），它是任天堂网上商店的一部分，Wii用户可以在这里购买和下载最初为Nintendo 64、超级任天堂

---

① Shigeru Miyamoto Interview, *GameSpot. com*, July 12, 2007. gamespot. com/video/942009/6174769/shigeru-miyamoto-interview, 2007年7月16日访问。

② Wii will rock you, *Fortune*, June 4, 2007.

娱乐系统(Super Nintendo Entertainment System)以及 NES 设计的经典视频游戏。任天堂还与世嘉公司以及其他 24 家软件开发商达成协议,由它们提供第三方经典游戏,包括许多之前从未在任天堂游戏机上安装过的游戏。[①] 每套游戏的定价在 5—10 美元之间。

另一个受欢迎的功能是“Mii 频道”(Mii Channel)。它包括一个艺术设计程序,用户可以通过这个程序创建个性化化身(玩家的数字化形象),也称为 Mii。一旦玩家创建了自己的 Mii,他们就可以在 Wii Sports 等多人游戏中使用这个身份(参见附录 10)。

最后,Wii 还是一个完善的网络浏览器,用户可以上网浏览最新的天气预报、新闻和体育赛事,还可以使用电子邮箱等标准网络服务。

第三方支持

Wii 的早期成功也让游戏开发商颇感意外,于是许多开发商把更多的资源放到了 Wii 游戏的开发上。尤其是在运动游戏大受欢迎后,一些游戏开发商当即宣布,将开发 Wii 平台专用的新的运动类游戏。对于许多开发商来说,这是一个天赐良机。较低的开发成本和较快的周转时间,意味着开发商可以快速生产出新的游戏,实现更高的利润。中途游戏公司(Midway Games)总裁兼 CEO David Zucker 解释道:

> Wii 游戏的开发成本一般比 PS3 或 Xbox 360 低得多,因此你能够继续对该平台进行高效投资。今年我们计划为 Wii 平台再开发 3 款游戏。明年我们还会开发更多。[②]

即使那些不是专为 Wii 平台开发的游戏,常常也能以不同的方式在该平台上运行。例如,为了能配合 Wii 的动作感应控制器,THQ 公司将它的热门摔跤游戏《美国职业摔跤联盟》(WWE SmackDown)的控制设置进行了修改。玩家可用 Wii Remote 做出特定动作,对虚拟对手进行击、投和摔。而在其他游戏平台上,玩家则要通过按键来控制屏幕上的动作。[③]

就像 PS 和 PS2 的成功离不开数千款游戏软件一样,任天堂新游戏的不断出现确保了玩家对 Wii 的热情持续不减。到 2007 年 6 月末,可在 Wii 平台上运行或已宣布的游戏达到了 400 多款,而 PS3 上的游戏还不到 300 款。[④] 游戏机的强劲销量,加上新游戏的强势发布,造就了游戏软件的良好销售局面。在十大畅销游戏中,有 7 款是为任天堂的游戏机开发的,其中 4 款是 Wii 游戏,3 款是 DS 游戏。[⑤]

尽管新内容是一款游戏机成功的关键,但是新内容太多也会让顾客感到混乱,导致

---

① 24 Wii VC devs ID'd, *GameSpot News*, September 14, 2006. gamespot. com/news/6157639. html, 2007 年 7 月 10 日访问。

② Q1 2007 Midway Games Earnings Conference Call, *FD* (*Fair Disclosure*) *Wire*, May 3, 2007.

③ WWE SmackDown! vs. RAW 2008 First-Look, gamespot. com/wii/action/smackdownvsraw2008/news. html, March 30, 2007, 2007 年 7 月 2 日访问。

④ 资料来源:gamespot. com, 2007 年 7 月 2 日访问。

⑤ Nintendo Throws Down Again, *New York Times*, July 23, 2007, bits. blogs. nytimes. com/2007/07/23/nintendo-throws-down-again-not-the-way-you-think, 2007 年 7 月 24 日访问。

主要游戏销量下滑。由于有数千款游戏可供不同的游戏平台安装运行，游戏零售店往往很难有效陈列各种游戏。很多时候，各种游戏不得不堆叠在一起，顾客只能看到游戏陈列盒的侧面。只有那些最热门的游戏才会被陈列在合适的位置。久多良木健担心，许多游戏并不能给玩家带来最好的游戏体验，但因为有相关电影发行，这些游戏获得了更好的促销机会。“如果有人对自己购买的游戏软件感到失望”，久多良木健解释道，“他们可能会说：‘我不再玩游戏了’。”

> 游戏软件增多这件事本身是好的，但我们不能安于这种状况。我们必须认识到顾客的注意力是有限的，我们必须设法告诉他们其真正想知道的东西，我们还必须考虑周全，以免辜负顾客对我们的期望。这将成为我们日益重要的使命。[①]

索尼和微软的反应

面对任天堂的强大攻势，索尼将 PS3 和 PSP（PlayStation Portable）游戏机的价格分别降到了 499 美元和 169 美元。微软紧随其后，也将 Xbox 360 系统的价格降低了 20—50 美元。这样一来，Xbox 360 基本版的价格区间就与 NintendoWii 相同，Wii 基本版的建议零售价为 279 美元。[②]

索尼和微软还努力装作很有信心，纷纷强调自己游戏机的高附加值功能。与 Wii 相比，它们的产品提供了更优质的画面效果。此外，PS3 内置蓝光 DVD 驱动，用户可以观看高清电影，而 Xbox 360 用户也能享受最先进的上网体验。要想充分使用这些功能，用户需要将游戏机与高清电视和宽带网络连接。尽管目前美国家庭的高清电视普及率只有 30%，但这一数字很有可能大幅攀升，年均增长将超过 50%。[③] 而美国家庭的宽带接入率则要高得多，达到 53%，宽带用户占到互联网用户的 70% 以上。[④]

索尼和微软还直接瞄准任天堂，推出了针对普通玩家的新游戏。Xbox 360 的《开麦啦！》（Scene-It?）游戏要求玩家回答一些小问题和益智问题。该游戏零售套装还包括一个模拟抢答器的简易控制器（参见附录 11）。索尼则推出了可在 PS3 和 PSP 上运行的游戏《无限回廊》（Echochrome）。这是一款可下载的益智游戏，在游戏里面，一个由简单线条构成的木偶试图穿越一个旋转的三维平台（参见附录 12）。

在即将进入 2007 年的假期销售旺季之前，任天堂的游戏机销量继续独占鳌头（参见附录 13）。到 2008 年 4 月，Wii 游戏机的全球累计出货量预计将达到 2 000 万部[⑤]，而

---

① 任天堂分析师会议的问答记录，2007 年 4 月 27 日，press. nintendo. com/object? id = 7657，2007 年 7 月 9 日查阅。

② Microsoft to cut $50 off price of Xbox 360, *The Seattle Post-Intelligencer*, August 6, 2007, seattlepi. nwsource. com/business/326586_msftxbox07. html，2007 年 8 月 17 日访问。

③ Report Shows HDTV Sets Likely to See Major Growth, *TMCnet*, June 28, 2007, tmcnet. com/voip/ipcommunications/articles/8029-report-shows-hdtv-sets-likely-see-major-growth. htm，2007 年 7 月 24 日访问。

④ Over Half of U. S. Households Subscribe to Broadband Internet, *Leichtman Research Group Press Release*, June 7, 2007, eichtmanresearch. com/press/060707release. html，2007 年 7 月 24 日访问。

⑤ Console makers setting new parameters for game market, *The Nikkei Weekly*, May 7, 2007.

索尼 PS3 则预期为 1 000 万部[①],Xbox 360 为 1 800 万部。[②]

供应短缺问题的管理

在美国,假期销售旺季对一个新的游戏系统来说至关重要。尽管假期结束后游戏机销量不可避免地出现了下滑,但出人意料的是人们对 Wii 的需求却增加了,任天堂只好赶忙增加产量。一有新货到达零售店,几个小时就卖光了。到了夏季,任天堂还在努力生产足够的产品来满足需求。在纽约市的任天堂专卖店里,每天早上会有约 100 名顾客排队等候,希望能买到前一天晚上到货的游戏机。这种情景通常只有在一款热门产品发布后的头几天里才会看到。[③]

Wii 的许多新用户都成了产品宣传者,他们通过社交网络和博客网站介绍这款产品,连任天堂自己都没有料到会有这样的反响。“在我们的记忆里,我们的产品不曾在非商业场合被如此热烈地谈论过”,美国任天堂公司的高管对久多良木健说道。[④]

尽管任天堂承认它没有料到 Wii 会如此受欢迎,但有些人指责任天堂有意压货。GameStop 是美国一家领先的视频游戏零售商,该公司首席运营官 Dan DeMatteo 认为“任天堂故意减少供货”,目的是想达到某些财务目标。《数字家庭》(*Digital Home*)杂志的调研总监 Mike Wolf 觉得,任天堂出现缺货是为了给 Wii 创造市场需求。“有意缺货的行为并不新鲜”,他解释道。

> 这可以成为一种很有效的需求创造工具,当消费者听到了大量有关某个新产品的溢美之词,可自己却得不到时,在这种情况下,他们就会变得躁动起来。不管市场上 Wii 产品的缺货纯属巧合,还是蓄意为之,任天堂应当认识到,消费者是变化无常的,而且他们对 Wii 的疯狂追捧也不可能永无止境。[⑤]

但是 Harrison 坚持表示,缺货现象是无意的。

> 全球各地的市场都在争这些现有的产量。日本和欧洲市场的销售情况尤其火爆。日本任天堂方面正在尽最大努力,以合理地决定哪些产品何时发往何地。[⑥]

为了管理需求,零售商将配件和游戏与游戏机捆绑销售。许多零售商提供售价为 350—600 美元的 Wii 套装,具体价格取决于其中所包括的配件数量。宫本茂担心高价捆绑销售会使许多家庭买不起 Wii 系统。“外围设备一旦与游戏机捆绑,售价就会骤然

---

① Analyst: Sony Missing Sales Goal By 25%, *Gamasutra Industry News*, January 15, 2007, gamasutra. com/php-bin/news_index. php? story = 12397, 2007 年 7 月 2 日访问。

② 由案例作者根据截至 2007 年 6 月的累计销量(1200 万部)和季度平均销量(150 万部)估计得出。

③ Want a Wii? Get in line, *USA Today*, June 29, 2007, usatoday. com/tech/gaming/2007-06-29-wii-demand_N. htm, 2007 年 7 月 2 日访问。

④ 任天堂分析师会议的问答记录, 2007 年 4 月 27 日, press. nintendo. com/object?id = 7657, 2007 年 7 月 9 日访问。

⑤ Intentional Scarcity: For Nintendo, how long is the lack of Wii's a good thing?, *ABI Research*, April 27, 2007, abiresearch. com/Blog/Digital_Home_Blog/338, 2007 年 8 月 1 日访问。

⑥ Nintendo Rejects Wii Shortage Plot, *Next Generation*, March 28, 2007, next-gen. biz/index2. php? option = com_content&task = view&id = 5050, 2007 年 8 月 1 日访问。

上涨，这样一来，人们可能就不愿意购买了”，他解释道。① 即便如此，捆绑零售似乎也并没有对缓解需求起到什么作用，因为大多数套装产品几小时之内就卖光了。

Harrison 知道，如果缺货现象持续到 2007 年的假期销售旺季，就会有越来越多的零售商和消费者感到不满。不幸的是，在 2008 年之前，零部件供应商无法增加足够的产量来满足任天堂的需要。② 多数分析人士由此预测，在 2007 年余下的时间里，Wii 系统的市场供应会出现锐减。但是，这次的情况与 2006 年假期销售旺季的情况不同。当时缺货的结果是，在 eBay 等灰市上，任天堂的游戏机价格飙升。而现在，消费者可以选择购买其他游戏机。不管是 Xbox 360 还是 PS3，都没有出现缺货现象，而且它们的价格与 2006 年相比已大幅降低。

附录 1 任天堂有限公司合并销售数据③

单位：千美元

业务类别	主要产品		截至 2006 年 3 月 31 日的财年	截至 2007 年 3 月 31 日的财年
电子娱乐产品总计	硬件	掌机	1 902 887	3 179 536
		游戏机	209 678	1 330 063
		其他	280 050	461 193
	硬件总计		2 392 614	4 970 792
	软件	掌机	1 467 619	2 481 286
		游戏机	429 276	700 069
		版权费、内容收入等	20 596	45 059
	软件总计		1 917 490	3 226 413
	电子娱乐产品总计		4 310 104	8 197 205
其他	扑克牌		18 496	18 309
总计			4 328 600	8 215 514

资料来源：任天堂有限公司。

① An interview with Nintendo's super game designer Shigeru Miyamoto, *San Jose Mercury News*, July 29, 2007, blogs. mercurynews. com/aei/2007/07/an_interview_with_intendos_super_game_designer_shigeru_miyamoto. html, 2007 年 8 月 1 日访问。

② Nintendo delays plan to increase Wii production, *Virgin Media*, August 17, 2007, virginmedia. com/games/gamingnews/news-story. php? storyid = 11677902, 2007 年 8 月 17 日访问。

③ 日元兑美元汇率为 0.0085 美元/日元。资料来源：Oanda Currency Converter, oanda. com/convert/classic, 2007 年 7 月 6 日访问。

附录 2 任天堂 DS 游戏机

附录 3 任天堂 DS 游戏机中的《脑年龄》游戏

资料来源:任天堂有限公司。

附录 4 任天堂有限公司合并销量、新游戏数量以及销量预测

销量:万台

			2005 年 4 月至 2006 年 3 月	2006 年 4 月至 2007 年 3 月	累计截至 2007 年 3 月	预测 2007 年 4 月至 2008 年 3 月
Game Boy Advance	硬件	日本	100	11	1 666	
		美国	472	300	4 110	
		其他	261	122	2 171	
		总计	833	434	7 946	—
其中:Game Boy Advance SP	硬件	日本	42	8	650	
		美国	426	252	2 347	
		其他	176	109	1 195	
		总计	644	369	4 192	
Game Boy Micro	硬件	日本	58	3	61	
		美国	47	48	95	
		其他	79	8	87	
		总计	183	59	242	
Game Boy Advance	软件	日本	728	255	7 236	
		美国	3 534	2 599	20 857	
		其他	1 674	999	8 532	
		总计	5 936	3 853	36 625	800
任天堂 DS	硬件	日本	478	912	1 602	
		美国	292	663	1 174	
		其他	376	781	1 252	
		总计	1 146	2 356	4 029	2 200
其中:任天堂 DS Lite	硬件	日本	58	890	948	
		美国	—	641	641	
		其他	—	596	596	
		总计	58	2 128	2 185	

（续表）

			2005 年 4 月至 2006 年 3 月	2006 年 4 月至 2007 年 3 月	累计截至 2007 年 3 月	预测 2007 年 4 月至 2008 年 3 月
任天堂 DS Lite	软件	日本	2 152	4 977	7 511	
		美国	1 608	3 720	5 803	
		其他	1 235	3 658	5 085	
		总计	4 995	12 355	18 398	13 000
任天堂 GameCube	硬件	日本	20	2	402	
		美国	172	63	1 281	
		其他	44	8	476	
		总计	235	73	2 159	—
	软件	日本	298	44	2 741	
		美国	2 388	1 448	13 613	
		其他	595	188	4 234	
		总计	3 279	1 680	20 588	350
Wii	硬件	日本	—	200	200	
		美国	—	237	237	
		其他	—	147	147	
		总计	—	584	584	1 400
	软件	日本	—	612	612	
		美国	—	1 449	1 449	
		其他	—	823	823	
		总计	—	2884	2 884	5 500

资料来源：任天堂有限公司合并财务报表，2007 年 4 月 26 日。

附录 5 游戏控制器(1983—2001 年)

任天堂家庭娱乐系统(1983年)

超级任天堂(1990年)

索尼 PlayStation(1995年)

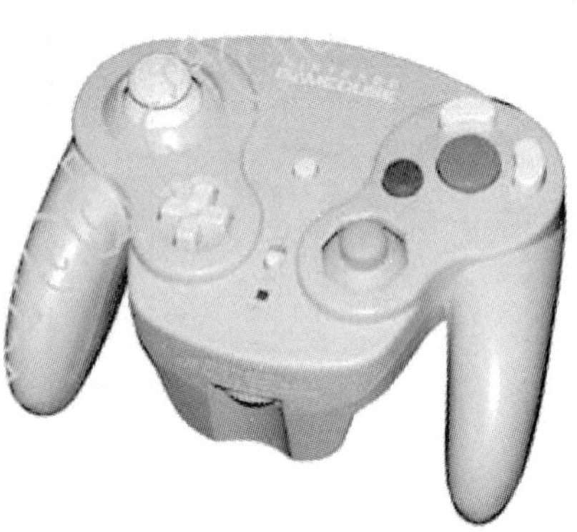

任天堂 Gamecube(2001年)

资料来源:维基百科(Wikipedia. org),2007 年 6 月 18 日访问。

附录 6 WII REMOTE 控制器

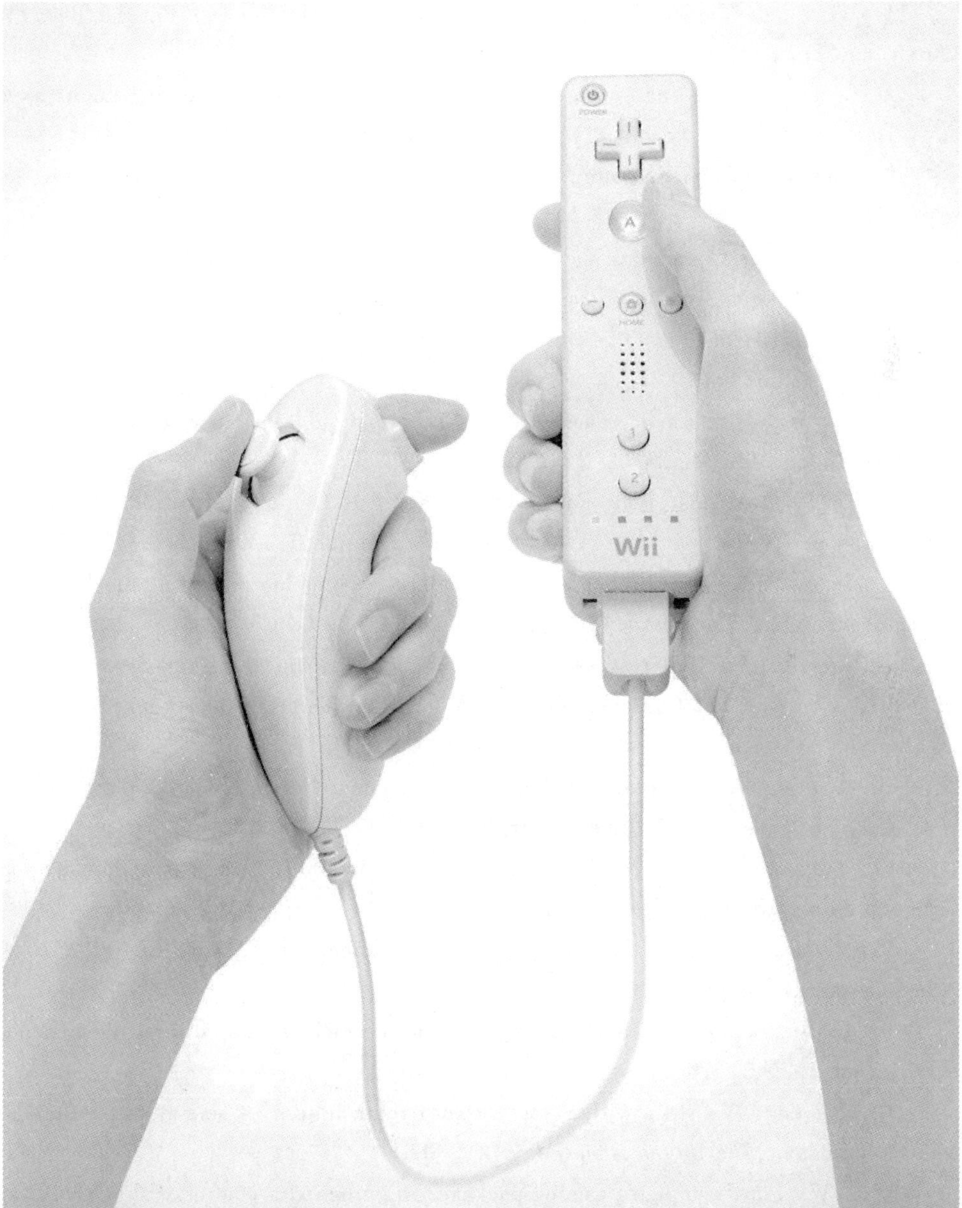

资料来源:任天堂有限公司网站。

附录7 部分报纸新闻标题(2007年1—7月)

1. Wii Needs More Games;Developers Push to Meet Demand on Popular Box,*The San Francisco Chronicle*,May 18,2007.

2. Cover Story:Getting off the Couch;Wii's Sports Games are Scoring Points as a Way to Work Out,*Newsday*(New York),March 13,2007.

3. Nintendo's Wii, Radiating Fun, Is Eclipsing Sony, *The New York Times*, January 31,2007.

4. Wii are the Champions Video-game System Lets Couch Spuds Mimic the Motions of Their Favorite Sports,*Arkansas Democrat-Gazette*(Little Rock),July 9,2007.

5. Hackers Take Remote beyond Video Games;What Won't a Wii-mote Do?,*The Seattle Times*,May 1,2007.

6. Wii Wins Big Among Casual Gamers;Group Could Be Huge,Untapped Mass Market,*USA Today*,May 25,2007.

7. Fitness;Take that,Body Fat!;Nintendo's Wii is Getting Video Game Players off the Couch and into a Mini-workout. ,*Los Angeles Times*,March 5,2007.

8. Games Seek To Bring Seniors To Their Feet—Nintendo marketing the Wii in Retirement Communities,*The Boston Globe*,June 16,2007.

9. Game-makers Underestimated Appeal of Wii;Companies are Now Scrambling To Produce Titles for The Hit Console Owned by More Than Three Million Fans,Writes Michael White from New York,*Ottawa Citizen*,April 10,2007.

10. Waiting Game; Nintendo's Popular Wii System Remains Hard to Find,*Pittsburgh Post-Gazette*(Pennsylvania),June 15,2007.

11. For gamers,Wii is No. 1;Low price,unique controller make Nintendo most popular,*The San Francisco Chronicle*,March 17,2007.

12. Channels, Classic Games Draw Older Audience to Wii, *Pittsburgh Post-Gazette* (Pennsylvania),March 10,2007.

13. Wii-markable;Nintendo's gaming system entrenched as a cultural phenomenon,*Ottawa Citizen*,May 31,2007.

14. Nintendo Wii steers virtual route toward youth fitness—Game systems offered as exercise equipment,*The Boston Globe*,May 14,2007.

15. 'Wii Play' completes gaming package;Shipping extra controller shows folks at Nintendo know business,*Grand Rapid Press*(Michigan),March 5,2007.

16. Nintendo Says Its Wii Game Will Remain in Short Supply,*The New York Times*,July 12,2007.

资料来源:Lexis Nexis,按相关性排列。

附录 8　“更高清：超乎寻常的游戏体验”PS3 宣传片

画面1：开始画面

画面2：“这是一个像素”

画面3：“10倍图像质量”

画面4：蓝光——50G高清

画面5：“每一个细节都生动逼真”

画面6：RSX“每秒运行1 000亿次”

画面7：HDMI“最优质的音/视频效果”

画面8：结束画面

资料来源：playb3yond. com。

附录 9 任天堂“所有人的 WII”宣传片

画面1：“Wii想玩！”

画面2：郊区家庭——Wii运动游戏

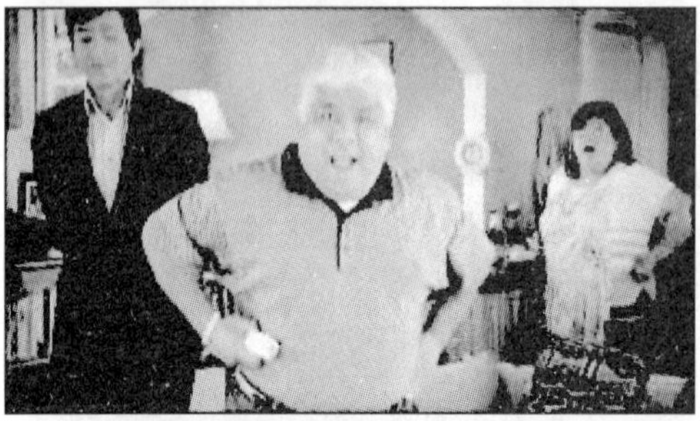

画面3：墨西哥裔美国家庭——健身游戏

画面4：墨西哥裔美国家庭——拳击游戏

画面5：都市专业人士——冒险游戏

画面6：农场主——橄榄球和动作游戏

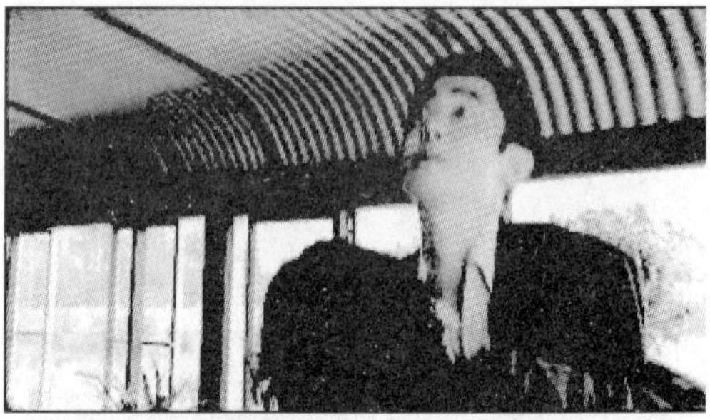

画面7：农场主表示谢意

画面8：Wii大使们驶向落日

资料来源：wii. nintendo. com。

附录 10 MII 频道

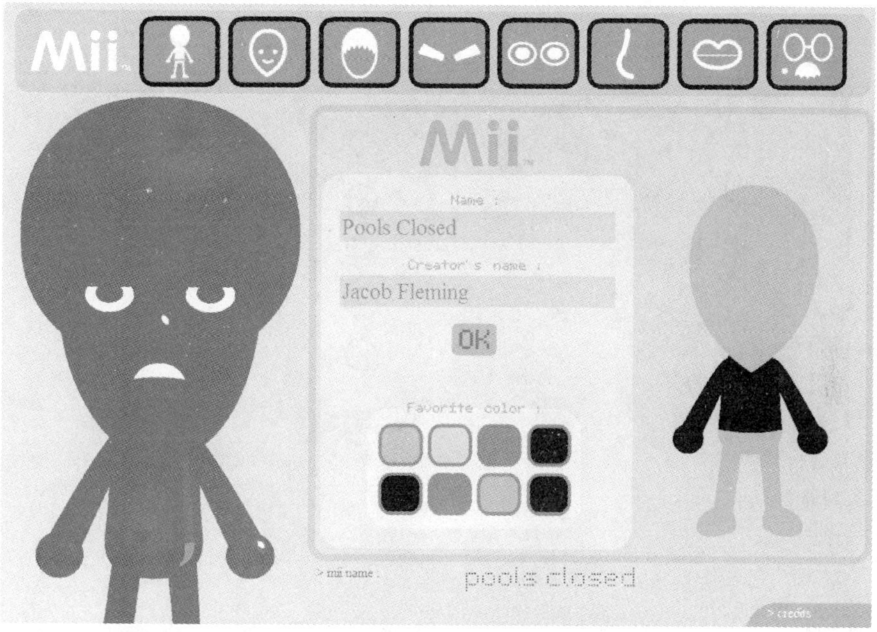

资料来源：ign. com。

附录 11 XBOX 360 的《开麦啦！》游戏

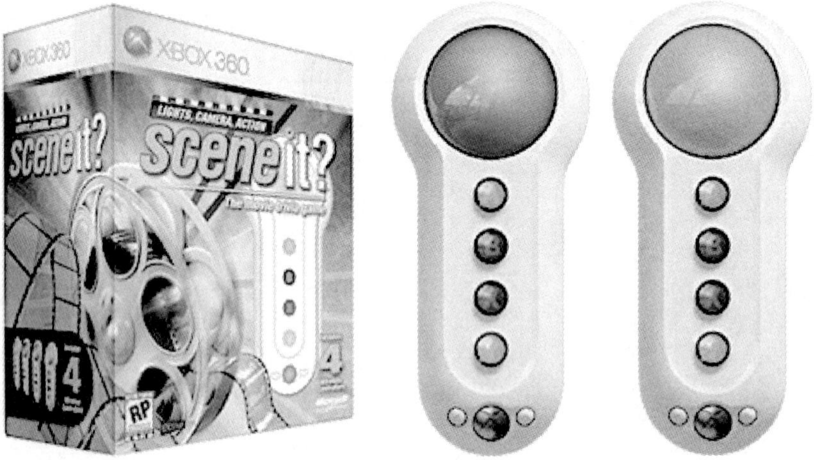

资料来源：ign. com。

附录 12 PS3 和 PSP 的《无限回廊》游戏

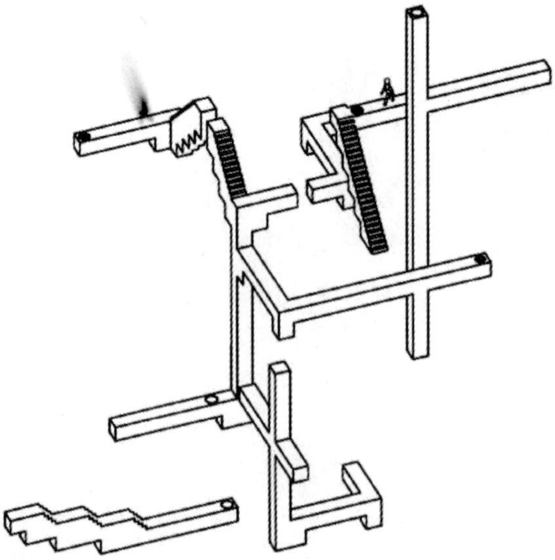

资料来源：Gamespot. com。

附录 13 美国视频游戏硬件的月销量

公司	平台	销量						
		2006 年 11 月	2006 年 12 月	2007 年 1 月	2007 年 2 月	2007 年 3 月	2007 年 4 月	2007 年 5 月
任天堂	Wii	476 000	604 200	435 503	335 000	259 000	360 000	338 000
索尼	PS2	664 000	1 400 000	299 352	295 000	280 000	194 000	187 000
微软	Xbox 360	511 000	1 100 000	294 000	228 000	199 000	174 000	154 900
索尼	PS3	197 000	490 700	243 554	127 000	130 000	82 000	81 600
任天堂	DS	918 000	1 600 000	239 000	485 000	508 000	471 000	423 000
索尼	PSP	412 000	953 200	211 000	176 000	180 000	183 000	221 120
任天堂	Game Boy	641 000	850 000	179 000	136 000	148 000	84 000	80 554
任天堂	GameCube	70 000	64 000	24 000	24 000	22 000	13 000	10 728

资料来源:NPD Funworld。

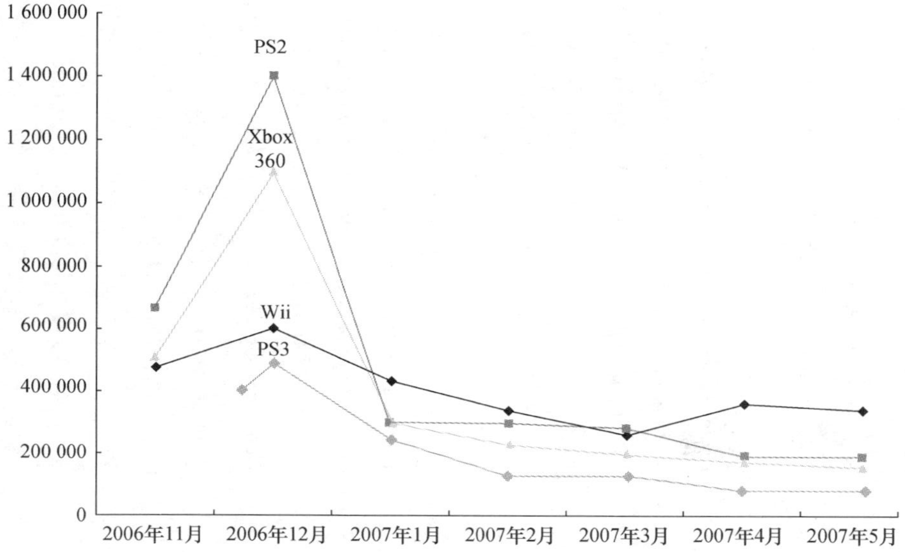

IVEY Publishing

案例 1-3

台湾宏全集团:厂内饮料包装材料供应商

作者:曾琼慧、陈时奋

主题:产品开发与技术创新;国际创新

2012 年 1 月，台湾宏全集团（以下简称“宏全”）总裁曹世忠在位于台湾省台中市的集团总部召开管理层例会。会议并没有受到附近工地的施工噪音影响，在那里一栋新的大楼即将建成，建成后它将取代现在的宏全总部，并且成为亚洲第一家饮料包装博物馆。由于宏全将一半的生产转移到客户处，才空出了新的施工场地。通过其独特的“厂内连续”的商业模式，宏全从一家区域性企业成长为世界领先的饮料包装材料供应商。自 2003 年起，尽管面临公司内外的普遍质疑，宏全还是开始将生产设备设在客户处，并在那里将材料半成品制成最终产品。2011 年年末，这项业务为公司创造的收入占公司总收入的 60%，并有望在 2013 年达到 80%。

公司背景

1969 年 7 月，宏全在台湾省西海岸中部的一个叫彰化的县城成立了。最初是一家生产吸管和瓶盖衬垫的小型家庭工厂，雇员不到 10 人。宏全的创始人是曹世忠的姐夫戴清溪，他以自己长子——现任宏全董事会主席——戴宏全的名字为公司命名。

宏全成立五年后，时年 23 岁的曹世忠在服完兵役后不久就加入公司，成为一名销售人员。三年后，戴清溪转投其他行业，曹世忠受命领导宏全。一直到 2012 年，他都是带领宏全前进的推动力。

曹世忠是一个典型的台湾企业家，积极进取，开拓创新，吃苦耐劳，锲而不舍。为了赢得更多的订单，他每天开摩托车走数百公里去拜访潜在客户。他极具才华和能力，为客户量身打造了“一体化服务”，也称为“一站式购物”。

在曹世忠强有力的领导下，宏全集团形成了谦逊、高效、自律、勤奋的核心价值观。在曹世忠 30 年的带领下，宏全集团在扩张的道路上渡过了许多的艰难险阻，成为亚洲的行业巨头（参见附录 2）。

创始阶段：1969 年到 20 世纪 80 年代中期

宏全集团成立初期，只是台湾几十家生产瓶盖衬垫和吸管的制造商之一。行业内直接的价格竞争十分激烈。为了获得更多的订单，曹世忠经常与现有客户和潜在客户保持联络。为比竞争对手领先一步，宏全集团开始供应已带有衬垫的瓶盖，这个方案大大提高了客户的生产效率。曹世忠回忆道：

> 我们从外面买进瓶盖，然后将瓶盖和衬垫黏合在一起。客户很满意我们提供的额外服务，因此客户对我们的信赖会更多，我们的业务关系也更紧密。

由于订单日益增多，1982 年，宏全集团进行了大规模的厂房扩建。为了偿还这项投资的债务，工厂 24 小时昼夜不停地生产，工人实行三班倒，最大限度地利用产能。曹世忠白天与客户接洽、处理公司行政与运营事务,晚上便加入到工人的生产队伍中去,甚至主动提出给自己减薪50%。

不久后,宏全将业务延伸到瓶盖和标签的生产。当时台湾只有几家公司能够提供这两种包装材料,这两种材料大多从日本、德国等地进口。本地的饮料厂商缺乏对质量和价格的有效控制,延迟交货的情况频发。台湾当局出台了购买台货的政策之后,曹世忠预感到市场机遇来了。

宏全刚一开始生产瓶盖就卷入了一场诉讼中,一家本地竞争者提出诉讼,称宏全涉嫌瓶盖专利侵权。回忆起艰难的诉讼过程,曹世忠历历在目。五年后,宏全被证明无罪,宏全集团也从这一诉讼案中吸取了教训,认识到规避专利保护的产品的重要性。

多功能包装材料供应商:20世纪80年代末到90年代

业务的不断增长需要扩建厂房,1988年,宏全集团搬迁到台中市的一个工业园区。四年后,宏全在同一个工业园区内又建了一个新厂,用以满足业务快速增长的需要和生产花样繁多的瓶盖和标签。

之前的专利诉讼事件也促使宏全集团在瓶盖生产上不断创新,生产确保质量和安全的防盗瓶盖。公司内部要求每年至少有一个创新想法或在饮料包装上进行改善。曹世忠说:"当最早期的竞争对手一个接一个地消失,宏全能够成为行业领军者的主要原因是创新。"

在快速发展的进程中,宏全主要着眼于四个方面:客户需求、市场趋势、人才培养和股东利益。

- 为满足客户需求,宏全扩大了产品的覆盖面,并通过了国际标准化组织(ISO)的质量认证。
- 为更好地了解市场趋势、吸收新知识,宏全定期选派员工参加交易会和博览会。
- 为吸引人才、留住优秀员工,宏全提供丰富的奖励机制和晋升机会,以激发员工的创造力和生产力。
- 为保护股东利益,宏全尽力在成本控制和稳定增长之间寻找平衡。

除了以上优先事宜外,宏全还尤为重视企业的社会责任,旨在提供环保、健康的饮料包装材料。

然而,宏全选择的发展道路也不是一帆风顺的。在20世纪90年代中期,中国台湾和大陆建立经济贸易关系之前,宏全面临着另一项法律难题。1993年,宏全发货到大陆可口可乐工厂的一批包装材料被台湾海关扣留,原因是标签印有简体字,这违反了台湾要求使用繁体字的法律法规。

当时,台湾发货到大陆很可能会被扣留,甚至整家公司会面临倒闭。然而幸运的是,几个月后,禁令解除,宏全并未蒙受太大的损失。但是曹世忠却因此学到了业务扩展方面的宝贵经验,即在跨国跨地区业务中要更加注意遵守相关的法律法规。

在快速增长期,宏全获得了许多奖项,包括 1991 年台湾杰出企业奖、1992 年台中市优秀雇主-雇员关系奖、1995 年台湾包装协会工业自动化奖。此外,台湾青年职业发展协会提名曹世忠作为青年企业家代表。

厂内连续包装服务供应商:21 世纪初至今

21 世纪初,宏全又发生了一件标志性的大事:宏全获准在台湾证券交易所挂牌上市。通过首次公开募股(IPO),宏全开始扩大产品的公众知名度。更重要的是,IPO 为宏全提供了大量的无息资金,用于改进生产设施。

宏全斥巨资用于工厂自动化的先进技术。据曹世忠称,当其他饮料包装材料制造商还在继续严重依赖劳工时,宏全是首个引入世界最先进设备的生产商。在机械化的全自动系统控制下,产能增加了 100 倍,原料浪费减少了 10%。

宏全的创新不仅仅是在技术硬件上,曹世忠在公司运营的软件方面同样力求创新。2003 年,宏全勇于尝试,启用了“厂内连续”的方式来生产聚酯(PET)饮料瓶。“厂内连续”的运营模式是指宏全在客户处设立生产设备,并把在产品送到设备上以完成最终产品的生产。

2006 年,宏全新增了饮料灌装业务,为一些客户提供分包服务。通过原始设备制造(OEM)这一业务模式,宏全依据特定客户的需求提供饮料灌装服务,这些客户再将自己的品牌贴到新产品上出售给消费者。宏全作为匿名分包商收取费用。

截至 2011 年年底,宏全的业务活动可以分为以下三个方面:

1. 在宏全自有工厂生产包装材料(如 PET 瓶,各式各样的瓶盖、标签以及成组收缩包装),然后将产品运给客户以供装瓶(占总收入的 12%)。

2. 通过“厂内连续”模式在客户的工厂生产 PET 瓶,直接和客户的装瓶业务线相连(占总收入的 60%)。

3. 在宏全自有工厂开展分包业务,最终产品以客户品牌出售给消费者(占总收入的 28%)。

在产品/服务类别方面,自 2002 年吹塑技术发展以来,PET 瓶需求量大,成为了宏全集团的主要产品。2011 年,PET 瓶的收入占宏全集团总收入的 33%;饮料灌装占 28%;塑料盖和铝盖共占 19%;标签占 8%;其他占 12%。

宏全占有 PET 瓶、塑料盖、铝盖和标签生产在台湾市场的最大份额。尤其是在 2011 年,宏全占领了 60% 的 PET 瓶市场、63% 的塑料盖市场、58% 的铝盖市场和 28% 的标签市场。

自 2001 年 IPO 以来到 2010 年年末,宏全集团收入增长了 8 倍(参见附录 3 至附录 5),从 14.6 亿新台币上涨到了 126.6 亿新台币(相当于从 4 380 万美元上涨到约 3.8 亿美元),预计 2012 年年底将达到 165 亿新台币(约合 4.95 亿美元),并且利润率始终保持在 20% 左右。

2002 年,宏全开始进军海外市场,主要着眼于中国大陆和东南亚国家。2010 年,宏全启动了海外投资的三年计划,预计耗资 120 亿新台币(约合 3.6 亿美元)。2011 年年底,宏全的收入来源按地区划分分别为:中国台湾占 48%、中国大陆占 41%、东南亚占 11%。

宏全的蓬勃发展为曹世忠赢得了许多领导力和行业贡献奖,包括台湾食品科学与科技协会颁发的优秀企业家杰出成就奖,以及台湾青年职业发展协会颁发的最高荣誉。

饮料包装行业

19 世纪中期,软饮料开始使用玻璃瓶包装。然而玻璃材料在灌装和运输过程中易碎,此外,重量过重和缺少密闭瓶盖也是问题。

在使用更结实的玻璃瓶后,这些问题有所减少。1892 年,William Painter 发明了软木塞瓶盖,使全密封饮料瓶成为可能。然而,密闭瓶盖不易打开,同时,玻璃瓶的重量仍然是个问题。

大约半个世纪后,1957 年,铝罐首次用于饮料包装。到 1972 年,比玻璃瓶和铝罐更受欢迎的 PET 瓶问世。塑料瓶不仅轻便、不易碎,包装完全密封,而且便于消费者携带和消费。更重要的是,塑料瓶比铝罐和玻璃瓶的生产成本低得多。

PET 瓶的崛起

在众多饮料包装材料中,PET 瓶独领风骚。根据英国行业和消费者市场咨询公司 Canadean 的数据显示,到 2010 年年末,全球超过 24% 的饮料采用 PET 包装,估计这个比率每年还在以 7% 的比例上升。

PET 瓶成为饮料包装材料的主打产品,是因为它具有容量大、质量轻、携带方便、可冷藏、透明、可回收利用等特点。更重要的是,PET 材料可以加工成各种形状以满足客户需求。优异的性能和合理的价格使得 PET 瓶广泛应用于各类饮料包装,包括碳酸饮料、运动饮料、矿泉水、果汁、茶饮料、咖啡牛奶混合饮料等。

无菌冷灌装技术的发展推动了 PET 瓶的使用。与传统热灌装技术相比,冷灌装技术只需轻便的瓶子和较低的加热温度就能杀菌。因此,PET 材料可以降低成本,同时避免了营养流失、饮料质量和口味的改变。Canadean 的统计数据表明无菌冷灌装技术市场每年增长 21%,进一步扩大了 PET 瓶的普及面。

PET 瓶的生产

建一个 PET 瓶工厂大约要花 60 万—6 000 万美元,具体花费取决于生产线的数量、容量与包装类型。投资建设大工厂的公司可以实现规模经济,并给相对较小的新加入者构筑行业壁垒。为鼓励大订单,行业中许多公司都提供批量折扣。

PET瓶的主要成本是原材料,它是对苯二甲酸(terephthalic acid)和乙二醇(ethylene glycol)化合后产生的聚合物。由于原材料费用大约占成本的50%,所以21世纪初以来石油价格的上升给行业的经营利润带来了不利影响。其他成本要素还包括机械、设备、直接劳工成本和运费。

PET瓶的生产包括两个步骤:第一步是将未成型的PET颗粒转化为未膨胀塑料瓶,这一步被称做预成型。每个半成品都有一定的厚度,并且瓶口上端被塑造成像试管上端一样的形状。半成品的大小各不相同,以便与最终瓶型相吻合(参见附录7)。这一步骤中,生产规模经济来自于几个方面,包括采购、机械和设备等。

第二步是吹塑,即半成品经过膨胀塑造成瓶子最终的形状。与半成品的生产相比,吹塑在各个生产水平的平台上都相对容易实现,因此规模经济对总体成本的影响比较小。

最终形成的产品需要送到客户的工厂,有的厂址距离较远。PET瓶体积较大、充满着空气,占用货车和仓库托盘的大量空间,在运输和存储过程中比较容易被污染。

台湾PET瓶市场

2011年,台湾PET瓶制造市场的销售额接近70亿新台币(约合2.1亿美元),宏全占有60%的市场份额,其余40%由50多家小生产商瓜分。这个行业已经相当成熟,2008—2010年间,每年以10%—12%的比例稳步增长,毛利率则大约为15%—20%。

在同行业中,价格竞争很激烈。为降低成本,管理者往往寻求长期生产模式来生产标准瓶,一方面能提高产能利用率,另一方面可以减少生产线更换所造成的昂贵成本。同时,大规模的采购还可以享受折扣。为了保护市场份额,公司通常都不愿意涨价。一些小的生产商抱怨道:"激烈的价格竞争对我们这样的小公司伤害很大,这么低的价格都快弥补不了固定成本了。"

大多数制造厂都设在彰化和台中这两个位于台湾西海岸中心的相邻城市,从这里可以很容易到达台湾的任何一个位置(既降低了成本又减少了运输时间)。由于PET瓶本身体积大(尽管质量轻),运输PET瓶到海外市场的成本较大,这样的国际贸易并不划算,因此大多数企业只供应本地客户。为使运输成本最小化,一些供应商甚至将工厂建在接近主要客户的地区,以确保包装材料供应稳定。

PET的最大使用者是饮料公司,大部分饮料公司不打算向上游整合包装瓶生产。为保证包装材料的稳定来源,它们同时与多家包装瓶生产商保持着业务往来,因此它们可以利用一家生产商制约另一家,从而确保最好的服务质量和最低的价格。对于那些设在特定的饮料公司附近的包装瓶工厂来说,损失客户将会大大削减它们的生产效率和赢利。

PET瓶占一个包装饮料材料成本的50%。为节省生产成本,一些饮料公司采取专用生产而非外包。这些公司设立工厂生产PET瓶为己用。由于瓶装饮料的需求会因气温的骤变而增加或减少，因此当这些饮料公司遇到包装厂产能过剩时，它们通常会加入包装瓶市场的角逐。

宏全的“厂内连续”商业模式

2002年，宏全开始生产PET瓶后不久，曹世忠提出了“厂内连续”的商业模式，可谓是行业首创。在这一策略的指导下，宏全在客户工厂内部设立吹塑机，这样就可以在饮料灌装过程中边吹瓶边装瓶。曹世忠的最初用意非常简单，他想通过现场生产以赢得潜在客户的信任，并吸引他们远离竞争对手。

曹世忠很快便意识到他的“厂内连续”商业模式十分适合PET瓶生产。通过在客户工厂吹瓶生产，宏全可以一边操作第二步的生产工序，一边完成后续的装瓶程序，例如饮料灌装、饮料瓶压盖、标签打印、成组打包。体积大的瓶子再也无须运到饮料厂，相反，宏全只需要将半成品和瓶盖、标签一起送到工厂，而这些物件体积小、质量轻（参见附录8）。

曹世忠还尝试将他的“厂内连续”模式推荐给台湾的一家顶尖食品和软饮料生产商。在谈判过程中，曹世忠提议使用“成本+利润”的原则来给宏全的包装材料和服务定价。在双方对利润率达成一致后，所有由“厂内连续”服务中带来的可能的生产成本节约都会转移给客户。

宏全设立吹瓶操作的场地由客户提供。由于宏全使用“成本+利润”的定价原则，其在客户工厂的操作成本，如租金、电费、公用物品等，都不包括在成本计算范畴里。这种方法简化了客户的工作，客户无需向宏全收取租金和其他费用。

宏全的“厂内连续”生产的主要成本是材料成本、劳动力成本和初始投资成本。为保证能够收回设备投资，宏全在谈判中议定十年合同，并要求客户保证最小订单量，如若违约，客户将支付罚金给宏全作为固定成本补偿。该合约同时还允许宏全根据市场波动调整材料成本。

在和第一家客户签订合同之前，宏全需要说服税务机关，“厂内连续”模式不会降低应纳税利润，同时还需要说服银行为这个全新的业务模式提供资金支持。“新的理念付诸实践时总是会遇到很多挑战”，曹世忠回忆道。

据曹世忠称，“厂内连续”商业模式将每个饮料瓶成本降低了0.5新台币（约合0.017美元），使得成本比原先在宏全自有工厂生产时节省了20%。成本降低主要来自以下三个方面：

1. 储存、包装和运输成本（半成品的体积比膨胀的充气瓶小很多）。

2. 材料成本（刚吹塑成型的瓶子在灌装过程中可以更好地承受装罐过程，因此可以更薄）。

3. 管理费用(与灌装操作相邻，更便于吹瓶设备的管理)。

对于一家年产量 5 000 万瓶的饮料厂而言，每年包装节约的总成本为 2 500 万新台币(约合 75 万美元)。曹世忠说，"'厂内连续'商业模式使宏全和客户紧密结合，先发制人占领了市场份额。"

截至 2011 年年末，宏全已经建成 20 家"厂内连续"生产工厂，其中包括中国台湾 7 家、中国大陆 8 家、东南亚 5 家。宏全的客户包括可口可乐、百事可乐和统一(台湾最大的食品饮料集团)；宏全从"厂内连续"这一独特的商业模式中的获益占其总收入的 60%。尽管宏全并非台湾首家 PET 瓶生产商，但凭借着创新的商业模式迅速超越竞争对手，成为市场领军者。

海外扩张

由于饮料容器(即箱、罐、瓶)体积过大和昂贵的国际运费等因素，宏全刚投入 PET 瓶生产时，该行业从本质上还仅仅适合当地市场，国际发展空间很小。"厂内连续"模式让宏全可以只将 PET 瓶生产的第二步移到国外，无须面临海外扩张的障碍。而将生产工序的第一步保留在台湾，宏全可以保证享有显著的材料和机械流程的规模经济效益。

2002 年，宏全开始到海外扩展业务。"厂内连续"生产策略在宏全进军海外市场，与主要饮料生产商形成合作伙伴关系中起到了巨大的作用。例如 2004 年，宏全与 PT ABC President 公司(印度尼西亚 PT ABC 中心食品公司与中国台湾统一集团的合资企业)采用"厂内连续"生产模式建厂，进入印度尼西亚市场；2007 年，宏全又与越南一家本土公司 Tribeco 达成"厂内连续"合作模式；2011 年，宏全与马来西亚 Cocoaland 公司达成"厂内连续"合作模式，由此进入马来西亚市场。

到 2011 年年底，宏全在 6 个国家或地区共计有 37 个生产基地。其中，在中国大陆的生产基地最多，达到 16 家；其次是中国台湾，有 12 家；其他包括印度尼西亚 3 家、泰国 3 家、越南 2 家和马来西亚 1 家。这 37 家生产基地中，有 20 家是"厂内连续"工厂，设在宏全的客户的工厂内，其中中国大陆 8 家，中国台湾 7 家，印度尼西亚 2 家，马来西亚、泰国和越南各 1 家。

未来几年，宏全将目标瞄准东南亚市场，如缅甸、巴基斯坦和菲律宾。随着东盟各成员国经济的蓬勃发展，宏全将东南亚市场作为着重关注点。在台湾人口增长下降、饮料业趋于饱和的情况下，这些海外机遇对于宏全而言尤为珍贵。

结语

曹世忠办公室外的施工噪音很快就会停止，但是宏全的发展机遇是无限的。曹世忠深知公司的发展离不开“厂内连续”的商业模式。“无论这想法是聪明的还是疯狂的”，曹世忠特别指出，“我们的‘厂内连续’商业模式为我们和客户实现了双赢。”

附录1 饮料包装材料

(1)瓶盖衬垫

(2)瓶盖(塑料)

(3)瓶盖(铝)

(4)标签

资料来源：台湾宏全国际股份有限公司。

附录 2 宏全集团大事记

- 1969 年:戴清溪于台湾省彰化县创立宏全公司。
- 1982 年:大规模扩建厂房。
- 1984 年:宏全生产的铝盖和标签获得可口可乐、百事可乐、七喜和其他国际饮料公司的质量认证。
- 1988 年:搬迁到台湾省台中市工业园区。
- 1991 年:荣获台湾当局颁发的优秀企业奖。
- 1992 年:在台湾省台中市同一个工业园区建立第二家厂房。
- 1992 年:被台中市政府授予优秀雇员-雇主关系企业。
- 1995 年:荣获台湾省包装协会的工业自动化奖。
- 1996 年:获得 SGS ISO9002 认证。
- 1996 年:进军中国大陆。
- 2001 年:在台湾证券交易所挂牌上市。
- 2002 年:开始聚酯(PET)耐热结晶瓶生产。
- 2003 年:创立"厂内连续"商业模式。
- 2004 年:进军泰国和印度尼西亚。
- 2006 年:开始提供原始设备生产服务(OEM)。
- 2007 年:进军越南。
- 2011 年:进军马来西亚。
- 2011 年:荣获可口可乐公司颁发的社会责任企业奖。

资料来源:台湾宏全国际集团。

附录 3 利润表(2001—2010 年)

单位:千新台币

	2010	2009	2008	2007	2006	2005	2004	2003	2002	2001
营业收入	6 361 675	5 385 138	5 006 429	3 700 175	2 993 214	2 830 652	2 756 905	2 378 942	1 912 859	1 458 181
销售成本	(4 655 368)	(3 891 940)	(3 767 058)	(2 961 033)	(2 293 664)	(2 156 564)	(1 984 998)	(1 626 566)	(1 331 402)	(1 048 264)
总利润	1 706 307	1 493 198	1 239 371	739 142	699 550	674 088	771 907	752 376	581 457	409 917
营业费用	(566 497)	(569 534)	(461 686)	(367 797)	(268 949)	(252 264)	(234 736)	(221 917)	(179 600)	(160 991)
营业收入	1 139 810	923 664	777 685	371 345	430 601	421 824	537 171	530 459	401 857	248 926
非营业收入	284 329	231 561	218 222	58 052	29 990	24 623	49 655	33 633	57 435	41 395
非营业费用	(31 812)	(29 353)	(72 003)	(70 193)	(139 928)	(179 554)	(144 691)	(95 140)	(39 521)	(58 426)
税前利润	1 392 327	1 125 872	923 904	359 204	320 663	266 893	442 135	468 952	419 771	231 895
所得税	(134 570)	(165 219)	(171 667)	(76 451)	(0)	(16 929)	(32 631)	(64 860)	(66 591)	(44 915)
净利润	1 257 757	960 653	752 237	282 753	320 663	249 964	409 504	404 092	353 180	186 980

资料来源:台湾宏全国际股份有限公司。

附录4 资产负债表(2001—2010年)

单位：千新台币

	2010	2009	2008	2007	2006	2005	2004	2003	2002	2001
资产										
流动资产	2 618 638	2 588 870	1 800 031	1 791 410	1 501 030	1 457 661	1 452 041	1 375 642	1 283 466	909 762
长期投资	2 937 323	2 600 966	2 066 626	1 499 374	1 366 673	1 413 229	916 781	872 954	654 393	41 940
固定资产	3 254 196	2 872 748	2 801 839	2 934 874	2 779 468	2 515 020	2 598 607	1 927 577	1 857 753	1 495 852
其他资产	54 913	29 805	61 582	101 962	103 747	76 894	50 308	38 254	13 213	16 047
合计	8 865 070	8 092 389	6 730 078	6 327 620	5 750 918	5 462 804	5 017 737	4 214 427	3 808 825	2 463 601
负债和股东权益										
流动负债	1 229 700	936 571	1 058 720	1 031 973	1 464 178	1 421 449	849 991	666 615	1 069 201	566 680
长期负债	137 141	228 570	616 665	921 770	672 523	660 039	861 017	945 698	524 434	326 716
其他负债	80 378	86 120	91 028	92 744	57 779	54 056	39 810	32 806	27 004	20 434
总负债	1 447 219	1 251 261	1 766 413	2 046 487	2 194 480	2 135 544	1 750 818	1 645 119	1 620 639	913 830
股东权益	7 417 851	6 841 128	4 963 665	4 281 133	3 556 438	3 327 260	3 266 919	2 569 308	2 188 186	1 549 771
合计	8 865 070	8 092 389	6 730 078	6 327 620	5 750 918	5 462 804	5 017 737	4 214 427	3 808 825	2 463 601

资料来源：台湾宏全国际股份有限公司。

附录 5 收益分配(2007—2011 年)

按产品类别　　单位:千新台币

年份＼产品	2007		2008		2009		2010		2011	
	销售	%	销售	%	销售	%	销售	%	销售	%
PET 瓶	1 166	31.5	1 551	31.0	1 771	32.9	2 270	35.7	2 174	33.4
饮料灌装	457	12.4	1 106	22.0	1 170	21.7	1 278	20.1	1 842	28.3
塑料瓶盖	745	20.1	881	17.6	959	17.8	1 037	16.3	909	14.0
铝盖	447	12.1	405	8.1	372	6.9	420	6.6	330	5.1
标签	292	7.9	393	7.9	414	7.7	479	7.5	488	7.5
其他	593	16.0	670	13.4	699	13.0	878	13.8	757	11.7
总量	3 700	100.0	5 006	100.0	5 385	100.0	6 362	100.0	6 500	100.0

按地区　　单位:千新台币

年份＼地区	2007		2008		2009		2010		2011	
	销售	%	销售	%	销售	%	销售	%	销售	%
中国台湾	3 700	53.5	5 006	54.4	5 385	53.7	6 362	50.3	6 504	47.5
中国大陆	2 740	39.7	3 450	37.5	3 720	37.1	5 135	40.6	5 628	41.1
东南亚	470	6.8	750	8.1	915	9.2	1 160	9.1	1 561	11.4
总量	6 910	100.0	9 206	100.0	10 020	100.0	12 657	100.0	13 693	100.0

资料来源:台湾宏全国际集团。

附录 6 全球饮料包装材料所占份额(2010 年)

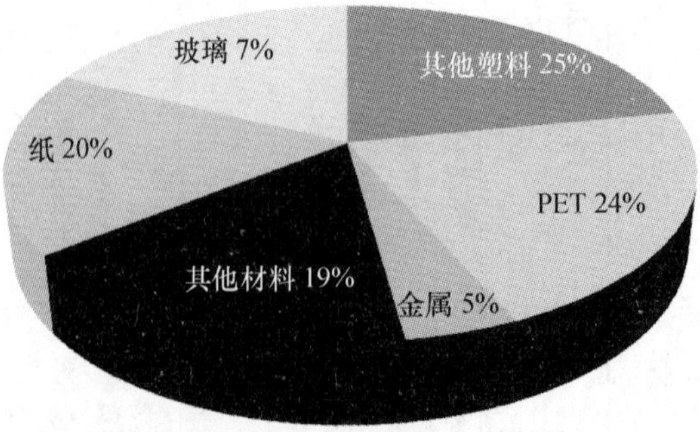

资料来源:F. Welle, *Views of Shini Magazine No* 7,2011,www.shini.com/ep_edm/en/contect.php?e_id=30&ID=443&flag=1,2012 年 8 月 13 日访问。

附录 7　PET 瓶制造过程

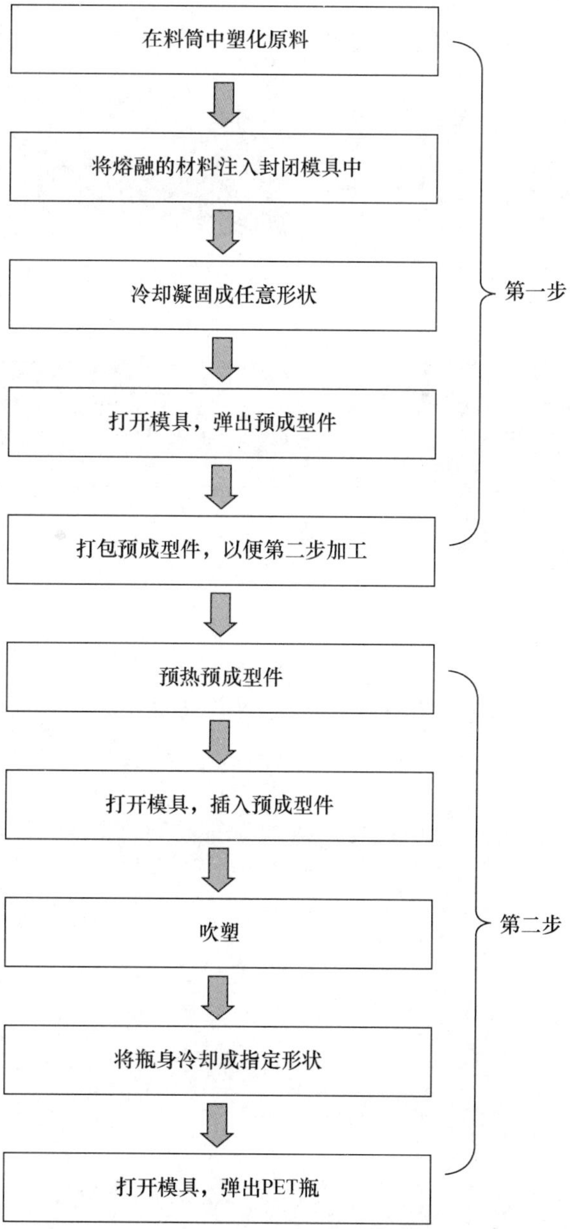

资料来源：APITCO 公司。

附录 8 “厂内连续”模式

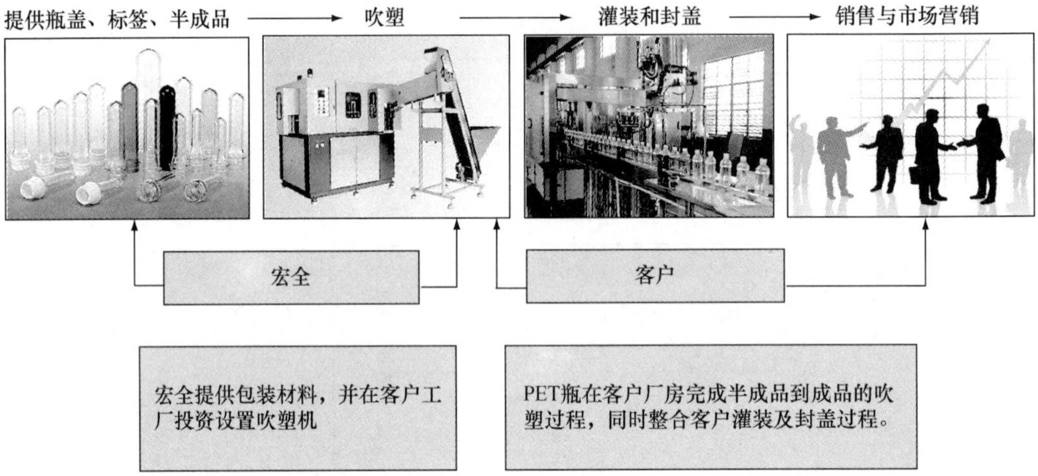

资料来源:台湾宏全国际集团。

第2部分

创新管理中的组织问题

IVEY Publishing

案例 2-1

苹果 A[①]

作者:Mary Crossan, Tom Watson

主题:创新型公司的领导

Tom Watson wrote this case under the supervision of Professor Mary Crossan solely to provide material for class discussion. The authors do not intend to illustrate either effective or ineffective handling of a managerial situation. The authors may have disguised certain names and other identifying information to protect confidentiality.

本案例由 Tom Watson 在 Mary Crossan 教授的指导下编写,由陈佳旭协助完成从英文到中文的翻译,由郑芊伊编辑。此案例仅作为课堂讨论的材料。作者无意阐明案例在管理场景中的使用是否有效。为了保密,作者可能在案例中有意隐去了一些真实姓名或其他信息。

---

① 本案例仅根据公开资料编写。因此,在本案例中呈现的解释和观点并不一定代表苹果公司或其任何员工的观点。

苹果公司

2011年的第四季度,苹果公司公布了其创纪录的业绩,并超过惠普成为世界上最大的个人计算机供应商,这主要归功于市场对其平板电脑的旺盛需求,而这种需求促进了其全球产业市场上的销售额,使之达到了1.2亿美元,比上年同期增长16%。[1] 位于加利福尼亚州库比蒂诺市的苹果公司销售了1 540万台iPad和520万台Macintosh的计算机,占其总货物销售量的17%。并且,在第四季度苹果公司还售出了3 700万台iPhone,产生了175亿美元的现金流量,创下了463.3亿美元的收入纪录,而且公司的利润增加了1倍多,达到了创纪录的130亿美元。[2]

这些结果代表了企业史上最轰动的季度业绩表现之一,同时也证明了苹果公司创始人之一的史蒂夫·乔布斯(Steve Jobs)杰出的领导能力。正如硅谷创意策略中心研究消费性技术的主管Ben Bajarin所指出的,没有几个公司(如果真有的话)拥有足够的装备能够在消费性电子产品行业上与苹果公司抗衡,这是因为该公司是纵向一体化的。他指出:

> 苹果制造优质的硬件,并拥有自己的核心软件经验,所以能够为公司的硬件优化其软件,而且为其配备了网络服务(iTunes和iCloud),最终还能够通过自己的零售店控制其产品的销售体验。
>
> 与此相对应的是,其他大多数个人计算机、智能手机和平板电脑的供应商制造硬件(如戴尔、东芝、摩托罗拉、三星等),把其他公司的软件装在里面(如Windows和安卓等),并使用第三方的服务(如谷歌、承运商服务等),然后通过其他公司的商店售出(如承运商零售店、百思买等)。
>
> 与苹果这样一个纵向一体化的公司进行竞争,就意味着其他个人电脑和消费性电子产品的制造商最多只能在一两个方面与苹果抗衡。虽然它们可能会创造出类似的硬件,但是缺乏对操作系统的控制以及对任何与这些操作系统有关的服务的控制,因而它们不能很好地控制自己的市场。目前还没有任何供应商表现出可以在零售业与苹果抗衡的实力。[3]

正如美国企业家马克·西格尔(Mark Sigal)所指出的,当你看到苹果是如何将其iPod媒体播放器和iTunes市场的纵向一体化策略应用在它所有的产品上,并与数亿消费者通过"简化的发现、购买和分销" 的方式建立起支付关系时,会发现它提供了一扇

---

① http://www.canalys.com/newsroom/apple-storms-past-hp-lead-global-pc-market,2012年1月30日访问。

② http://www.apple.com/pr/library/2012/01/24Apple-Reports-First-Quarter-Results.html,2012年1月24日访问。

③ Ben Bajarin,"Why Competing with Apple Is So Difficult," *Techland.time.com*,2011年7月1日访问。

窗户,并通过它展现了乔布斯是如何有效地使用了“一个既协调又分散的市场分割方法”。①

在乔布斯 2011 年年末逝世的时候,美国总统巴拉克·奥巴马(Barack Obama)曾指出,美国失去了它最伟大的创新者之一。纽约市市长迈克尔·布隆伯格(Michael Bloomberg)哀悼时称“一位与爱迪生(Edison)和爱因斯坦(Einstein)一样会被记住的天才”过世了。② 甚至在《连线》(*Wired*)杂志纪念乔布斯的期刊中,其被提升到了圣徒的地位;该杂志强调说,天堂刚刚接受了“一次重要的升级”。③

失去乔布斯的广泛感受是很容易被理解的。在 2011 年乔布斯辞职与癌症做斗争之前,他以超过 6 000% 的股价上涨率回报了苹果的股东,这是自 2003 年 4 月公司的股票在互联网泡沫破裂后降到最低以来的成果(参见附录 1)。乔布斯将一个挣扎中的苹果转变成了一个全球最具价值公司的头衔的争夺者,公司的收入超过了 1 000 亿美元(参见附录 2)。在其他方面,他彻底改革了个人计算机、音乐发行、手机市场、数字出版和传统的实体企业零售方式。同时他在解放消费者的过程中成为一个被狂热崇拜的人物。如《反叛销售》(*Rebel Sell*)的合著者之一 Andrew Potter 所说的,乔布斯设法向赶时髦的人出售了一致性,因为“相比于使用其他的操作系统、电脑或设备,苹果的产品让其使用者们感觉到更自由。”④

乔布斯也改变了商业企业如何雇用员工的想法。在看到他有效地利用苹果强大的品牌价值,把消费性电子业的景象从一个竞争者集聚的红色海洋转变成一个由 iPod 主导的蓝色海洋(这为所有的苹果产品都产生了一个光环效应)后,以前死板的人力资源工作者开始寻找被《罕见的发现:在其他人之前发现特殊人才》(*The Rare Find: Spotting Exceptional Talent Before Everyone Else*)一书的作者 George Anders 称之为有着“参差不齐的履历”和“事业曲折史”的“随心所欲的特立独行者”,而不是仅仅专注于那些被完美的简历定义为“正好的人”。Anders 在乔布斯逝世不久后写道,“想象一下,一位风险投资家在 1977 年因为这位个人计算机的开拓先锋没有从大学毕业而不愿意支持史蒂夫·乔布斯所感到的懊悔。如果苹果没有邀请乔布斯重新回来领导公司,想象一下 20 世纪 90 年代苹果的命运吧,尽管乔布斯的首次经营生涯以被免职结束。”⑤

一个公司的诞生

苹果公司创立于 1976 年 4 月 1 日,出售由乔布斯的儿时玩伴 Steve Wozniak 为计算机爱好者设计的电路板工具包。发展期的资本是由成为公司董事长的天使投资人

① Mark Sigal“Apple's Segmentation Strategy,” *Radar. oreilly. com*,2010 年 9 月 29 日访问。

② A Wilson,“Brilliant, Yes, But He Wasn't an Einstein,” *Dailymail. com*,2011 年 10 月 7 日访问。

③ Ibid.

④ Andrew Potter,“How Steve Jobs Sold Conformity to the Hipsters,” *Ottawacitizen. com*,2011 年 10 月 5 日访问。

⑤ George Anders,“Spotting the Great but Imperfect Resume,” *HBR Blog Network*,2011 年 12 月 9 日访问。

Mark Markkula 提供的。他把美国国家半导体公司的前任产品线经理 Michael Scott 引入苹果做了 CEO,并负责建立产品的制造生产业务。在经过了爆炸性的启动阶段后,公司发布了由 Wozniak 设计、乔布斯包装的 Apple II,并由此建立了自己的支柱产品。Apple II 被认为开创了个人电脑的市场,它将公司电脑的销售数量从 1977 年的 2 500 台提高到了 1980 年的 10 万多台。而就在这个时候,苹果上市了,其首次公开募股成为自 1956 年福特汽车的股票开始交易以来超额认购最多的一次,其市值被估价为 18 亿美元。[①]

在公司的早期阶段,乔布斯就把苹果的纵向一体化策略的种子植入了公司,这包括他不断追求卓越,一丝不苟地注重于产品的质量、简单和设计,不信任任何外部人员对苹果所制造产品的干涉,包括顾客在内。在一切可能的情况下,他都要坚持公司保持对其业务的各个方面和相关顾客体验方面的控制。如 Scott 在乔布斯去世后所指出的:

> 我认为苹果的成功仍然在于我们为其设定的角色:我们创造的是一个工具,而不是一个玩具;我们必须同时控制其硬件和软件两个方面。这也是你为什么能在苹果所有不同的产品中都看到成功的原因。这些产品所提供的是组合得很好、成为一体的硬件和软件包。幸运的是,当 IBM 决定进入个人计算机市场时,他们把硬件的工作给了几个不同的团体,所以你得到了一大堆硬件,它们从那以后一直都在修补那些硬件上面的软件。
>
> 你现在依然可以在手机、iPad 或电脑中看到这些。你必须同时控制硬件和软件,否则你将面临一片混乱。现在的安卓就是一个很好的例子,就像谷歌所学到的,如果你没有一套严格的规则,你最终会毁掉产品。
>
> 这仍然是真理,它仍然存在于企业文化中,你一定要把事情做对,而不仅仅是"足够好"。另一个可供选择的商业模式是像微软那样,供应"足够好的"商品,而不是"完美的"。苹果的目标一直是供应让我们觉得自豪的,而且让人们能自豪拥有的商品,并且我认为三十年前是这样,现在仍然是这样。[②]

然而,乔布斯对创造杰出产品有着不可动摇的专注,他要求苹果设计生产专门的螺母和螺栓之类的零部件,甚至包括消费者看不到的部件。但这些并不总能被人们看好,甚至是 Scott,他在苹果首次公开募股不久后离开了苹果。如《商业周刊》(*Businessweek*)在 2006 年讲到的:

> 过去的几年是对他的想法和领导力的彻底辩护。仅仅十年前,他还被认为是一个情绪化的微观管理的经理,他所坚持的对公司业务的完全控制以及时髦风格的创新使他的公司被认为是不入流的。当苹果尝试同时发展其计算机的硬件和软件时,微软、英特尔和众多的个人计算机制造商通过把两者分开将曾经的行业领导者彻底击败。1997 年年末,被问到作为苹果的领导者乔布斯应该怎么做时,戴尔公司当时的 CEO——Michael S. Dell 在一个投资者大会上回答说:"如果我是乔布

① Walter Isaacson, *Steve Jobs*, Simon and Shuster, 2011, p. 103.

② Jay Yarow, "Interview with Apple's First CEO Michael Scott," *Businessinsider. com*, 2011 年 5 月 24 日访问。

斯,我会关闭公司,然后把钱还给股东。”①

来自 IBM 的挑战

苹果面临的第一个重要挑战是1981年IBM个人计算机进入市场戏剧性地改变了市场的竞争环境,当时Apple II已经接近其生命周期的尽头。一年前,苹果发布但又召回了Apple III,这是一次在公司销售部门领导下的经营失败,而不是因为Wozniak。1983年,苹果公司被交到百事的前董事长John Sculley的手中,他曾经策划过百事的挑战营销活动,而那次活动在20世纪70年代大大削弱了可口可乐的销售额。他刚好在苹果发布商务计算机Lisa时和苹果公司签约。Lisa是以乔布斯的第一个女儿的名字命名的,但这个计算机并不完全是在乔布斯的领导下开发的;这款计算机的发展本来是用来替代Apple II并以此推动公司的增长的。Lisa将图形用户界面(GUI)和鼠标技术引进了计算机世界,但是它的标价十分高昂,结果失败了。Sculley的对策是,将苹果的未来寄托于Macintosh上,这是一个在乔布斯的领导下、由公司的一个小型产品驱动发展团队所开发的廉价版本的Lisa。正如其销售计划中所陈述的:

> 如果将Macintosh设定为第三个标准商品的计划失败的话,会令苹果的发展曲线显著减缓。IBM已经抢走了我们的大型、中型办公市场和小型商家业务的细分市场上的主要销售份额。全国客户的渗透是一个长期的前景预期。在没有成功的发布产品的情况下,第一期的趋势看起来是不可逆转的,特别是考虑到IBM的成功,所以这个趋势要将(最新的Apple II的版本)重新定位为一个家庭/教育的产品。在此时将个人计算机产品线退回到主流业务市场是一个不合理的定位(提议)。如果我们在总的商务市场占有率上降到20%以下,那么苹果试图制造的一次苹果和IBM两匹马的赛跑将会以失败而告终。
>
> 此外,IBM将会使用其名为FUD的成功的企业定位方式在全世界的商业市场上瓦解苹果的成功。FUD代表着Fear(惧)、Uncertainty(惑)和Doubt(疑)。这些都是真实的、有竞争的力量,它们对购买决定的影响比产品本身的特性还要大。然而,当权衡苹果和IBM的竞争优势时,我们赢在了一个核心领域:产品优势。它是我们先发制人的Lisa技术,它具有一个被认可的性价比优势,它将会让我们在未来的18—24个月内成功地与IBM进行竞争。②

1984年,Mac的发布风暴般地横扫了整个行业,苹果推出了一个变革性的广告。在广告中,它将IBM宣传为一个奥威尔式的“老大哥”(Orwellian Big Brother),而将苹果定位为一个反叛者般的“给心灵制造的自行车”的供应者,这使得公司造就了一批愿

① Steve Jobs' Magic Kingdom, *Businessweek*, February 6, 2006.

② http://library.stanford.edu/mac/primary/docs/pip83.html,2000年6月2日访问。

意支付溢价的忠实顾客,因为他们要摆脱技术上的复杂性。然而,Mac 的销售额没能保持住其最初的势头,在某种程度上这是因为薄弱的零售商支持和一个没有竞争力的软件应用上的数量。

为了增加其销售额,乔布斯想注重家庭方面的用户,并建立一个直接面向消费者的分销模型。根据苹果前任高级副总裁(SVP)Jay Elliot 所说,乔布斯"正处在一个领悟的起始阶段,而其会在未来的数年里帮助他成长"。乔布斯认识到,虽然 IBM 的个人计算机被宣传为一台个人计算机,但是事实上它却是为企业用户设计的,用来摆在员工们桌子上的,而 Mac 却是理想上的适合占领消费者市场的,而在这个拥挤的产品市场上,它是"一枝独秀"。①

然而,Sculley 不同意。他相信传统的经销商—零售商系统,并且决心将 Macintosh 作为一个商业性工具推广。1985 年,当这些不同意见产生了内部分歧时,苹果董事会支持了 Sculley,迫使乔布斯离开了公司。乔布斯的突然离开,就像 Elliot 所说的,是"一个教训,尤其是当一家公司没有一套紧密的、有黏着力的产品策略时,并且公司的组织结构是功能化形式的,而不是基于不同的产品而分成的团队形式"。②

在出售了其大部分的苹果股票之后,乔布斯花费了 1 000 万美元获得了对皮克斯(Pixar,卢卡斯电影公司的数字动画分公司)的控制,而这最终使他成为了亿万富翁。乔布斯又创立了另一家叫 NeXT 的计算机公司,这个公司吸引了高调的投资者,例如 Ross Perot。现在我们再重新来看一看苹果,Sculley 重组了公司,把从前独立的 Mac 团队编入了一个新的产品开发部门。公司得以保持稳定,这主要是由于市场对 Apple II 的紧密需求和最终 Macintosh 销售额的增加,以及苹果打印机销售额的增加。苹果打印机是在 20 世纪 80 年代中期由于台式印刷的兴起而发展的,而这些都源于乔布斯所做出的战略投资决策。尽管在研发上花费了数亿美元,公司还是在创新上搞砸了。正如 Elliot 指出的,新的公司体系,连同开支控制,最终使公司受损而没有受益。Elliot 说:"史蒂夫觉得苹果本应该获取合理的利润,同时专注于一个优秀产品上以提高市场份额的占有率,而这个战略本应该能够给予 Mac 三分之一或更多的个人计算机市场的份额。然而,运行微软 Windows 系统的计算机占领了市场。"③

乔布斯的二次归来

苹果换了一批 CEO,但是销售额还在持续下降,同时使用定制组件的产品生产线持续增大,这造成了一个库存噩梦。没有人能够知道该如何利用公司在同时开发硬件和软件上所做出的努力,这似乎毁灭了公司,使其只能作为一个缝隙市场上的个人计算

① Jay Elliot, *The Steve Jobs Way*, Vanguard Press, New York, 2011, p. 100.

② Ibid.

③ Jay Elliot, *The Steve Jobs Way*, Vanguard Press, New York, 2011, pp. 100—112.

机厂商。而与此同时微软却建立起了一个帝国,这是一个仅仅向第三方的硬件制造商提供操作系统和应用软件的帝国。20 世纪 80 年代中期,苹果控制了 16% 的市场份额,始终位列计算机制造商的前三甲。到 1990 年,它只能勉强维持 10% 的市场份额。1995 年,微软似乎在苹果的棺材上钉上了最后一颗钉子,其 Windows 95 的发布让 IBM 个人计算机和其克隆计算机的使用更加接近 Mac 使用者的体验经历。

到 1996 年,苹果已处于一个死亡的漩涡里。在无法吸引到一个合意的出价收购苹果公司后,董事会把经营权转交给了苹果公司中一个有更多经验的主管 Gil Amelio——一个曾经挽救过美国国家半导体公司的、能力挽狂澜的能人。他决心带领苹果复苏。他到处搜寻新的操作系统,最终耗资 4 亿美元收购了 NeXT。1997 年第二季度后,当公司公布了 7.08 亿美元亏损的时候,董事会对 Amelio 失去了信心,而其竞争对手(如戴尔)正因当时科技的繁荣而生意兴隆。在并购 NeXT 后,乔布斯作为战略顾问重返苹果。在这个时候,乔布斯同意作为临时 CEO 接管苹果,尽管其仍在皮克斯担任领导职务。

乔布斯为了巩固自己在苹果的权利,他将 NeXT 团队的关键成员任命为苹果的高级管理人员,并建立了一个新的董事会,但这是在乔布斯迫使以前的董事会协助他通过重新定价优先股期权来保留住人才以后。然后他获得了时间来重新部署,并与微软达成了历史性的交易。他利用了比尔 · 盖茨(Bill Gates)的担心,因为盖茨不知道一个失败的苹果将会在他与美国司法部的斗争中起到什么样的作用。在微软同意投资 1.5 亿美元并继续为 Mac 开发软件后,乔布斯开始重组机构。雇员总数被减少的同时,公司在研发上的开支也被减半。为了只专注于一款台式机和一款笔记本电脑,十几个产品线被砍掉了。以前公司允许的克隆制造商所进行的蚕食销售和有损品牌的运作或被中止或被买下了产权。经销商和零售商也被削减,并且公司启动了一个新的直接面向消费者销售的网上商店。如管理专家 Richard Rumelt 所指出的:"他那个时候所做的是既很明显但又出人意料的事情。他将苹果缩小到了这样一个规模和范围,使其在竞争激烈的个人计算机行业中能够适应作为一个缝隙市场的供应商的现实。他将苹果削减成了一个能够生存的苹果核。"①

负责 1984 年 Mac 商业广告的广告人 Lee Chow 被请回,公司革新性的光辉又恢复了。当苹果"不同凡响(Think Different)"的广告宣传发起时,伴随着下面这段话:

> 献给那些疯狂的人、不合群的人、叛逆的人、制造麻烦的人、那些方形孔里的圆形钉子、那些对事物的看法与众不同的人。他们不喜欢规则。他们不遵守现状。你可以引用他们的话,也可以和他们唱反调,还可以赞扬或诋毁他们。你唯一不能做的是无视他们。因为他们改变事物。他们推动人类的进步。有些人会把他们视为疯子,我们看到的却是天才。因为那些疯狂到认为自己可以改变世界的人,才是真正能去改变世界的人。②

不久以后,苹果用糖果色的 iMac 又一次证明了它能实现其品牌的承诺:iMac 能够

① Richard Rumelt, *Good Strategy Bad Strategy*, Crown Business, 2011, p. 12.

② http://osxdaily.com/2011/10/06/steve-jobs-narrates-the-crazy-ones/, 2011 年 10 月 6 日访问。

支持高速便捷的网络连接。iMac 由 Jonathan Ive 设计,他本来已准备离开苹果,但乔布斯回到了苹果,并把质量和设计的位置放在了工程和财务的地位之上。在 1997 年亏损了 10.7 亿美元后,苹果于 1998 年恢复了赢利,获利 3.09 亿美元,尽管其收入下降了 17%,降到了 59 亿美元。iMac 和苹果新的 Power Mac G3 正在推动着利润,*California Technology Stock Letter* 的编辑 Mike Murphy 对此印象深刻。然而,他指出苹果公司是无法作为彩色塑料外壳的世界领导者来生存的,尤其是 iMac 的价钱要1 200美元,它是基于 Windows 系统的个人计算机价格的两倍。Murphy 说:"他们下一步要做什么?我没有一点线索。"①但是乔布斯有。

数字中枢(Digital Hub)

在 2000 年 1 月的 Macworld 大会上,苹果的临时 CEO 介绍了一个改进了很多的 Macintosh 计算机操作系统,其得益于苹果收购了 NeXT 的软件。他同时宣布"临时"一词将从他 CEO 的头衔上拿掉。这个消息得到了人们的起立喝彩致意。苹果又有了坚实的基础,其品牌也得到了重建,但是它仍然只占有 3% 的个人计算机市场的份额,其年度收入仍然比 20 世纪 90 年代中期经营规模缩小之前低大约 45% 左右(参见附录 2)。乔布斯开始说服更多的顾客来跟随苹果的潮流。一年后,他提出了苹果的"数字中枢"战略。当行业动向的监测者们预测个人计算机会灭亡的时候,乔布斯认识到了一个机会,即把 iMac 定位于一个用户数字生活的控制中心,通过其可管理用户的照相机、摄像机、移动电话和媒体播放器中的内容。

在那个时候,大多数人认为数字中枢的推出只不过是对为什么苹果发布 iTunes、iDVD、DVD 和 CD 刻录机的一个复杂的解释。然而十年后,Jump Associates 咨询公司的设计战略家 Pete Mortensen 指出,它实际上是苹果这些年所做的每件事都遵循的一个路线图。

> 我们在那个中枢的几乎每一根辐条上都看到了软件,从 iPhoto 到 GarageBand,但是也有硬件。iPod 同时击败了数字中枢地图上的 MP3 播放器和 CD 播放器。iPhone 取代了掌上记事本。AppleTV 试图取代 DVD 播放器,但做得不是很好。你可以说 iPod touch 正在对抗 Nintendo DS 和 PSP (PlayStation Portable),两个都不在旧的中枢地图中,但是可以肯定的是,如果 iPod touch 再出来的晚一些,本来有可能会在。人们甚至可以辩解说 iPhone 3GS 试图取代谦卑的便携式摄录像机,或者说其继任产品会做到。
>
> 通过专注于其在两个领域——中枢(Macs)和辐条(数字生活方式中的软件和硬件)——的创新,苹果在过去的十年里一直按这个程序运行,并且在此过程中收

① Jon Swartz, "Gravity Has No Hold on Apple Turnaround," *San Francisco Chronicle*, April 26, 1999.

益颇丰。直到这一刻,乔布斯的关注重点一直是利用 iMac 和其他设计精良的产品向苹果的现有粉丝群里注入新的活力。但是直到公司把目光转向生态系统后,苹果才开始大获成功。

在这其中最令人惊异的是,史蒂夫告诉了他所有的竞争者,以上这些就是他想要做的。如果你回到这个主题,这个数字中枢战略的全部内容都公开展示了。任何人本来都能够去实施它,但是只有苹果这样做了,行业中的所有其他公司现在都在试图赶上它。①

零售方式的与众不同

2001 年 5 月 19 日,乔布斯将苹果的客户直销零售渠道扩张到传统的实体店,他在弗吉尼亚州美丽的泰森角(Tyson's Corner)开了第一家苹果商店。消费者将首次直接体验乔布斯的说服能力。他提供了一个天才吧(Genius Bar),向客户们介绍他的产品,并同时使用了一个约翰·列侬(John Lennon)和小野洋子(Yoko Ono)的巨型海报来说服顾客"另类思考",即购买苹果产品。商店进行了极其简单的抽象派艺术的布局设计——白色的柜台和漂白的地板,这是一个绝对革新性的想法,行业内除苹果以外的大多数企业使用这个想法都会失败。在公司内部这也引起了很多的担心。网关计算机商店(Gateway Store)当时遭遇了很大的困难,主要归因于其郊区商店的开放,而乔布斯对郊区根本不感兴趣。他的目标是定位于那些昂贵的、知名度高的地点以获得步行客流,因为他想俘获 Windows 的用户。在研究了苹果的新零售策略后,《商业周刊》建议,这是乔布斯停止"如此另类地思考"的时候了。②

可是,苹果是一个单一品牌,乔布斯不想让消费者看到它的产品和其他竞争者的产品摆在一起,他也不信任不热心的第三方售货员来解释其产品的非凡功能。为了扩大和超越苹果现有的狂热的消费者群体,他要对所有苹果产品的推销言辞有 100% 的控制,而且对产品的销售环境也要有 100% 的控制。

网关计算机商店努力挣扎着,却每周只能吸引几百名顾客。而另一边,苹果商店在 2004 年以跨越了 10 亿美元收入的里程碑创造了一个零售纪录;苹果的专卖店平均每周能吸引 5 400 名顾客。在弗吉尼亚州的商店开张 10 年后,326 家零售点的平均年销售额达到了 3 400 万美元。2010 年的总销售额为 98 亿美元,占全公司收入的 15%。这还没有将提高苹果品牌知名度的回报考虑在内,而这给予了苹果被乔布斯锁定的主流客户。③

① Pete Mortensen, "The Dawn of Apple's Dominance," *CultofMac. com*, 2010 年 1 月 27 日访问。

② Walter lsaacson, steve Jobs, Simon and Shuster, New York, 2011, p. 374.

③ Ibid., pp. 374—376.

光环效应

当乔布斯开发他的数字中枢战略时，他知道苹果需要扩大和超越其忠诚用户群，并要转化 Windows 用户。尽管如此，在接管 Amelio 的工作后，他仍然中止了 Apple Newton——一个开拓性的个人数字助理（Personal Digital Assistant, PDA）；许多人认为这个产品本有可能是对主流产品的一个打击。[①] 乔布斯知道最终产品应该是一个有大规模市场的手提式的装置，而这个装置要带有蜂窝调制解调器且可以用来发信息。他不认为个人数字助理技术已足够成熟到能够创造出一个真正伟大的产品，至少不会是在一个普通消费者可负担得起的价格内。乔布斯虽然能想象到，那时专业人员们可以花费 1 500 美元购买一个个人数字助理，但对于一个类似价格的消费型装置，他没有看到一个可行的商业化实例，特别是市场最终会被移动电话装置的发展所挑战。[②]

由于有限的存储空间、短暂的电池寿命和过长的下载时间，MP3 播放器的市场接受度在 20 世纪 90 年代末开始受到挑战。乔布斯看到了一个主宰这一领域的商机，即极大地改进消费者对数码音乐设备、下载和管理的体验。他指示他的工程师们去开发或获取能够生产一个产品的硬件和软件，而这个产品没有任何第一代的缺点，使用起来简便，并且很容易和一个 Mac 个人计算机一起使用。当他们交付产品时，乔布斯要确保工程师们是与 Ives 的设计团队一起合作的，因为这样一来这个装置就会被时尚地包装起来。

能提供"1 000 首歌在你的口袋里"——iPod 于 2001 年 10 月发布了，当时正是市场行情迫使英特尔离开电子消费类产品市场的时候。这个产品定价为 399 美元，致使评论家们开玩笑说：iPod 代表了"傻瓜给我们的设备定价"。[③] 由于它只与 Mac 兼容，局外人没有理由怀疑它会产生乔布斯所期望的光环效应，最终苹果由一个缝隙市场的计算机公司转变为一个在全球范围内的个人计算机行业、电子消费类产品和娱乐零售业的领导厂商。iPod 如此出色，使得苹果能够利用"出自 iPod 的创造者之手"的标语来销售其他产品，因为用户体验达到了苹果所做的品牌承诺。"如果有人想知道苹果究竟是为什么存在于地球上，我将把它（iPod）举起来作为一个很好的例子"，乔布斯对《新闻周刊》（*Newsweek*）说。[④]

第二代的 iPod 能够储存 4 000 首歌，并能与 Windows 兼容，产品于 2002 年 7 月发布。2003 年 4 月，在乔布斯亲自与音乐行业的经理和重要艺术家们谈判制定了分配协议之后，苹果的 iTunes 音乐商店上线了，它提供 20 万首歌，且仅收 99 美分。第三代的 iPod 能储存 7 500 首歌，并在同一时间发布。2003 年 10 月，iTunes 商店对 Windows 用户开放；至年底，歌曲下载量超过了 2 500 万次，iPod 的销售额超过了 200 万美元。2004

① http://pencomputing.com/frames/newton_obituary.html，1998 年 6 月 1 日访问。

② Jeff Goodell, Steve Jobs Q&A, Rolling Stone, June 16, 1994.

③ http://www.wired.com/gadgets/miscellaneous/news/2001/10/47805，2011 年 10 月 23 日访问。

④ Walter Isaacson, *Steve Jobs*, Simon and Shuster, New York, 2011, p. 392.

年,有五种颜色的 iPod Mini 发布,iTunes 走向了国际,而且 BMW 驾驶者们能率先将 iPod 整合在其汽车里;至年底,歌曲下载量达到了 2 亿次,iPod 的销售额超过了 1 000 万美元。2005 年 10 月,电视节目和音乐视频同时被添加到了 iTunes 上,这时 iPod shuffle(混合体)和第五代 iPod 发布,这些产品除了能播放音乐,还能存放图片和播放视频。100 万个视频只在大约几星期内就被售出,iPod 的销售额超过了 4 000 万美元。2006 年,当故事片被添加到产品组合中时,产品的销售量翻倍,而歌曲下载量达到了 10 亿次。2007 年,iPod 的销售额达到了 1 亿美元,而 iTunes 的歌曲下载量超过了 30 亿次,这也得益于 iPhone 发布的刺激。2008 年 4 月,iTunes 商店超越沃尔玛成为美国最大的音乐零售商。4 个月之后,随着 iTunes 现在能在电影 DVD 发行的同一天提供同样电影的租赁和销售,苹果的应用程序商店 Apps Store 开始亮相。① 2010 年,iPad 发布,创造了平板电脑市场,促使苹果 2011 年的销售额超过了 1 000 亿美元,自 2007 年以来增长了 351%(参见附录 3 和附录 4)。iPad 最终使乔布斯创办的苹果公司取代了惠普成为世界上最大的计算机制造商,并将其定位为一个在相关服务业和数字商业上的可信赖的领导者。

一个有远见的人

如 Rumelt 所指出的,乔布斯发展的公司转变策略中真正惊人的事情是“其中有多少是商业 101,又有多少是不可预料的”。② 在 20 世纪 90 年代中期,管理学大师们对电子行业上的成功做了一个大规模的研究,按照当时对苹果的主要竞争者们的采访,在这个领域中最好的、通向市场支配地位的道路通常被认定为:当一个新的机会出现在你的面前时,你会第一个抓住它,并是第一个“把它做对”的人。然而,当苹果的竞争者们谈到他们自己的战略时,没有人注重于计划一个新的商机。正如 Rumelt 所指出的:

> 我听到过很多看起来繁忙地把门把手磨光的事情。他们建立联盟,做 360 度的反馈,寻找国外市场,设定富有挑战性的战略目标,将软件放进固件里,启动互联网更新固件,等等。他们每个人都告诉我 20 世纪 90 年代在电子行业上成功的规则——当新的商机出现时快速地找到一个好位置,但是没有人说那是他们的关注点,或者提及这是他们战略的一部分。③

乔布斯是不同的。当被问到从悬崖边上将苹果拉回以后,他继续前进的策略时,他没有阐明一些简单的增长或市场份额目标,或假装推动各方面的杠杆会魔术般地将苹果恢复到个人计算机市场的领导地位。相反,乔布斯微笑着说:“我正在等待下一件大事。”正如 Rumelt 指出的,这显然是一个明智的方法,因为在那个行业里,对于当时苹果的情况,很多的新技术好像都即将来临。

① http://www/apple.com/pr/products/ipodhistory/,2012 年 1 月 1 日访问。

② Richard Rumelt, *Good Strategy Bad Strategy*, Crown Business, New York, 2011, p. 12.

③ Ibid., p. 14.

附录 1 股价表现

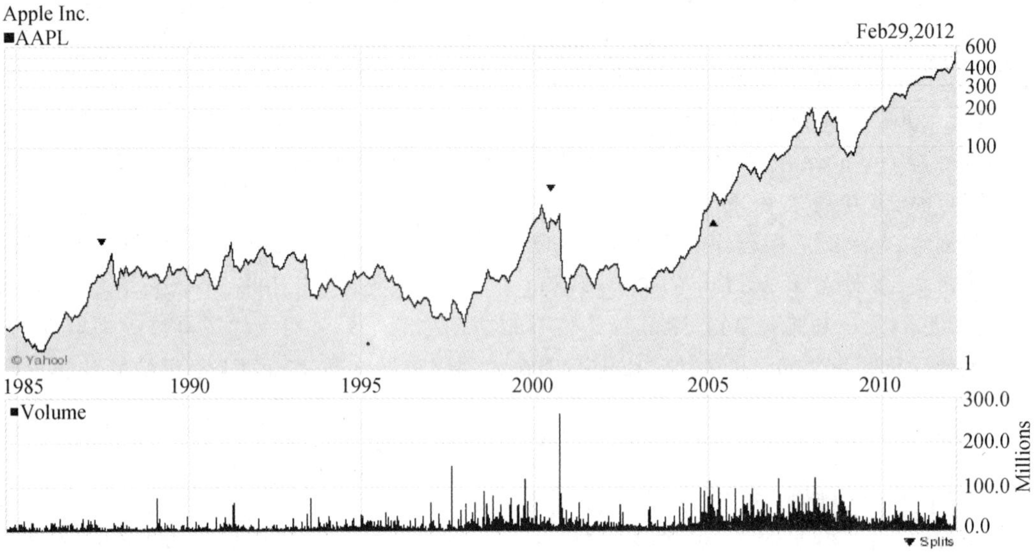

附录 2 利润表

单位：千美元

	1995	1999	2003	2007	2011
净销售额	11 062 000	6 134 000	6 207 000	24 006 000	108 249 000
销售成本	8 204 000	4 438 000	4 499 000	15 852 000	64 431 000
毛利	2 858 000	1 696 000	1 708 000	8 154 000	43 818 000
研发费用	614 000	314 000	471 000	782 000	2 429 000
销售、综合和行政管理费用	1 583 000	996 000	1 212 000	2 963 000	7 599 000
其他	8 181 000	27 000	26 000	0	0
总运营成本	10 378 000	1 337 000	1 709 000	3 745 000	10 028 000
营业收入(亏损)	684 000	359 000	(1 000)	4 409 000	33 790 000
净收入(亏损)	424 000	601 000	69 000	3 496 000	25 922 000
流通股(被稀释的)	492 188	696 656	726 932	889 292	936 645

资料来源：Mergent。

附录 3 2007—2011 年各类产品收入

单位：百万美元

产品名称	2007	2008	2009	2010	2011	五年变化
台式机	4 020	5 603	4 324	6 201	6 439	60%
便携式电脑	6 294	8 673	9 535	11 278	15 344	144%
iPod	8 305	9 153	8 091	8 274	7 453	(10%)
其他音乐相关产品	2 496	3 340	4 036	4 948	6 314	153%
iPhone 及相关产品	123	1 844	13 033	25 179	47 057	38 158%
iPad 及相关产品	0	0	0	4 958	20 358	NA
外围设备和其他硬件	1 260	1 659	1 475	1 814	2 330	85%
软件及服务	1 508	2 207	2 411	2 573	2 954	96%
合计	24 006	32 479	42 905	65 225	108 249	351%

资料来源：公司财务报表。

附录 4 2007—2011 年各经营市场收入

单位：百万美元

市场	2007	2011	五年变化
美洲	11 596	38 315	230%
欧洲	5 460	27 778	409%
日本	1 082	5 437	402%
亚太地区	1 753	22 592	1 189%
零售	4 115	14 127	243%
合计	24 006	108 249	351%

资料来源：公司财务报表。

IVEY | Publishing

案例 2-2

谷歌之路:拒绝邪恶[①]

作者:Tima Bansal, Marlene J. Le Ber

主题:创新型公司的治理;可持续创新

---

① 该案例仅根据公开资料编写。因此,在本案例中呈现的解释和观点并不一定代表谷歌公司或其任何员工的观点。

2006 年 2 月 22 日,谷歌公司(Google)宣布任命 Larry Brilliant 博士为新创建的 Google. org 的执行董事。Google. org 使用谷歌公司百分之一的股权和利润作为启动资金,其任务是解决全球贫困、传染病和气候变化方面的问题。Sergey Brin 和 Larry Page——谷歌创始人和目前的技术及产品总裁提出希望:有一天 Google. org 将"通过雄心勃勃地应用创新和重要资源,解决一些世界性问题,从而在世界上的整体影响超越谷歌本身"。① 虽然成功企业的慈善机构并不少见,但是本新闻却预示着一个新的组织形式,即一个以赢利为目的的慈善公司的出现。②

作为执行董事,Brilliant 博士的任务是与 Brin 和 Page 共同工作,来为 Google 的慈善活动确立使命和战略目标。③ Brilliant 博士的挑战是前所未有的。他如何才能借助获得的资源并利用经营性的定位来为 Google. org 创造尽可能大的影响? 应该采用什么决策标准来分配资源? 应该如何衡量 Google. org 的成功?

从 GOOGOL 到 GOOGLE

1996 年,Seigey Brin 和 Larry Page(两位斯坦福大学的博士研究生)在着手创建一个通过排名系统进行互联网网站搜索的系统的过程中"意外地"创造了一个搜索引擎。④ 通过浏览网站网址为自己的成果取名时,Brin 和 Page 偶然发现了一个有非常多字母的列表。单词 googol,代表数字 1 后跟 100 个零,排在最前面。这个单词反映了他们整合网上无限信息的使命,由于一个拼写错误,产生了 Google。谷歌系统虽然安置在 Page 的宿舍里,但是在互联网用户中得到了普及。由于没有互联网公司有兴趣购买这个系统,Brin 和 Page 决定中止学业,创建公司,继续这个研究项目。⑤

谷歌公司于 1998 年 9 月在美国加利福尼亚州成立,于 2004 年 8 月 18 日向美国证券交易委员会(SEC)提交首次公开募股(IPO)申请。其使命是"整合全球信息,使人人皆可访问并从中受益"。⑥ 通过互联网连接,任何人都可以使用公司的自动搜索技术。这项技术包括博客(Blogger,第一个自动化的博客发布工具,它将更新内容通过文件传输协议[FTP]发送到网站)和邮箱(Gmail,基于 Web、存储超过 2GB 的电子邮件服务)及许多其他免费提供的产品(参见附录 1)。

① "Google Names Larry Brilliant at Executive Director of Google. org," http://www. google. com/press/pressrel/brilliant. html,2007 年 7 月 20 日访问。

② Katie Hafner, "Philanthropy Google's Way: Not the Usual," *The New York Times*, September 14,2006. http://www. nytimes. com/2006/09/14/technology/14google. html?ei = 5070&en = 8e0015, 2006 年 9 月 15 日访问。

③ "Google Names Larry Brilliant as Executive Director of Google. org," http://www. google. com/press/pressrel/brilliant. html,2007 年 7 月 20 日访问。

④ Rachael Hanley, "From Googol to Google: Co-founder Returns," February 12,2003. http://daily. stanford. edu/article/2003/2/12/fromGoogolToGoogle,2007 年 8 月 14 日访问。

⑤ "Corporate Information," http://www. google. com/corporate/history. html, 2007 年 8 月 14 日访问。

⑥ Initial Public Offering,Google lnc. ,filed with the Securities and Exchange Commission on August 18,2004. p. 1. http://www. sec. gov/Archives/edgar/data/1288776/000119312504142742/ds1a. htm,2007 年 7 月 17 日访问。

商业模式

自成立以来，谷歌的收入来源于相关联的、性价比高的在线广告业务。① 谷歌的最初产品——AdWords 和 AdSense，至今仍为公司创造 99% 的收入。② 通过 AdWords，广告商选择自己的目标关键词，与相关搜索和内容网页相匹配。广告商的网页在谷歌用户查询结果的右侧显示。当谷歌用户点击广告时，广告商才支付相关费用。AdSense 计划通过使网站发布商在自己的网页上提供谷歌网页搜索，扩展广告模式。广告点击的结果为发布者带来收入，其中一小部分支付给谷歌。

这种商业模式在财务上是非常成功的。正如附录 2 所示，利润曲线是陡峭的。虽然谷歌最初两年经历了净亏损，但是其净利润逐年上升，从 2001 年的 700 万美元增长到 2006 年的超过 30 亿美元。利润的年度同比增长持续高于费用的年度同比增长，导致公司的赢利能力不断提高。健康的财务状况使得谷歌可以持续拓展业务，并在没有额外资本注入的情况下进行收购。

谷歌的价值观

正如谷歌年度报告所显示，Brin 和 Page 为在一个非传统的公司工作感到非常自豪。他们认为，坚定不移地致力于他们的核心价值是他们成功的基础。在公司 IPO 的时候，他们阐述了价值驱动对一个公司的重要性：

> 我们强烈和持久的兴趣在于帮助人们有效地找到信息。我们还认为，搜索和组织世界上所有的信息是非比寻常得重要的，应由一个值得信赖的且关注公众利益的公司来进行。我们相信，一个运作良好的社会应该拥有丰富的、可以自由和平等地获取的高质量信息。在这方面，谷歌将对世界承担起责任。③

在 IPO 时，他们也确定了以下一些具体的价值：

终端用户至上

Brin 和 Page 认为，完成自己使命最有效和最有利可图的方式就是把用户放在第一位，而非短期的经济收益。这个价值反映为谷歌通过互联网连接向人们持续、免费地提供产品。他们开发的所有产品和服务均致力于为用户创造价值。即使是网络广告，对

---

① Initial Public Offering, Google Inc., filed with the Securities and Exchange Commission on August 18, 2004. p. 1. http://www.sec.gov/Archives/edgar/data/1288776/000119312504142742/ds1a.htm, 2007 年 7 月 17 日访问。

② "Investor Relations," http://investor.google.com/fin_data.html, 2007 年 8 月 14 日访问。

③ Initial Public Offering, Google Inc., filed with the Securities and Exchange Commission on August 18, 2004, p. 30. http://www.sec.gov/Archives/edgar/data/1288776/000119312504142742/ds1a.htm, 2007 年 7 月 17 日访问。

用户来说也是相关的且不唐突的。

长期价值最大化

Brin 和 Page 制定决策时试图预测未来 3—5 年的情况而不是纠结于每个季度的市场预期。他们已经意识到,使用这种策略有可能牺牲较高的季度财务业绩,但他们认为这最符合股东的长远利益。同样的,谷歌曾试图投资有前景的,但是高风险与高回报并存的项目。

分享决策过程

Eric Schmidt 博士,于 2001 年加入 Brin 和 Page 的管理团队并担任 CEO。他们每天见面并彼此互通有无,然后通过协作处理眼前的问题。当决策出现分歧,他们会通过讨论、分析和协商来解决。公司实行的双级投票权结构(行政管理层和董事具有 61.4% 的投票权)保留了谷歌的核心价值观、公正性和企业文化,使公司得以不受短期市场因素的影响。

奖励并授权员工

员工持股是有意为之的一种激励和奖励机制。员工对公司的认同体现在他们对自己的称呼——"谷歌人"上。节约员工时间、提高员工效率、改善员工健康等这些好处,吸引了大量的人成为新的谷歌人。然而,真正的动力是员工可以充分利用谷歌的计算能力将自己的项目变成现实,从而改变世界。

实践"拒绝邪恶"的座右铭

公司的座右铭"拒绝邪恶"在内部得到广泛共享[①]并渗透到组织的每一个环节。[②]座右铭反映的愿望是"成为一支正义的力量——永远做正确的、道德的事"。[③] 这对 Brin 和 Page 来说不仅是一种道义责任,他们认为,从长远来看,做好事也是有利于股东和其他利益相关者的。当市场拓展到中国时,其核心是,在全球范围内扩大信息获取渠道会带来更美好、更自由的世界。谷歌高管的最终决定基于如下的判断,即 Google. cn 将"为在中国拓宽获取信息的渠道而做出尽管不完美但有意义的贡献"。[④]

---

① Initial Public Offering, Google Inc., filed with the Securities and Exchange Commission on August 18, 2004, p. 32. http://www.sec.gov/Archives/edgar/data/1288776/000119312504142742/ds1a.htm, 2007 年 7 月 17 日访问。

② Jim Hopkins, "Google Signs on Do-good Doctor to Head Charity," *USA Today*, Posted 2/21/2007. http://www.usatoday.com/money/industries/technology/2006-02-21-google-org_x.htm, 2007 年 7 月 20 日访问。

③ "Playboy Interview: Google Guys." Initial Public Offering, Google Inc., filed with the Securities and Exchange Commission on August 18, 2004, p. B-3. http://www.sec.gov/Archives/edgar/data/1288776/000119312504142742/ds1a.htm, 2007 年 7 月 17 日访问。

④ Elliot Schrage, "Testimony: The Internet in China," posted February 15, 2006. http://googleblog.blogspot.com/search/label/Asia, 2007 年 8 月 27 日访问。

让世界更美好

座右铭的另一半是"成为创造美好的力量"。在谷歌上市时,Brin 和 Page 承诺将拿出一定的雇员时间以及市值和利润的百分之一,用以解决世界面临的最大难题。[①] 此外,非营利组织通过谷歌 Grants 计划有机会获得免费的在线广告。谷歌基金会于 2005 年 10 月成立。这是一个私人基金会,符合美国《国内税收法》(*Internal Revenue Code*) 501(c)(3)。它得到了 9 000 万美元的捐赠。百分之一的股本承诺额等于 300 万股谷歌股票,其价值在 IPO 时已经超过了 9 亿美元。[②]

形成价值观

创建 Google. org 是为"使世界变得更美好"。它包括谷歌基金会,一些谷歌的项目(如 Grants 计划),以及支持 Google. org 成立之初目标的合伙人、拨款和贷款。[③] 这些目标跨越了三个领域:

- 全球发展(通过侧重于私营经济增长和改进穷人享受信息与服务的能力,为贫困地区开发灵活的、可持续的解决方案);
- 全球公共卫生(通过更好地获得和使用信息,让世界更好地预测、防止和根除传染病);
- 气候变化(通过减少温室气体排放、提高能源效率与支持清洁能源,来减轻气候变化对贫困人口的影响)。[④]

这些目标不同于其他慈善机构的目标, Google. org 的赢利性结构使它与众不同,并允许它游说政府,与风险资本家和基金公司建立伙伴关系。[⑤] 这种灵活性最佳实现了公司利润驱动下的组织目标,[⑥]而用以交换的是 Google. org 所创造的任何利润将被全面征税。

谷歌公司也受到了影响。虽然谷歌基金会的所有款项都被视为慈善,但是任何用于资助 Google. org 的企业赢利须遵守通常的税法规定。同样,谷歌基金会的财务信息是公开的,而 Google. org 的纳税申报表是非公开的,并被列为母公司(谷歌)的税务申

---

① Initial Public Offering, Google Inc. , filed with the Securities and Exchange Commission on August 18, 2004. http//www. sec. gov/Archives/edgar/data/1288776/000119312504142742/ds1a. htm, 2007 年 7 月 17 日访问。

② "Googling for Charity," *BusinessWeek*, October 20, 2005. http://www. businessweek. com/print/technology/content/oct2005/tc20051020_721687. htm, 2007 年 7 月 20 日访问。

③ "About Us," http://www. google. org/about. html, 2007 年 7 月 20 日访问。

④ Ibid.

⑤ Katie Hafner, "Philanthropy Google's Way: Not the Usual," *The New York Times*, September 14, 2006, http://www. nytimes. com/2006/09/14/technology/14google. html?ei = 5070&en = 8e0015, 2006 年 9 月 15 日访问。

⑥ "Googling for Charity," *BusinessWeek*, October 20, 2005, http://www. businessweek. com/print/technology/content/oct2005/tc20051020_721687. htm, 2007 年 7 月 20 日访问。

报的一部分。[①] Brin 和 Page 做出的持续承诺是,谷歌不会处置 Google. org 的任何利润,这些利润会留在 Google. org 用于再投资。[②] 然而,谷歌公司的股东将来可能会提出反对并呼吁收回这部分钱。在 IPO 之前披露的慈善目标,以及行政管理层和董事保留大部分投票权的事实,将削弱这些反对意见。非传统的、以赢利为目的的形式给予了谷歌最大的灵活性,来完成其使命。被 Brin 和 Page 聘为 Google. org 执行董事的 Larry Brilliant 博士完全如 Google. org 一样特立独行。[③]

服务的一生——Larry Brilliant 博士

Larry Brilliant 博士有着非比寻常的背景。他曾被形容为一个反文化的人物、Gratefule Dead 乐队(美国一著名乐队)的追随者、寻道者、国际卫生英雄[④],嬉皮士出身的医生和技术管理者。[⑤] 他还是位受人尊敬的学者。Larry Brilliant 博士在密歇根大学获得公共卫生保健规划和经济发展的硕士学位,之后在韦恩州立大学医学院获得了医学博士学位。[⑥] 他本人曾透露说,"除了回顾过去的辉煌,我的生活毫无意义可言……谷歌的新职位使我第一次找到了人生的方向,好像过去的一切就为此存在。"[⑦]

天生的社会活动家

Brilliant 生于 1944 年[⑧],在 15 岁加入 NAACP(全国有色人种协进会)的时候,他就表现出了对社会活动的极大兴趣。[⑨] 在医学院就读期间,他作为民权专家在旧金山的平等健康机会办公室打了一份暑期工。这段经历改变了他。当时是 1967 年——"爱之夏",Brilliant 说"我并不认为我已经从那次经历中恢复了"。[⑩] 两年后为了医学实习他回到旧金山,并参与了著名的恶魔岛印第安人占领运动。他去岛上帮助苏族拉科塔孕

① Katie Hafner, "Philanthropy Google's Way: Not the Usual," *The New York Times*, September 14, 2006, http://www.nytimes.com/2006/09/14/technology/14google.html?ei=5070&en=8e0015, 2006 年 9 月 15 日访问。

② Ibid.

③ Ibid.

④ Patrick Hoge, "Doctor Looks to Use Technology to Aid Global Health Care," *San Francisco Chronicle*, February 24, 2006, page A-1. http://sfgate.com/cgi-bin/article.cgi?f=/c/a/2006/02/24/MNGKLHE6QJ1.DTL, 2007 年 7 月 20 日访问。

⑤ Jim Hopkins, "Google Signs on Do-good Doctor to Head Charity," *USA Today*, posted 2/21/2007, http://www.usatoday.com/money/industries/technology/2006-02-21-google-org_x.htm, 2007 年 7 月 20 日访问。

⑥ "Corporate Information: Google Management," http://google.com/intl/en/corporate/execs.html#brilliant, 2007 年 7 月 20 日访问。

⑦ Harry Kreisler, "A Life of Service: Conversation with Larry Brilliant, M. D.," April 17, 2006, http://globetrotter.berkeley.edu/Elberg/Brilliant/brilliant-con1.html, 2007 年 7 月 20 日访问。

⑧ "Larry Brilliant," http://en.wikipedia.org/wiki/Larry_Brilliant, 2007 年 7 月 20 日访问。

⑨ Harry Kreisler, "A Life of Service: Conversation with Larry Brilliant, M. D.," April 17, 2006, http://globetrotter.berkeley.edu/Elberg/Brilliant/brilliant-con1.html, 2007 年 7 月 20 日访问。

⑩ Ibid.

妇(她们想在印第安土地上分娩)。他在这次运动中的表现为他带来了在一部电影中扮演一名年轻医生的机会,作为交换,制片方为恶魔岛设立医疗诊所提供资金。这次冒险使得他在两年的时间内横跨了美国与加德满都。①

注定成为国际卫生英雄

Brilliant 旅行到喜马拉雅山的修行所,在那里大师告诉他应该去为联合国工作,并帮助消灭天花。② Brilliant 就这样做了,他在印度生活了 10 年,为世界卫生组织(WHO)的天花根除计划起了关键作用。他回到美国以流行病学教授的身份任教于密歇根大学全球健康计划和经济发展系。③ 根治失明症的激情又促使他于 1978 年建立了塞瓦基金会(Seva Foundation)。通过塞瓦基金会的努力,超过 200 万生活在中国西藏地区、尼泊尔、印度、孟加拉、柬埔寨、坦桑尼亚、埃及和危地马拉的人重获光明。④ Brilliant 博士的贡献为其赢得了无数的奖项。最近一次是在 2006 年获得种子基金会(Sapling Foundation)颁发的 TED 年度大奖。Brilliant 博士使用 10 万美元的奖励作为种子资金,建立一个全球早期预警系统,以发现和遏制新的大规模流行病。⑤

一个技术管理者

当他为一个研究项目使用的直升机坠毁而需要更换一个新引擎的时候,Brilliant 对计算机会议产生了兴趣。通过与他的计算机进行卫星连接,Brilliant 在遥远的喜马拉雅山脉获得了一个新的直升机发动机。由于这次经历,他于 1985 年创建了一个虚拟社区的公司——The Well。⑥ 他后来成为 Cometa Networks 的 CEO,这是一家由英特尔、IBM 和 AT&T 建立的合资企业,正在寻求建立一个全国性的 Wi-Fi 系统。再后来,他成为一个互联网服务公司——SoftNet 的 CEO。⑦

在 Brilliant 博士被任命为 Google. org 执行董事的消息公布时,Brin 高度赞赏 Brilliant 博士"在精神上和成就上"充分体现了 Google. org 的目标。⑧

---

① Harry Kreisler, "A Life of Service: Conversation with Larry Brilliant, M. D. ," April 17, 2006, http://globetrotter. berkeley. edu/Elberg/Brilliant/brilliant-con1. html, 2007 年 7 月 20 日访问。

② Ibid.

③ "Corporate Information: Google Management," http://google. com/intl/en/corporate/execs. html#brilliant, 2007 年 7 月 20 日访问。

④ "Sight Programs," http://www. seva. org/site/PageServer?pagename = programs_sight, 2007 年 8 月 23 日访问。

⑤ "Themes TED Prize Winners," http://ted. com/index. php/themes/view/id/12, 2007 年 8 月 23 日访问。

⑥ Harry Kreisler, "A Life of Service: Conversation with Larry Brilliant, M. D. ," April 17, 2006, http://globetrotter. berkeley. edu/Elberg/Brilliant/brilliant-con1. html, 2007 年 7 月 20 日访问。

⑦ Jim Hopkins, "Google Signs on Do-good Doctor to Head Charity," *USA Today*, posted 2/21/2007, http://www. usatoday. com/money/industries/technology/2006-02-21-google-org_x. htm, 2007 年 7 月 20 日访问。

⑧ "Google Names Larry Brilliant as Executive Director of Google. org," http://www. google. com/press/pressrel/brilliant. html, 2007 年 7 月 20 日访问。

在 GOOGLE. ORG 最初的岁月

在任期的第一年,Brilliant 从公众视野中退出,开始频繁地会见基金管理者、活动家、非政府组织、科学家和来自世界各地的 Google 员工。[①] Brilliant 的首要任务是为每个职位找到合适的人选。

令人印象深刻的团队

Brilliant 聘请了各个领域的专家并配以谷歌有经验的管理人员。[②] 在附录 3 中可看到,专家们不仅顺利地完成了在气候变化、全球性的公共卫生和经济发展等方面的目标,还积累了慈善事业、政府管理与科学相关的经验。这些团队也获得了经验丰富的企业管理人员的支持。

第一批项目

除了在任命 Brilliant 博士之前对聪明人基金会(Acumen Fund)、TechnoServe 及伯克利和哈佛的几位学者给予 700 万美元的资助外[③],在 Brilliant 任职的第一年,Google. org 就分配了 640 万美元的资金(参见附录 4)。气候变化行动的资助总额为 120 万美元,由几个最高额度为 20 万美元的小项目组成。全球发展行动的资助总额不超过 100 万美元,由一些更小的项目组成。全球公共卫生行动的资助总额为 362.6 万美元。这笔资金有两个主要的接受者, INSTEDD(国际早期疾病全面诊断系统)和塞瓦基金会,两者都是由 Brilliant 博士创建的非营利机构。

虽然尚未分配, Google. org 已经承诺将 1 000 万美元用于“加速电池技术、插电式混合动力车和能够将存储能量转化为电能的车辆的开发”。[④] 这一承诺是该组织第一个大型项目的启动宣言。

---

① Larry Brilliant, “New Team Members for Google. org,” June 4, 2007, http://googleblog. blogspot. com/2007/04/new-team-members-for-googleorg. html,2007 年 7 月 20 日访问。

② Ibid.

③ Google 2005 年年报.

④ Felicity Barringer and Matthew Wald, “Google and Utility to Test Hybrids That Sell Back Power,” *The New York Times*, June 19,2007,http://www. nytimes. com/2007/06/19/technology/19electric. htnl?th = &emc = th&pagewant,2007 年 6 月 22 日访问。

GOOGLE. ORG 的未来

随着世界一流团队的到位,Brilliant 博士现在有能力平衡地向前推进解决全球贫困、传染病和气候变化问题的行动。他回忆道:

> 那么,我们现在要去哪儿? Google. org 正在寻求更好地理解气候变化、全球公共卫生和经济发展、全球变暖对穷人的影响及其紧密的相互联系。我们想为那些致力于改变并使得改变在更大的范围内成功的项目提供资金。
>
> 我们生活在一个非常复杂的时代。全球健康、贫穷和气候有着千丝万缕的关联,这是全世界贫穷的人所肩负的最沉重负担。Google. org 专注于资助在这些领域有着出色能力的组织,同时资助从这些先导项目中产生出的杰出创意。
>
> 今年我们预期为重大行动进行更可观的资助和支持。我们希望在做什么及如何做两方面同时进行创新。①

母公司(谷歌)的文化,包括决策制定过程、价值观,等等,将塑造 Google. org 的创新精神。然而,Brilliant 仍然有几个重大问题需要思考:怎样才能借助获得的资源并利用经营性的定位来为 Google. org 创造尽可能大的影响? 采用什么决策标准来分配资源? 应该如何衡量 Google. org 是否成功?

附录 1 谷歌产品

搜索产品

Alerts	最新的基于查询或主题的谷歌搜索结果的电子邮件提示
Blog	找到最喜欢的话题的相关博客
Book	寻找全文书籍
Catalogs	网上目录的发现与浏览
Desktop	搜索自己的电脑
Directory	根据话题搜索网页
Google Earth	使用卫星与三维成像技术探索世界

① Larry Brilliant, "New Team Members for Google. org," June 4, 2007, http://googleblog. blogspot. com/2007/04/new-team-members-for-googleorg. html,2007 年 7 月 20 日访问。

（续表）

Images	网上搜索图像
Local	寻找本地企业与服务
Maps	查看地图和获得导航
News	搜索新闻故事
Notebook	浏览网页的同时剪辑和收集信息
Scholar	搜索学术论文
Specialized Searches	搜索特定主题
Toolbar	添加搜索框到个人浏览器
University Search	搜索一个特定的学校网站
Video	搜索视频并上传自己的视频
Web Search	搜索超过 80 亿个的网页
社交产品	
Blogger	在网络上表达自己
Docs & Spreadsheets	网上创建和分享文件
Picasa	图片打开、编辑和分享
Calendar	制订计划,与朋友分享活动
Gmail	快捷、可搜索且没有垃圾邮件的电子邮件
Groups	创建联系列表和讨论组
Talk	使用电脑给朋友打电话
Translate	网页翻译
移动产品	
Maps	用手机上查看地图与获得导航
Mobile	在手机上使用 Google
SMS	即时短信
其他产品	
Pack	谷歌精选软件的免费组合,包括 Spyware Doctor、Skype、Norton Security Scan、Adobe Reader 和 Real Player

资料来源:“More Google Products,” http://www.google.ca/intl/en/options/index.html, 2007 年 8 月 15 日访问。

附录 2 合并利润表

1999—2006 年(截至 12 月 31 日)

单位:千美元,每股收益除外

	2006	2005	2004	2003	2002	2001	2000	1999
收入:								
谷歌网页	6 332 797	3 377 061	1 589 032	792 063	306 978	86 426	19 108	220
谷歌社交网站	4 159 831	2 687 942	1 554 256	628 600	103 937			
利息	461 040	124 400	10 040	4 190			47	440
许可和其他	112 289	73 558	45 935	45 271	28 593			
	11 065 957	6 262 961	3 199 263	1 470 124	439 508	86 426	19 155	660
增长率	*73%*	*92%*	*118%*	*234%*	*409%*	*351%*	*2802%*	*NA*
费用:								
收入成本	4 225 027	2 577 088	1 468 967	634 411	132 575	15 104	6 248	908
研发	1 228 589	599 510	395 164	229 605	40 494	20 940	12 089	2 930
销售和营销	849 518	468 152	295 749	164 935	48 783	21 743	10 899	1 677
行政	751 787	386 532	188 151	94 519	31 190	17 675	4 609	1 221
与 Yahoo 纷争的解决	—	—	201 000	—	—	—	—	—
对谷歌基金会的捐赠	—	90 000	—	—	—	—	—	—
利息	—	—	—	—	1 551	896	—	—
	7 054 921	4 121 282	2 549 031	1 123 470	254 593	76 358	33 845	6 736
增长率	*71%*	*62%*	*127%*	*344%*	*235%*	*126%*	*402%*	*NA*
税前收益	4 011 036	2 141 679	650 232	346 654	184 915	10 068	-14 690	-6 076
所得税准备金	933 590	676 282	251 113	241 006	85 259	3 083		
净收益(损失)	3 077 446	1 465 397	399 119	105 648	99 656	6 985	-14 690	-6 076
每股收益	10. 21	5. 31	2. 07	0. 77	0. 86	0. 07	-0. 22	-0. 14

资料来源:Financial Statements:Google Inc. ,http://finance. google. com/finance? fstype = ci&q = GOOG, 2007 年 8 月 9 日访问;Google Inc.,IPO Filed with the Securities and Exchange Commission on August 18,2004;and "Google: Investor Relations," http://investor. google. com/fin_data. html, 2007 年 8 月 14 日访问。

附录 3　GOOGLE. ORG 公司成员(2007 年 6 月 4 日)

清洁能源与气候变化行动的政策和宣传团队

Dan Reicher——美国能源效率和可再生能源协会前助理秘书长。

Aimee Christensen——拥有超过十年的能源和环境战略设计、实施以及咨询经验的律师,世界银行法律部门前全职顾问,服务于银行的碳金融业务;"环境 2004"前执行董事; Baker & McKenzie 事务所的前律师,那时她为客户的能源和环境问题提供建议及立法对策。①

Kirsten Olsen——埃森哲公司(Accenture)前顾问和 Sterling Hager(一家高科技咨询公司)的会计主管,曾在白宫政策事务办公室和 El Pomar 基金会工作。②

Ki Mun——谷歌人。

全球公共卫生团队

Mark Smolinski ——医学博士、公共卫生硕士、流行病学家,曾在美国医学研究所工作,曾任核威胁倡议协会副主席,为一个地区的疾病监测系统工作。

Corrie Conrad ——专注于研究预防贫困人群易患的疾病,曾与克林顿基金会合作,致力于在卢旺达的艾滋病病毒/艾滋病方案上的研究。

Katie Wurtz ——谷歌人。

Matt Waddell ——谷歌人。

Emily Delmont ——谷歌人。

全球经济发展团队

Sheryl Sandberg ——负责在线销售和运营的副总裁, Google. org 董事会成员。

Blaise Judja-Sato ——出生于喀麦隆,尼尔森 · 曼德拉美国基金会主席和 Village-Reach(一个非营利组织,为莫桑比克超过 350 万人带来了可持续的卫生保健和基本服务)的创始人。

Sonal Shah ——Indicorps(一个非营利组织,为那些在印度开发项目工作的印度人提供为期一年的奖学金)联合创始人,曾在高盛(Goldman,Sachs & Co.)任副总裁,负责公司的企业公民责任和环境战略发展。

Juliette Gimon ——全球儿童基金会主席,William and Flora Hewlett 基金会托管人,

---

① "NAELS Board of Directors," http://www.naels.org/about/bod/christensen.htm, 2007 年 8 月 10 日访问。

② "Kirsten Olsen, NetImpact," http://www.nciia.org/CD/public/htmldocs/presenters/olsen.html,2007 年 8 月 10 日访问。

Synergos Institute 董事,全球青年慈善事业和全球慈善论坛顾问委员会成员。

Rachel Payne——谷歌人。

Meryl Stone——谷歌人。

Kim Thompson——谷歌人。

公司对三个团队的支持

Linda Segre ——负责 Google. org 的项目计划和运作。

Gregory Miller ——负责 Google. org 的投资与资助事务、法律事务、战略伙伴,以及谷歌基金会事务。

Elliot Schrage ——全球通信和公共事务副总裁,负责协调公关工作、Google. org 的宣传和沟通议程,以及影响公共政策和媒体。

Jacquelline Fuller ——向 Elliot Schrage 汇报,Bill & Melinda Gates 基金会的全球健康计划前副主任,当时她负责管理公共事务,并为美国健康与人类服务部部长 Louis Sullivan 博士撰写演讲稿。

Gillian Peoples ——Larry Brilliant 的助理。

Chris Busselle ——投资经理。

Brad Presner ——谷歌人。

Alan Louie ——谷歌人。

Tara Canobbio ——谷歌人。

Larry Simon 博士——Brandeis 大学 Heller 学院教授、国际可持续发展研究生课程主任和负责学术项目的副院长(目前处于学术休假期间)。作为穷人与弱势群体的研究专家,Larry 负责指导牛津饥荒救济委员会(Oxfam)在中美洲和加勒比海地区的工作。

资料来源:Unless otherwise cited"New Team Members for Google. org," http://googleblog. blogspot. com/2007/04/new-team-members-for-googleorg. html,2007 年 6 月 20 日访问。

附录 4 2005 年 10 月至 2006 年 12 月的资金流向

所有款项来源于 Google. org 和谷歌基金会。

气候变化——120 万美元

布鲁金斯学会(Brookings Institution):200 000 美元,资助 2008 年春季召开的以促进插电式混合动力车普及的联邦政策制定会议。

CalCars:200 000 美元,资助国际人文中心的加利福尼亚州汽车倡议行动,支持

CalCar 插入式混合动力电动汽车（PHEVs）的公共教育。

美国电力研究协会（Electric Power Research Institute）：200 000 美元，支持 EPRI 的插电式混合动力车的研发计划，包括参与先进的基础设施建设、车辆到电网技术示范和插电式混合动力汽车的环境效益和经济效益的研究。

能源基金会（Energy Foundation）：50 000 美元，用于气候变化研究。

美国自然资源保护委员会（NRDC）：100 000 美元，支持环保企业家气候运动，以协助全球变暖解决方案 2006 行动计划（California's AB 32）的实施。

Plug-In America：100 000 美元，支持 PIA 的工作，即教育公众有关插电运输设备的知识。

落基山研究所（Rocky Mountain Institute）：200 000 美元，部分资助其举办的"创新研讨会"，以促进在更大市场中推广插电混合动力汽车的新战略。

Willett Kempton 博士（特拉华州立大学）：150 000 美元，进行兆瓦插电电网研究和实施规划。

全球发展——767 万美元

Acumen Fund：5 200 000 美元，支持致力于解决全球贫困和穷人获取服务的创新方法（在 Brilliant 博士被任命前批准）。

PlanetRead：345 000 美元，支持在印度的 SLS（Same Language Subtitling）项目。

TechnoServe：1 500 000 美元，在加纳和坦桑尼亚举办"Believe，Begin，Become"商业计划大赛（在 Brilliant 博士被任命前批准）。

其他：超过 625 000 美元用以资助支持创业和其他发展活动的各类组织。

公共卫生——362.6 万美元

INSTEDD：初始启动补助金 975 000 美元（通过硅谷的社区基金会捐赠）。成立 INSTEDD 的初衷是建立一个独立的非营利联盟负责建立一套突发疾病和全球性威胁的早期识别和响应系统。

塞瓦基金会（Seva Foundation）：2 000 000 美元，支持在印度、尼泊尔、中国西藏地区、柬埔寨、孟加拉国、埃及、坦桑尼亚和危地马拉实施的防治失明和恢复光明的行动。

加利福尼亚州立大学伯克利分校董事会：451 000 美元，支持肯尼亚水干预的研究（在 Brilliant 博士被任命前批准）。

加利福尼亚州立大学旧金山分校：200 000 美元，支持 John Kane 博士的疟疾研究。

Katrina 和 Rita 飓风灾害的捐助——95 万美元

75 万美元用于职业培训、辅导/教育规划，以及小微企业发展和贷款援助计划。共分配给了五个非营利机构：

- Accion USA；

- Trickle Up Program；
- City Year Louisiana；
- National Urban League；
- Greater New Orleans Foundation。

200 000 美元用于自由银行，为 Katrina 和 Rita 飓风的受害者的购房和资本重组提供新的贷款。

资料来源："Google.org Grants," http://www.google.org/projects.html, 2007 年 7 月 20 日访问。

School of Business
D'Amore-McKim
Northeastern University
IVEY | Publishing

案例2-3

知识产权的管理与创新：美国联盟医疗如何将新思维推向市场

作者：Richard Kesner

主题：创新的组织架构；知识产权的商业化

引言

非营利组织“美好地球”(The Good Earth. org, TGE)是20世纪90年代成立的环保组织。随着地球环境的状态日益成为全球关注的课题,TGE开展了大量的旨在解决环境问题的基础研究,其中有部分项目由美国联邦政府资助。多年以来, TGE的研究机构变得越来越成功、越来越重要,并赢得众多奖项,其实验室的研究团队也吸引了众多业内的顶尖人才。TGE重新定位其使命,致力于与环境有关的研究。与此同时,组织的领导层开始认识到有许多机会来开发利用公司的知识产权(IP)。简而言之,他们在考虑如何将知识产权商业化,带来更多的经济效益,从而对TGE的项目和服务进行再投资。

虽然这种商业化最初可能是一个很好的想法,但是领导团队很快就意识到TGE还没有关于产品化的研究定位。最重要的是,组织内部没有人有关于知识产权及专业化法律问题的经验。此外,作为慈善家、环保人士和科学家,他们对产品开发周期及其资金需求只有粗浅的认识。这些显而易见的专业知识方面的欠缺在TGE团队内部引起了诸多质疑,譬如:

- 谁目前真正拥有TGE的知识产权? TGE如何才能正当地持有和守护这些知识产权?
- 联邦资金对TGE将知识产权商业化的能力有何影响?
- TGE如何组织人员进行产品化的基础研究?
- 为了推进商业化,TGE的员工或合作伙伴需要满足什么样的要求?
- TGE将需要什么样的资助,应该到哪里获得可能的启动资金与金融专业知识?

针对这些问题,TGE管理层向董事会寻求意见。管理层与董事会成立了专门的工作小组,来探索非营利组织知识产权商业化的最佳实践。工作小组的调研将其视线引向了美国联盟医疗(Partners Healthcare),这是一家位于马萨诸塞州东部的公司,其成功的经验在业内广为人知。

背景

美国联盟医疗是哈佛医学院主要的教学分支机构,也是全美临床护理服务和生物医学研究方面领先的学术医疗中心之一。美国联盟医疗是由Brigham妇女医院(Brigham and Women's Hospital)和马萨诸塞州总医院(Massachusetts General Hospital)于1994年共同建立的。2009年,公司雇员数达到50 000人,医疗与研究工作为其带来了超过70亿美元的收入。那时,美国联盟医疗每年承接200万患者,为2 000名居民和临床研究员提供辅导,是最大的医院组织,也是美国国家卫生研究院(National Institute of Health,NIH)第二大非大学科研经费接受者。

多年来,美国联盟医疗已经成为一个大型的、复杂的且被高度认同的大城市医疗服务提供者,并始终保持着与医药和医学研究的学术联系。美国联盟医疗与哈佛医学院(美国联盟医疗为三分之二的哈佛医学院学生提供临床教育)的附属关系,及其在先进医疗实践方面的探索,为组织积累了大量的联邦政府和私营医疗保健行业的资金支持,使组织可以开展大量不同类型的研究项目。美国联盟医疗每年为 2 000 名学者的研究工作提供支持。

由于大量的研究活动,美国联盟医疗积累了许多与健康卫生相关的知识产权。然而,为了实现联盟“为病人提供最好的服务”的使命,仅仅拥有知识产权是不够的。这些宝贵的知识产权能够丰富我们对自身、疾病、健康服务和医疗最佳实践的理解,但是它们需要一个从产品开发一直延伸到最终的医疗服务提供者与患者手中的途径。通过创新地实施知识产权的商业化,美国联盟医疗既实现了其使命,也为未来的研究投资带来了资金支持。

1980 年通过的《贝赫-多尔法案》(*Bayh-Dole Act*),为像美国联盟医疗这样的组织开发应用其知识产权打开了大门。[①] 然而,这也增加了对引入新型医疗产品的监管,并相应地延长了产品开发周期与增加了开发费用,这些都为知识产权商业化带来了更多的挑战。美国联盟医疗的领导层认为他们需要一个专门的组织,把重点纯粹放在研究和开发过程中,以将实验室中的知识产权转化成患者手中的产品或服务。

在当时,通常由学术医疗中心的技术转让办公室负责知识产权的保护,并最终授权给具备开发与监管能力的有资质的公司。然而,较长的产品开发周期导致的额外复杂性迫使其角色发生变化。医疗行业的主要参与者已经不再倾向于特许由 NIH 资助的新发明了。在投资于新发明之前,这些行业参与者需要获得大量证明其有效性从而降低投资风险的指标数据。这一行为使得医药产品开发生命周期中产生了一个支持缺口。20 世纪 90 年代末期,美国联盟医疗进入繁盛发展的阶段,这些挑战需要技术转让办公室角色的巨大转换。这种转换将最终促使联盟医疗的新技术、新发明转移到临床医疗的使用中去。

为此,美国联盟医疗从以下几个方面重新审视其工作:

- 为发明申请专利的完整过程;
- 行业授权许可和费用产生;
- 投资于创业公司;

---

① 《贝赫-多尔法案》,或称《大学与小企业专利程序法》,是 1980 年实施的美国法案,旨在解决由联邦政府资助的研究项目产生的知识产权的相关问题。该法案编入美国法典第 35 卷第 200—212 节,并根据美国联邦法典第 37 卷第 401 条款实施。该法案为美国的大学、小企业和非营利机构(如联盟医疗)的发明以及其他类似的资助产生的知识产权提供了法律保护。《贝赫-多尔法案》带来的最重要的变化是扭转了所有权假定。该法案允许大学、小企业和非营利研究机构优先于政府获得发明的所有权。由于联盟医疗获得了大量的 NIH 资助,《贝赫-多尔法案》允许其在公众(税收)资金的支持下获得所研发产品或技术的所有权。

• 建立联盟医疗与更广泛的医疗卫生行业之间的关系。

这些领域的工作均涉及组织内的多个部门，但目前的大部分工作在组织内都是分散且不协调的。美国联盟医疗董事会认识到，更加协调有效的工作需要显著扩大的机构定位和相关的组织变革。经过深思熟虑，美国联盟医疗在 2005 年成立了联盟研究投资与许可部(Patners Research Ventures and Licensing,RVL)，由 Christopher Colecchi 担任副总裁。

RVL 的任务是通过组织内部现有功能的整合为联盟的知识产权商业化提供助力。这些内部职能包括：

• 传统的技术转让职能：
——知识产权保护；
——与应用知识产权的企业进行授权谈判。
• 加强商业化职能：
——建立产学研的合作关系，推动合作研发，并提供 NIH 以外收到的资金支持。
• 创业支持职能：
——通过早期开发活动或商业推广，协助建立能推进知识产权应用的新公司；
——执行和管理与研究相关的协议，如咨询合同、材料转让及受资助的研究项目。

RVL 成立之后的首要任务是，将联盟医疗内部的所有这些职能整合成在一个地点的紧密的部门。这个整合涉及马萨诸塞州总医院、Brigham 妇女医院和联盟商业开发集团中的知识产权授权小组。RVL 还建立了一个法律团队来支持授权工作，以及一个创新服务中心来支持建立将联盟医疗的新技术进行商业化的创业公司。通过其业务开发团队，联盟医疗开始建立一整套基础设施来支持这一促进商业化的新平台。

业务开发团队寻求与联盟旗下其他团体的合作，如医学和创新技术整合中心、信息系统组织、联盟医疗个性化基因医学中心和联康中心(联盟医疗组织概述参见附录 1)。这些努力使得 RVL 揭开了研究发明产品化的新篇章，成为学术医疗中心将学术研究产品化的典范。

研究投资与许可部(RVL)

在“将发明转化为创新”的口号指导下，RVL 汇集了联盟内部各式各样的知识产权管理活动。RVL 由以下三个不同部门构成：

• 研究与许可部；
• 创新投资中心；
• 业务发展部。

研究与许可部的职能包括研究支持和协调、技术转让(理论研究的商业化应用)和授权，以及知识产权的保护(通过申请版权和专利)。当研究成果的商业化路径适合进行公司化的时候,创新投资中心将协助该项目的主要研究者创建新公司。[①] 最后,业务发展部为联盟和医疗行业建立和维持战略联系,来支持联盟医疗管理层更深远的战略举措。业务发展部还与其他有兴趣合作的方面进行早期研发以推进联盟医疗的开发。

自成立以来,RVL在董事会原先设定的工作基础上,成功缔造了有凝聚力的商业化进程。RVL还提供了用于评估投入产出的措施。联盟医疗现在可以明确其在新发明披露、创业活动、商业许可收入和授权/期权活动中的角色比重(2005—2009年度RVL的业绩参见附录2)。在其运营的第一个五年,RVL在知识产权方面的收获为联盟医疗贡献了15%的年收入,同时将成本控制在当年通胀率的水平(每年6%)。此外,联盟医疗对其知识产权享有更深入的战术和战略控制。

联盟医疗的创新生命周期

使联盟的知识产权从概念走向市场就如同其研究事业一样复杂多变。联盟医疗的研究人员是其知识产权的基本来源,此外贡献知识产权的还包括临床医师、医疗服务管理者和具有高度创业精神的IT部。知识产权产品化的类型很多,主要包括:

- 新医疗设备;
- 新的生物治疗药物和其他药物处方;
- 新的医疗服务;
- 研究和临床信息;
- 医疗流程/医疗服务管理软件;
- 新的医学诊断方法和工具;
- 涉及上述两种或两种以上项目的混合产品。

为了启动创新,知识产权的发明者需要联系RVL研究和许可团队中的一名成员(通常称为项目授权经理),向其展示新发明;或者联系业务发展部或创新投资中心。研究和许可团队接下来主要通过专利注册跟进知识产权的保护。同时,项目经理与发明者及其他RVL成员需要确定合适的商业化途径,包括:

- 向外部已有的经营实体(如医疗产品或生物制药公司)转让授权;
- 向有外部资金支持(如风险投资、天使投资、私募股权投资)的创业公司转让授权;
- 与其他医疗公司合作,推动技术早期的发展,为可能的转让授权做准备。

一旦某项知识产权被确认并被保护(即通过专利或版权申请),该产品就可以通过上述合适的商业化路径,被RVL授权给联盟在医疗行业的合作伙伴。

从管理和控制的角度来看,RVL对这些活动的运作管理良好。然而,在一些情况下,当建立新公司来进行技术商业化是首选的商业化路径的时候,公司会很快寻找可能的风险投资,而天使投资者和行业的战略投资者对新技术早期阶段的风险十分敏感,因

① 联盟医疗的管理层最终决定扩大集团的作用,通过内部风险投资基金——联盟创新基金(PIF)来进行初创公司投资。

此很少投资于那些缺少数据支持其效果的基于纯研究的新发明。① 另一方面，政府机构和私人研究基金通常只赞助最初的研究项目本身，而不对潜在投资者期望的概念验证研究提供资助。因此，在整个的资金资助过程中，即从研发用以救命的新技术到产品真正用于病患治疗之间，存在一个明显的空缺。

风险投资者和天使投资人逐渐偏向于投资技术发展的后一阶段以降低风险，而联邦机构和私人基金更侧重于上游的基础研究和新发明。在这样的环境下，联盟医疗如何确保这些有前途的技术可以被产品化？联盟医疗最终决定推出一种初始期的内部风险基金，这样既可以弥补资金资助过程的缺口，也可以通过降低风险吸引外部投资。由于这一决定，联盟医疗增加了一种新的技术商业化途径：向由联盟创新基金（Partners Innovation Fund，PIF）建立和资助的新公司转让授权。

联盟创新基金（Partners Innovation Fund，PIF）

联盟创新基金由 Brigham 妇女医院和马萨诸塞州总医院注资 3 500 万美元建立，这是一家全资有限责任公司（LLC）。公司投资所产生的利润被用于再投资未来的投资机会。这样的安排使得联盟创新基金可以自给自足，未来可以不用联盟医疗向其注资。联盟创新基金采取两种类型的投资：

1. 在种子或早期阶段的传统股权投资，并准备后续几轮的投资，类似于传统风险投资公司的操作手法。

2. 发展性投资，即技术的开发目前还不适合投资建立一家新公司，但某项特定的研究或为进一步商业化进行的原型开发需要资金支持。

联盟创新基金的投资流程参见附录 3。

联盟创新基金由董事会管理，董事会由联盟医疗首席学术官和上述两家医院（基金的两个有限合伙人）的主席组成。同时，建立了一个独立的委员会，来对创新基金提出的投资进行评估和表决。这个委员会由来自学术界、产业界和风险投资界的外部专家构成，对创业公司的投资决策、已资助创业企业以及之前提及的发展型投资的后续注资进行规范。

到 2010 年，通过前三年的努力，创新基金已投资了 9 个新成立的公司和 4 个开发协议，进一步证实了联盟医疗知识产权的技术可行性，并提高了其商业化的潜能。另外，创新基金已经成功地吸引了风险投资、天使投资和战略投资者投资，投资收益率达到了 1∶14，即每 1 美元的投资会获得 14 美元的汇报。

投资案例

下面的三个例子展示了 RVL 在联盟医疗新产品创新中参与的不同层面。在第一个例子 Daktari 诊断器材有限公司中，马萨诸塞州总医院的授权团队向一个新公司转让

① Partners HealthCare System，"The Role of Academic Health Centers in New Venture Creation，" presented at the HULT International School of Business，March 24，2010，p. 20.

授权,该公司由联盟创新基金投资建立。在第二个例子 Healthrageous 有限公司中,联盟医疗资助的技术授权给了一个创业公司,虽然没有联盟创新基金的投资,但联盟确实帮助创建了一个采用联盟医疗知识产权的可持续性企业。在第三个例子中,业务开发团队与个性化基因医学中心实验室合作研究分子医学,启动肥厚型心肌病(Hypertrophic Cardio Myopathy,HCM)心电芯片的开发。

Daktari 诊断器材有限公司

Bill Rodriguez 博士,是国际知名的健康诊断学专家,曾担任克林顿基金会的首席医疗官。他指出美国卫生保健系统需要开发一种诊断工具,用来测量艾滋病人(HIV 呈阳性)体内 CD4 白细胞的数量。现有的疗法,要么需要使用中心实验室中既贵又难以操作的科学仪器,要么需要技术高度娴熟的人员进行手工操作,利用显微镜计数有问题的细胞。在发展中国家,设备设施和技术人员都供不应求,在一些国家艾滋病甚至发展到了近似流行病的程度。

根据克林顿基金会的指派,Rodriguez 博士继续在马萨诸塞州总医院工作。在马萨诸塞州总医院,他与 Mehmet Toner(马萨诸塞州总医院的外科学教授,也是 BioMEMS 资源中心主任)合作,开发 CD4 检测的解决方案。这个方案必须是既便宜又易于使用的。在马萨诸塞州总医院的支持下,Rodriguez 和 Toner 将这些概念转换成了一个可操作的模型。在他们发明的微流体装置中,一滴指尖血的血液流过涂有标准抗-CD4 抗体的毛细管室。血液通过这个小室,可以俘获小室表面上的 CD4 细胞;然后引入低渗裂解缓冲液,将细胞破碎。细胞内容物被推到一个单独的腔室内,这个腔室涂有电极,可以测量室中电阻抗。电解质的浓度与 CD4 细胞的数量成正比,从而可以对 CD4 细胞计数。

Rodriguez 博士、RVL 团队、联盟创新基金的 Roger Kitterman 以及研究与许可部的 Seema Basu 共同商讨将研究工作产品化的过程。讨论目标是创建一个新的公司——Daktari 诊断器材有限公司,开发并将 CD4 检测设备推向市场。通常情况下,当一个创业公司想从联盟医疗取得技术授权时,它还不能满足获得许可证的最低财务要求,直到它取得新的融资,而这是预先支付许可费、抵消专利成本等的必要步骤。RVL 的研究与许可部在新公司筹资过程中为其知识产权提供过渡性的保障。只要募集到初始资金,Daktari 公司和研究与许可部就会商讨实际的授权。

联盟创新基金的一支团队会协助新企业的发展,包括定价、产品的经济可行性分析以及市场化战略。这些文件需要提交给联盟创新基金投资委员会进行审批,该委员会由外部风险投资人、行业专家、联盟医疗首席财务官组成。联盟创新基金团队还指定了一个人来帮助拟订 Daktari 公司的商业计划,这个人就是 Daktari 公司临时的首席运营官(COO)。获得投资委员会的批准之后,联盟创新基金会寻找财团完成第一轮融资,并招募董事会成员。融资之后,联盟创新基金团队带来了 260 万美元的外部投资,基金本身注资 30 万美元。

这一过程的结果如下所示:

- 原始的知识产权由研究与许可部保护。
- 通过研究与许可部，知识产权后来被正式授权给新成立的公司。
- 联盟创新基金于新公司创立时注资，并确定完成第一轮融资的共同投资者。
- 原型装置和微流体盒已经完成，可以进行现场验证研究。
- 非洲撒哈拉沙漠以南地区的医疗机构已经使用该产品启动多项研究。
- Daktari 公司的目标是在 2011 年年初获得非洲市场的认可，并于 2011 年中期推出产品。

虽然本产品是针对发展中国家开发的，但是联盟医疗不会强求发展中国家对 Daktari 公司的产品支付专利使用费，这对联盟医疗开发的产品来说是非常典型的做法。专利使用费仅适用于在美国及其他发达国家销售的产品。

Healthrageous 有限公司

在 Healthrageous 有限公司的案例中，联盟医疗的两个创意领袖开发了一个概念，并在 RVL 的帮助下最终实现了授权，并将产品推向了市场。联盟医疗通过对 Daktari 公司的初始投资持有股份并对美国和其他发达国家销售的产品收取专利使用费，从而补充联盟创新基金资金库。而 Healthrageous 的方式与此有些许不同。

Healthrageous 公司采用的基础技术来自联康中心。联康中心是联盟医疗的一个研究中心，但与联盟医疗的医院不是附属关系；联康中心专业于方案试行，并用非传统的（通常是信息技术支持的交付方法）方法提供医疗服务。联康中心在 Joseph Kvedar 博士的领导下，通过专注于行为改变方法来改进传统的慢性疾病管理模式，这项技术为 Healthrageous 公司奠定了基础。该方案包括一个软件平台，这个平台集成了各种生物识别设备（如血糖监测仪、活动监测仪、血压计）。此外，它为使用者提供了一个用户界面，使其获取各类生物测量读数并自动生成行为改变的建议，这些建议为慢性疾病（如高血压、糖尿病和肥胖）的治疗提供帮助。除了技术平台，Healthrageous 公司的关键技术是为特定慢性疾病提供自动指导建议的规则引擎。这些规则是由来自联盟医疗各个部门的临床医生们开发的。

虽然医疗市场充斥着远程监测生命体征和其他生物特征数据的设备，竞争对手的设备要远程连接护理人员和病人来提供建议，而不是像 Healthrageous 公司那样自动地提供各种建议。联盟医疗的产品开发团队设想，他们的产品应该定位于那些自我承保的公司向其雇员发放的福利，但最终产品也将作为购买保险者的一个选择面向市场。为了验证模型，由联盟医疗提供资金支持，联康中心与马萨诸塞州的一家公司制定并实施了一个高血压项目来验证产品是否真的会改善患者的健康。测试结果非常令人满意：400 名患有慢性疾病的应征者中，有 90% 的主动参与率，且这些患者的血压读数出现大幅度下降。

由于联康中心在联盟医疗内的定位，Healthrageous 公司管理层的职责包含在 RVL 业务发展部之下。通过与联盟创新基金的共同努力，两个团队制订了商业化的计划，以确定是推出一个新公司还是授权给一个现有的公司。联盟创新基金团队负责制订商业计划,包括联康中心知识产权商业化的业务模式、定价模型、市场化策略、聘用 CEO,以及吸引合作投资者和建立投资者集团的策略。与此同时, RVL 业务发展部寻求与现有公司合作授权的机会。在接下来的 18 个月中, 联盟创新基金和 RVL 业务发展部各自完成任务,并在后期的 3 个月中,最终决定将技术授权给新成立的 Healthrageous 公司。

这一过程的结果如下所示:

- 由于两个 RVL 团队的努力,联盟内部的利益相关方认为发展中的新医疗技术应该由一个全新的企业推向市场;
- RVL 和联盟创新基金团队为新公司聘请了 CEO;
- 由于该技术在不断发展的临床研究中带来的利益冲突,联盟无法投资或持有新公司的任何股份;
- RVL 业务发展部与公司达成了一项基于专利费和使用时间节点的授权协议;
- 2010 年 5 月,NorthBridge 风投、Egan 托管资本和 Long River 风投共同投资 600 万美元设立 Healthrageous 有限公司。

肥厚型心肌病(HCM)心电芯片

最后一个例子是关于 RVL 如何帮助 Brigham 妇女医院的 Christine E. Seidman 和 Jonathan G. Seidman 两位博士的新发明完成技术转移的。这个新发明涉及左心室肥厚症的分子成因。在这个例子中,两位博士完成了基础研究,之后 RVL 促成了联盟医疗的内部研究中心(即个性化基因医学中心)转移这项知识产权,使之可以通过与外部商业实体的合作进行产品化。

HCM 与人体内两种不同类型的致病基因突变有关。多年来,通过与 Brigham 妇女医院、马萨诸塞州总医院、哈佛医学院以及 Howard Hughes 医学研究所(HHMI)的合作,两位博士研究与 HCM 相关的遗传学基础,发现了特定基因突变与 HCM 之间的关联。后来,联盟医疗的个性化基因医学中心的分子医学实验室(LMM,这是一个得到认证的临床实验室),将该测试转移到了基因测序平台,并进行了临床诊断测试。

以一般人群中 1/500 的患病率估计,HCM 是最常见的单基因心脏病。不明原因的左心室肥大的超声心电图证据通常是建立 HCM 临床诊断的基础。然而,这些已建立的方法不能找出单个影响因素。虽然造成 HCM 的基因突变是在受孕时遗传下来的,但是临床证据显示这种病在发现之前已经存在很久了。因此,在病人的生命早期做出 HCM 的临床诊断是特别具有挑战性的。此外,目前的 HCM 基因测试方法并不尽如人意——平均有效性仅为 51%。一个更准确的测试可以根据患者的临床诊断更容易地确认 HCM,也可以根据可辨别的 HCM 基因突变来排除家族遗传关系。如果一个家庭成员可以被确定未受到 HCM 影响,而且他们及其孩子患此病的几率都不比普通人高,将不再需要后续的所有措施,从而可以减少医疗费用和各方的忧虑。

由于 HCM 诊断法的发明者来自多个机构,知识产权由 Brigham 妇女医院、马萨诸塞州总医院、哈佛医学院和 Howard Hughes 医学研究所共同拥有。在 RVL 成立之前的 20 世纪 90 年代中期,此发明已经授权给一个业界领先的商业实验室,以便开发关于

HCM 的诊断测试。不幸的是,开发并没有如期开展。因此, RVL 的业务发展部和 Brigham 妇女医院的研究与许可部(担任知识产权所有者的共同代理人)改变了 HCM 诊断法的授权策略,最终结束了对前述的商业实验室的排他性授权。RVL 追求 HCM 诊断法的非排他性授权策略,是为了激励合作方以竞争的方式继续改善这个方法,而多个授权合作方也使得这个方法可以广为人知。这一点很重要,因为该病的致病基因仍在不断被发现中。

哈佛医学院与联盟医疗个性化基因医学中心开发了诊断测试,并于 2004 年开始提供该项临床服务。随后与 Affymetrix 公司(一家遗传/基因组生物芯片技术公司)合作将该测试转移到了生物芯片平台上。合作自 2006 年开始,首要目标是在改善患者诊断的同时,为复杂的基因检测方法降低成本和缩短时间。该公司于 2007 年秋天推出的 HCM 心电芯片测出了导致 HCM 的 11 个基因构成的序列。其他三家公司也获得了 HCM 诊断法非排他性的授权许可,而 Brigham 妇女医院、马萨诸塞州总医院、哈佛医学院和 Howard Hughes 医学研究所则保留了芯片商业化的排他性权利。通过联盟医疗个性化基因医学中心与 Seidman 实验室的合作,联盟医疗将继续研究 HCM 的遗传学机理,不断提高测试机器的灵敏度。

这一过程的结果如下所示:

- 由于 RVL 团队为 HCM 诊断法的未来负责,他们确定了一个新的授权策略,这个策略可以带来更好的医疗和商业成果;
- RVL 业务发展团队与 Affymetrix 公司确定并达成了一个战略性的合作开发协议,帮助改善测试的成本和所需时间,从而提高了商业可行性;
- RVL 为 HCM 制定的非排他性合作伙伴关系的商业化战略,允许其他企业创建自己的 HCM 诊断工具;
- HCM 心电芯片减少了 HCM 测试的成本和所需时间,同时改善了对 HCM 患者的诊断质量。

结论

学习了美国联盟医疗的案例之后,TGE 得到了很多适用于自身企业的知识。首先也是最重要的,他们建立了一个专门的团队,其重点是对 TGE 知识产权的分拆。其次,以现有职责和专业知识为重点, TGE 开始寻求与涉足知识产权商业化的财团或律师事务所的合作。最后,TGE 创建了一个投资基金,帮助缩小纯粹的研究发现与知识产权商业化过程中的风投开始涉足之间的资金缺口。至此,TGE 已拥有了一套制度框架和最佳实践经验,来迎接创新环保产品和服务的出现,他们正通过自己的努力进行知识产权的市场化。

附录 1 美国联盟医疗组织结构

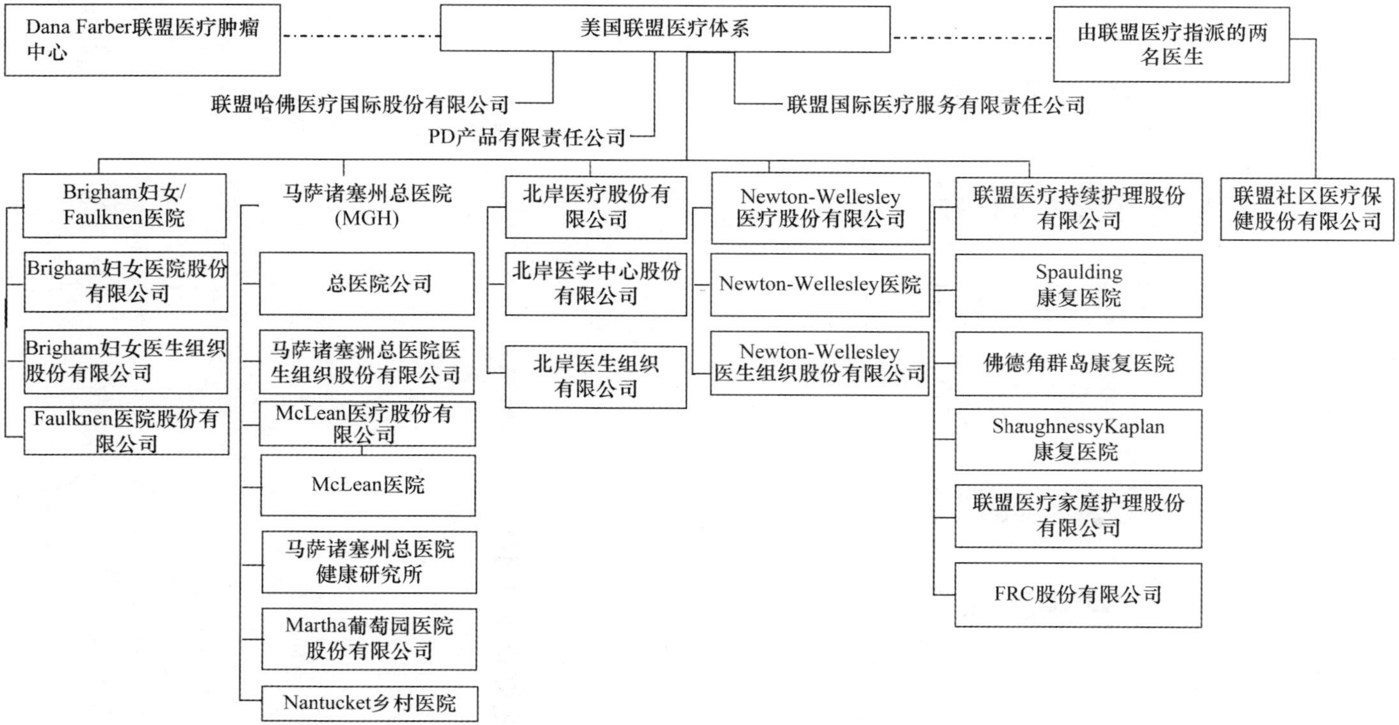

资料来源：美国联盟医疗体系，于2008年12月30日修订。

附录 2 RVL 部门业绩的统计数据(2005—2010 年)

1. 新发明披露

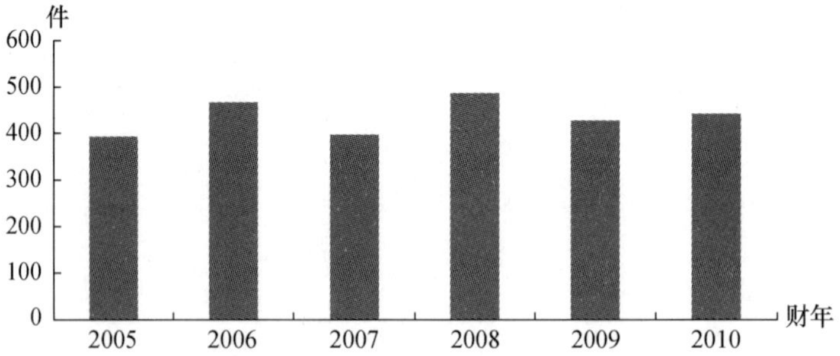

2. 创业活动

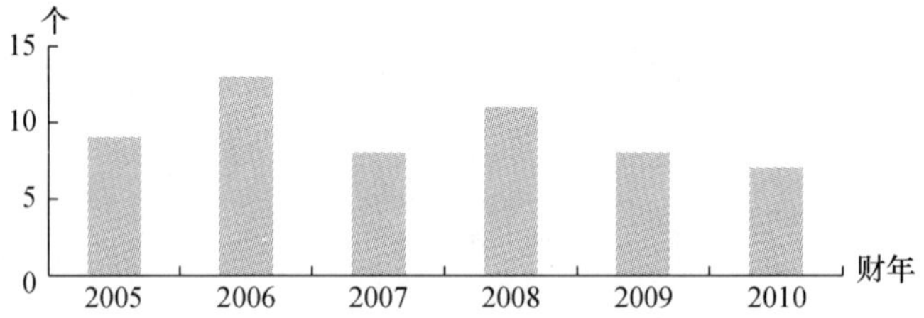

3. 许可费收入(不包括 Enbrel)

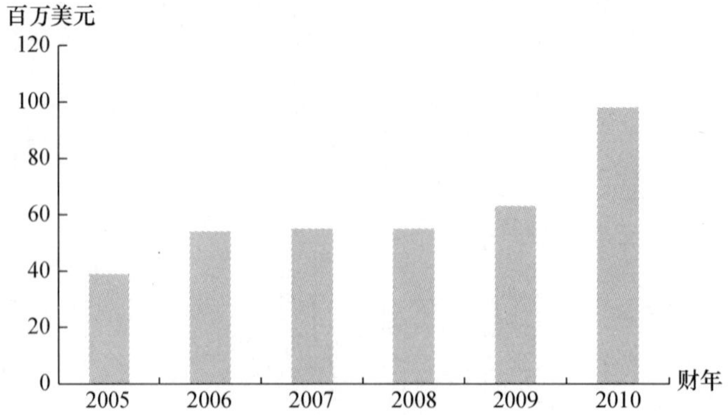

4. 授权/期权活动

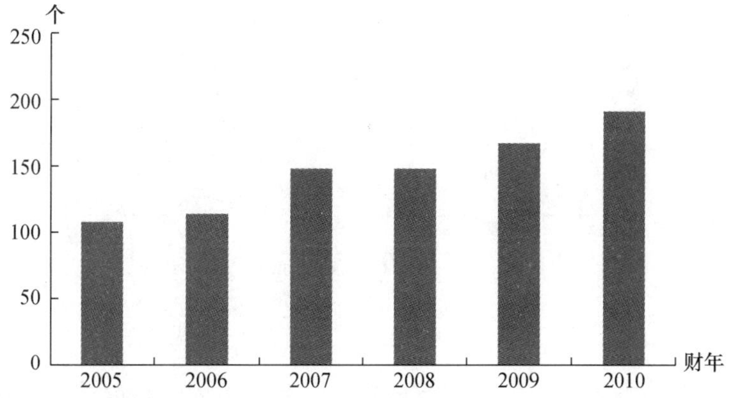

5. 业务总体赢利能力

单位:百万美元,净利润率除外

	2005	2006	2007	2008	2009	2010
总收入(包括 Enbrel)	102	328	356	55	63	98
净专利成本	4.3	2.1	3.9	5.3	3.7	4.3
管理费用/运营成本	5.0	5.4	5.3	5.7	5.4	5.4
净利润	92.7	320.5	346.8	44	53.9	88.6
净利润率(%)	91.0	98.0	97.0	80.0	85.0	90.0

资料来源:Partners HealthCare System, *The Role of Academic Health Centers in New Venture Creation* presented at the HULT International School of Business(Cambridge, Massachusetts), March 24, 2010, pp. 14—15.

附录3 产品成熟度与创新基金来源的关系

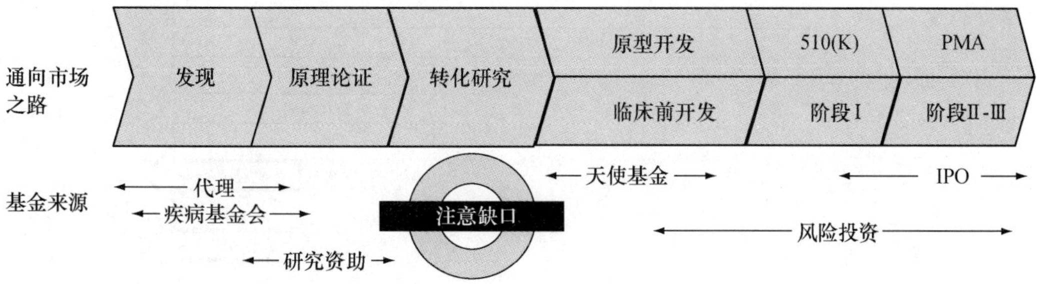

资料来源:Partners HealthCare System, *The Role of Academic Health Centers in New Venture Creation*, presented at the HULT International School of Business(Cambridge, Massachusetts), March 24, 2010, p. 20.

附录 4 知识产权从纯研究到创新产品的演变过程

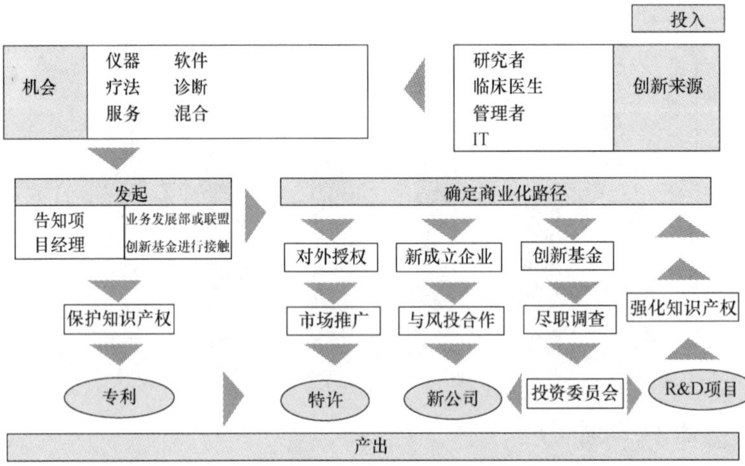

资料来源:Partners HealthCare System, *The Role of Academic Health Centers in New Venture Creation*, presented at the HULT International School of Business(Cambridge, Massachusetts), March 24, 2010, p. 17.

附录 5 知识产权商业化的简要历史

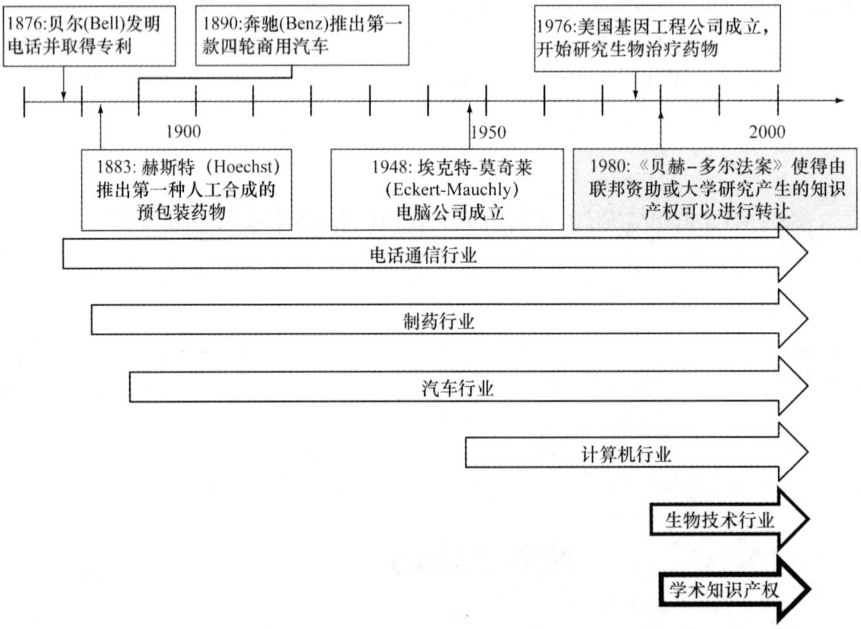

资料来源:Partners HealthCare System, *The Role of Academic Health Centers in New Venture Creation*, presented at the HULT International School of Business(Cambridge, Massachusetts), March 24, 2010, p. 38.

IVEY | Publishing

案例2-4

翡翠源和中国奢侈品市场

作者:Kevin An, Barbara Li

主题:企业家风格;初创企业面临的问题

一个星期三的下午，钟贵开（Kent Chung），翡翠源国际有限公司（Jadelink International Limited）的创始人兼 CEO，在其公司的总部，一边喝着他最喜欢的台州茶，一边收拾着行李。像往常一样，他必须赶晚上的航班去上海，但这不是一次寻常的出行。因为他将要在上海市中心——豫园城隍庙，一个每年都会吸引成千上万游客前去的地方，开设翡翠源在中国内地的第一家旗舰店，这让他感到十分兴奋。这是一个向国内外消费者展示翡翠源具有时代气息的翡翠珠宝的绝佳地点，将为翡翠源日后在全中国乃至亚洲市场的发展奠定坚实的基础。

他的思绪随着茶的甜苦韵味发散开来。他从早期企业的成功中感受到了喜悦和振奋。但是，他也无法忘记公司起步阶段时令人操心的琐事，更别提将来可能会遇到的挑战。为了进一步扩大企业规模，钟贵开必须抓住中国经济飞速发展所带来的机遇，投资内地市场，提高品牌知名度。但是这笔钱该从哪里来？在几个月的努力工作后，继续奋斗和发展看上去似乎是这个企业最好的选择，虽然这不是唯一的选择。

会计师出身的企业家

钟贵开受过良好的公共会计师教育，并于 2001 年在香港中文大学获得了国际商务的理学硕士学位。他曾在德勤会计师事务所工作到 1992 年，然后创建了自己的会计师事务所。尽管公司运营良好，也能让他学到投资的丰富知识和经验，但是他对这一职业并不是很感兴趣。他不想只局限于做常规的工作，也不想和反映历史交易的账目打交道，更不喜欢这种需要注重琐碎细节和操作性的工作。相反的，他想要一种以创造性为基础的工作。

虽然钟贵开是一名会计师，但他曾经和自己的亲朋好友尝试创办过多种企业。他在香港卖过化妆品，在罗湖卖过丝袜，出版过普通话教材。此外，他还在香港怡东酒店里开过一家香烟零售商店，并且直到现在还在赢利（参见附录 1）。这些经历帮助他对零售市场有了更好的认识，同时也让他认识到如何才能成为更好的创业者和企业家。他回忆道：

> 我们是少数几个销售 ODM 化妆品的先驱者之一。不幸的是，由于缺乏经验，在装饰办公室和购买高档家具上花了太多钱，这大大地阻碍了企业的发展。所以当其中一名合伙人离开并开创了自己的企业时，我们不得不提前结束企业的运行。

尽管取得了一些成功，但是在 2000 年，网络教学的创业经历却给他上了深刻的一课。早先他想到的是投资网络游戏，但是作为一个父亲，他认为网络游戏是对青少年和社会都有害的东西。然而，在网络教学里损失 1 200 万港币①后，他意识到：

---

① 当期汇率：1 美元 = 7.8 港币。

人们追求的是快乐和让自己看起来更好的事物,而不是灵感和教育。了解顾客的需求和投资趋势才是成功的关键。仅凭自己的主观意愿开发产品而实际上偏离大众需求的做法是很危险的。

钟贵开对自己几年来在创业经历中学到的知识进行了总结:

团队精神、公司结构、工作协调和信任是推动任何一个项目的必要因素。一个企业家必须具备勤奋工作、多重任务处理、灵活、抗压能力强和独立不依赖他人的品质。一个明确的企业发展方向和对产品的熟悉度是企业发展的动力。对金融财务知识的深刻理解,不花不必要的钱等,也对企业是否能够成功起到同样重要的作用。

对于商业机遇,由于自然资源的不可再生性和中国对奢侈品呈现出不断增长的需求,钟贵开确信稀缺的自然资源类产业是最好的选择。

进军奢侈品市场

一开始,钟贵开考虑进入中国内地茶叶市场。2004 年,他在浙江台州购买了一个产茶庄园。由于越来越多的中国富人开始对茶叶产生兴趣并购买优质茶叶,茶行业保持着繁荣发展。然而钟贵开的这次尝试却因为扩大生产前有诸多亟待解决的问题被搁浅了。首先,他雇用的农工知道哪些茶叶最值钱,并将最值钱的茶叶留给了自己。其次,采茶是一项劳动密集型工作,随着农工拥有了足够的收入,他们开始享受悠闲的生活,工作积极性也随之下降。妥当管理农工的工作因此成了一件难事。当钟贵开的兴趣从茶行业转移到翡翠行业时,他也丧失了管理农工的积极性。

从钟贵开的背景来看,翡翠行业更适合他。2002 年,钟贵开的妻子曾凤珊(Susan Tsang)在美国宝石学院(Gemological Institute of America,GIA)进修宝石学并成为一名经过认证的宝石学家(Accredited Graduate Gemologist)。钟贵开弟弟的岳父王先生在这个行业有 33 年的工作经验,他对整个产业,从开发翡翠原石①到翡翠雕刻都相当熟悉。2002 年以来,钟贵开一直在对这一行业进行调查研究,2005 年,他还多次前往缅甸和中国内地实地考察。中国内地的珠宝市场正在诸如广州、上海、北京等大城市繁荣发展。翡翠是继黄金和钻石后第三受欢迎的宝石(参见附录 2)。钟贵开判断,翡翠行业中蕴藏着巨大商机。

---

① 翡翠原石是翡翠的原材料,分布于缅甸、俄罗斯、墨西哥、新西兰、日本、危地马拉和美国加利福尼亚州;引自 Mohsen Manutchehr-Danai, *Dictionary of Gems and Gemology*, Berlin, Heidelberg: Springer Berlin Heidelberg, 2005。翡翠原石有很多鉴别方法,如地表是否有大块玉石(例如新矿山去皮的石头、山上的石头、水表的石头、河里的石头以及梯田里的石头)及其是否被皮壳覆盖(例如沙皮子、水皮子和搪瓷皮子);引自欧阳秋眉:《翡翠:宝石与文化》,香港宝石学院,香港,2003。

翡翠业概况

第二次世界大战以后,翡翠业在中国香港繁荣发展,直到20世纪90年代,产业扩大到中国台湾等地区。但是在这之后,由于部分不良商贩在香港将B类翡翠当做A类销售的欺诈行为,翡翠的销售量大幅下降(参见附录3)。亚洲金融风暴后的经济萧条更加剧了这一下降趋势。广东揭阳原先是一个因走私而闻名的沿海小城,然而自2000年起,这里的商人开始辗转做起翡翠原矿石的生意。他们刺激了整个产业的发展并很快控制了原料供应。随着中国居民财富的增长和翡翠市场的扩大,他们的生意很快遍布内地(参见附录4)。

钟贵开发现翡翠买卖需要大量的行业知识,诸如原矿石的开采和产品的加工。翡翠的价格和钻石差不多(参见附录5),但是还不存在统一的定价标准。如何评定原石的价值以及如何让翡翠矿石的价值最大化等知识很大程度上依赖于家族企业中流传的经验。

据钟贵开所说,目前整个产业每年处理的翡翠原石价值已超过100亿港币,但是一个典型的翡翠公司的资产却只在二三百万到1亿港币之间。传统上,典型的公司基本上都是家族企业,涵盖原料采购、产品生产或者产品零售等业务。这些家族企业很少合作,它们的艺术标准也各不相同。贸易者往往依赖家族中的成员进行价值百万美元的交易。一个知道如何判断原石价值的商人,再加上一点运气,就能从价值100万港币的、重达半吨的原石上切下来一小块石料加工成珠宝首饰,并最终可能卖出100万港币的价格。这样的情况对这些家族企业而言,一年也仅仅会发生一两次。

和建立在法律合同上的其他行业不同,翡翠业是建立在个人信用、人脉和声誉基础上的。由于翡翠商们紧密的关联和在翡翠原石上所使用的独特签名,这些将确保如果有违反行规的交易发生,行为人将会被翡翠业商人很容易地查出。尽管很多买家和工匠在翡翠方面也是行家,但是他们没有受过现代的商业管理训练,而大多数人也仅是从学徒开始做起。

缅甸是世界上最大的高质量翡翠原石市场。通过开展一年三次的缅甸宝石、翡翠和珍珠商品交易市场(Myanmar Gems, Jude and Pearls Emporium)的竞拍,商人从矿主那里购买翡翠矿石。同时,一些走私贩也活跃于中缅边境。因为产品既稀有又昂贵,一些商家会为了等待一个好价钱而将成品保存上几个月甚至几年再卖出。珍贵的成品由佳士得(Christie's)或苏富比(Sotheby's)拍卖行向社会公众拍卖。家族企业中以家庭为单位的生产车间负责雕刻前的设计、切割、磨光和打蜡。大多数成品都保持着传统的类型和风格。整个生产过程需要集中大量的劳动力,人们依然使用着几十年不变的基本加工机器。这个过程会被分成若干个环节,每一个环节都由不同的工匠根据自己的经验完成,并没有一个系统的制度来对整个过程进行控制。成品会被销售到各个地区的批发商手中,从他们那里再进一步卖到零售商店里。附录6展示了翡翠产业的价值链。

抓住机遇

钟贵开这样阐述进入这个行业的原因:"中国人普遍把翡翠当做珍贵的宝石。但是,如果一个人想买翡翠,他会想到哪一个公司的名字呢?"他打算将现代商业管理的模式运用到这上来,使这一产业更加现代化。2005年,他和妻子曾凤珊、王先生及一名隐名投资者成立了翡翠源国际有限公司。钟贵开的一些亲戚和朋友也作为小股东投入了部分资产。

初期投资大约有3000万港币。钟贵开和隐名投资者各投资1000万港币的现金,而王先生将他的翡翠商品存货作为资产投入公司(参见附录7)。曾凤珊负责产品发展、公司基础设施建设以及批发和出口。同时,她还负责收集成品,并在王先生的帮助下制定成品售价。王先生则负责生产流程和购买原材料。他在矿石切割方面高超的技术让翡翠源能够充分利用将近三分之二的原矿石并制造出最大数量的珠宝产品(参见附录8)。

和其他翡翠商不同的是,翡翠源控制了从购买原材料到生产的整个运作流程。产品设计、制造和零售分别在不同的子公司进行。翡翠源在香港拥有一个私家设计团队。广东佛山的工厂则在王先生的监督管理下,整合了早期制造中的切割、细分、打磨等环节,保证了原料质量。之所以要在自己的工厂里加工是为了加强对生产计划和时间,以及劳动力分配的控制。生产的最后几个环节,包括磨光和镶嵌配件,一并外包给了数家香港的手工作坊来减少风险和对单一承包人或工匠的依赖。

目前,顾客更多地需要设计简约、时尚的珠宝。他们往往是为了满足一些特殊场合的需要或是把珠宝首饰作为礼物赠予他人。翡翠源经常开展市场调查,向批发市场的顾客咨询他们对产品的偏好和对价格的看法。他们的观点对新设计理念的完善和新产品的开发都起到了很大的帮助。翡翠源致力于开发能够迎合顾客需求和品位的产品(参见附录9),其产品总是被很快售罄,尤其是优秀的品件。

钟贵开利用各种渠道寻找合适的人才和专家。一个应试者是否适合其所应聘的职位往往取决于钟贵开的个人判断,但是也没有什么能比让申请人,尤其是设计者,现场证明他们的能力更好的方法了。专业的工作经验和中国内地的背景是选择员工的最主要的两个标准。钟贵开需要专业的员工来构建公司的基础架构。比如,公司的零售部经理就是一名在中国内地有15年亲身管理经历的人,而市场营销部主管则是一位娱乐行业的老手。

翡翠源的发展

钟贵开只用了25个月(从2005年12月开始)就在中国香港建立起公司总部和一个零售商店,在佛山有一家产品的生产厂,并且有8家开在上海繁华地段的零售店(参见附录10),有一个公司官方网站和一个在日本的电子商务网络。2008年,翡翠源有员工80余人,其中大部分是上海当地的销售员。

钟贵开从一开始就规划好了公司的前景:

> 如果我有一个好的基础,对我来说将会更容易地去开发之后的业务。如果等机会来了再去建立这一切,那么一切都晚了。这就是为什么我从一开始就建立了一个电子商务平台。公司的启动资金很少。现在,我们的顾客来自世界各地,并且他们也能够通过网络购买产品。这就是翡翠源除了做零售之外的未来潜力。

找到并争取到合适的零售点并不是一件易事,这需要说服部分内地经销商克服对翡翠持有的过时看法。然而,在日本最大的在线购物中心乐天市场(Rakuten)上建立起的网上店铺却带给钟贵开新的体验。曾在钟贵开的网络教学公司里工作过的翡翠源现任首席信息技术官通过他日本的妻子为钟贵开介绍了这层关系。这让钟贵开很快和电子商铺有了合作。从顾客良好的反映来看,翡翠源是受日本人欢迎的。由于初期翡翠源有限的财务资源,一开始在乐天市场上所获得的只是收入的很小一部分,但是这块收入在后来增长得越来越快。

扩大公司规模

2006年,翡翠源的年销量有几百万港币。销量在2007年又增长了好几倍。到2008年的头两个月后,翡翠源的收入达到2007年同期的3倍,公司实现了收支平衡。在这之后,翡翠源实现了赢利,在香港股票市场上市并拥有7 000万港币的市值。虽然在2007年有2家店面被关闭,但是在上海城隍庙占地2 000平方米的旗舰店开始动工。

钟贵开坚信,没有任何一个潜在对手可以在短时间内威胁到翡翠源的生意。因此,他不仅要在中国各大城市开30—50家商店,还希望在更大范围内推广这个品牌,将其扩展到新加坡、日本、中国台湾等国家或地区,并让翡翠源成为产业主导者(参见附录11a)。以现在的规模来看,钟贵开相信翡翠源有足够的实力在市场上生存下去。然而,如果他选择将公司的规模进一步扩大,他必须在5年之内实现这个目标。而这将需要大约1亿人民币[1]的投资(参见附录11b)。

> 一个翡翠源商店的投资回收期是2年,一个百货商店的柜台的投资回收期是6个月。尽管公司现在开始赢利,但是作为一个企业家,我不能说我对现在的现金流很满意。我不知道需要多少商店和多少年才能获得足够的资金去实施我的计划。

钟贵开在追求公司快速增长和保持正常发展之间面临着艰难的选择。只要能获得更多投资,不论是来自公司外部还是内部,他都可以让翡翠源实现快速扩张的目标。但是目前西方国家经济萧条的现状给他带来了潜在风险。另一个选择是让企业保守发展,逐渐积累资本。然而,这个选择就意味着丧失了与中国市场一同快速发展的机会,潜在的竞争者也可能会出现(参见附录12)。

在钟贵开考虑开始另一个阶段的扩张时,内部管理也让他感到担忧。管理系统的不完善,如运作记录的空白,清晰的管理条例以及培训手册的缺失,都值得花时间与精力去改善。而其中,人力资源管理对他来讲是最棘手的问题。在内地招聘优秀的专业销售人员十分困难。

投资和扩张

钟贵开考虑过从风险投资家和其他形式的私人资产中募集资金。他也试图引起不同企业家和投资者的兴趣。寻找并游说的过程很艰难:在风险投资家的眼里,他的公司很小;而大多数投资者并不了解翡翠业,也没有看到翡翠市场的潜力。尽管有些投资者也出身珠宝行业,但是钟贵开担心他们仅仅将翡翠源看做他们旗下众多分支中的一小支,并把翡翠源简单地归在现有的结构框架之下,而看不到其前景和优势。

据钟贵开多年当会计师的丰富经验,他深刻了解风险投资家和企业家的内在区别:

> 企业家是一个先驱者,站在最前方抓住商业机遇并引领商业创新;相反,风险投资家是一个跟随者,往往站在后面为投资者寻找机会。

钟贵开认为,一个风险投资家的主要目标是保证投资回报,所以他们的焦点在于风险最小化,而不是企业家所看重的产业的发展前景。虽然他有接受对自己企业不利的条件的准备,但是同时希望风险投资家在关注他的公司的金钱价值以外,还能够尊重他的努力和看法。

翡翠源是钟贵开众多创业经历中最成功的一次,他把它当做自己的孩子一样看待。他希望公司未来的投资者或股东不仅拥有丰厚的资产,而且更多地把他的情感和公司联系起来,成为对这个公司有感情的企业家。同时他们还应该具备国际视野,能够将翡

---

① 当期汇率:1美元=6.83人民币,1港币=1.138人民币。

翠源变成一个著名的品牌并吸引更多的从业者来加强公司的管理和运营。只要这些人对翡翠源感兴趣,钟贵开并不在乎为他们提供最慷慨的报酬,甚至可以为了公司的利益让出最高管理者的位置。

迈向未来

钟贵开来到了他的新旗舰店,并监督他的员工们将翡翠珠宝陈列在柜台里。当他看到最新设计出来将在春节期间销售的袖扣时,他对他的设计团队创造出的美观、时尚的风格赞不绝口。钟贵开坚信这些精美的品件将会给他带来更多的顾客。他认为,如果他不能让翡翠源获得巨大的成功,这将是他做企业生涯里最大的失败。

作者承认并感谢香港中文大学商务管理系案例教学与研究中心对编写本案例提供的帮助。

附录1 钟贵开个人简历

年份	经历
1989	会计专业毕业,任职于德勤会计师事务所。
1990	作为隐名投资人和另外两名合伙人投资 ODM 美容化妆品。公司运营 6 个月后从中撤资。
1992	和妻子共同创建自己的公共会计师事务所。
1994	在罗湖商业广场经营一家丝袜零售店。
1996	和他的普通话老师一同出版了一套普通话教材。教材针对公司秘书和学生的需求,其中一本至今仍保持着良好销量。
1999	在香港怡东酒店开设香烟超市,目前仍在赢利。
2000	在香港创办网络教学公司。该业务最终失败,并让他损失了 1 200 万港币。
2001	在香港中文大学进修理学(国际商务)硕士学位。
2002	对翡翠行业进行调研并从他现在的合伙人王先生那里了解到产业供应链的运营模式。
2004	在中国投资茶业,后来因兴趣转向翡翠行业而终止。
2005	翡翠源成立后卖掉了他的公共会计师事务所。自此他全身心地投入翡翠源的工作。
2008	在上海主要商圈开设了 5 家零售店,并在日本建立了一个网络交易平台。另外一家地处豫园的旗舰店于 2 月开业。

附录2　中国珠宝市场

中国金、银、珠宝批发及零售业规模　　单位:百万人民币

年份	批发	零售	总和
2000	50. 2	147. 1	197. 3
2001	30. 0	144. 3	174. 3
2002	36. 0	145. 6	181. 6
2003	28. 2	162. 7	190. 9
2004	73. 8	215. 7	289. 5
2005	81. 3	255. 2	336. 4

资料来源:《中国统计年鉴》(2001—2006),中国国家统计局。

珠宝材质购买意愿

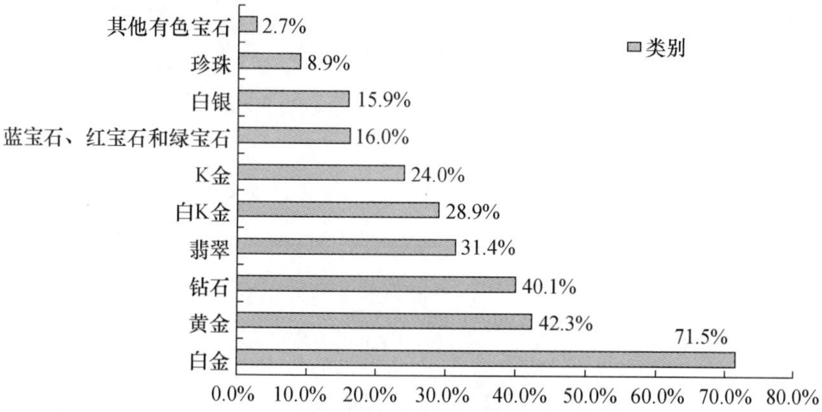

资料来源:2007年中国城市珠宝购买者调查,香港贸易发展局。

次年购买珠宝的预算

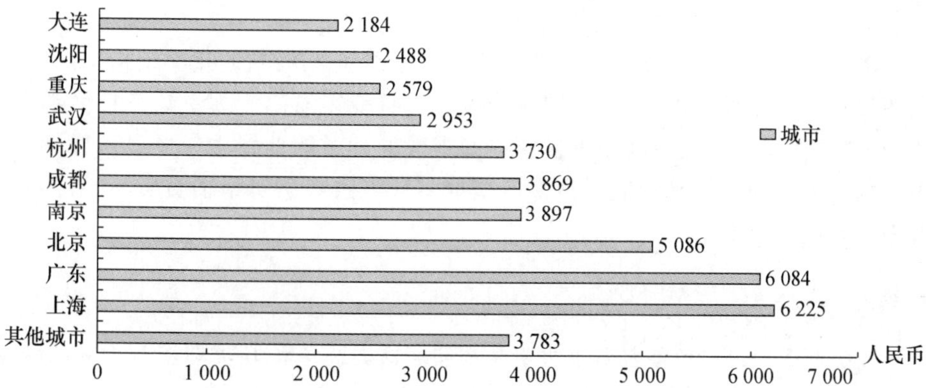

资料来源:2007年中国城市珠宝购买者调查,香港贸易发展局。

附录 3 翡翠类别

翡翠包括角闪石类中的两种矿物:软玉和辉石类中的硅酸铝钠(硬玉)。日本学者把这两种成分分别称做“软玉”和“硬玉”。中国人在春秋战国时代就开始用大量的软玉制成玉制手工艺品。过去 130 年来,对于玉石的研究越来越多。最近的研究建议,将碧玉原石中由辉石类矿物构成的部分称做“翡翠”,这包括产自缅甸和其他一些国家的玉石。

物理特性

	软玉	硬玉
颜色	3 种主要颜色:白、黛绿、墨绿。均匀分布	6 种主要颜色:白、紫、绿、黑、黄和红。大部分非均匀分布
纹理	紧凑的纤维状的纹理,油性光泽,相当坚韧。现存最坚韧的石头之一	很坚韧,比钢坚韧,但没有软玉坚韧
硬度	6(摩氏硬度标准)	6.5—7(摩氏硬度标准)
比重	2.90—3.05	3.28—3.40
折光率	1.61—1.63	1.65—1.66
紫外荧光性质	在紫外线下没有荧光性	不具有荧光性

等级

A 类

只经过上蜡加工的天然翡翠。

B 类

B 类翡翠在强酸中浸泡过并清除了不该有的污点,而它的化学结构也因此被改变。当翡翠从强酸中被拿出时,它看起来暗淡苍白且变得易碎。为了让它更受消费者的青睐,石蜡或树脂聚合物在高压下被浸透到强酸处理过的翡翠中。经过这样处理的翡翠更易损坏而且光泽更易消散。很多 B 类翡翠被当做 A 货卖给消费者,这曾经导致整个翡翠行业的低迷。

C 类

C 类翡翠通过上色使其看上去更受欢迎。这类翡翠和 B 类翡翠有相同的缺点,会随着时间褪色。通常,消费者在购买时也不会被告知商品曾受过这样的处理。

资料来源:欧阳秋梅,《翡翠:宝石与文化》,香港宝石学院,香港,2003。

附录4 当代翡翠业发展史

年份	重大事件
20世纪50—80年代	• **市场参与者**:香港统治了全亚洲的翡翠业。作为一个贸易中心,香港为当地及国际市场提供一站式服务,包括生产、配送、批发和零售翡翠成品。 • **商铺位置**:高档翡翠专卖店主要集中在尖沙咀和九龙、佐敦交界处的佐敦路上。而较低档的翡翠产品主要集中在油麻地,例如庙街的翡翠市场。 • **翡翠来源**:中缅或者泰缅边境贸易和缅甸拍卖会是翡翠毛料的两大来源。香港并没有参与翡翠毛料的贸易。 • **加工基地**:腾冲、北京、苏州、扬州、上海和广州作为中国内地的翡翠加工地,供应成品翡翠。但由于20世纪80年代以前未开放的政策,翡翠业并没有得到充分的发展。 • **翡翠工艺**:位于珠江三角洲的广东四会、平洲和揭阳的翡翠加工中心因其华美的设计和精湛的工艺而闻名。制造商多以家庭作坊的形式存在并且具有贸易保护意识,但是与香港的翡翠批发商保持着紧密的联系。
20世纪90年代	• **台湾抢购热潮**:在20世纪90年代初,由于台湾翡翠市场大幅度地扩大,成品翡翠出现了供不应求的情况,并且价格逐步上升。台湾经历了一次对包括成品珠宝、裸石、雕刻品以及装饰品在内的翡翠产品疯狂追捧的热潮。 • **假翡翠**:经过美化处理的产物。强酸腐蚀劣质翡翠中的铁化合物以及其他杂质后会产生裂隙,再注入透明的树脂可以使这种翡翠有高档翡翠的光泽。这就是所谓"漂白货",而后被定义为质地不够好的"B货"和"C货"。这些人工翡翠流入市场冒充成天然翡翠,鱼目混珠并以低价销售。 • **市场滑坡**:如果没有可靠的科学技术或分类系统,翡翠的纯度和天然度是很难鉴定的。买家和消费者经常容易上当,周生生珠宝就曾被指控出售人造翡翠。消费者因此一度丧失了对翡翠的信心。1997年的经济衰退导致了香港和台湾市场的低迷,从而影响了内地的翡翠供应商。 • **市场回升**:20世纪90年代末,一群来自揭阳的潮州富商买进了大量的翡翠毛料并投入资金与人力,重新拉动了正在滑坡的翡翠业的发展。他们在现有的家庭作坊基础上,对翡翠业做了调整,改变了原先较分散独立的状况,使之更为集中。
21世纪初期	• **重新定位**:21世纪初期,由于高速的经济增长,内地翡翠市场开始大幅增长。翡翠产业的重心也移回了内地。同时,翡翠在内地主要城市消费者心目中的价值也逐步提升。 • **转型**:中国的翡翠需求在增长,广东和云南也成为除香港外的翡翠产业中心。翡翠珠宝的形象与设计开始在品位和风格上符合现代潮流。声誉好的翡翠商开始慢慢出现。

附录5 翡翠玉石估价

翡翠玉石鉴定的原则包括“4Cs”(颜色、切割、净度、裂纹)、“2Ts”(透明度、纹理)和“1Vs”(体积)。这些知识最早是通过一本叫《翡翠玉石鉴赏》(*Jadeite Jade Appreciation*)的书介绍给玉石鉴定家,然后在1995年被记录在佳士得(香港)的目录中。

颜色

此属性是决定翡翠价值最重要的一个因素。评价翡翠颜色,尤其是绿色翡翠,有四个关键因素,分别是:(1) 色彩的纯度;(2) 色彩的强度(浓度);(3) 亮度;(4) 颜色均匀度。

切割

评估翡翠的切割以两个方面来考量:抛光弧面翡翠玉和翡翠雕刻。用于制造抛光弧面宝石的翡翠通常是质量更高并无裂缝、裂隙的。因此,这种玉通常是最有价值的。检查抛光件时,应考虑下列因素:轮廓、对称、宽度和高度比。

净度

造成翡翠的净度差异的原因是复杂的,但一般是由于内在颜色的深度。它往往有其他共生矿物,其二次断裂后,可被其他矿物填充。高净度往往伴随着美丽的外表和更好的耐久性,但是当未加工的翡翠在被评估的时候,瑕疵会对其价值产生很大的影响。

裂纹

裂纹是指跨翡翠水晶体的不连续性,而纹理是指翡翠内很好地按一定方向延伸的晶体形成的图案。新的裂纹,是指一个相对新形成的裂纹,是无色、无次生矿物的。相比之下,老的裂纹总是充满着次生矿物。在宝石学上,它被称为部分愈合或愈合的裂纹/断裂。

透明度

透明度(种头)在欣赏翡翠时是至关重要的。具有高透明度的石头被认为能够隐藏三种类型的瑕疵:首先,苍白色的翡翠是波光粼粼的和干净的;其次,色彩不均匀的翡翠会显得更均匀;最后,即使石头纹理粗糙也是看不出来的。影响翡翠透明度的主要因素是它的内在颜色。

纹理

纹理是指粗的或细的颗粒、颗粒形状和翡翠颗粒之间的关系。纹理也分为六个级别:从非常细致的到非常粗糙的。考虑纹理对质地的影响时,评估师必须考虑纹理是如何影响透明度、抛光、耐久性和外观的。

体积

珠宝首饰的体积越大,价格越高,尤其是特级的翡翠。因为越大的翡翠要从大块的原石上切割,并且材料按重量销售,体积大的特级翡翠尤其昂贵。

资料来源:欧阳邱梅,《翡翠:宝石与文化》,香港宝石学院,香港,2003。

附录6 翡翠产业的价值链

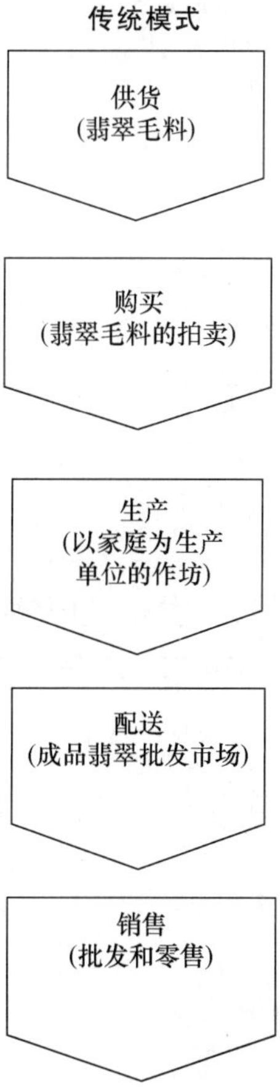

资料来源:欧阳邱梅,《翡翠:宝石与文化》,香港宝石学院,香港,2003。基于该书信息总结得出。

附录 7 翡翠源的公司结构

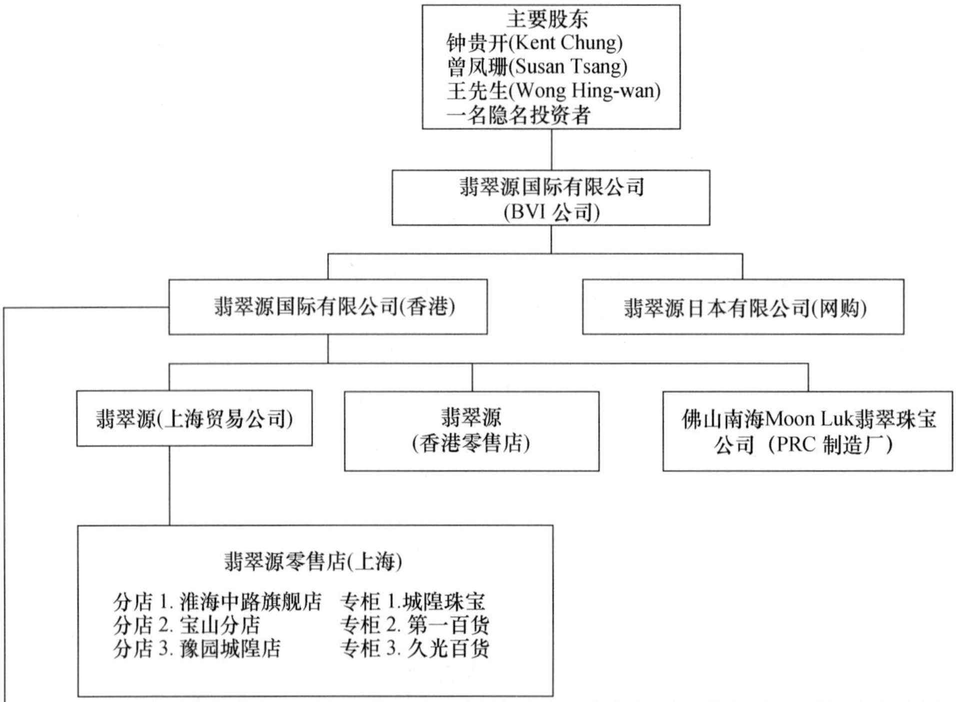

*个人股东可以拿到除翡翠源（日本）以外子公司的所有股份，而对于子公司翡翠源（日本）个人股东仅能拿到50%的股份，剩余股份由其在日本的合作伙伴所有。

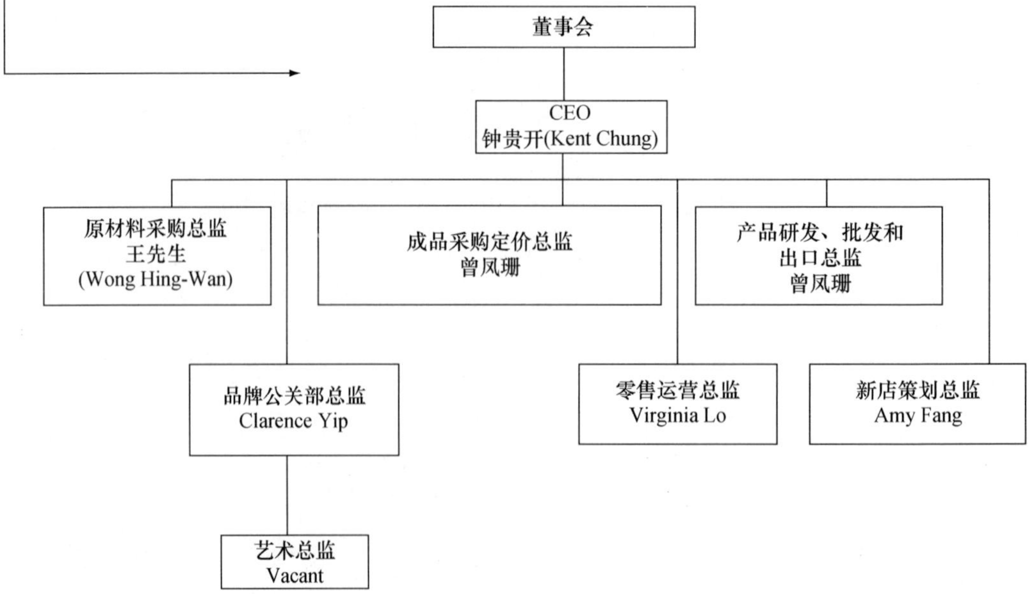

附录8 翡翠毛料与成品

翡翠毛料

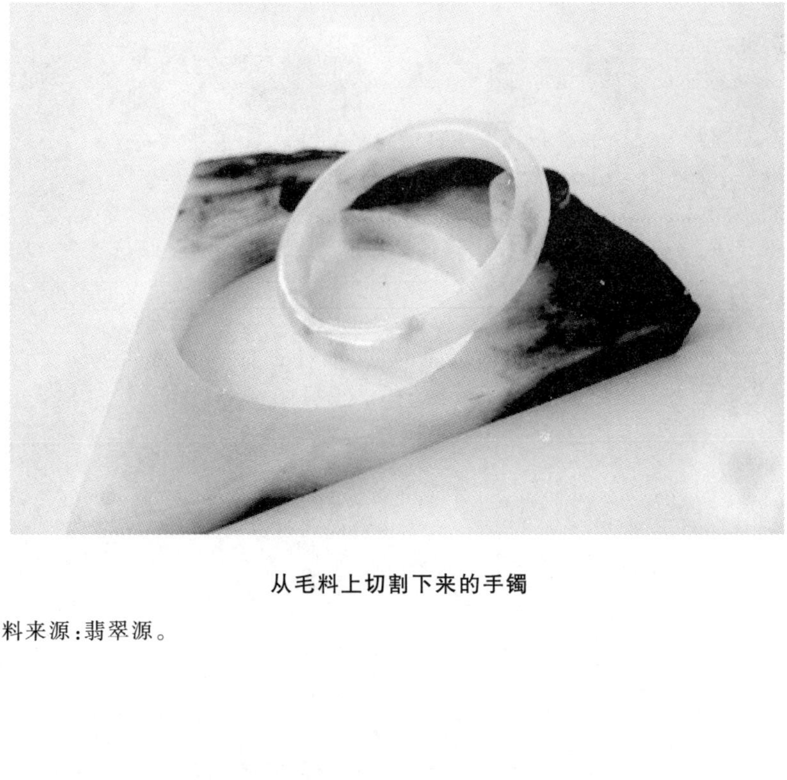

从毛料上切割下来的手镯

资料来源:翡翠源。

附录9 翡翠源珠宝展示

独家设计

同心扣

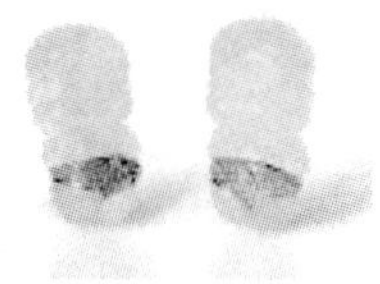

天使宝宝

翡翠灵管

晨春

时尚设计

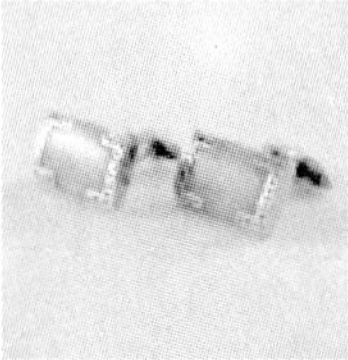

黄玉袖扣

方形绿翡翠吊坠

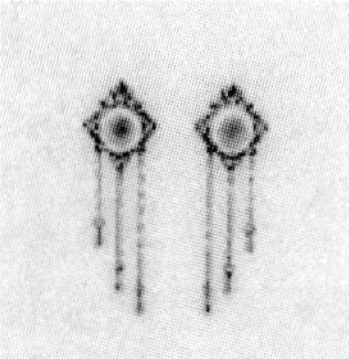

冰种裸玉耳环

冰种玉戒指

经典设计

绿翡翠项链

千手观音吊坠

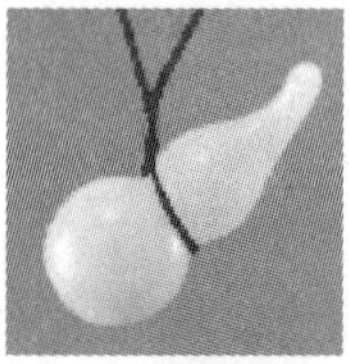

玉葫芦吊坠

绿翡翠宝宝手镯

绿翡翠环形吊坠

附录10　翡翠源专卖店

香港店

香港华美粤海酒店

上海淮海路店

上海卢湾区淮海中路514号

上海宝山店

上海宝山区牡丹江路

上海城隍珠宝专柜

上海黄浦区丽水路

上海第一百货专柜

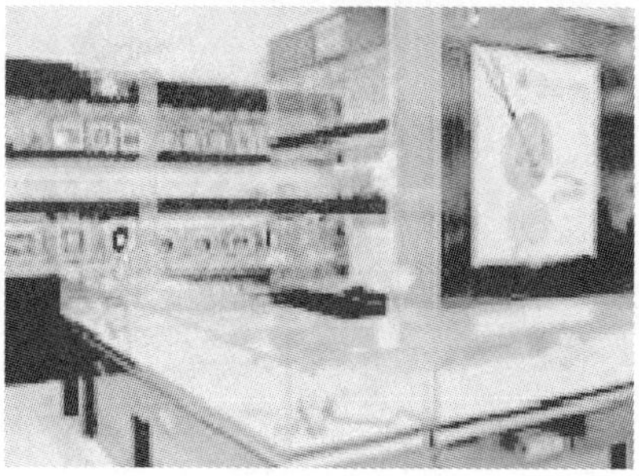

上海静安区南京东路

上海久光百货专柜

上海静安区南京西路

资料来源：翡翠源。

附录 11a 翡翠源的未来规划

2008	2009	2010
• 在城隍庙开设第一家旗舰店 • 在香港开设店面 • 在中国内地主要城市开设 30—50 家销售点，其中包括南京、杭州、苏州，以及北京	• 在中国内地主要城市新增 50 个销售点，其中包括成都、武汉，以及北京 • 设立网上交易平台	• 进军日本、新加坡、中国台湾，以及其他国家或地区，拓展零售业务

附录 11b 翡翠源的未来投资计划

单位：百万元

项目	人民币
新店及存货	70
市场营销及公关	10
网店	5
其他经营资本	15
总计	100

附录 12 中国内地的主要经销商

上海城隍珠宝	• 城隍珠宝是一家大型珠宝企业，坐落于上海市著名的豫园商圈 • 其在国内外珠宝界皆享有盛誉 • 主要销售各种成品翡翠、黄金、钻石等成品珠宝。旗下产品的设计游刃于传统与时尚之间 • 中国东南地区翡翠成品拍卖的重要买家之一 • 旗下拥有 2 个商场、2 个珠宝中心及 9 家分店
金固珠宝	• 金固公司是一个极具声望的中缅家族企业。除金固公司以外，该家族企业还包括金固投资有限公司，并在泰国清迈、中国香港、瑞丽以及昆明均设有办事机构 • 主要从事翡翠原石的批发及配送业务 • 与东方金钰股份有限公司（于上海证券交易所交易，代码为 60068）达成战略合作伙伴关系，并为其提供翡翠原材料以及成品

（续表）

翠之宝	• 香港珠宝品牌，主营上海的高端奢侈品以及翡翠珠宝定制 • 在上海拥有两家专卖店，并在香港拥有一家展示厅 • 向国际市场出售个性化设计的珠宝 • 其珠宝设计风格多结合时尚以及传统文化，极具艺术性
七彩云南	• 隶属于中国本土民营企业——昆明诺仕达企业（云南），是其旗下八大子公司之一 • 主要专注于中国西北地区的翡翠及宝石交易市场，经营中高档翡翠产品 • 是一个涉及开石、研究、设计、生产、销售、连锁经营一体化的国际翡翠企业 • 北京七彩云南是一个有着6 800平方米的博物馆概念的现代化翡翠珠宝旗舰店 • 具有传统、经典、大方的设计风格 • 旗下企业市值约合人民币16.8亿元
深圳福麒首饰	• 公司成立于2001年，经营范围涵盖黄金、铂金、K金、钻石、珠宝镶嵌等 • 是美国纳斯达克上市公司福麒国际有限公司的全资子公司 • 公司拥有现代化生产基地，重点研发各类珠宝等相关产品 • 拥有700多家长期合作的分销商，业务范围遍布中国30个省份

资料来源：上海城隍珠宝、翠之宝、七彩云南以及深圳福麒首饰官网。金固珠宝的资料来自 http://share.jrj.com.cn/cominfo/ggdetail_2007-02-06_600086_441432.htm; and http://www.zbzixun.com/hbs/detail.asp? ID=160; and http://www.chinagemnews.com/html/yswh/20070807/143601.htm。

IVEY | Publishing

案例 2-5

SawStop 智能电锯（A）

作者：Stewart Thornhill, Sylvia Squair

主题：创新中的道德问题；推出新产品

Steve Gass 从未经历过这样的挫折。Gass 是一位改进台锯设备安全性能的发明者，他已经试图为其技术授权努力了两年多，但没有厂家感兴趣。尽管他对自己的发明充满信心并觉得放弃它是错误的，但是他已经认识到自己作为一个潜在的企业家所具有的局限性。作为一名专利律师，授权一项发明的想法吸引了他。但是没有任何人接受他的报价，他现在需要决定下一步该做什么。他可以继续追求一个授权协议，开办一家制造公司或是重操旧业。

技术起源

1999 年 10 月，Gass 在他的木材店里瞟了一眼他的台锯，然后想："如果有人把手放进去，我能不能马上就阻止叶片转动？"

Gass 知道使用电锯会造成反冲、划伤和截肢的危险，但他并不知道这些危险造成的事故有多么普遍。后来他从统计数据中了解到，在美国每年因台锯造成的伤害大约有 36 000 例，或每 15 分钟就有一例（参见附录 1）。这些事故发生的速度很快，因为台锯通电后平均最高转速为每分钟 3 500 转，以约每秒 1 英尺的速度割断木材。大多数截肢者是因为将木材放入台锯时无意中把手碰到了刀片上，并且通常都是在失去 3 根手指后才能抽出来。

Gass 确信他可以发明一个更安全的台锯来解决截肢问题。他对技术有很深的兴趣，知道各种东西的工作原理，并能运用这些知识来解决问题。高中毕业后，Gass 带着对寻求问题答案的热情来到了大学，并获得了物理学博士学位。在这之后，他成为一名专利代理人。在业余时间，Gass 从事着他毕生热爱的工作——做木工。作为木工和物理学家，他的经验给了自己一个独特的视角来看待如何在刀片接触人的皮肤之前就让它停止。

Gass 的第一步是确定一个可接受的损伤程度，然后从那一点开始往回推进工作。他发现刀片切入组织的深度不能超过 1/8 英寸。如果切割得更深，那么台锯就会接触到与骨头连接的地方，这意味着非常危险。当一个典型的台锯以每秒 1 英尺的速度切割木材，同时要避免造成超过 1/8 英寸的最大损伤深度，那么所有叶片需要在 1/100 秒内从全速旋转到完全停止。Gass 担心他的解决方案可能会花费数百万美元，但是这显然是不切实际的。然而，他的下一个计算表明，沿着切线方向施加[①] 1000 磅的力量将足以及时阻止刀片，所以他知道自己可以建立这样一种制动器。

下一个问题是如何让刀片区分木材和肉体。他想出了几个可能的选择，但最可靠的是利用人体自身的静电电容[②]触发刀片制动器。人体在湿润和含盐的环境中是一个有生命的导电系统。由于身体有电荷，Gass 知道如果身体与电流接触时就会吸收一些信号。如果将一个轻微的电流穿过金属锯条并监测电压降落，他就可以利用这种下降来触发其制动机制。利用电子元器件，他将轻微的电荷通过静止的锯片，并把它连接到示波器上，然后观察稳定的信号。他发现，当他将一块木头碰触刀片的一侧，没有任何

---

① 在几何学里，在曲线某点上的切线就是一条刚好在该点与曲线接触的线。切线上的力就是施加在叶片曲线边缘的某个点的力。实际上，力应用在平行于圆形切面的某一个角度上（参见附录 2）。

② 电容是指某种构造容纳电荷的能力。

信号;当他将手指碰向叶片的一侧,信号会下降。

他找到了触发器

Gass 迅速制订了设计方案,并为这项发明构建了一个原型。这一切仍然只是测试。他用一个热狗来模拟人的手,先将热狗放到木板上,然后放入刀片中。台锯很轻松地割断了木板,但是当叶片触及热狗时就停止运行了。测试是成功的。他重复了很多次,用热狗和鸡腿来代替操作员的手,每一次刀片都会在几毫秒内停止。

看起来这位专利律师似乎进行了一个成功的发明。不过,他知道一个热狗永远无法代替一根真正的手指。为了确保这项技术可以真正工作,Gass 把自己的手指放在了旋转叶片的前面。电锯立即停止了,而 Gass 的手指只是流血了。

知识产权

Gass 在 1999 年秋天迅速地为他的设备申请了专利。该技术由两部分组成:检测人体的传感器和让刀片停止的制动器。

该传感器中使用信号发生器来产生一个 500 千赫兹的正弦波并穿过正在高速转动的刀片。刀片旁边的电极把这个信号传递给电子电路,其特征在于:一个信号处理器每隔 6 微秒进行一次电压采样。[①] 一种软件算法被用来监控作为时间函数的电压的波动幅度。电压下降表明已经有东西切断了刀片上的电流。由于人体温润的含盐环境比干燥的木材具有更高的导电性,一只手接触刀片可以产生足够的电流使电压急剧下降。一系列随着时间急剧下降的电压表明电锯的刀片在不断地与人体接触,这意味着人手碰触到了刀片,从而触发制动系统(参见附录 2)。

该制动系统本身由一个压缩弹簧和一个制动掣子组成(参见附录 3)。压缩弹簧由一个 1/100 英寸粗的微型保险丝固定。当传感器检测到人体时,它给电容器发送信号使之向保险丝产生一股强大电流,使得保险丝在 50 微秒内熔断。弹簧随后被释放出来,推动制动掣子到刀片,然后瞬间停止它。刀片的角动量将它调整到台锯之下并使整个设备断电,避免给用户造成任何进一步的风险。整个过程,从检测到关闭,只需要 3 毫秒即可完成。

潜在的好处

Gass 发现,在美国平均每天由于台锯伤害会造成 10 例截肢(参见附录 1)。重新接上断指的成本从 10 000 美元(完全切割)到超过 25 000 美元(伤及神经或引发其他并发症)不等。无论伤害是否能得到挽救,手指恢复和失去工作的成本都是昂贵的。截

---

① 微秒(μsec)是一个时间单位,等于百万分之一秒。

至 2002 年，美国消费者保护和安全委员会（CPSC）估计，与台锯受伤有关的经济成本每年约为 20 亿美元。

Gass 知道自己可以防止这些伤害的认识鼓励着他把发明推进到下一阶段。然而，他没有自己开办公司的想法。Gass 想继续做工程和解决问题，他对做生意并不感兴趣。他想将发明授权给一家台锯制造商，然后简单地收取一些专利使用费。带着这样的想法，他继续白天做专利律师，晚上完善他的台锯设计。

台锯市场

台锯市场有很大的潜力。台式电锯已经存在了一个多世纪，被广泛地应用于现场施工项目、家具制作以及爱好者进行精致工艺品的加工。用户一般都是超过 30 岁的男性，尽管自己动手把家进行翻新的人中有 20% 是女性。台锯行业的年销售额为 2 亿—4 亿美元，产品横跨四大类：手提式台锯、便携式台锯、多功能专业台锯和混合台锯（参见附录 4），且都有很好的品牌制造商。

手提式台锯（也称“台锯”）的零售价为 70—700 美元，使用轻量级的小型电机。这种台锯多受 DIY 房主和做大部分现场工作的承包商的青睐。然而，小型电机和轻质铝制框架意味着机器不稳定、有噪音，而且缺乏切割一些板材和大多数硬木的能力。

便携式台锯这个名字有点不太贴切，因为它们只是半手提的。平均重量约为 300 英镑，这些锯通常有铸铁的桌面底部和由轻材料制成的扩展板，其特点是允许部分拆卸从而可以移动。桌面的重量减少了电机的振动，让机器更加稳定，允许其进行更多的精密切割。这种台锯价格在 600—1 800 美元之间，是木工爱好者和小型木工店更加实惠的选择之一。

多功能专业台锯是一种更精致的工具，也是专业木工、家具工和工艺品爱好者的选择。该机器因其壁橱式底部而得名，在其内部拥有全封闭式电机和除尘系统。这种台锯的底座由铸铁和钢制造而成，被设计成一个永久的固定装置。坚实的底部减少了电机的振动，可以支持一个更大的电机，从而允许一台电锯同时拥有最高的精度和相应的功率。这种电锯零售价在 3 000—5 000 美元之间。

混合台锯最近刚推入市场，目的是为了填补便携式台锯和多功能专业台锯之间在市场和功能上的空白。价格在 900—1 500 美元之间。其用到了多功能台锯的电机外壳，但比多功能台锯更小、更轻。它比便携式台锯具有更高的稳定性，功率比多功能台锯小，价格在两者之间。

SawStop 智能电锯的诞生

Gass 决定把他的发明命名为 SawStop。SawStop 有两个主要目标市场，包括职业培训学校和橱柜专卖店——为家庭和办公室定制橱柜的生产商。这些大批量的木材生产商是大型多功能专业台锯的主要用户。一个典型的多功能专业台锯使用年限为15—20年,而且用户会将更换电机和其他配件当做常规机器保养的一部分。只有当公司业务拓展或旧部件无法更换的时候才会去购买一台新设备。

然而,伤害的相关成本可能足以鼓励用户更早地购买一个新的台锯。事故发生率高是木工行业的一个特点。木工们认为手指的损伤是使用台式电锯不可避免的危害。由学校和木材店为事故支付高额保险在过去是不常见的,而现在却越来越多了。发生事故会引发巨额罚款,并且会导致职业健康安全协会(OHSA)的核查人员更频繁的检查。此外,雇主通常要为员工支付大部分的医疗费用,并承担为代替他们而进行招聘和培训新员工的成本。立即降低这些成本可能会促使用户更新机器而使用SawStop系统。美国住房市场也在快速发展,SawStop系统可以非常迅速地为用户节省金钱。

将SawStop引进电动工具行业

Gass认为SawStop系统可以应用在上述四类台锯上。事实上,他相信这项技术也可以适用于其他电动工具,包括带锯和圆锯、钉枪、割草机等。Gass决定首先接触Delta(一家主要的台锯制造商)。Delta最初表示对该技术有兴趣,但它们没有保持这一兴趣。为了吸引这些主要的制造商,Gass认为他的设备还需要精炼。他决定与其他三名律师合作,并聘请一个工程顾问按照他最初的设计来构建原型。

该顾问交付了三架酷似专业级台锯的原型机。Gass带着一台精美的产品于2000年8月在北美最大的贸易展——国际木工机械及家具展览会(IWF)——上向家具制造商、建筑木工、顾客和其他木制品厂商展示了他的技术。原计划SawStop被安排在展览会三层进行一个小型的非公开展示。但在几次示范后,SawStop引起了人们的关注狂潮。Gass的展示吸引了大量的感兴趣的人,他们对这个新技术都大吃一惊。

受到展会上反响强烈的鼓舞,Gass和他的伙伴们开始向北美主要的电锯制造商推广,包括爱默生(Emerson)、百得(Black & Decker)和利优比(Ryobi)。会议期间,Gass的团队经常被问到CPSC是否知晓SawStop,因为制造商想知道SawStop带给他们的安全机制是否引起了任何政府或监管机构的注意,比如CPSC。然而Gass对CPSC了解很少,只知道它是一个召回不安全产品的机构。他不明白为什么制造商非常关心这个问题。当一位高管告诉他"如果你去CPSC,全行业的人会聚在一起把你压扁①"时,他震惊了。但是他仍然无意接近CPSC。最终该行业对他的技术的兴趣消退了,授权谈判也陷入僵局。

---

① 2012年3月,案例作者采访了Steve Gass。

2001 年 6 月，CPSC 主动联系了 Gass，要评估 SawStop 的技术。原来，该机构的一项任务是测试新兴技术以防止欺诈。CPSC 的测试是成功的，SawStop 被提名并赢得了 2001 年 7 月的委员会主席安全奖。[①] 该奖项为 SawStop 带来了很多新闻报道，这使得制造商再次与 Gass 和他的合作伙伴商讨授权的事情。

此时，Gass 和三位合作伙伴中的两位——David Fanning 和 David Fulmer——已经结束了他们的专利律师工作，以全身心地为他们的产品授权公司工作。他们开始和爱默生、百得和利优比[②]的高管进行认真的磋商。2002 年 1 月，利优比同意使用 SawStop 技术。合同协议规定特许权使用费是电锯批发价格的 3%。如果大多数同行也使用该技术，使用费将增至批发价的 8%。

审查合同后，Gass 发现了一个错误需要纠正。他联系了利优比，但是与利优比的代表来回进行了几个月的通话之后，他才意识到利优比公司在做什么："我们都是律师，我可以看到发生了什么事。这个公司在拖延，合同永远不会实现。"

思考创立电锯公司

到 2002 年中期，电锯制造商表现出对 SawStop 没有兴趣。尽管行业有阻力，但是 Gass 认为有责任将这一技术推向市场，因为从社会的角度来看，将 SawStop 推向市场显然是件好事情。

Gass 承认，他和他的伙伴们觉得回到原先的法律职业生涯会更划算，但也知道如果他停止研究，SawStop 就不会从研发阶段向前推进。所以 SawStop 团队继续寻找着合作方，希望这个行业能发生变化。

三个合伙人都没心思创办一家新的台锯生产公司。他们三个都是专利律师，不是商人。他们知道如何保护自己的技术，而且也做得很好，一切关于经营企业的知识都在他们的经验和专业知识之外。他们知道创业需要钱，这笔钱不仅在他们的能力范围之外，也将超过他们愿意为之支付的额度。因为，那样的话他们将不得不自掏腰包来雇用工程师设计部件和电路，生产产品，并开始销售。

事情又进一步复杂了，SawStop 的技术不会为式样翻新后的电锯部件工作。他们需要开发和设计一个全新的电锯部件。由于规模经济，这将更加昂贵，因为 SawStop 没有大型竞争对手的生产量，因此不能有效地外包。

分销也将是一个巨大的挑战。作为一个小型的创业公司，他们将无法满足大型零

① 该奖项现在更名为委员会主席团奖，这个安全奖项旨在表彰那些通过直接和显著地降低死亡率、预防危害、提高消费品安全，带给消费者利益的个人和团体。

② 爱默生电气公司（Emerson）是美国最大的电力公司之一。利优比工具品牌属于香港科创实业有限公司，是多家品牌的原始设备制造商，如 Craftsman、Ryobi、RIDGID。百得公司是一家美国公司，设计和进口电动工具、五金和家装产品。

售连锁店的要求。像家得宝(Home Depot)和劳氏(Lowe's)①这样的大型零售商店希望当客户要买的时候,自己的货架上就会有这种产品。这些大型零售商担心小型供应商可能无法满足客户需求。与小型供应商签订的供应合同反映了这个问题,因为合同后面补充了数百页的条款。例如,如果供应商延迟超过3天才交货,零售商有权与其顾问公司决定雇用、解雇、重组供应商并要求其支付相应的咨询费。如果 SawStop 进入市场,他们必须自己组织分销,或者通过小型、独立的批发商或专业木工店。

决定

Gass 和他的伙伴们相信他们有一种产品,可以帮助企业节约资金并防止因使用台锯而受伤。他们认为这项技术的好处是不言而喻的。但现在,他们必须做出一个决定:他们是不是应该解散然后重操旧业?如果决定继续推进 SawStop,他们需要对该项技术的未来有一个明确的认识。他们是应该继续寻找合作方,寄望于这个行业有所转变,还是自己尝试创立一家台锯制造公司呢?

附录 1 台锯引起的伤害(美国)

年份	估计伤害数目	截肢数目
2001	31 884	3 277
2002	33 114	3 503
2003	36 981	4 104
2004	39 857	5 269
2005	38 187	4 816
2006	38 076	4 375
2007	34 833	4 060
2008	38 125	3 780
2009	35 624	4 211
2010	32 669	3 692

资料来源:美国消费者产品安全委员会的统计数据。

① 家得宝和劳氏是提供家居装饰和建筑产品与服务的美国零售商店。它们分别是世界上第一大和第二大的商店。与它们类似的大型零售商,包括英国的 Kingfisher plc;在欧洲和亚洲的百安居(B&Q,为 Kingfisher 所拥有)和欧倍德(OBI),以及在澳大利亚和新西兰的 Bunnings Warehouse。

附录2 通过刀片的信号波动

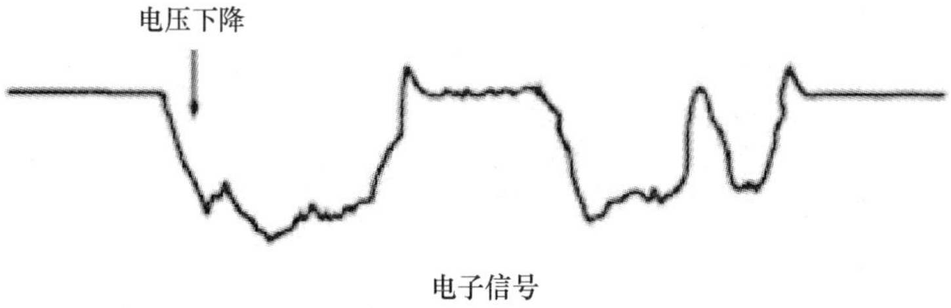

传感器装置利用某种算法对穿过刀片的电压的下降进行实时监控。上述信号线的骤降说明了当刀片的连续两个齿状部分接触到皮肤时导致电压的下降。

资料来源：SawStop。

附录3 沿锯齿方向打开的制动器掣子结构

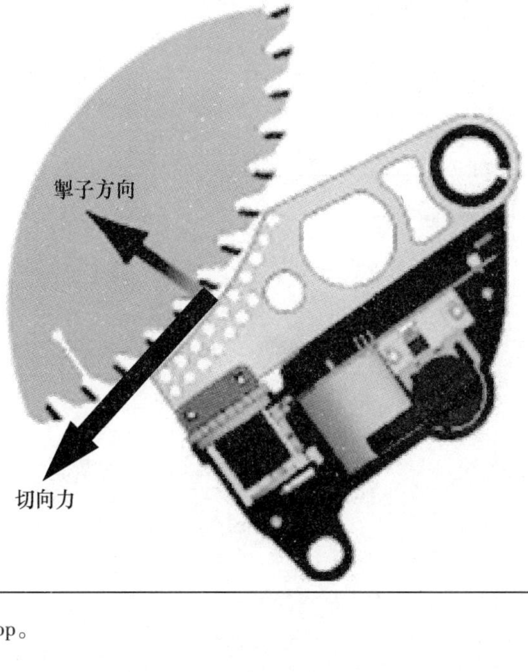

资料来源：SawStop。

附录 4 产品类别概要

单位:美元

台锯类型	特点	用途和用户	价格范围
小型台式电锯（手提式台锯）	• 铝合金框架,可完全携带 • 最不精确,切割能力最弱 • 电机:15 安培 • 重量:50—100 磅	• 现场施工项目(96% 为男性,超过 30 岁) • DIY 家居装修(80% 为男性)	70—700
便携式台锯	• 更高的精度 • 铸铁框架,机翼轻巧 • 封闭式电机,运转安静 • 电机:1.5—2 马力 • 重量:200—350 磅 • 半便携式,可部分拆解,便于移动	• 一些建筑工人 • 业余爱好者 • 96% 为男性,超过 40 岁	600—1 800
多功能专业台锯	• 精度最高,切割能力(大小和硬度)最强 • 铸铁和钢结构的固定产品 • 封闭式电机,运转最安静,力量最强 • 电机:3—5 马力 • 重量:560—750 磅	• 专业木工 • 业余爱好者和工匠 • 96% 为男性,超过 40 岁	3 000—5 000
混合台锯	• 轻量版多功能专业台锯 • 电机:2 马力 • 重量:400—600 磅	• 业余爱好者 • 96% 为男性,超过 40 岁	900—1 500

资料来源:案例作者总结。

IVEY Publishing

案例 2-6

Infusion 公司的国际化创新

作者：Christopher Williams, Melissa Davis

主题：国际创业精神

2010 年夏末,Infusion 发展公司(以下简称"Infusion")总裁 Alim Somani 在假期结束后回到位于多伦多市中心 11 楼的办公室。他必须做出一些重要的决定。十几年前他刚加入 Infusion 时,公司只有 6 名员工。现在,Infusion 变成了一家年收入 5 000 万美元,员工数达 350 人的全球性软件服务商。Alim Somani 一步步看着 Infusion 成长壮大。Somani 最初是作为合作实习生进入 Infusion 的,现在作为公司首席运营官,他必须考虑如何利用内生增长和现有合伙人的主动性促进企业持续增长,朝着年收入 1 亿美元的国际化业务目标迈进。尽管从很多方面来看,Infusion 最初创始人的愿景依然存在,但是 Somani 已经发现,如果想要保证公司在国内外市场中的地位,则必须建立一套有专业管理梯队的管理结构。这一过程并不轻松。公司在印度的业务曾经遭遇滑铁卢,并且遇到过优秀员工流失以及无法按时向客户交付的情况。客户已经开始推着公司朝新的方向迈进了。技术发展的步伐日益加快。虽然公司仍然在通过 Infusion 天使孵化机构鼓励创新,但是 Somani 需要面对一些重要的决策:面对日新月异的技术挑战该如何保持公司的灵活性和创造性?如何确保公司员工有机会继续创新并且追求个人的快速成长?

初期

Greg Brill 和 DeBorah Johnson 是 Infusion 的联合创始人。Brill 对计算机和计算机科学充满热情。20 世纪 90 年代中期大学毕业后,Brill 加入了 MediaServ 公司,该公司在纽约和多伦多均设有分支机构。MediaServ 公司的员工大都是滑铁卢大学(University of Waterloo)的毕业生或者合作实习生。一年后,Brill 决定自己出来开创一番事业,即创办 Infusion 公司。他遇到了 Johnson(后来 Johnson 成了他的妻子),经 Johnson 引荐,Brill 接触到美国最大的国际通信企业之一——Johnson & Hayward 家族企业。这时,Johnson & Hayward 需要 IT 领域的支持,因此它成为了 Infusion 的第一位客户。

鉴于 Brill 深厚的英国文学、戏剧背景,他成为了一名非常优秀的培训人员。Infusion 的理念是:深入一家 IT 人员匮乏的组织,授之以渔,这样公司就有能力自行解决问题。20 世纪 90 年代末,纽约掀起了互联网热潮。华尔街的银行家们不得不硬着头皮应对 IT 技术部门人员流失的严重问题。金融业的待遇虽好,但是年轻的技术人员都梦想成为互联网热潮中的百万富翁。Brill 和 Johnson 希望通过 Infusion 填补这一空白。雷曼兄弟(Lehman Brothers)成为了 Infusion 在华尔街的首位客户。

雷曼兄弟

Infusion 与雷曼兄弟最初的合作是在纽约共同开展"新员工(New Hire)"技术培训项目。雷曼兄弟新招聘的每一位技术人员都会参加为期大约 8 周的培训项目,由 Infusion 设计和执行:前四周在室内上课,培训不同的技术;后四周为项目课程。在项目课程中,Infusion 将被介绍给雷曼兄弟的某位经理,并跟及该位经理正在着手建立的系统。四周的项目课程后,新员工就会接手该系统或该系统的一个模块作为工作。为期 8 周的培训结束以后,参加"新员工"项目培训的技术人员就会正式进入雷曼兄弟,并参加雷曼兄弟的定制培训计划。最初几年,Infusion 每年为雷曼兄弟举办 3—4 次"新员工"培训课程。

有了为雷曼兄弟公司培训的经验之后,Infusion 开始为下曼哈顿的其他投资银行定制培训计划,输送合格员工,这其中还包括高新软件技术的培训工作。Infusion 渐渐开始寻找那些在培训结束后与培训人员有密切接触的技术负责人们,进而有机会一窥其公司的生产管理系统。通常技术经理们对 Infusion 高质量的培训内容评价颇高。渐渐地,技术培训演变成了技术咨询。随即,Brill 开始了公司的咨询业务,帮助企业诊断并解决技术问题。最终,技术咨询服务的收入迅速增长。其中,为解决全球证券交易设计的解决方案更是让 Infusion 赚得盆满钵满。

雷曼兄弟公司日益增加的技术咨询需求让 Brill 和 Johnson 必须着手新的招聘计划。Brill 在 MediaServ 学到的最重要的一课就是 MediaServ 与加拿大滑铁卢大学之间合作招聘实习生。他发现,在美国这种完全竞争市场中自己无法确定技术天才们应有的技术水准。与此同时,Infusion 的销售结构也显得过于集中——与雷曼公司的合作占到 Infusion 公司 80% 的收入。Brill 和 Johnson 立即转向滑铁卢大学,招聘了实习生 Alim Somani 和 Sheldon Fernandez。

打开多伦多市场

2000 年,Somani 和 Fernandez 通过 Infusion 与滑铁卢大学的合作实习生计划,成为 Infusion 的第六、第七名员工。合作实习期满后,他们回到了滑铁卢大学,并于一年后毕业。Brill 和 Johnson 提供给 Somani 和 Fernandez 一份长期工作。最初他们拒绝了这份工作,说他们需要完成学业并希望留在加拿大创立自己的软件服务公司,同时他们在 Optometry 学院也有工作。听到了他们的计划之后,Brill 和 Johnson 立即表现出浓厚的兴趣,并提出 Infusion 有机会可以成为他们的客户。最终,Somani 和 Fernandez 搬出了他们的公寓开始研发 S-Squared 解决方案,而 Infusion 成为他们的主要客户。Brill 和 Johnson 则继续雇用来自滑铁卢大学的合作实习生们。

2000 年年末,互联网泡沫破裂,Brill 飞往安大略的滑铁卢大学,建议 Somani 和 Fernandez 带着自己的 S-Squared 解决方案加入 Infusion,并负责运营 Infusion 在加拿大的业务。这一举措让 Somani 和 Fernandez 打开了加拿大市场,特别针对金融机构,如蒙特利尔银行、加拿大皇家银行和加拿大帝国商业银行。随着 Infusion 两位前合作实习生的加入,Infusion 加拿大分公司应运而生。就像 Infusion 为华尔街的金融机构提供服务一样,Somani 和 Fernandez 对他们在加拿大的业务能够成功这一点充满信心。

为了保证加拿大业务的开展,Somani 和 Fernandez 还有另外一个渠道可以利用。

即当 Infusion 在美国的业务出现资源短缺的情况下，可以分配给多伦多分部一些额外的工作以支撑其正常运营。这种安排在加拿大的跨国企业中广泛存在，这个模式是有利可图的(参见附录 1)。其优势甚至体现在飞机票和其他一些成本当中，利用加拿大的资源寻找和使用当地的技术人才比纽约的价格要便宜很多。

最初，前景一片光明。在 Infusion 与滑铁卢大学的一次人才需求见面会上，两名 Infusion 实习生 Bill Boldasti 和 Steve Ellis 发现了机遇。在 Infusion 加拿大分部与 polo.com 的重要合同业务中，Ralph Lauren 显示出浓厚的兴趣。该项目始于 Somani 和 Fernandez 在校期间，然而，在最终时刻却被取消了。确实，加拿大的环境跟预期的情况完全不同。正如 Somani 回忆的，"那时我们太年轻、太天真，我们一家家地敲开加拿大银行的大门介绍自己说：我们是一家新公司……我们学到了一些事情，就是这很困难"。

实际上，在最初的两年间，Infusion 加拿大分公司连一个加拿大银行业的业务都没有完成。在此期间，Infusion 加拿大分公司成为一个低成本研发中心而不是一个销售臂膀。汇率因素深受跨国公司的青睐，大量的 IT 工作被外包到美国以外，尤其是印度。加拿大的技术天才们，特别是来自滑铁卢大学的天才们成为整个公司的发展引擎。到 2001 年年末，Infusion80% 的雇员都来自加拿大分公司。这些年轻的加拿大人被成批地输送到曼哈顿为银行工作。这在公司内部被称做"纽约之行"。银行家们为这些技术天才提供食宿和全部花费，待他们回到加拿大的多伦多分公司之后还可以继续为美国客户服务。

出版书籍计划

2000 年 1 月，Brill 同出版商 New Riders 共同出版了一本名为《COM + 应用》(*Applying COM +*)的书。Brill 意识到在 dot-com 时代，技术型作者出书对成就其名声至关重要，特别是当书中阐述的全是最新最重要的软件技术时，这种名声能够很快建立起来。他曾经在杂志上发表过多篇技术和贸易相关的文章，但从未出书。Brill 在得知兰登书屋(Random House)准备出版电子版本的技术书籍后，于是便和兰登书屋合作成立子公司——"代码大全"(CodesNotes)。这次交易让 Infusion 出版了一个系列共 11 本书(参见附录 2)。

此间，微软公布了自己的软件开发平台".NET"。Infusion 决定不要把鸡蛋都放在一个篮子里：CodeNotes 系列书籍中有一部分为与".NET"技术相关的书籍，另一部分则为与其竞争对手 JAVA 平台相关的技术书籍。系列技术书籍的出版对 Infusion 的发展至关重要，这给公司带来了良好的声誉和大量的客户。出于自身对技术的敏锐性，Infusion 开始接触微软公司的软件开发平台。尽管微软公司在企业解决方案领域并未扮演重要角色，但是".NET"平台代表了微软公司对这一领域的推进态势。

很快，微软的团队意识到 Infusion 的迅速成长和其技术专业性。微软公司认为 Infusion 在一些很关键的领域掌握了专业的经验和技术，并且非常了解其银行客户，同时熟悉微软公司推出的新的开发平台（“.NET”）；同时也知道，Infusion 熟悉其竞争对手的开发平台技术（JAVA）。一系列已出版图书表明了 Infusion 拥有强大的专家知识资源库。微软在推出新的开发平台技术并试图与银行合作开展业务方面，缺乏对这一行业足够的了解，因而面临严峻的挑战。微软公司的策略是让 Infusion 帮助微软向其金融业客户推销“.NET”平台。

与微软合作

作为与微软公司合作的一部分，Infusion 成员被指派到潜在的企业客户中培训微软相关的技术产品。这种安排开始于纽约和美国东北部，但最终扩展到整个美国乃至全世界。Infusion 的目标是向企业客户解释什么是“.NET”平台；“.NET”平台与 JAVA 平台有什么区别，哪些领域可以应用它，哪些领域不适合应用；以及“.NET”平台与企业生产之间的关系。这次合作让 Infusion 呈现出爆发式成长，尤其是在银行领域。基于培训银行客户的成功经验，微软开始要求 Infusion 将培训业务扩展到其他组织，例如公共组织。Infusion 因此得以在当地政府组织和联邦行政机构的业务中迅速成长。“9·11”之后，美国经济增长放缓，很多银行开始削减对 IT 的投资。但是公共部门却与经济周期反向运行，增加了对 IT 的投资。通过与微软公司的合作，Infusion 实现了在金融和公共组织业务领域的多元化战略。

每一次微软发布重要的产品，Infusion 都会把学习这项产品技术作为一个重要任务。更重要的是，Infusion 能够向客户阐明新产品的功能和有利之处，帮助销售团队销售微软的最新技术。Infusion 的员工会在实地操作前去微软雷德蒙德学院（Microsoft's Redmond Campus）进行学习演练，这大大增加了 Infusion 的附加值。

Somani 接管公司

2002 年，Brill 和 Johnson 决定他们需要一名总经理管理公司的日常事务。当时公司有 40 名员工，各类业务的数量和规模在不断增长，年销售额接近 300 万美元。Brill 感到，他的激情在于创立新公司，想要保证 Infusion 的稳定发展则必须依靠企业里专家们的冒险精神。缜密考虑人选之后，Brill 和 Johnson 选择了当时 22 岁的 Somani。Somani 负责运营 Infusion 加拿大分公司一年的时间内，同时负责美国项目的执行工作。Brill 和 Johnson 询问 Somani 是否愿意成为 Infusion 公司的首席运营官（COO）。Somani 表示如果 Brill 和 Johnson 能抽出时间辅助他的话，他愿意接受这个职位。Brill 和 Johnson 欣然同意了 Somani 的要求。最终，经过一段时间的辅助过渡工作后，Infusion 项目运营和销售等全部职责都转移到 Somani 一人身上。他对公司的两大核心战略充满信心，加拿大的发展模式和与微软的合作是公司成功的强大支柱。

在印度的进退

当 Somani 接手 Infusion 的 COO 职务时，雷曼兄弟仍然贡献了公司的大部分业务收入。然而雷曼兄弟出人意料的行为让 Infusion 猝不及防。雷曼兄弟突然宣布将尽快把自己三分之一的 IT 工作外包给离岸的印度公司来做。自 20 世纪末的千年虫问题解决以来，投资银行外包 IT 服务业务的趋势越来越明显。雷曼兄弟向其内部的 IT 部门员工明确表示：他们的工作将得到保证，直到咨询服务最终结束。作为刚刚到任的 COO，Somani 很快意识到这个决定对于 Infusion 来说并不是个好消息。Somani 和 Brill 迅速与雷曼兄弟在 Infusion 的代表接触并询问：如果 Infusion 在印度也有相应的分支机构的话，双方是否能够继续合作。得到的回答令人沮丧。雷曼兄弟已经将咨询服务委托给印度的 Wipro 公司和 Tata 咨询服务公司（TCS），该公司在印度的 IT 领域占有领先地位。不过，如果 Infusion 在班加罗尔有分支机构的话，雷曼兄弟仍准备将一些小型项目交给它来完成。

Infusion 的优势在于它与雷曼兄弟之间形成了一种紧密的合作关系，并不断向其输送合格的 IT 技术人员。而 Wipro 和 TCS 则需要一段时间才能建立这种紧密的合作关系。Infusion 利用自身优势，决定在 6 个月内在印度建立分支机构以保证与雷曼公司大量的业务往来。Infusion 决定雇用当地员工进行这项工作。然而，公司很快意识到其在印度的整个运营工作面临失败。最初，印度软件工程师的流失率也很高。Infusion 发现自己很难控制质量，并且无法处理工作中的跨文化交流以及时差问题。Infusion 以前从来没有遇到过这方面的问题。大部分项目的工作都是在相同文化圈、相同时区，并且重视产品质量的业界环境下完成的。一旦面临这些问题，大部分客户系统的技术解决文档都没能很好地发挥作用。因而，针对客户 IT 系统的正式培训及其配套的印度员工的培训项目被搁置。

Infusion 最终决定关闭在印度的机构并将研发团队迁回加拿大。根据 Infusion 的测算，迁回加拿大最终会破坏项目本身。Infusion 意识到，以它的规模在印度竞争本土资源没有任何优势，难以吸引印度本土的 IT 工程师们。当 Infusion 决定关闭其在印度的机构时，雷曼兄弟与 Wipro 和 TCS 已经合作了一年，但是最终雷曼兄弟还是把青睐的目光投向了 Infusion。在最初的合作中，雷曼兄弟与印度本土软件提供商在开发复杂软件方面的合作经验不足，新功能要求并不明确。由于数据库移植、基础项目构建等工作的影响，更复杂的项目也不得不被搁置。在回顾整个外包工作过程后，雷曼兄弟认为除了与 Infusion 有成功的外包复杂项目的合作经验，在加拿大之外尚不存在这样的成功案例。

雷曼兄弟的技术负责人拜访了在多伦多的 Infusion 公司，了解了 Infusion 退出印度市场的原因，以及双方从多伦多展开的这种合作是如何成功运作的。最终，Infusion 建立了一种与雷曼兄弟和 Wipro、TCS 同时协调 IT 方面的培训和咨询服务的新方案。雷曼兄弟投资千万美元建立与 Infusion 加拿大分公司办公室的硬件联系。Infusion 加拿大分公司则被指派为雷曼兄弟的分支机构。彼时，加元走弱，但很明显 Infusion 不能操控印度货币的汇率。建立这种新模式的一个理由是由 Infusion 直接负责的重要项目的交付成本小于直接由印度方面交付的成本。25 名 Infusion 咨询人员被指派负责雷曼兄弟的业务,但是其工作的具体内容是在多伦多的办公室完成。

业务范围扩展到伦敦

在金融服务方面的业务,Infusion 与雷曼兄弟和其他银行的合作表现继续强劲。由于这些银行组织大多是跨国企业,Infusion 会考虑该如何确保客户在全球范围内进行业务来往,尤其是在英国伦敦。同时,一些银行也在与 Infusion 讨论这中间的机遇。

由于公司更多地关注于印度、微软和其他如定位系统这样的初始业务中,Infusion 发现自己没有太多的资源和精力在伦敦设立运营中心。更重要的是,英国的 IT 行业发展成熟,竞争激烈。微软已经在英国建立了合作伙伴网络。考虑到在印度的失败经历,Somani 犹豫不决。

终于,在 2007 年,Infusion 的管理者决定启动这件事情。Infusion 的兼职前台接待员 Shelina Hirji 想要与自己的未婚夫移居伦敦。Somani 立即与她取得联系并询问她是否乐意帮助公司在伦敦设立办事处。而两位本地雇员 Bryan Shiffman 和 Syd Millett 则表示不介意前往伦敦生活。在纽约时,Shiffman 和 Millett 对 Infusion 的金融服务业务了如指掌。2007 年,包括 Joseph Lai 在内来自多伦多的四名 Infusion 员工在伦敦金丝雀码头(Canary Wharf)桥下的 Infusion 办公室开始了自己的工作。

第一年,Infusion 伦敦分公司有 10 个人;到第二年年末已经有 45 名员工了;三年后,即 2010 年年底,已经有 78 名雇员。最初 Shiffman 和 Millett 共同负责公司的运营工作。在第一年结束之际,Millett 回到多伦多,Shiffman 仍担任伦敦分公司的总负责人,Hirji 则负责公司的日常运营工作。三年中,Shiffman 逐渐减少对伦敦投资银行客户的依赖程度,从第一年 100% 的销售额来自投资银行,到第二年只有 90% 。未来的目标是到第三年年末,来自投资银行的销售额下降到公司总业务收入的 65% 。鉴于伦敦方面的成功,Somani 提拔 Lai 为金融服务客户方面的全球执行总监,负责纽约和伦敦的金融客户服务。同时,Lai 表现出在亚洲设立办事处的浓厚兴趣。

2008 年的全球金融危机让 Infusion 倍感忧虑。首当其冲的就是伦敦分公司。雷曼兄弟——多年来公司主要业务收入的贡献者——最终破产,这让公司业绩大幅度下滑。但是,Infusion 已经设法分散了伦敦银行业的销售额构成比例。在伦敦之外,Infusion 开始着手向二级银行客户们推销其产品和项目,即人们常说的“稳定销售来源”。拓宽客户范围和严格交付证明是至关重要的:一些客户的销售就此停止或放缓,而另外一些则在不断壮大。

Infusion 伦敦分公司在英国不断加强与微软公司的合作关系。纽约总部将 Kevin Lasitz 收入麾下,让他全权负责北美地区 Infusion 公司与微软公司的合作和整个公关部门。自 2003 年开始,Lasitz 在北美地区加强了与微软公司的业务合作并使之日益成为公司的中心任务。与微软的全面合作使得 Infusion 接触到了 Lloyds 银行、法国巴黎银行和德意志银行。伦敦的运营中心也受邀参加微软组织的行业技术解决方案大会(ISU),在这个由微软发起的平台上,Infusion 获得了一次重要的营销宣讲机会。

2010 年年底,Infusion 伦敦分公司已经拥有 25—35 名长期职员。其余员工每周或每月不定期地参加到公司的项目中来。嵌入客户组织的服务系统必须由专业服务咨询组织来承担。当地管理团队面临的一个问题是如何保证员工高效地为 Infusion 服务,并作为 Infusion 的一部分参与到全球业务中来。Infusion 伦敦分公司是集团最重要的海外运营中心,大部分伦敦方面的工作都有助于集团其他业务的开展。加强与微软的合作,特别是加入到全球公共事业领域被认为前景广阔。Lasitz 经常被微软邀请考察在海地、巴基斯坦、澳大利亚、中国,以及中东和欧洲等地是否存在商机。通过与微软的合作,Infusion 伦敦分公司获得了关于这些地区市场的信息和最新的进入机会。同时,这些信息也可以通过互联网不断地与 Somani 分享。

在迪拜的业务开拓

微软在海湾地区缺少当地的合作伙伴,其发展关键在于寻找一个有着高超技术和健全业务知识的合作伙伴。2008 年早些时候,Brill 和 Somani 会见了微软在迪拜负责运营微软开发平台的 Vimal Sethi。Somani 希望尽量强化一切可能与微软产生的关系。正如他自己所说:“借贷市场的麻烦似乎显示了金融服务领域内不怎么光鲜亮丽的一面。”

迪拜会面的目的在于讨论中东地区的微软操作系统。在听闻微软在迪拜缺少强有力的合作伙伴之时,Brill 和 Somani 立即发现了 Infusion 的机遇所在。

Sethi 特别强调基层员工的重要性。Infusion 接受了这个建议,并于 2008 年第二季度开始着手在这一地区开展业务。Somani 认为需要有一位经验丰富的 Infusion 咨询师开展这项业务。最终,2001 年从滑铁卢大学毕业加入 Infusion 的 Cortez Lapalme 被派往迪拜。利用与微软公司的紧密联系,Infusion 被引荐给 Jumeirah 集团。Jumeirah 集团是当地的酒店管理集团,目前急需数字化战略和在线销售辅助其提升营业额。Infusion 成功中标该项目,并希望借此打开该地区市场。

Somani 认识到他需要指派一个人领导当地业务的运作。从过去的经验来看,这个人必须很好地知道如何在当地开展业务。Sethi 被委派建立迪拜办事处并领导办事处开展业务。2009 年 1 月,Sethi 加入 Infusion,他有着在微软工作 9 年的宝贵经验,对中东地区的公司有深刻的了解。一年内,Sethi 就在迪拜建立了办事处并开始为客户提供完整而优质的模块化解决方案。他手下的员工从最早的 6 名增加到来自 20 个不同国家的 30 名,并在当地树立起品牌知名度。Infusion 相继与当地的大品牌签订新的合同。这些客户包括:Jumeirah 集团、Etihad 航空公司、Aramco 公司和 Mubadala 公司。

Infusion 在迪拜最初的成功取决于两个因素:技术能力超群的员工以及在这一地区与微软的紧密合作。Sethi 在招聘中坚持技术天才论,拒绝接受平庸。Infusion 员工的优秀是显而易见的,因为很多都是微软公司的“极具价值的核心成员”(Most Valuable Professionals,MVPs),同时他们也是微软业务项目的专家。Infusion 与微软的关系对自身业务继续发挥重要的作用:海湾地区有大约 99% 的业务是基于微软公司的平台完成的。合作的成功是由 Infusion 参与微软技术采购项目(Technology Adoption Programs,TAP)及获得一些奖项开始的。例如,Infusion 获得了微软颁发的金牌合作伙伴奖和全球公共事务合作伙伴奖。尽管 Infusion 迪拜办事处略显稚嫩,但仍然被认为是技术的最早采用者、技术高超、富有创造性和创新性。

Infusion 在中东地区的大部分竞争对手只在该地设立销售部门,而其研发和创新部门则设立在其他地区,而 Infusion 在迪拜的办事处可以在一个地方提供所有服务。利用集团强大的网络资源,客户可以得到优质的咨询服务、创新的设计和项目的整体解决方案。但是,一些客户仍然期望能够在项目实施阶段以更少的投入获得更多的回报。

迪拜办事处在很短的时间内得以迅速发展。虽然最初只在有限的几个方向取得进展,但是自 2010 年开始,Infusion 构建了一个更加结构化的建设方案。Infusion 迪拜办事处的计划包括:建立由当地管理团队组成的管理层,公司业务朝着多元化方向发展,寻找一种最有效的管理与分布在全球的其他公司有效沟通并固化其合作流程的方式。为保持增长,迪拜办事处还面临着保证公司灵活性的同时增加结构化建设的挑战。正如 Sethi 在 2010 年年末所说:“我们该如何以一种结构化的方式保证公司特有的灵活性和创新性?”①

答案也许已经在 Infusion 北美地区公司的运营活动之中了,Infusion 已经萌生建立一个“Infusion 天使投资公司”的想法,与此同时,公司还积极地筹备在服务项目交付范围内建立完善的管理结构。

天使投资公司

Infusion 总是鼓励自己的员工挖掘企业家精神。2004 年,Infusion 提出单独的客户服务应对策略以支持微软公司推出的定位业务。定位项目组的技术支持工程师为 Tyler Davey。几个月后,为了配合微软业务的发展,获得对定位服务项目的广泛支持,Davey 带着这种想法与 Somani 接触,以拓展公司的这类业务。Somani 同意在 Infusion 开展定位服务培训项目,并由 Davey 负责。Davey 在定位业务咨询服务项目方面的成功,让他成功晋升为全球渠道销售总裁,这是 Infusion 多元化新战略的一环,意在淡化严重依靠金融业的销售现状。多元化战略包含非核心业务销售,例如公司在旅游业、酒店业、培训和写作行业、基础设施定位行业、管理咨询服务行业的多元化发展。

2007 年,Infusion 公司在加拿大安大略省滑铁卢成立了姊妹公司——Infusion 天使投资公司。该公司的成立体现了两个主要目标:第一,投资高利润公司,强调优秀理念;第二,向员工发出信号,即公司鼓励员工运用自己的企业家精神高质量地完成工作。正

① 2010 年 9 月在迪拜采访 Vimal Sethi。

如 Somani 回忆道：

> “公司的整个氛围是极具企业家精神的。我们雇用那些想要创建自己企业的职员。人们也喜欢像我们这样勇于创新创业的公司。因此，在不同时期，都会有那些打算创立自己企业的人愿意加盟我们的公司。”①

Sheldon Fernandez 成为了 Infusion 天使投资公司的首席技术官（CTO）。Fernandez 一直从事公司技术方面的业务，早年曾在多伦多负责管理技术与架构部门。该部门的基本工作是确保公司在最新技术方面保持领先。Fernandez 负责整个技术部门的新员工培训工作，包括软件技能培训、撰写专业的电子邮件，以及从客户角度考虑什么才是合适的工作态度等。

最初，Infusion 的天使投资运作模式更像是电视节目《龙穴》（Dragon's Den，BBC 播出的一个由企业家参与并寻找项目进行天使投资的节目）。每周五，Fernandez 会在办公室听取专业人士和学生们的创业计划和预期需要投入的资金。Fernandez 的职责是从技术和商业的角度评判一个创业想法。正如《龙穴》节目的做法那样，办公室内的参选者们表现出极大的热情和各种各样的新奇想法，尤其是刚毕业的学生们凭借他们纯粹的精力和能力弥补了其在商业技能上的缺陷。2006 年，加拿大主要报纸《环球邮报》（*The Globe and Mail*）报道了 Infusion 是如何帮助那些刚刚创业的企业家的（参见附录 3）。

Infusion 从没想过要放弃目前的服务业务，演变成产品提供商，但是 Somani 和 Fernandez 对天使投资最初的看法是一种参与新技术和理念的方法，这种方法从长远来看是有利的。Infusion 天使投资公司对两大新的业务领域产生了浓厚的兴趣：视频游戏和娱乐业。2009 年年末，Infusion 天使投资公司投资了名为 *Frozen North* 的游戏。Frozen North 这个名字是运行在任天堂（Nintendo）Wii 平台时的首发名称。

2009 年，Infusion 还投资了一家名为“Booth 试镜（Audition Booth）”的公司，它为现实的电视和商业试镜提供平台。这项投资似乎是对 Infusion 公司主营业务的背离，因为“Booth 试镜”毕竟属于媒体和娱乐行业。Fernandez 作为“Booth 试镜”项目的领导，需要付出巨大的努力，并应对即将到来的巨大风险。该项目旨在提供类似于好莱坞试境流程的一种标准后台试镜系统。Fernandez 发现自己需要花费大量的时间在好莱坞与知名制片人一起工作。Infusion 公司试图开发一种与现有企业普遍采用的技术截然不同的技术，也是行业内的公司从来没有应用过的一种技术。正如 Fernandez 评论的那样：

> 如果你与不了解这项技术的人进行一些非常有创意的谈话是令人兴奋的，一旦他们发现你能够胜任这项技术，他们会很乐意与你进行合作。②

尽管取得了进展，Infusion 天使投资公司仍面临新的挑战和公司的紧张气氛。例如，当滑铁卢方面产生一个有趣的想法时，高管们就会提出与之相关的一些问题引起人们的关注。服务项目业务在纽约和伦敦仍然给公司带来源源不断的收入。因此，公司的其他高管们对公司投资的其他产品兴趣并不高。而且，他们指出，如果公司宝贵的人

① 2010 年 8 月在多伦多采访 Alim Somani。

② 2010 年 9 月在多伦多采访 Sheldon Fernandez。

力资源被投入到诸如游戏和娱乐行业等不确定的项目中,势必会导致目前的服务项目业务收入下降。管理团队间讨论的另一个重要议题是如何将公司的资源发挥其最大的效用。在 Infusion 内部宣布运营“Booth 试镜”系统之初,公司内很多技术人员表现出想要参与这个项目的极大兴趣,而更多的员工则向董事会表达了自己的不满。大部分高效资源已经被投入到客户的项目之中或需要他们的地方,一些最初在产品项目组中工作的成员最终也表现出对去伦敦或迪拜工作的浓厚兴趣。

构建管理层:人力资源管理和全球交付

在 Brill 早期管理理念的引导下,Infusion 一直奉行的政策是由公司核心管理团队直接招聘一线员工。他们寻找那些态度和能力都适合的人,并帮助他们培养交付高品质服务产品的经验。客户谈到 Infusion 的咨询师时经常称他们是“Infusion 小子”。与他们竞争对手的经历不同,Infusion 的咨询师并没有与华尔街打交道的 20 年的经历,相反,他们只有差不多两年的经验。但是他们似乎有某种天分能够让项目培训的方向回归到客户真正的需求中来。

到 2005 年,Infusion 的雇员接近 60 人。新员工的平均年龄在 25 周岁左右,并且逐年增加。令 Somani 担忧的是员工的流失率也在增加。Somani 任命 Andrea Richardson 为公司的首任高级人力资源(HR)经理。Richardson 一直在大型组织的环境下工作,当她第一天来到 Infusion 时,吃惊地发现,这个公司竟然没有正式的人力资源系统。公司有一套招聘的模板,其中的部分内容来自员工手册。她也发现了一些基本的员工资料和基础的工资管理系统。但是,除此之外就没有更多的资源投入到人力资源领域了。对于 Infusion 来说,很多时候人力资源工作和招聘工作是一回事。

加入 Infusion 的第一年,Richardson 建立起正式的年度审核和基本的人力资源计划,例如基本的人力资源结构。但是因为 Infusion 正在迅速成长,对招聘的需求仍然旺盛。幸运的是,员工的流失率已经下降到行业的平均水平。同时,Richardson 实施了一个职业发展项目,通过这个项目来帮助员工在公司内取得成长和成功。这个项目的核心是一个职业路径模型,一开始的目的是为员工提供一个公司内部所有的职业路径的全景图。直到这个时候,技术人员仍倾向在两年或数年后离开培训服务行业。正如 Richardson 回忆的那样:

> “他们认为反正也没别的地方可去。一个软件咨询顾问一旦升到高级咨询顾问的角色,跳槽到其他企业担任技术总监的职位是很平常的。在那里,他们完全可以充当经理的角色。Infusion 当时没有职业生涯的上升路径……从某方面来看,我们意识到,这个模型也没有扩展的可能性。”①

① 2010 年 9 月在多伦多采访 Andrea Richardson。

职业生涯路径模型于2008年1月开始实施(参见附录4)。Richardson这样定义个人的能力:公司获得成功所需要的技能。经历了大大小小的管理层会议之后,12种个人能力被草拟出来,最后经过筛选去除了一些非必要能力之后,只留下5种必备的技能。这个项目的焦点不是那些从事支持性和管理性工作的员工,而是那些从事能为公司带来收入的工作的员工(如交付解决方案、技术应用、项目管理、领导力与业务开发)。Infusion确定了每一个角色预期的能力水平,即每种能力的每个水平。

Richardson还设置了职业生涯教练。每个人都会配一名在组织中比他们至少高两级的教练。教练的角色往往由那些已经在公司工作过一段时间的员工担任,他们需要帮助自己的学生填写职业发展规划(ProD),一年内设定两次职业发展目标并帮助其完成。员工必须每个月与他们的职业生涯教练接触一次。现实情况是,这样的接触大约每季度一次。教练需要定期发邮件给人力资源经理,以保持员工必要的知识储备和经验增长。

新的人力资源系统提供了针对新员工的人力资源结构,建立起来的人力资源信息又可以被应用到新的人力资源项目之中。其中一个问题在于这个系统只适用于70%的基层员工。此外,该系统未给职业生涯中断的员工以补偿。年度考核、自我评价和职业生涯目标将被打包起来共同评价一位员工,但却未与任何奖金和加薪挂钩。但是,这个人力资源系统却被Infusion的迪拜办事处接受了。

公司在继续成长(参见附录5)。为了应对当前人力资源不断变化的趋势,2010年Infusion转而求助于多伦多当地的管理咨询公司。结果是更多地关注于整个公司的创新指标。但是管理咨询顾问帮助Infusion促成了一些变化。首先,管理团队确定Infusion需要五个全新的指标衡量公司发展,具体是财务目标、员工参与度目标、与微软相关的目标、战略目标和创新。根据公司以往成功的经验,这些指标渗透到全公司的每一个层级,而且被证明是成功的。例如,以员工参与度为例,整个管理团队签订了2011年度的员工参与度指标,并将在年底接受考核。因此,副总裁不仅需要保持员工的积极性,同时还需要确定员工的参与度。2010年11月,由主管和员工组成的、针对新员工的考核项目开始实施。

2009年,Infusion开始开发一项一体化项目——“开源系统解决方案(OSS)”,即在线人力资源功能系统。Infusion以前没有一套完整的人力资源管理流程:资源规划完全应用桌面工具;工资结算由ADP系统完成;会计活动用Great Plains(微软企业管理软件的一部分)完成;针对员工的实时跟踪交由Quick Arrow来完成;一个独立的客户关系管理系统(CRM)并非向所有的销售和市场人员开放。OSS的想法是一个整体解决方案,可以实现不同的功能。Infusion决定在组织内部建立OSS,并设立相关的研究团队。

2010年年中,该系统只有部分在运行,即仅项目经理和资源部经理在使用这个系统。然而,进一步发展之后,它将可以取代所有用于人力资源功能的系统。内部研发团队组成的技术顾问也被认为是某种层面上的基层员工。然而,由于客户业务需求的增加,Infusion缺少牺牲目前咨询服务收入来发展公司内部项目的动力。

Richardson的另一个压力来自她参与的全球招聘计划。当Infusion进入迪拜时,公司没有在中东地区招聘的经验。因为最初没有人为公司的人力资源工作负责，Richardson 结束了坐在多伦多办公室遥控指挥在迪拜的招聘工作。Richardson 解释说，“在那里进行招聘工作十分得困难。”[①]

2006 年，Infusion 雇用 Carl Thompson 为公司高级项目经理。当时，一个常规的客户项目价值约 20 000 美元。但是最近公司开始以 100 000—300 000 美元的报价赢得项目合同。然而 Infusion 的优势在于那些大型复杂的项目，于是有些项目就会超出预算，有些项目则会延迟交付，客户满意度急剧下降。

Thompson 的任务是建立项目实施的基本结构和流程。在最初的 6 个月，Thompson 在 3—4 个重点项目间来回奔波，以确保它们结构完整、沟通明晰且很好地控制了预算，结果令人印象深刻，客户满意度迅速回升。Thompson 和配备的 6 名员工一起运营公司在多伦多的一间新的项目管理办公室（PMO）。他确保自己的团队了解项目执行的流程，以便获得执行大型项目的经验。2007 年，Infusion 开始在 500 000 美元的范围内对项目进行报价投标，并最终赢得了第一个 100 万美元的项目。

2010 年，Thompson 作为全球项目交付副总裁，运作一个由 60 名专业人员组成的全球咨询服务团队。该团队包含一个全球项目管理系统、一个支持团队、一个用户体验设计团队、一个技术架构团队，以及一个培训和写作团队。Infusion 现在提供了项目流程管理领域的一个行业标准（PMI）。[②] 在一个软件开发的生命周期内，Infusion 提供了两种方法：Scrum 敏捷型和传统的瀑布流操作方法。在客户项目开始之前，Infusion 的规定是与客户讨论采用哪种方法实施项目。如果选择 Scrum 敏捷型操作方法，客户需要提供一定数量的关键资源以确保项目的成功实施。

2009—2010 年，Somani 对 Thompson 的团队进行了大额的投资。Thompson 面临的挑战是，在人们日益增长的培训服务需求情况下确保项目交付能力得到扩展，从而保证 Infusion 能够持续发展。但是有一个问题是技术架构团队成员的流失。Thompson 不得不招聘一个新的经理充实公司在这方面的发展能力。与此同时，伦敦和迪拜的分公司也要求技术架构团队的成员加入到自己的团队中来。技术架构人员是大型、复杂项目交付的关键。2010 年最大的一单合同来自美国的一家旅游公司，这花费了技术人员 40 000 小时的不懈努力。这个项目的总体解决方案是由技术架构人员完成的。项目完成后，客户非常满意，Infusion 也获得了与其长期合作的可能性。Thompson 意识到在全球范围内保持这种技术架构能力的增长是重要的，尤其是在复杂项目众多的迪拜。

进入波兰

随着项目规模和复杂程度的双重增加，Infusion 公司面临的竞争对手也大不相同，

① 2010 年 9 月在多伦多采访 Andrea Richardson。

② Project Management Institute website，见 http://www.pmi.org/，2011 年 2 月 7 日访问。

客户都倾向于选择 Accenture、TCS 和 Infosys 等大公司。在广阔的离岸资源市场上,大多数竞争对手都能提供低成本的解决方案。Infusion 找到了新的压力源,即以更优的价格培养一批优秀的"Infusion 小子"。客户也频繁地向 Infusion 提出他们正在寻找能够提供比 Infusion 公司更优质咨询服务的企业,特别是那些能够以高产出比赢得竞争优势的企业。2010 年,Infusion 决定在波兰的克拉科夫(Krakow)设立一个新的低成本研发中心。这一决定背后的战略决策借鉴了公司近十年在加拿大的成功经验:在优秀人才丰富的地方设立办事处,招揽本地的技术人才,但是在投标中可以发挥汇率优势。这个想法就是将创造能力和引进项目的价格范围控制在一个合理的竞争优势当中。

2011 年第一季度,办公室已经设立,并且相应的计划正在实施当中。波兰的资源将被加入全球的项目中,最初将会集中在最关键的三个全球项目中。Thompson 想保持最初的运作团队尽量小,每个项目配备 3—4 名员工。这项计划实施的第一步是将员工们送往多伦多进行为期 3 个月的培训,在那里他们将实际操作客户项目。利用这段时间,公司在波兰分公司的基础设施和管理层也会被建立起来。员工回到波兰之后就会有功能健全的办公室马上投入工作,远程执行项目。

Thompson 预期在波兰会花费大量的时间,他计划通过公司高级人员的帮助确保新公司高效运转。Infusion 波兰运营中心寻求招聘的第一名员工将会是公司的合伙人。Somani 和 Thompson 都想要避免在印度遇到的类似的问题。正如 Thompson 所说的:

> "我认为最重要的事情是确保在波兰的机构小而精,而不是试图在最开始就发展成百人的公司……因此我们应该在第一时间内确保不会重复在印度的问题。"①

未来的挑战与机遇

2010 年夏末,Infusion 首席运营官 Somani 从办公室眺望多伦多的天空,他知道自己要做出一些非常艰难的决策。公司已经设法避免了很多风暴:克服金融危机的影响;降低雷曼兄弟破产对自身的影响;弥补在印度的损失,扭转局面;在迪拜和竞争激烈的英国成为微软成功的合作伙伴;推进在媒体和娱乐行业的风险投资事业。企业家的冒险精神根植于公司的 DNA 中,但是专业的管理实践对于公司面临的日益增长的、越来越复杂的项目是必需的。面对日新月异的技术挑战,该如何保持公司的灵活性和足够的创新能力?如何保证公司及员工有机会从事具有企业家精神的事业,并且保持其快速增长?

① 2010 年 9 月在多伦多采访 Carl Thompson。

附录 1 十年来美元对加元汇率变动

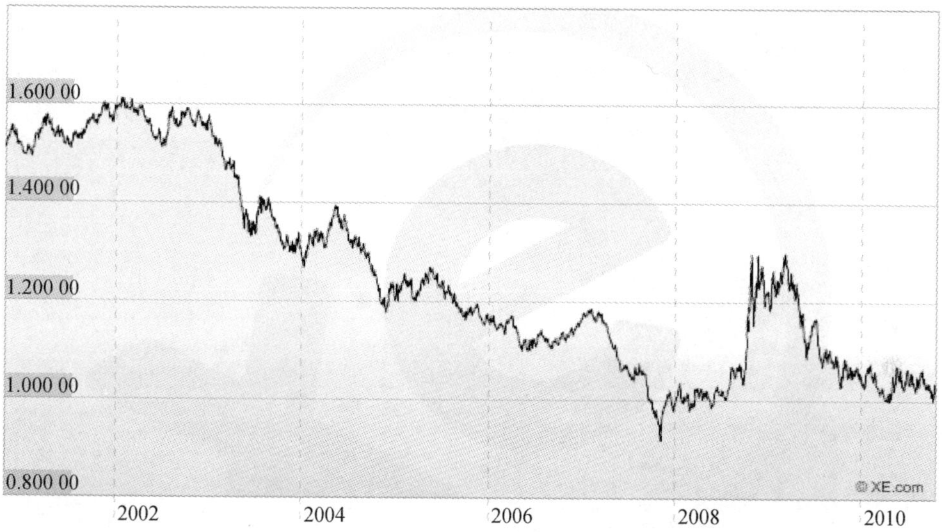

资料来源:XE. COM. INC, www. xe. com。

附录 2 兰登书屋代码大全系列丛书

- *Code Notes for XML*
- *CodeNotes for NET*
- *CodeNotes for Java*
- *CodeNotes for VB. NET*
- *CodeNotes for Web-Based UI*
- *CodeNotes for J2EE*
- *CodeNotes for Oracle 9i*
- *CodeNotes for ASP. NET*
- *CodeNotes for C#*
- *CodeNotes for Web Services in Java and . NET*
- *CodeNotes for J#*

资料来源:兰登书屋。

附录3 《环球邮报》关于 Infusion 天使投资公司的报道

A new generation discovers the benefits of 'giving back'

Young employees who have the opportunity to volunteer while working find it valuable on many levels, **VIRGINIA GALT** writes

Alim Somani and Sheldon Fernandez have barely begun their careers, but they already feel compelled to give back to their alma mater.

Both 28 years old and with just five years in the business world, the young electrical engineers believe they have something to offer the future generation of entrepreneurs — drawing on the lessons they have learned since starting up the Canadian operations of New York-based software firm Infusion Development Corp. fresh out of university.

"We can give them some of the grey hairs from our experience," says Mr. Somani who, with Mr. Fernandez, has created an organization called Infusion Angels to provide advice and seed money to support business ventures developed by current students at the University of Waterloo in Waterloo, Ont.

In many respects, they are representative of their generation: The opportunity to volunteer during working hours is viewed as a valuable benefit by young Canadians, say human resource consultants.

Indeed, a survey this week by Hewitt Associates found that more employers plan to provide time off for charitable work in a bid to attract and engage these employees.

Like many of their cohorts, Mr. Somani and Mr. Fernandez grew up volunteering. Statistics Canada recently reported that the percentage of Canadians who volunteer generally decreases with age: 55 per cent of 15-to-24-year-olds volunteer — compared with 32 per cent of those 65 and older — and they are carrying this altruism into the workplace.

"It's wonderful for me," says Mr. Fernandez, who helps the students determine whether their ideas can be taken to market.

"It is fun to hear what they are thinking. It is fun to play with new ideas and consider new angles on things," says Mr. Fernandez, who also volunteers with the Big Brothers organization.

Mr. Somani says he and Mr. Fernandez both benefited from the mentorship of professors and from their current chief executive officer, Gregory Brill, who first hired them as co-op students for his New York operations.

"Now, we are spending a lot of time lecturing on entrepreneurship, advising students and meeting them for lunch and chatting about their ideas partly because that's the kind of support we got. You want to give back," he says.

According to a recent report by Statistics Canada, 92 per cent of Canadian volunteers do so to make a contribution to the community. Almost half view volunteering as a way to explore their strengths, and 47 per cent see it as a way to network and meet new people. Just 22 per cent of Canadians covered in the survey say they volunteer to advance their career opportunities.

Nonetheless, volunteering is something recruiters look for, say human resource specialists. "Certainly, it broadens their skill set and adds to the portfolio that they bring to the organization," says Cathy Webster, vice-president of human resources at Kraft Canada Inc.

But it is a two-way street: Many prospective employees want to know, coming in, whether the company will support their volunteer efforts.

"People are time-starved, as you know, so we give people time," says Ms. Webster, who recently spent a day, along with 300 of her co-workers, volunteering at 41 different agencies around Toronto.

"They were at daycare centres, community centres, seniors' homes, Boys' and Girls' Clubs, ... doing clean-up projects, gardening, reading to kids, talking to seniors," Ms. Webster says.

Mr. Somani and Mr. Fernandez both have high-level responsibilities with Infusion Development, which provides software and consulting services to the investment banking industry as well as to state and local governments in New York. The firm is currently working on a system that will help the New York City school board implement its No Child Left Behind program.

However, they have also made their work with the University of Waterloo students a priority and are committed to providing start-up funds of between $50,000 and $100,000 for viable business projects. "The money is part of it," Mr. Somani says. "But so much more is the mentoring and volunteering."

Alim Somani, left, and Sheldon Fernandez, shown at their Toronto office, help University of Waterloo students determine whether their ideas can be taken to market. The electrical engineers, both 28, have created an organization called Infusion Angels to help their alma mater's next generation of entrepreneurs.

PHOTO: FERNANDO MORALES/THE GLOBE AND MAIL

Employer support for volunteering by employees is becoming more common.

I gave at the office . . .

57% of employed volunteers received some form of non-monetary support from their employer.
33% were allowed to reduce or change their work schedules in order to volunteer.
32% were allowed to use work facilities or equipment.
23% received recognition or a letter of thanks from their employer for their good works.
21% received paid time off to volunteer.

And this is why . . .

92% of volunteers want to make a contribution to the community.
77% want to use their skills and experience.
60% are personally affected by the cause they are supporting.
49% want to explore their own strengths.
47% want to network.
22% volunteer for religious reasons.
22% hope to improve their job opportunities.
7% say they were forced to "volunteer" by their employers, schools or some other authority.
Source: Statistics Canada

资料来源：Virginia Galt, A New Generation Discovers the Benefits of "Giving Back" Globe and Mail, June 17, 2006, 已获授权。

附录 4　Infusion 的职业生涯路径模型

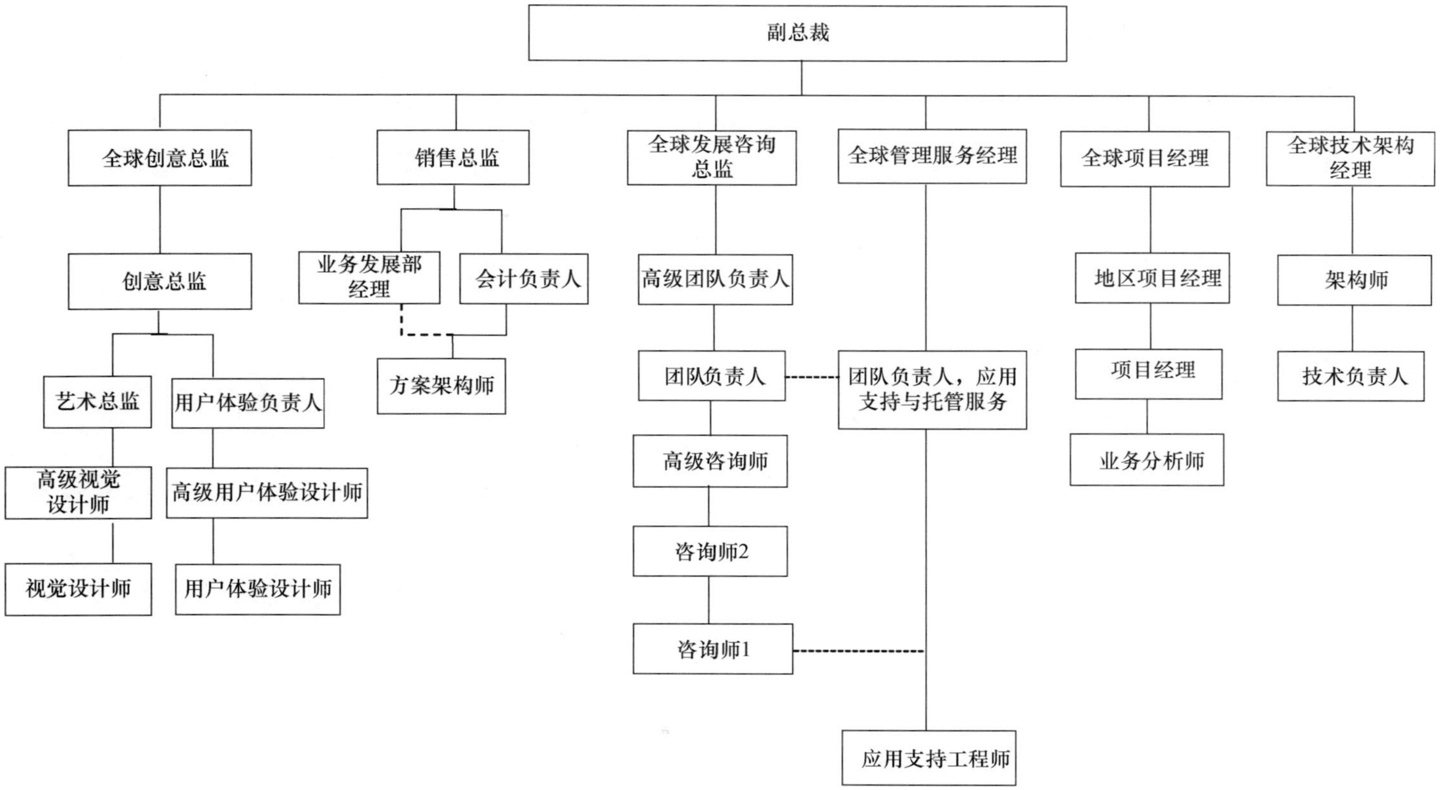

资料来源：Infusion 公司内部文件。

附录 5 2006—2010 年公司业务发展

	年底员工数	销售额(美元)
2006	81	15 084 292
2007	176	26 347 583
2008	188	33 561 333
2009	233	36 885 975
2010	333	55 160 900

资料来源:公司内部文件。

IVEY Publishing

案例 2-7

Meridian 镁制品公司:国际技术转移

作者:Tima Bansal , Ken Cole

主题:创新的跨文化管理

Len Miller 正在计划去 Meridian 镁制品公司位于美国和意大利的工厂出差。他要探访那些工厂以便了解怎样改善 Meridian 的内部技术转移。虽然 Meridian 是世界范围内汽车零部件产业中镁压铸件的领导供应商,但是它各个工厂之间的差别十分明显。Meridian 副总裁 Miller 想知道他如何能够把美国和意大利工厂的业绩提高到和加拿大工厂一样的水平。问题的一部分似乎是美国和意大利工厂抵制正在使加拿大工厂受益的技术创新。Miller 不但需要了解这些差异的原因,而且需要在两个星期后举行的 Meridian 董事会年会之前找到解决问题的对策。

汽车零部件产业

服务着世界原始设备制造商的全球机动车零部件产业预计 2000 年销售额在 5 190 亿美元以上[①],加拿大的制造商预计占该数量的 390 亿美元。

20 世纪 90 年代,汽车工业见证了其三个主要趋势:合并、外包和全球化。预计到 2010 年,合并可形成至少 6 家全球性的原始设备制造商和大约 50 家较大的全球零部件供应商。合并和外包给机动车零部件采购者带来了明显的议价优势,也给供应商带来强大的降价压力。作为应对措施,供应商把重点放在有附加值的生产的前后服务上,包括设计、工程、加工、精加工和装配。对于大型国际供应商来说,其面临的挑战是要保证全部的生产设施(不管地理位置如何)都要以最高的效率、最低的技术和加工成本来运作。

机动车零部件产业主要使用三种原料:钢、塑料和铝。这些产品的供应商有上亿元的年销售额、很强的研究和开发能力,以及全面的顾客设计与工程支持。另一方面,镁零部件供应商虽然成长很快,但份额相对很小,1999 年全球累积销售额刚刚超过 10 亿元。钢制的和铝制的零部件通常进行价格竞争,而镁制的和塑料的零部件通常在设计、与其他材料的集成、质量方面竞争。镁比钢轻得多,比铝轻三分之一,也比塑料或铝更坚固。可是,最近塑料和钢制品公司联合制造混合轻型材料,使得铝和镁制品公司坐立不安,增强了它们迫切降低成本、保持竞争力的意识。

Meridian 镁制品公司的历史

Meridian 镁制品公司即原来的 Webster 制造厂,创建于 20 世纪 30 年代,是一家位于加拿大安大略省伦敦市的压铸锌工厂,它主要生产小型机器零件。在 60 年代,随着汽车贸易协定的签署,老板 John Webster 看到压铸机动车零部件的机会来了。

① 本案例除另有声明外,所有货币单位均为加拿大元。

Webster 的汽车生意不断发展,到 70 年代早期,销售额超过了 2000 万元。那时,福特汽车公司找到了 Webster,考虑使用最轻的结构金属——镁制造压模铸件。为了应对那时的 OPEC 危机和企业平均燃油经济性(corporate average fuel economy,CAFE)标准,福特对降低车辆重量非常感兴趣。1980 年,福特出售了它的第一个镁产品:福特野马(Mustang)车用的"遥控反射遮光板"。

这项最初产品的成功使 Webster 下决心把大部分生意从锌制品转为镁制品。1981 年,Webster 建造了它的第一个镁压模铸件工厂,把位于伦敦市的四台镁压铸机搬到了安大略省的斯特拉斯罗伊。20 世纪 80 年代初 John Webster 退休以后,公司几次易手,最后变成 Meridian 镁制品股份有限公司,并于 1989 年上市。Meridian 在市场上引起关注,1998 年,有两家公司获得了几乎同等的所有权。第一家公司是 Norsk Hydro 公司,拥有 Meridian 49% 的股份,它是一家挪威公共事业公司,也是世界上最大的镁和镁合金生产商。第二家是 Teksid 公司,拥有 Meridian 51% 的所有权,它是一家位于意大利的世界领先的铸造企业。1998 年它们使 Meridian 再次私有化,并签订了股东协议,在 Meridian 董事会上拥有同等的决策权。两个所有者计划给 Meridian 提供有效的技术支持。Norsk 提供金属镁和镁合金方面的技术,Teksid 提供铸造过程方面的技术。

2000 年的 Meridian

到 20 世纪 90 年代末,Meridian 成为最大的汽车镁压铸部件供应商。它既供应原始设备制造商,也供应分销商(较大的全球供应商),约占全球镁材料机动车零部件市场的大约 55%。Meridian 的销售额超过 3 亿元,是镁材料机动车零部件市场这个"小池塘"里的一条"大鱼"。Meridian 宣称:"……Meridian 立志成为全球汽车市场中领先的镁材料压模铸件全套服务供应商。"

公司有三个工厂,分别是:位于安大略省斯特拉斯罗伊的加拿大镁材料产品部(MPD)、位于密歇根州伊顿拉皮兹的美国镁材料产品部(MPA),以及位于意大利东北部瓦莱达奥斯塔的一家小一点的意大利镁材料产品部(MPI)。Meridian 是该行业中成本最低的制造商和加工技术领先者。Meridian 在北美有很稳固的市场地位,它拥有领先的镁材料技术、稳定的股东支持、不错的劳资关系,并且由于良好的债务/资产净值状况而带来的极小的资本约束。它的工厂生产为数众多的产品,包括完整的组合仪表板、汽车横梁、移动空气净化器,以及转向部件。Meridian 在北美和西欧各地都有业务发展办事处。这些办事处发展工程和设计机构方面的客户,并与他们保持联系。

Meridian 的目标

作为它十年规划的一部分，Meridian 制定了到 2010 年的若干咄咄逼人的成长指标：

- 年增长率为 15%；
- 资本回报率超过 15%；
- 保持 40% 的全球市场份额；
- 销售额超过 10 亿元；
- 利润超过 1 亿元；
- 继续成为成本最低的制造商。

其他较全面的目标包括：把业务扩展到下游装配和模具领域；把产品线扩大到制造内部型、结构型的传动部件；开发新技术，为 Meridian 提供可持续竞争优势的资源。在近期，技术目标包括改进铸造系统和开发“单元内”重复利用的能力。

已知的 Meridian 的劣势包括由于紧张的劳动力市场所造成的人员紧缺。企业非常缺少有较强的运作和生产知识的人员。此外，意大利和美国的工厂不如加拿大的工厂，这可部分归因于难以找到有相应技能的人。

John Miller 和 GTO

1998 年，Meridian 的新任 CEO Paolo Maccario 重新设计了 Meridian 的管理结构，并任命了三名副总裁和一名主管（参见附录 1）。Miller 负责位于斯特拉斯罗伊的 Meridian 全球技术机构（GTO）。John Miller 1996 年作为斯特拉斯罗伊工厂的副总经理加入 Meridian，致力于改进操作效率方面的工作。1996 年 12 月，Miller 被提升为总经理。1999 年年初，他成为 Meridian 负责新近（1998 年 1 月）建立的 GTO 部门的副总裁。

由于 20 世纪 90 年代的 Meridian 已经扩张为一个多工厂、国际性的组织，公司显然可以受益于在企业内部集中某些“知识”成分的好处。那时，每个工厂都有自己的研发预算，开发自己的技术和解决方案，但是并没有工厂之间的正式沟通系统。GTO 的使命是“促进工厂之间对最佳实践的识别和交流”，帮助各工厂实现公司战略和成长指标所规定的经营目标。GTO 不是利润中心，因此它只能指望各工厂负担它的活动经费。GTO 在它最初三年的运行中快速发展，员工从 11 名发展到超过 55 名。1998 年，GTO 的预算在 200 万—300 万元之间，但是到 2000 年增加到 750 万元。

2000 年夏天，GTO 的工作人员从斯特拉斯罗伊的 MPD 工厂搬到了街对面的一幢独立建筑中。这个两层楼的“全球技术中心（GTC）”装备有最先进的技术设施、复杂的设计程序软件、完整的内部网和与互联网连接的、强大的服务器,可以联通全世界。由于这个新基地与工厂相分离,该机构很快有了“可以提高的好地方”的名声,Meridian 中的许多人开始称 GTC 为“好时光俱乐部”。

在 GTO 创立时,Miller 就对最佳实践的集中开发产生显著的效益抱有期望。他相信各工厂会很愿意参与到各个项目中来,以改进运行效率和降低成本。但是相反,在 GTO 运行两年多后,各工厂还是继续抵制实施若干被证明是最佳的实践经验。Miller 所称的 NIH(“并非在这里发明”)综合征在 Meridian 中普遍存在。但是对于 Miller 来说,还有比仅仅在哪里或怎样开发技术更为复杂的问题。作为 Meridian 迅速国际化扩张的结果,大量的组织和文化方面的问题出现了,这使 Meridian 很难发展实施全公司范围内的标准。

同时还存在其他的问题。按照 Meridian 销售和营销副总裁 Mark Tucker 的说法:“最大的问题之一是人们不了解 GTO 在运作层次、业务层次的角色和职责……因为到今天,我敢打赌,如果你到任何一个工厂,那里有一半的人甚至都不知道 GTO 这里发生了什么。”

Miller 也认识到:在不断努力介入各个工厂之间改进生产效率的工作方面,GTO 还有其他弱点。据 Miller 说:“……至今最大的失败是没能搞好 GTO 和美国工厂之间的关系。这是一个副总裁层次的失败,但是也是组织层次的失败、工厂员工与 GTO 工作人员层次的失败”。

除了这些问题,Miller 感觉,从总体上来说 GTO 还是成功的。GTO 中的核心技术团队在开发内部回收再利用方面的工作非常出色。所有工厂都已经运用了该工艺,并且实现了显著的节约。用 Miller 的话说:“GTO 的真正成功在于其所输送的价值。”

核心技术部门

在 GTO 内部,核心技术部门(CT)直接对各个工厂之间最佳实践的集中开发和交流负责(参见附录 2)。CT 对其他 GTO 职能也有支持作用,包括在业务开发、制造工程和产品协调开发方面帮助其他 GTO 部门。其实,CT 的主要任务是降低成本、安全方面的项目和新技术方面的工作。

在做副总裁的最初三个月中,Miller 设法弄清了 Meridian 组织机构的运转情况。他发现,需要组建一个强大的 CT 团队并找到强有力的领导者。他设想的团队将能做镁材料、压模铸件和汽车零件领域内一切有关的技术工作。领导者最关键,Miller 选择了 Richard Berkmortel。他是一名有着制造和产品工程经验的机械工程师,Miller 提升他为 CT 的经理。Berkmortel 曾经在 MPD 工作了六年,他的最后两年是在斯特拉斯罗伊的工厂担任业务部门经理。

CT 部门的成员有:Berkmortel、两位冶金学博士、两位有一线工作经验的过程工程师,以及其他三位有特殊领域专长的工程师。四名现有的 CT 工作人员是从斯特拉斯罗伊工厂中选拔出来的,三名是从外部聘用的,一名是从美国工厂借来的。八人中的三人是从企业内部有15年或15年以上该行业经验的人中选拔出来的。Berkmortel本人有八年的压力铸造行业经验,他的团队中的其他人平均有五年的相关经验。

CT与各工厂之间的沟通主要是非正式的沟通,就像先前GTO成立时那样。这种非正式的风格似乎很适合实际地"让工作做起来"的心态。这种心态在工厂层次非常普遍。正式沟通是在月度运作会议上。Miller常常在会上与其他副总裁和工厂经理们讨论正在进行的CT项目的进展状况。GTO还不定期地发布内部业务新闻稿来报道项目的发展与成功情况。

CT因为开发并实现了金属镁的内部回收再利用技术而受到尊重。这个项目是在1998年开始着手的,2000年年末在所有工厂中实施。它在全公司范围内以最快的速度得以实施,给各工厂带来了显著的节约效果。

还有一个项目是煤气活塞泵,这一项目的进展就不那么顺利了。当CT使用了大量的资源开发加拿大工厂所采用的机泵时,美国公司则独立地开发了虹吸管。尽管有若干证据表明煤气活塞泵效率更高并且能够带来成本的节省,美国工厂还是继续使用虹吸管。其他项目包括"单元内"重复利用及开发运送SF6(Sulphur Hexafluoride)的更好的系统,SF6是Meridian用做保护熔融镁的一种覆盖气体。另一个正在进行的CT项目是用一种气体替代SF6,因为SF6是一种"温室"气体。

加拿大安大略省斯特拉斯罗伊的Meridian镁材料产品部

MPD从1981年开始制造镁材料压模铸件,到1999年成为Meridian公司的旗舰。尽管在MPD留住员工是一个问题,但是却比其他工厂情况要好。管理层相信,在斯特拉斯罗伊工厂周围良好的乡村社区环境中维持优秀的员工队伍要比在密歇根州的远郊区保持员工队伍更为容易。保留员工是一个重要优势,因为要经多年积累才能得到各类高水平的过程专家。MPD没有工会组织,并且从成立时就是如此。管理层和雇员之间的关系非常融洽,表现为频繁、坦诚和开放的沟通交流。该工厂与GTO的关系也很好。按照该工厂经理Ron Dean的说法,它们之间在过去各种项目的合作方面已经卓有成效。

美国密歇根州伊顿拉皮兹的Meridian镁材料产品部

MPA坐落于密歇根州著名的汽车制造基地的核心地带,从MPD开车大约三个小时的路程。MPA是1995年作为MPD的一项扩建工程开始生产镁材料压模铸件的。MPA计划从1999—2005年发起一系列新的镁材料产品。"发起模式(launch mode)"由于有大量的不确定性、严格的最后期限和发展时期的困难,预计会极大地消耗工厂的资源。

意大利瓦莱达奥斯塔区的 Meridian 镁材料产品部

MPI 建于 1995 年,是 Teksid 和 Meridian 创办的合资企业,其目的是为菲亚特的座椅事业部(SEPI)制造菲亚特"Epsilon"座椅。最初这项业务需要 4 台压铸机,但是最后的生产估计结果导致机床扩充到 9 台。令人遗憾的是,座椅项目后来被取消了,但是促成菲亚特选择 Meridian 来为 Bravo Brava 车生产汽车横梁。菲亚特给 Meridian 的财务条件非常不利,但对于 MPI 由于取消座椅项目而产生的显著的生产能力过剩而言,Meridian 没有任何选择。在一个不走运的开始以后,MPI 奋力做到了赢利。

和大多数意大利公司一样,MPI 设有工会组织。但是,只有 10% 的员工是车辆工会会员,工会与管理层之间的关系是很"顺畅"的。瓦莱达奥斯塔地区是一个新开发的工业区,工会成员很高兴在那里能有工作可做。该地区各个行业之间的工资水平相仿,所以工会对工资的影响很小。但是该工厂的工作条件一直是个问题,因为该地区最大的雇主是附近的一个赌场,该赌场提供更清洁和更吸引人的工作。在 MPI 的 130 名员工中,有 20 人是从事业务开发的,或者是 GTO 委派到 MPI 帮助开发流程和技术的。在将来,MPI 计划到 2003 年把产量提高到 7 400 吨。

工厂比较

Meridian 的三个工厂的数字比较如下表所示:

比较数字(1999 年)	MPD(加拿大)	MPA(美国)	MPI(意大利)
产量	14 000 公吨	11 000 公吨	3 000 公吨
机器	800—2 500 吨机器 20 台	800—3 000 吨机器 17 台	420—2 500 吨机器 9 台
雇员	370 人	350 人	130 人
1999 年收入(美元)	1.8 亿	1.4 亿	6 000 万
1999 年 EBIT* (美元)	4 000 万	1 200 万	亏损
辅助生产	机器加工、精加工、装配	机器加工、钻孔、装配	没有附加值的工作近期已外包

* EBIT——息税前利润。

对 Richard Berkmortel 的访谈记录

Miller 曾经对核心技术部门经理 Berkmortel 说到他对 CT 部门开发的技术不能被 Meridian 各工厂普遍接受的看法。与 Berkmortel 谈话中的一些观点是 Miller 一直在考虑的问题。

工厂的态度

按照 Berkmortel 的说法,虽然计划将 CT 建设成为一个知识和最佳实践的中心,并与各工厂共享信息和创新,但“这事实上极少以正式的、有组织的方式实现,同时各工厂对好主意和创新也只是稍稍感兴趣而已”。Berkmortel 认为 CT 没能打破“各工厂中的消极的 NIH 态度”,也没能使各工厂对技术进步采取共同的态度和价值观。

选择技术项目

在 CT 选择做哪些项目方面,Berkmortel 认为:

大量创新要来源于各工厂。我认为由它们做效率会更高。它们有解决问题的直接、具体的需要,并且需求与效率考量会一起驱动创新。在大多数情况下,各工厂最清楚它们需要什么,并解决这些问题。

各工厂可能会有一个问题,它们也会有大量用以解决这一问题的资源。对于 MPA 和 MPI 来说,做到这一点困难一些,因为它们或多或少是从我们这里跨距离移植过去的。特别是,我发现工厂管理者很难请求 Miller 的帮助,因为他们常常不敢肯定 GTO 的作用或者是不愿意接受支持。当然有时也有装备良好的外部组织来帮助解决外部问题,例如原始设备制造厂家可以帮助解决它们自己制造的设备的问题。

一个成功的项目:内部重复利用

内部重复利用是一个较大的成功项目,因为人人需要它。各工厂因为财务方面的原因需要它……其目标与工厂的铸造价值观和实力接近;公司的每个部门都需要该项目以达到领先……所以这里有充分的支持,在我们应该向什么方向努力的方面没有不同意见。该项开发在起步方面花了很长一段时间。一项实验性的运作在 MPD 搞了起来。选择工厂的标准是:地点、地点、地点。

今天,在 MPD,全部的废物都是被重复利用的,技术代表了对原材料成本的有效节约。我们在使别的工厂采纳该技术方面没有什么问题。MPA 希望该项目很快地向前走,因为它被视为一个公司项目、一个 Meridian 企业的项目。MPI 也处于一个相对平稳的转换中。MPI 是第三个实施该项目的工厂,因为它们有其他需要优先实施的项目。MPI 延迟的部分原因与资源有关,因为项目执行团队正在 MPA 工作,他们在开始 MPI 的工作之前必须要先完成那里的工作。

一个更典型的项目:SF6 脉冲系统

Berkmortel 详述了一个关于改进铸造设计的典型项目。

比较特别的项目是 SF6 脉冲项目。当时这些工厂,特别是 MPD 工厂,一直在抱怨加热炉的腐蚀和 SF6 的价格上涨。在一家外部气体分析公司的帮助下,CT 开展了一项对 MPD 的加热炉的研究。MPD 和 MPA 工厂的参与相对较少。最后,一种新的能够减少加热炉腐蚀和 SF6 消耗的系统被开发出来。在一个个生产运作会议上,这项改进被直接介绍给各个工厂。MPA 看到该技术对 MPD 财务上的明显效果,就直接从 MPD 那里要到了有关信息。MPA 现在大概实施了 50%—60% 左右。MPI 的反应一直很慢,还没有实行这一方法……信息、图纸与设备一起被送去好几回,它们终于在大约一年以后安装了该设备。

Berkmortel 指出:

MPI 不采用 SF6 脉冲系统是因为它们的铸造知识多少有些缺乏。在脉冲系统的好处方面,它们对于它们的流程技术还没有足够的了解,因为在要求技术帮助它们省钱之前它们还有大量其他的铸造问题。我不明白为什么它们的铸造技术不同于 MPD 和 MPA,因为我们已经派了这么多的人帮助它们改进体系。

一个“失败”的项目:气体置换泵

谈及 CT 迄今为止最大的令人失望之处,Berkmortel 认为是气体置换泵。

气体置换泵是一个 CT 项目和一个 MPD 工厂项目。我们的工作结果在一些领域达到 25% 的改进。在 MPD,这些改进是可度量的,并且成本节省也是很明显的。但是其他工厂拒绝使用该项技术。MPA 之所以不接受它,是因为它们感到它们可以从虹吸管技术中得到同样的收益,而且这样做的破坏较小,因为它们不必再造它们的铸造流程。气体置换泵的财务收益不像重复利用技术那么明显。这是一个持续了三年的过程。虹吸管和煤气活塞泵两种技术在同时被加以改进……即使有资料表明第四代气体置换泵对一部分产品或一部分机床来说非常高级,但是来自 MPD 的证据却不足以说服其他工厂进行投资。

沟通

关于沟通,Berkmortel 指出,文化和语言的差异强化了北美和意大利工厂之间的障碍,尽管在文化和语言方面具有共同点,但是在 MPA 和 GT 之间还存在着其他的问题。

开始时,与 MPI 的沟通非常困难,但是在最近六个月有了显著的改进。CT 想要给各个工厂传达的信息是:向 CT 寻求帮助会带来一些好处。当工厂带着要解决的问题找到 CT 时,CT 当然在大多数时候都能够成功地加以解决。当他们觉得他们有要求时,他们找到我们,这当然会奏效。在项目这个问题上,工厂里的人们自然地受到尊重……我们已经开始使他们不局限于"顾客"的角色,而是一起来增强流程可靠性。

改进 CT

Berkmortel 也相信有一些问题与资源有关。

开发新工艺,就像内部重复利用项目,消耗了 CT 的大部分资源,特别是人力资源。这甚至比想象得还要多,所以我们在支持工厂方面的作用已经降低到 25% 以下。我认为我们只有 10% 的时间被用在这方面,并且是只有当各工厂有要求时我们才这样做。

至于将来,Berkmortel 相信:

重点需求将会在"大的"、拥有直接财务效果的 Meridian 项目上。小一些的项目很难被关注,因为资源已经被优先分配给那些我们能够达到最大效果的项目上了。我们大概需要稍微多一点的人,这样我们就会有人力来致力于进行非核心项目。在分派人员工作方面,工厂有无数的项目想要做,但是我常常没有拥有合适知识的人来做,或者没有足够的人来满足那些需求。

通常情况下,CT 是为一个特定的顾客工作。我们已经谈过跨工厂的团队的工作。这又回到了沟通上——我们怎样与各个工厂进行沟通,这通常是在运作会议上进行的。工厂经理们提出一个他们认为 CT 能够处理的问题，CT 则反馈他们能够如何处理这一问题，此后项目团队就建立起来了。

理解工厂的观点

Miller 需要找出一些 MPD 已经采用了的技术没有被 MPA 和 MPI 采用的原因。他计划在未来的两个星期会见 MPD、MPA 和 MPI 的经理们。Miller 需要找到问题的根源，发现可以解决这些问题的方法。

附录 1　组织结构图

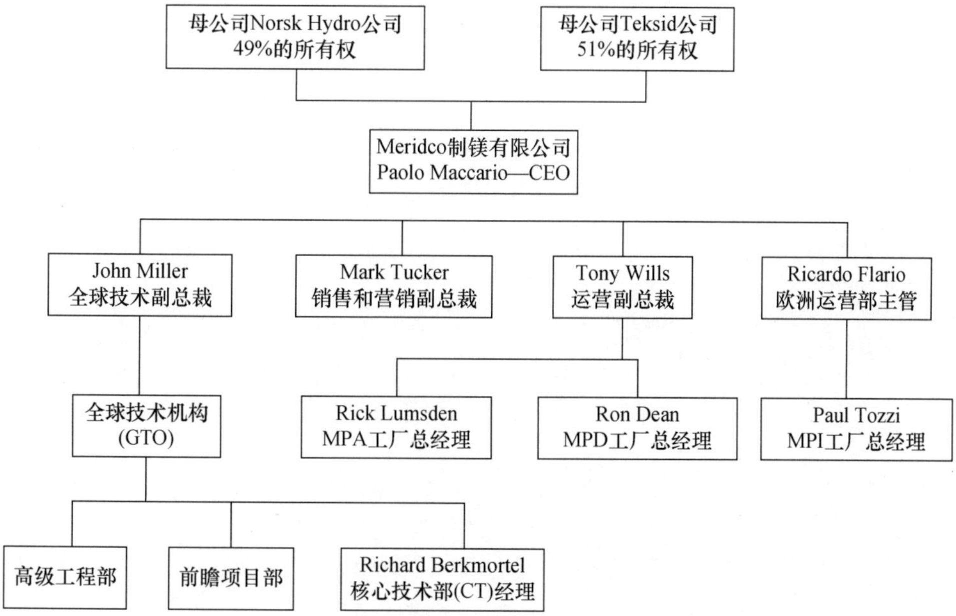

资料来源：Meridian 镁制品公司的文件。

附录 2 核心技术部的目标

- 成为 Meridian 的“专业知识中心”和各事业部技术培训的资源。
- 通过协调和评估工厂创新及建立与工厂之间的密切联系，确保持续应用 Meridian 的最佳流程实践。
- 使最新技术在 Meridian 的各个工厂得以实施。
- 对可替代的技术、产品和原材料进行研究和进行标杆超越。
- 收集和传播有竞争力的知识信息。
- 使抓住行业关键内容的特定核心技术的开发时间缩短 50%，从而为快速占领市场设立并完成咄咄逼人的目标。
- 为了获得持续的竞争优势，不懈追求成为流程方面低成本生产者的地位。

第3部分

协同创新

案例3-1 3M：台湾分公司的产品创新

案例3-2 诺基亚：从内部研发到联合研发

案例3-3 GDR与柯达——Bart胶片扫描仪

IVEY Publishing

案例 3-1

3M:台湾分公司的产品创新①

作者:Christopher Williams, Chya-Yi Liaw

主题:跨国公司的子公司创新;跨国公司中的关系管理

---

① 此案例只是根据公开资料编写。因而,在本案例中呈现的解释和观点并不一定代表3M公司或其任何员工的观点。

2004 年的一天,3M 台湾分公司医疗保健用品部门的负责人宗涛志坐在自己的办公室里,思考着是否应该为开发台湾消费者对"人工皮"(一种水状胶质敷料)的消费市场启动一个新项目,该项目将利用公司拥有多年但一直未能投入实际应用的"人工皮"技术。3M"人工皮"是一款无菌伤口敷料,由具有黏性的水胶体和干净的背衬薄膜组成,具有防水、防菌、防病毒的作用。① 在台湾该产品被划为医疗产品,仅能在医院以及诊所附属的药店出售。

目前这个新项目已通过公司内部的各项专业检测。此项目小组成员希望能利用这种现有的"人工皮"敷料技术制成一种除痘产品,也可以叫做"痘痘隐形贴"。从台湾目前的市场来看,对于痤疮问题还并没有一个比较广受认可的解决办法。那么若将痘痘隐形贴投放市场,该产品将成为台湾市场上的一款全新消痘产品,同时这也将是 3M 公司第一次对"人工皮"技术进行应用。然而正因为市面上还从未出现过相似产品,项目小组所能获得的信息非常有限,因而估算产品的潜在销售额和潜在销售量时存在很大的不确定性。在无法借鉴早期研发经验和相似产品生产技术的情况下,宗涛志必须决定是否应该继续研发此产品并最终将其投放市场。

3M 公司简介

3M 公司的全名为明尼苏达矿业制造股份有限公司,于 1902 年在美国明尼苏达州的双港镇成立。起初,五位商人计划经营一处矿场,开采研磨轮用材料,但后来发现矿物价值不如预期,于是随即将公司迁至邻近的德卢斯(Duluth)市,专事砂纸生产。尽管公司一开始致力于制造工业类产品,但它在消费品市场却不断趋于多元化。3M 公司目前已经成为世界上最具创新性的、最著名的公司之一,并且成功打造出思高、百利、利贴、耐适康以及 Comment 等知名品牌。

3M 目前的总公司所在地为美国明尼苏达州的圣保罗市,在过去的几十年中,3M 不断地拓宽全球市场,目前的市场主要有美国、欧洲、非洲、中东及亚太等国家和地区。2004 年,3M 的营业额已高达 200 亿美元,收益多达 29 亿美元。② 而国际市场销售额占整体销售额的 60%(参见附录 1)。该公司目前在全球拥有 189 个销售点,15 个分布在美国,其余 174 个遍布全球其他各地。至 2004 年年末,该公司的员工已达 67 071 名,美国地区的员工有 32 648 名,其他各地的员工则达 34 423 名(近 51%)。③

---

① "Product Information, 3M Tegaderm Hydrocolloid Dressing," 3M, http://www.3m.com/product/information/Tegaderm-Hydrocolloid-Dressing.html, 2011 年 7 月 5 日访问。

② 3M 2004 Annual Report, Standard & Poor's NetAdvantage, www.netadvantage.standardandpoors.com.proxy1.lib.uwo.ca:2048/NASApp/NetAdavantage/index.do, 2011 年 7 月 5 日访问。

③ Ibid.

3M 的创新之路

创新和产品研发是3M 公司活动的重要组成部分。3M 每年投资近 11 亿美元(相当于销售额的 50% —60%)进行各类研究开发[①],并且有 1 000 名科学家和工程人员致力于开发新的想法。[②] 美国地区的大部分研究人员都在明尼苏达州圣保罗市的研发实验室工作。研究开发的活动包括了科学研究,将科技应用于新产品的研发,以及消费者和内部专利开发的技术支持。

3M 拥有七个业务部门:医疗保健、工业制造业、显示及标识、消费和办公、电子及通信、安全及防护,以及交通运输(参见附录 2)。其中,医疗保健事业部在所有部门中的营业额最高,占总销售额的 20% (参见附录 3)。每个部门的销售渠道、消费群体、所用技术、制造设施,以及推销方式都不同。这七个部门在促进创新和产品研发时共享3M 的相关技术,这样可以使资源分配得更加高效合理。

各个事业部进一步由不同的产品系列组成。每个系列都有一个自己的生产线,并且拥有自己的售货员、推销员和技术支持人员。例如,医疗保健产品包括医疗设备、伤口护理及皮肤保健产品、药用原材料、药品控释、牙科和牙科矫正产品系列、健康资讯系统、一次性尿布封口胶带等。[③] 每个系列由一个独立的实体机构进行经营管理,这种小部门、分散经营的公司结构可以使公司内部民主平等,并且可以让公司的每个部门专注研究新想法及服务自身的客户群。[④]

3M 的创新理念是从 William L. McKnight 打造的独特的企业文化中演变而来。McKnight 于 1907 年被公司聘为会计助理。凭借着优异的表现,他在公司提升得很快,并且最终成为公司总裁和董事会主席。[⑤] 1984 年,McKnight 将自己的管理理念表述为:

> 随着公司的不断发展,分配责任及鼓励工作人员锻炼他们的主动性变得日益重要。这是需要巨大的忍耐力的。如果那些承载着公司责任和权力的人是一批优秀的人,他们会更希望用自己的方式工作。
>
> 错误是难免的。但是如果一个人在关键时刻能做出正确的选择,那么从长期来讲,这个人所犯的错误对比要求管理层循规蹈矩进行工作这个错误来说其实是微不足道的。

---

① John Dwyer,"Dare you play R&D roulette," *Work Management*, *September* 26,2008,pp. 16—18,www. worksmanagement. co. uk/features/dare-you-play-rd-roulette/15585/,2011 年 6 月 25 日访问。

② "R&D Before All at Hewlett Packard, 3M and GE," *Strategic Direction*,20(10),October 2004,pp. 15—17.

③ 3M 2004 Annual Report,Standard & Poor's NetAdvantage,http://www. netadvantage. standardandpoors. com. proxy1. lib. uwo. ca:2048/NASApp/NetAdavantage/index. do, 2011 年 7 月 5 日访问。

④ Ernest Gundling, *The 3M Way to Innovation*: *Balancing People and Profit*, Tokyo; New York: Kodansha International, 2000, p. 70.

⑤ *A Century of Innovation*: *The 3M story*, 3M, 2002, p. 9.

严格的差错管理事实上会抹杀主动性,而如果我们要长期不断地发展,拥有一批具有主动性的人才对于我们来说是至关重要的。[①]

这些理念促进了一个注重创新、承担风险和团队合作的企业文化的发展。同样的,注重一些在短期内不会发挥作用的想法,以及在错误中学习成为了3M公司创新文化中的重要部分。在公司中,失败被当做一种学习经验。

McKnight的管理哲学渗透于3M公司经营管理的很多方面。该公司还采取了一种不成文的规定,即"15%法则",意为公司所有员工可以利用15%的工作时间去研发自己的想法或项目,并且不必向公司报备发展情况。[②] 这套法则在授权给员工的同时,也是在倡导管理者们不要对经营进行过分干预(只需及时完成重要任务),这在很大程度上促进了自由创新的企业文化的形成。

每一年,3M都会给公司的Genesis基金项目分配5万美元,这个基金专门为那些无法通过3M传统渠道融资的项目提供经济支持。[③] 每个项目小组都必须先向同事发言介绍自己小组的产品,获胜的小组将得到基金赞助。在这种方式下,每一个工作人员都为营造公司的创新氛围做出了贡献。此外,3M还实行不成文的终身聘用制。[④] 这样一来,员工们会更加勇于承担风险和错误,并且愿意为公司利益做出一些长远的职业规划。由于员工们不再考虑寻找另一份工作,组织内会具有更强的团队合作精神。

3M的管理层事实上早就意识到倾听消费者是获取新想法和问题解决方案的极佳途径。McKnight早期作为销售经理时便观察到销售人员其实是公司产生新创意的重要源泉,因为他们是公司内最经常与消费者进行沟通的人,而公司正是通过与消费者不断的交流来发现一些使用上的问题,进而使产品更加完善。例如,3M公司在改进一种可防皮肤感染的材料的过程中,咨询了医生、化妆师等主要使用者,从而获得了一些产品使用上的意见和想法。[⑤]

3M对技术的不断投资是公司发展的关键动力。3M公司一共拥有40多个技术平台来进行技术创新(参见附录4)。有时公司会通过技术结合来创造一些新产品以满足不同的消费需求。3M公司的所有部门可共享这40多个技术平台,并且可以免费获取公司的技术支持。

3M公司对员工的创意既有正式的嘉奖,也有非正式形式上的认可。在公司内部,有一个传统就是把那些对公司的创新发展有突出贡献(或工作积极)的员工的照片,以及早期在公司的成功事迹贴在公司的办公室走廊上进行鼓励嘉奖。另外,3M公司有很多用来认可最有价值员工的项目和奖项。被授予"卡尔顿奖"则意味着得到了3M公

---

① "McKnight Principles," 3M, http://solutions.3m.com/wps/portal/3M/en_WW/History/3M/Company/McKnight-principles/,2011年6月25日访问。

② Tim Stevens, "3M reinvents its innovation process," *Research Technology Management*, 47(2), 2004, pp. 3—5.

③ Felipe Lara-Angeli, "Encouraging innovation: Lessons from the 3M experience" *China Staff*, 13(4), Apr. 2007, pp. 10—12.

④ 彭芃萱:《你不知道的3M:透视永远能把创意变黄金的企业传奇》,商业周刊出版社2010年版,第253—256页。

⑤ Ruth Mortimer, "Customer Innovation: Inspiration Customer", *Brand Strategy*, London, July 12, 2005, p. 24.

司的最高荣誉,该奖项是以 3M 第一任研发经理 Carlton 命名的①,仅授予那些对公司科技发展有突出贡献的员工。“金靴奖”则是授予那些产品销售额在三年内超过 500 万美元的项目小组。② “初始基金”则是用来奖励行政、市场营销和其他非技术领域的创意。3M 公司的其他奖项被用来奖励技术成就、工程改进以及加工工艺方面的成就。③

3M 的创意无国界

1929 年,3M 通过进军欧洲市场迈出了打开国际市场的第一步。④ 至 2004 年,这家公司的产品销往 60 多个国家,并且分公司已经遍布美国、欧洲、非洲、中东和亚太等国家和地区。在美国,公司在 12 个州拥有 15 个销售点,并同时在 22 个州运营 58 个制造厂。在其他 29 个国家⑤,公司拥有 174 个销售点和 74 个制造厂。3M 的产品一般通过多种渠道销售,包括直接向消费者销售,以及通过批发商、零售商、经销商销往全球各地。

在 3M 公司的全球经营业务中有 7 个作用不同但却密切相关的业务领域:销售技巧、产品包装、产品改装、新技术商业化、获取技术信息、搭配设计和原始创造。⑥ 很多 3M 分公司管理层的精力都主要集中在利用现有技术满足当地市场需求而没有投入过多精力来研究新技术。早期,公司的新产品一般是由美国总部进行研发,然后投放到美国市场进行测试,若结果满意,便将产品逐步引入分公司所在地区的市场。⑦ 然而,随着公司经营的全球化,各地分公司被授予在改进产品中更多的权力和自由,以迎合当地特殊的消费者需求。

3M 公司内部是通过一种矩阵交叉的管理结构来促进公司的全球化创新,即每个国际经营点都受所在国家或地区的对外贸易权力部门及相应的业务总部管辖。这种组织结构使得所有 3M 分公司互相交错且平衡,而且每个事业部都有自己独立的汇报程序。

3M 公司非常支持国家和部门之间通过调派人力来促进信息交流及创新。每个分公司的主管经常都是从另一个国家或地区派过来的。3M 公司的调派战略中还有一个

① Ernest Gundling, Op cit, p. 95.

② Petro Conceicao, Dennis Hamill and Pedro Pinheiro, "Innovative Science and Technology Commercialization Strategies at 3M: A Case Study," *Journal of Engineering and Technology Management*, 19(1), 2002, pp. 25—38.

③ Ernest Gundling, Op cit, p. 95.

④ "Historical Timeline," 3M, http://solutions.3m.com/wps/portal/3M/en_WW/History/3M/Company/timeline/1920—profile/, 2011 年 6 月 20 日访问。

⑤ 3M 2004 Annual Report, Standard & Poor's NetAdvantage, http://www.netadvantage.standardandpoors.com.proxy1.lib.uwo.ca:2048/NASApp/NetAdavantage/index.do, 2011 年 7 月 5 日访问。

⑥ Ernest Gundling, Op cit, pp. 123—124.

⑦ Ibid, pp. 142—143.

重要的组成部分就是派送员工到公司总部进行学习。这样一来，当分公司的某个开发人员需要相关信息时，这个人的社交圈便可以成为一个非常强大的搜索引擎。若恰好该问题已被另一个3M公司的员工解决，私下的交流便可以节省大量搜寻信息的时间和精力，同时可以加快公司之间的信息交流。

有效的交流是3M公司成功的另一个秘诀。为加强各个部门员工之间及与消费者之间的沟通，公司非常鼓励举办各种可确保协调的社交活动。举办技术论坛则是为公司内部提供了一个分享技术、最佳实践、政策和操作步骤的有效途径。例如，欧洲地区举办的管理论坛（European Management Action Team，EMATs）就是让一些在美国和欧洲地区的员工定期聚在一起分享信息，以及共同做出一些关键决策。① 整个论坛中还会有相关讲座和针对问题解决方案的讨论。这些会议使得分公司可以充分展现它们的想法，在一定程度上加强了合作，以及加快了拓宽潜在市场的步伐。

在所有地理区域中，亚太地区的销售额将近占3M整体销售额的四分之一。② 就全公司而言，亚太地区的公司表现得非常突出。2002年，在公司整体销售额仅增长1.6%的情况下，亚太地区的销售额增长了12.7%；2003年，在公司整体销售额仅增长11.6%的情况下，亚太地区的销售额增长了26.3%。③ 21世纪初，3M公司投入了大量资金在亚洲地区购买生产设备。并且在2002年，公司开始把最新光学部件的研究和制造厂从得克萨斯州的奥斯汀迁移到新加坡。④ 3M公司扩宽了公司总部原有的商业模式，并且把新加坡实验室建为改进产品和使产品个性化的协同制造单位。与此同时，3M公司还在新加坡建造了一个光电学中心。2005年，3M宣布在上海投资4 000万美元建立公司第三大研发中心（仅次于美国明尼苏达州研发中心、日本研发中心）。⑤ 这所在中国大陆建立的研发中心为3M公司的全球创新开发活动提供了一个重要平台。

3M台湾分公司简介

中国台湾拥有约2 300万人口⑥，占地约35 801平方公里⑦，位于北至日本、南至菲

① Ernest Gundling, Op cit, pp. 137—138.

② 3M 2004 Annual Report, Standard & Poor's NetAdvantage, http://www.netadvantage.standardandpoors.com.proxy1.lib.uwo.ca:2048/NASApp/NetAdavantage/index.do, 2011年7月5日访问。

③ 3M Annual Reports, 2002—2003, Standard & Poor's NetAdvantage, www.netadvantage.standardandpoors.com.proxy1.lib.uwo.ca:2048/NASApp/NetAdavantage/index.do, 2011年7月5日访问。

④ "3M Opens Optoelectronics Lab", Light Reading, April 26, 2002, www.lightreading.com/document.asp? doc_id = 14508, 2011年6月25日访问。

⑤ "3M sets up its third largest R&D center in Shanghai," *People's Daily Online*, *August* 25, 2005, http://english.peopledaily.com.cn/200508/25/eng20050825_204613.html. 2011年6月24日访问。

⑥ "Taiwan population" *AsiaRooms. com*, http://www.asiarooms.com/en/travel-guide/taiwan/taiwan-overview/taiwanpopulation.html, 2011年6月22日访问。

⑦ Ibid.

律宾的群岛中部,地理位置非常优越,离中国大陆的南海岸仅有 160 公里,被认为是东亚地区的交通要道。

3M 台湾分公司于 1969 年成立,并在台中和高雄两地设立了办事处。同时,在桃园有一个后勤中心,在杨梅有一个工厂及研发中心。① 2005 年,3M 台湾光导有限责任公司成立,并成为当地唯一一家棱镜膜制造商。

拥有约 1 000 名员工的 3M 台湾分公司在台湾销售 3 万多种商品,包括电子设备、运输、胶带、便贴纸、反光标志、泡沫灭火器等。② 2002 年,台湾分公司的业绩便在 60 多家分公司中名列前十。③ 与此同时,3M 台湾分公司还成为了 3M 最具创新力的分公司之一。它所开发出的魔布™拖把、3M 博视灯(3M 的第一个照明产品)和 3M 空气净化器产品已经热销于全世界。④

3M 台湾分公司一共有八项业务,包括医疗保健用品、工业产品、显示及标识产品、消费及办公室产品、电子和通信产品、安全及防护产品、交通运输产品、电子密钥账户。新增的电子密钥账户业务被台湾分公司用来服务与公司经常进行电子商务的重要客户。⑤ 然而,为保持与总公司管理的一致性,3M 台湾分公司的每项业务部门都有自己的销售人员、客服人员和技术人员,以及自己的制造工厂和销售流程。

3M 台湾分公司的发展

3M 公司最初在 1969 年时把台湾分公司定位为一个销售点。曾经就是在这样一个人数不多的小办公室里,台湾分公司从美国总部直接进口产品再对外进行出售。当销售量趋于稳定时,总公司开始让这家分公司进行简单的产品制造。比如用来清洗厨房用具的百利菜瓜布就是先从总部得到辊状原材料,再由分公司进行剪裁之后才送往第三方代理商和经销商处进行包装和出售。⑥

就在 20 世纪 70 年代末的时候,中国台湾当局启动了 10 项建设工程,包括轨道供电系统、通往北部的铁路建造、核能源开发、建造高雄轧钢厂和建设一个新的台中港口等。⑦

---

① "3M Taiwan",3M Taiwan,http://solutions.3m.com.tw/wps/portal/3M/zh_TW/about-3M/information/more-info/history/local/,2011 年 6 月 28 日访问。

② 张鸿:"带头冲,也要懂得适时放手",《经理人月刊》,2007 年 6 月,www.managertoday.com.tw/?p=889,2011 年 6 月 28 日访问。

③ 李筑因:《美商 3M 台湾子公司 24 小时创意不休息》,Career,2008 年 8 月,http://future.sce.pccu.edu/tw/reading/digi_reader/pages/new_kp_dtl.aspx?publication_cls_id=A004&publication_dt_uid=dc7431fa-d04e-4c1d-804d-30e760fd0ab1,2011 年 6 月 24 日访问。

④ 彭芃萱:《你不知道的 3M:透视永远能把创意变黄金的企业传奇》,商业周刊出版社 2010 年版,第 27 页。

⑤ 同上,第 277 页。

⑥ 同上,第 81 页。

⑦ "Taiwan-Economic development," *Encyclopedia of the Nations*, http://www.nationsencyclopedia.com/Asia-and-Oceania/Taiwan-ECONOMIC-DEVELOPMENT.html,2011 年 6 月 22 日访问。

于是台湾当局对建造材料的大量需求给3M台湾分公司提供了一个绝佳的发展机会。台湾分公司成功地利用了此次机会，说服台湾当局购买3M公司的交通安全产品，例如反光材料（可用做生产路边反光标志、汽车防伪牌照、紧急出口标志和图识技术）等。[①] 同时，3M台湾分公司还配合台湾当局制定了建筑工程的采购条例和程序，以及规范了公路标识系统的标准。

在80年代，中国台湾当局积极促进高科技和低能耗的战略产业发展。在此期间，着重于信息技术和生物技术研发的工业技术研究院（ITRI）和新竹科学园区（被称为台湾的“硅谷”）相继建立。[②] 当时台湾的研发政策还非常鼓励3M台湾分公司从单纯的产品制造逐步转向产品改进。

3M在台湾成功经营15年后，Kenneth Yu在1984年被从美国总部调派到台湾分公司担任新主管。Yu所带领的台湾分公司不再只是纯粹完成总公司下放的目标，同时还会进行各种产品改进。仅仅4年时间，台湾分公司的销售额便增长了7倍。[③] 同时，分公司内部也在Yu的领导下发生了不少变化。Yu深知产品的销售对公司的扩张至关重要，因而他开办了一个动力营销特训课程，并要求每个销售部门、市场营销部门和技术服务部门的员工都必须参与学习。这项课程主要让员工学习公司总部的销售人员是如何推销产品。Yu用当地语言和当地的惯例对资料进行了翻译后，创造出了帮助销售人员接近消费者，从而进一步倾听消费者的八步法。[④] 这个系统化的推销方法使公司内部形成了一种以消费者需求为核心的企业文化。同时通过要求员工们一起学习，Yu还加强了各部门之间的关系，以及团队合作精神。因而3M台湾分公司的研究人员、市场营销人员和销售人员之间一般都有着非常密切的关系。

台湾分公司为鼓励团队创新还开展了如“一个营销梦”和“先进工程”等项目。[⑤] 这让那些有改进产品或品牌管理新创意的人就算在未得到部门允许的情况下也可以申请到公司的资金赞助。这些赞助项目可以使公司员工没有经济负担地开发新想法或是进行已有技术的应用。

3M台湾分公司不断地改进总公司产品并使其更加符合台湾市场的需求，包括改变产品规格、厚度/硬度和配方，以及不再向总部购买原材料而是就地取材。Yu始终坚信台湾分公司仍有很大的发展空间。首先，为满足日益增长的消费需求，公司决定扩大制造厂的规模，并于1987年在桃园建立了第一个大规模的生产厂。其次，公司还设立了高雄服务中心，用于为台湾地区南部的消费者提供服务和建立直接联系。

1992年，桃园工厂迁至杨梅市。这个拥有多台新制造设备的工厂通过改进已有产

---

① 张鸿：《带头冲，也要懂得适时放手》，《经理人月刊》，2007年6月，www.managertoday.com.tw/?p=889，2011年6月28日访问。

② Sara Robinson, "Taiwan's chip plants left idle by earthquake" *The New York Times*, September 22, 1999, www.nytimes.com/1999/09/22/business/taiwan-s-chip-plants-left-idle-by-earthquake.html，2011年7月11日访问。

③ 彭芃萱：《你不知道的3M：透视永远能把创意变黄金的企业传奇》，商业周刊出版社2010年版，第98页。

④ 同上，第96—97页。

⑤ 同上，第110页。

品和创造客户导向产品大大促进了台湾分公司的技术创新。为加强当地产品的改进,杨梅市工厂设立了包括胶带产品、电子产品、消费类产品、表面安装设备、光学对比胶片等在内的 9 条生产线。[①] 而杨梅厂独立生产的产品则包括了各类胶带、电子产品、百利产品、OEM 胶带、3M 传送带、汽车平面材料、3M 电容式触摸屏、研磨工具等。[②] 在第一个发展阶段后,台湾分公司为加快产品研发和技术改进,1993 年又在杨梅市建立了实验室。将实验室和生产厂设在同一地点对台湾分公司有着战略性意义,这样可以使得公司最方便地利用到最先进的技术改进生产。随着产品销量的日益增加,3M 公司在 1995—1997 年期间又相继在台湾建立了两个工厂以支持多条生产线的生产。占地约 29 792 平方米的杨梅市工厂是 3M 台湾分公司的主要生产中心和研发中心,而占地 12 500 平方米的桃园工厂则是台湾分公司的后勤保障中心(参见附录 5)。[③]

中国台湾在 20 世纪经历了迅速的工业化,而且经济发展得非常快,被称为"台湾经济奇迹"。[④] 在此期间,台湾和大陆之间的关系发展得也尤其好。受大陆廉价劳动力的吸引,一些台湾电子和息技术等劳动密集型产业的制造商都把生产厂设在了大陆。

3M 公司把中国台湾分公司、中国内地分公司和中国香港分公司共同列为亚太区的大中华地区。3M 台湾分公司更加完善的经营让台湾分公司拥有更多进军大陆高科技产品市场的资源。当台湾很多制造商把公司迁至大陆时,3M 台湾分公司也在大陆建立了 3M 制造厂和销售点。与此同时,3M 开始直接与中国大陆企业家建立生意关系,拓宽了 3M 公司在大陆的业务。两地语言和文化的相似性更是在向大陆推广最新实践经验时为台湾分公司减少了不少麻烦。比如,在 2004 年,台湾分公司最具创新力的消费和办公产品部门主管林成宽便被委派到大陆领导大陆的消费和办公产品部门。[⑤]

"人工皮"的发展

在 2004 年与家人和同事露营时,宗涛志在一场火灾事故中不小心烧伤了手臂。但很庆幸,同行的同事中有一名护士。该同事立即用干净的蒸馏水为他清理了伤口,并在

---

① "3M Yangmei, Taiwan," 3M Taiwan, http://solutions.3m.com.tw/wps/portal/3M/zh_TW/Yangmei/Plant/, 2011 年 6 月 28 日访问。

② "Products & services," 3M Yangmei, Taiwan, http://solutions.3m.com.tw/wps/portal/3M/zh_TW/Yangmei/Plant/Facility/Products/, 2011 年 6 月 28 日访问。

③ "3M Yangmei Taiwan," 3M Taiwan, http://solutions.3m.com.tw/wps/portal/3M/zh_TW/Yangmei/Plant/, 2011 年 6 月 28 日访问。

④ "Taiwan's Economy," *AsianInfo*, www.asianinfo.org/asianinfo/taiwan/pro-economy.htm, 2011 年 6 月 27 日访问。

⑤ 彭芃萱:《你不知道的 3M:透视永远能把创意变黄金的企业传奇》,商业周刊出版社 2010 年版,第 110 页。

宗涛志的伤口处贴上了一块 3M 的“人工皮”。① 两天之后,宗涛志把敷料揭开时惊奇地发现伤口竟然已经完全愈合并且没有留下任何的疤痕。于是从那时起,宗涛志便知道如果这项产品能正确地运用到市场中一定会有惊人的效果。

“人工皮”是一款 3M 的医疗保健产品,事实上就是一种无菌伤口水胶体敷料,由具有黏性的水胶体和干净的背衬薄膜组成,具有防水、防菌、防病毒的作用。这款产品可用来治疗部分皮层或全厚度皮肤及腿部溃疡,表皮受伤,一、二级的皮肤烧伤或用于移植(参见附录 6)。2004 年,3M 的“人工皮”产品在台湾被看做只能在医院或诊所附属药店出售的医疗产品,零售店则不允许销售此产品。然而宗涛志在见证过 3M“人工皮”的神奇之后,便在思考如何可以把此项技术运用到新产品的开发当中以满足当前的一些消费者需求。

在宗涛志的支持下,3M 医疗保健事业部成立了一个相关的项目小组。一开始,总部便派送了一名美籍工程师到 3M 台湾分公司进行项目指导并介绍了该产品在美国的销售方法。在一次会议中,这名工程师不小心被一把剪刀弄伤了手,伤口很深,血流不止。他快速地用一块人工皮样本敷在伤口上,很快便止血了。② 该工程师的举动让一名小组成员联想到了他与一位医疗设备零售商的谈话,那个零售商告诉他“人工皮”经常都是护士们在购买,她们买回去后会将敷料剪成小块用来遮盖皮肤瑕疵。③ 项目小组这才意识到“人工皮”如果被用来处理皮肤痤疮问题必将有很大的市场。

然而在 3M 台湾分公司,每一个产品开发想法在落实之前都必须通过分公司的 NPIS 评估程序(一种针对新产品的检测程序),所有产品在投放市场之前也必须经过 NPIS 程序的检测。而此程序对产品的检测一般分为七个阶段:想法是否合理,概念是否清晰,可行性,研发过程的可操作性,纵向扩展性,市场投放的即时效果和长期的销售潜力。④ 整个检测程序根据估算出的市场销售潜力,产品前三年及前五年的销售量,产品可为当前生产线所带来的利益,以及价格水平来评判研发产品的可行性。⑤ 在评估阶段,台湾分公司通过多种渠道(内部及外部)来评判产品研发在不同领域存在的潜在风险。尽管公司政策对创意一直持鼓励的态度,但不是所有的想法最终都能得以实行。所以 NPIS 程序只会允许市场潜力非常大的产品通过,这为公司减少了大量不必要的成本。

台湾项目小组很快为痘痘隐形贴启动了 NPIS 程序。首先,市场部评估了产品的销售潜力。他们通过市场调查研究了消费者对当前市面上的消痘产品所持的态度,结果显示的数据非常乐观。因为台湾处于亚热带地区,所以气候非常潮湿,因而导致了很多

---

① 彭芃萱:《你不知道的 3M:透视永远能把创意变黄金的企业传奇》,商业周刊出版社 2010 年版,第 28—29 页。

② 同上,第 31 页。

③ 吕馨玲:《别人的难题,3M 的致富商机》,*Cheers*,2010 年 1 月,http://career11. mac. nthu. edu. tw/job/campintro/company/007/990107b. html,2011 年 7 月 20 日访问。

④ 彭芃萱:《你不知道的 3M:透视永远能把创意变黄金的企业传奇》,商业周刊出版社 2010 年版,第 184—186 页。

⑤ 邱莉玲:《创意要有聚焦,量化标准来管》,*China Productivity Centre*,2006 年 2 月 14 日,http://library. cpc. org. tw/express/0217/example02. htm,2011 年 7 月 4 日访问。

15—35岁的人常年受痤疮问题的困扰。很多年轻人喜欢购买3M微孔手术胶带消除痘痘,因为这款产品透气性非常好,又无刺激性,而且价格便宜。另外,随着现代人健康意识的增强,很多人都开始有居家护理DIY的观念。[①] 在很多药店都可购买到类似科诗美、莎莎、屈臣氏等个人护理品牌的产品。尽管市面上的消痘产品五花八门、应有尽有,但是在台湾,解决痘痘问题始终还欠缺一个广受认可的标准方法,3M台湾分公司的市场部由此看到了巨大的商机。

产品研发的下一阶段则是评估"痘痘隐形贴"的技术层面问题。台湾的技术服务中心和财务部门也参与到整个过程中,他们就"如何把3M'人工皮'变为可在市面上销售的痘痘隐形贴"这一话题讨论了产品所涉及的层面、尺寸大小,以及制造成本。[②] 进而,由负责包装和分配的部门对产品进行完善。这些部门需要对产品的包装设计和分配成本进行预算,并且要确保产品设计能吸引到15—35岁年龄层的消费者。

整个NPIS过程不仅涉及台湾分公司内部的交流,还需要与3M公司总部进行信息交流。台湾项目小组在每个阶段的发现都必须向3M公司总部进行汇报。而3M公司总部曾在技术评估阶段提醒过台湾分公司关于"痘痘隐形贴"产品的技术性挑战。因为3M"人工皮"是一款非常专业的医学材料,将其改造成一种可在市面上销售的廉价消痘产品或许会给公司带来高昂的成本代价。[③]

3M美国总部在不同产品的研发评估过程中扮演不同的角色。3M总公司一般根据分公司内部的产品研发评估报告和当地项目小组的判断来判定产品开发潜力。若产品研发仅需要运用公司已有的技术,总部并不会过多干预。但若产品研发需要技术上的改进,总部便会非常重视,比如3M台湾分公司在改进DBEF和BEF产品(两种用于液晶显示屏的材料)时。分公司的技术部门与总部实验室在数据分析和产品试验上有着非常密切的合作。[④] 总部总是在这些技术相关产品的改进上起着主导作用,不仅是因为总部需要给分公司提供技术支持,而且这些产品很有可能最终会销往全球。

经过几个月的产品评估之后,痘痘隐形贴研发项目成功地通过了NPIS的检测程序。在检测过程中,项目小组意识到在后期开发和产品投放上存在两个非常关键的挑战。第一,当地的消费者已经习惯使用传统的消痘方法,比如除痘洗面奶、消痘面霜、除痘面膜、紧致毛孔面霜等。如果痘痘隐形贴投放市场,其将成为市面上一个全新的产品。所以有必要对消费者进行指导,使得他们有机会接触到这个陌生的产品,并且随之改变人们目前所用的消痘方法。第二,因为台湾市场上没有任何相似的产品,所以台湾项目小组在产品开发后期做更深层次的技术决策时只能依据非常有限的信息。然而,

---

① 邱莉玲:《创意要有聚焦,量化标准来管》,*China Productivity Centre*,2006年2月14日,http://library.cpc.org.tw/express/0217/example02.htm,2011年7月4日访问。

② 彭芃萱:《你不知道的3M:透视永远能把创意变黄金的企业传奇》,商业周刊出版社2010年版,第184—186页。

③ 同上,第32页。

④ 同上,第142—145页。

全体项目小组成员最终达成了共识，他们认为痘痘隐形贴存在巨大的商机，落实此想法依然非常可行。在项目小组得出这一乐观的结论后，他们决定把目前的这些发现向宗涛志汇报。

宗涛志所面临的抉择

现在是2005年年初，宗涛志作为3M台湾分公司医疗保健部门的主管，正考虑是否要利用公司已有的“人工皮”技术来开发痘痘隐形贴这一产品。到目前为止，3M公司还从未将“人工皮”技术应用于生产产品上。尽管台湾项目小组认为痘痘隐形贴的潜在市场非常乐观，但关键性的技术挑战却不容忽视。

在没有早期生产经验借鉴的情况下，宗涛志必须决定如何利用手上这些有限的数据来落实这个想法。团队是否该继续这个项目？如果继续，这个项目小组可以有哪些选择？台湾分公司医疗保健业务部门应该向公司总部寻求什么样的资源和技术支持？分公司是否有必要和其他分公司合作共同研发此项产品？

附录1 3M公司各地区的业务情况

单位：百万美元

区域净销售额	2004		2003		2002		2001	
	销售额	百分比	销售额	百分比	销售额	百分比	销售额	百分比
美国	7 878	39.4	7 581	41.6	7 426	45.4	7 523	46.8
亚太地区	5 168	25.8	4 335	23.8	3 431	21.0	3 043	18.9
欧洲、中东、非洲地区	5 070	25.3	4 624	25.4	4 035	24.7	3 960	24.6
拉丁美洲、加拿大地区	1 844	9.2	1 651	9.0	1 392	8.5	1 494	9.3
其他地区	51	0.3	41	0.2	48	0.4	34	0.4
公司总计	20 011	100.0	18 232	100.0	16 332	100.0	16 054	100.0

资料来源：Annual report 3M 2001—2004, Standard & Poor's NetAdvantage, http://www.netadvantage.standardandpoors.com.proxy1,lib.uwo.ca:2048/NASApp/NetAdvantage/index.do，2011年7月5日访问。

附录2 3M的七大业务部门

业务部门	主要产品
医疗保健	医疗手术设备、伤口护理及皮肤保健产品、药用原材料、药物控释、牙科和牙科矫正产品系列、健康资讯系统、一次性尿布封口
工业制造业	胶带、工业研磨产品、工业粘胶剂产品、工业特殊材料、供应链管理软件方案和空气过滤产品
显示及标识	光学膜产品、屏幕保护膜、交通安全产品和商务类投影设备
消费和办公	海绵、菜瓜布、高性能织物、便利贴、笔记本、纺织地毯、家庭安全产品、家庭保健产品、视觉保护产品
电子和通信	电子及接入网产品、电气绝缘产品、电子通信产品
安全及防护	个人保护产品、安全防护产品、能源控制产品、商用清洁护理产品、地垫和防火延烧产品
交通运输	汽车部件、研磨产品、胶带、防磨损安全膜、结构型粘胶剂、交通工业特殊材料和油漆罩面

资料来源:Annual report 3M 2004,Standard & Poor's NetAdvantage,http://www.netadvantage.standardandpoors.com.proxy1.lib.uwo.ca:2048/NASApp/NetAdvantage/index.do,2011年7月5日访问。

附录3 各业务部门总体运营情况表

单位:百万美元

业务部	2004		2003		净销售
	净销售额	百分比	净销售额	百分比	变化比例(%)
医疗保健	4 230	21.1	3 995	21.9	5.9
工业制造业	3 792	19.0	3 354	18.4	13.1
显示及标识	3 406	17.0	2 962	16.2	15.0
消费和办公	2 861	14.3	2 607	14.3	9.7
安全及防护	2 125	10.6	1 928	10.6	10.2
电子和通信	1 876	9.4	1 818	10.0	3.2
交通运输	1 683	8.4	1 538	8.4	9.4
其他	38	0.2	30	0.2	
公司总计	20 011	100.0	18 232	100.0	9.8

资料来源:Annual report 3M 2003—2004,Standard&Poor's NetAdvantage,http://www.netadvantage.standardandpoors.com.proxy1.lib.uwo.ca:2048/NASApp/NetAdvantage/index.do,2011年7月5日访问。

附录 4 3M 技术平台

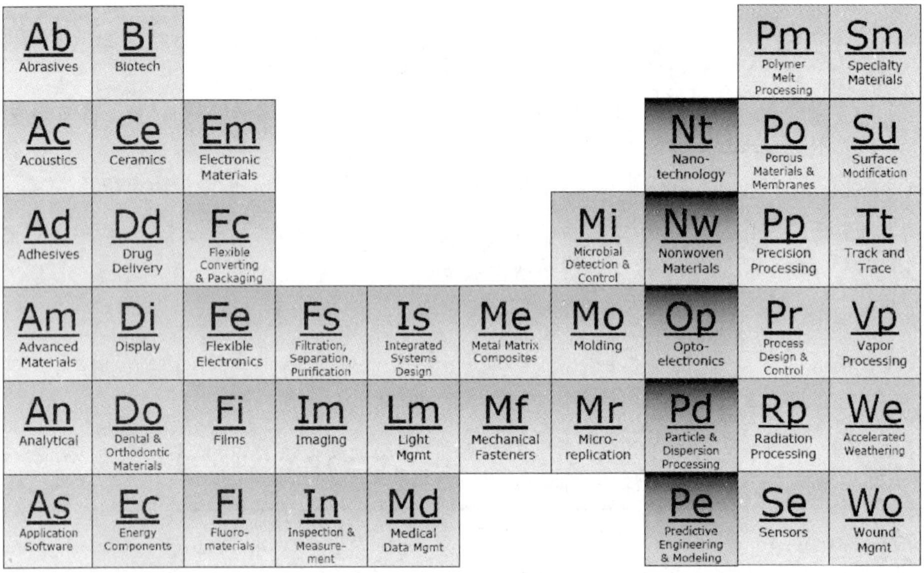

译注：

Ab:研磨	Ac:声学控制	Ad:粘接	Am:先进材料	An:分析科学和技术	As:应用软件
Bi:生物技术	Ce:陶瓷	Dd:药物控释	Di:显示技术	Do:齿科及矫齿纠正技术	Ec:能源部件
Em:电子材料	Fc:柔性包装	Fe:柔性电路	Fi:薄膜	Fl:氟材料	Fs:过滤分离及净化
Im:成像技术	In:检测及测试	Is:系统集成设计	Lm:光控制	Md:医学数据管理	Me:金属基复合材料
Mf:机械紧固	Mi:微生物检测与控制	Mo:模塑技术	Mr:微复制	Nt:纳米技术	Nw:无纺技术
Op:光纤通信	Pd:颗粒及分散过程	Pe:预测工程	Pm:聚合物成型加工	Po:多孔材料及膜	Pp:精密加工
Pr:工艺流程设计控制	Rp:辐射处理	Se:传感器	Sm:特殊材料	Su:表面处理	Tt:跟踪与追溯技术
Vp:真空镀膜	We:加速老化	Wo:伤口处理			

资料来源：彭芃萱，《你不知道的 3M：透视永远能把创意变黄金的企业传奇》，商业周刊出版社 2010 年版，第 230 页。

附录 5　3M 在中国台湾

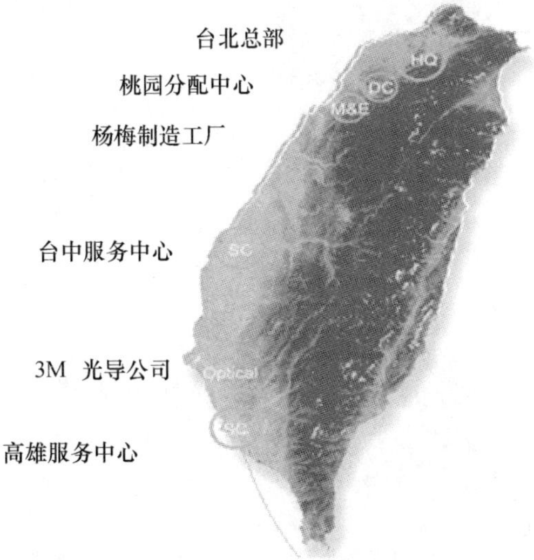

资料来源：Company information, 3M Taiwan, http://solutions.3m.com.tw/wps/portal/3M/zh_TW/about-3M/information/more-info/contact-us/, 2011 年 6 月 28 日访问。

附录 6　3M“人工皮”

产品名称	产品	技术规格
3M™ Tegaderm™ 水状胶质敷料 90001		2.75 英寸 ×3.5 英寸(7 厘米 ×9 厘米) 水状胶质敷料，椭圆状，薄膜边缘，可长期使用。整体大小 4 英寸 ×4.75 英寸(10 厘米 ×12 厘米)
3M™ Tegaderm™ 水状胶质敷料 90002		4 英寸 ×4 英寸 (10 厘米 ×10 厘米) 水状胶质敷料，方形

（续表）

产品名称	产品	技术规格
3M™ Tegaderm™ 水状胶质敷料 90003		4 英寸 ×4.75 英寸（10 厘米 ×12 厘米）水状胶质敷料，椭圆状，薄膜边缘，可长期使用。整体大小 5.125 英寸 ×6 英寸(13 厘米 ×15 厘米)
3M™ Tegaderm™ 水状胶质敷料 90004		5.5 英寸 ×6.75 英寸（14 厘米 ×17 厘米）水状胶质敷料，椭圆状，薄膜边缘，可长期使用。整体大小 6.75 英寸 ×8 英寸（17 厘米 ×20 厘米）
3M™ Tegaderm™ 水状胶质敷料 90005		6 英寸 ×6 英寸（15 厘米 ×15 厘米）水状胶质敷料,方形
3M™ Tegaderm™ 水状胶质敷料 90007	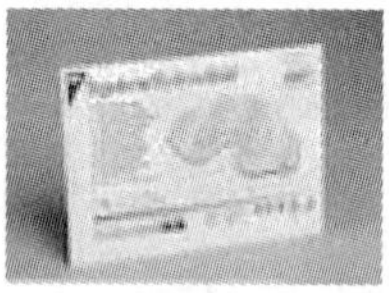	5.5 英寸 ×7.875 英寸(13.9 厘米 ×12.3 厘米)水状胶质敷料,椭圆状,薄膜边缘,可长期使用。整体大小 6.75 英寸 ×6.375 英寸(17.1 厘米 ×16.1 厘米)

资料来源:3M Product Catalog,3M http://solutions.3m.com/wps/portal/3M/en_US/3MSWC/SkinWoundCare/ProductDirectory/Catalog/? PC_7_RJH9U52300OBC0IEI3TR643482_nid = 65H4WS9TPBbeB385P3RT67gl,2011 年 7 月 9 日访问。

IVEY | Publishing

案例 3-2

诺基亚：从内部研发到联合研发

作者：Marcus Møller Larsen，Torben Pedersen

主题：外包；联合研发

引言

对于丹麦诺基亚的管理部门来说，明确未来产品发展行动的战略方向是一项至关重要的问题，它可以归结为几个重点方向。丹麦诺基亚是世界最大的手机制造商诺基亚公司的一个子公司，也是诺基亚公司遍布世界的产品研发单位之一。取决于坐落在芬兰首都赫尔辛基外的诺基亚总部的指令，丹麦诺基亚每年可以开发6—10款手机。

2007年，丹麦诺基亚决定增进与现有供应商中国台湾富士康——这个在中国大陆有着大部分设备的世界最大的电子零件制造商——的关系，计划由富士康负责研发和测试部分手机并与其进行联合研发(JRD)。运用高新技术的、较为复杂的手机研发工作仍然保留在丹麦诺基亚，而更标准化的、运用已知技术的、相对简单的产品则外包给富士康。虽然当初做出接近富士康的决定是出于释放机构内部产品开发能力的压力的需要，但在2010年，机构内部研发与联合研发已成为丹麦诺基亚产品发展机构重要的一部分。

诺基亚近期的发展引起了人们关于公司未来发展方向的激烈讨论。的确，就像新上任的CEO Stephen Elop说的那样："在我加入诺基亚的五个星期里，我发现即使一个有着许多优势和辉煌历史的公司也可以瞬间在这个行业里化为虚无。现在我们公司就正面临着这个行业中异常混乱的时期。而近期的结果表明，我们必须对我们的角色和在这个行业的处事方法进行重新定位。我们最新研发的一些产品也说明了我们所拥有的创新天分和能力及所需资源可以帮助我们渡过这个混乱的时期。我们也会在战略和运作方面做出必要的改进，从而确保我们能够继续使顾客高兴且交付给股东优秀的财务成绩。"①尽管现在几乎无法预料未来究竟会发生什么，但公司策略和体制的改变是不可避免的。

尽管如此，丹麦管理部门知道他们终将需要呈现、证明关于丹麦诺基亚产品发展部门将如何发展的策略并为之辩护。以下概述了三个不同的策略选择：

1. 丹麦诺基亚应该增加与富士康的联合研发，从而最终终止更多机构内部的产品开发。这看起来是一个很大的改变，但是它允许丹麦诺基亚可以更加专一地关注新手机上像建筑和概念图等更有创意和额外价值的活动。

2. 丹麦诺基亚可以逐步停止与富士康的联合研发，从而完全从事机构内部的产品发展。这虽然需要丹麦诺基亚将更多资源使用在简单标准化的设计上，但是却节省了管理、协调两个公司之间相互作用和相互依赖的费用。

3. 继续近几年在机构之间所形成的平行结构。这对于丹麦诺基亚来说可谓

① 诺基亚2010年第三季度内部报告。

两全其美。但是，过去的经验告诉我们要在机构内部研发和联合研发之间取得平衡远远不是那么简单。

显然，丹麦诺基亚未来产品发展的定位不是很容易解决的。上述每一个可供选择的策略都有其优点和缺点，这便需要在它们之间仔细地确定、评估和权衡。此外，在一个策略上继续另一个策略会造成什么后果呢？谨慎的优先权决定了什么样的选择才是符合要求的。当然，最终的决定里必须包括大量的、与利益相关的因素，所以丹麦诺基亚很清楚地知道，他们面前的不是一个简单的任务。

诺基亚公司：从橡胶鞋到移动电话

诺基亚公司的愿景是“科技以人为本”，目的是“提供富有诱惑力的个人经历使每个人都能够分享和充分享受他们的生活”。[①] 诺基亚公司曾是世界上最大的移动设备生产商。在 2010 年年底，它有着大约 31% 的全球市场份额。同年，诺基亚生产了大约 4.32 亿部移动电话，并有着 420 亿欧元的净销售额和 20 亿欧元的营业利润。诺基亚拥有来自世界 120 个国家或地区的 13 万名员工。3 万名在研发和应用部门的员工也来自 16 个不同国家或地区（参见附录 1）。

1865 年，一位名叫 Fredrik Idestam 的采矿工程师在一个名叫诺基亚的小镇（诺基亚公司因此而得名）创立了一家废纸纸浆厂来生产纸张。在成立之后的一个世纪后，公司成为了一家以生产橡胶为主的大型企业。直到 1967 年，诺基亚公司才在合并一个电缆公司后开始转向电子工业。随着诺基亚开始研发一些开创性的产品，这些成就给了公司一个开辟电子通信行业的理想定位。1992 年，诺基亚决定专注于无线电通信领域。这个决定和 20 世纪 90 年代发生的移动通信革命使得诺基亚在这段时间后成为了世界上最大的移动电话制造商。在过去的十年里，诺基亚越来越注重无线电通信业务的相关产品和服务，例如多媒体设备、智能手机和互联网服务。

产品、市场和竞争

到 2010 年，诺基亚的产品系列可以按目标客户分为三类。第一类是经济划算的语音信息手机。据诺基亚说：“我们手机的部件符合了我们所在的市场。同时，我们也相信我们在移动设备和服务方面都有着很大的发展潜力。”[②]第二类是智能手机，也包括具有高科技和先进服务的移动设备。就像诺基亚所说的一样：“我们的智能手机是可以在对多媒体进行创建、访问、体验并分享的同时被商务应用的先进移动设备。”[③]诺基亚的智能手机以塞班 S60 和 MeeGo 为驱动系统。这两个开放源码的操作系统都由诺

---

① www.nokia.com/about-nokia/company/vision-and-strategy，2011 年 12 月 18 日访问。

② 诺基亚 2009 年年度报告。

③ 同上。

基亚掌管。而这两个系统也在2010年占据了全球智能手机销售额的30%。第三类是诺基亚最小的部门——移动电脑,主要专注于需要高性能、高端精密电脑设备和服务的市场。

诺基亚有着世界上最大的流通网络和全世界超过65万个销售点。公司在中国、印度,以及中东和非洲几个国家和地区销量格外大。事实上,在2010年,诺基亚16%和22%的净销售额分别来自大中华地区和亚太地区;中东和非洲地区占14%;欧洲仍是诺基亚最大的市场,占36%的净销售额;另外,还有5%来自美国;7%来自拉丁美洲。最大的两个单体市场是中国和印度,紧随其后的是英国、德国和美国(参见附录2)。

在竞争力方面,从市场份额和利润来看,诺基亚仍是世界上最大的移动电话制造商。截至2010年,诺基亚是一个有着31%的市场份额的全球市场领导者,位居第二的移动电话制造商三星则占20%的市场份额(参见附录3)。不过与2009年同期相比,诺基亚的市场份额减少了11%。其他的竞争者还有LG、摩托罗拉、Palm、Research in Motion和索尼爱立信之类的传统手机供应商,以及诸如苹果、谷歌和HTC之类的智能手机新进对手。市场分析师表示,诺基亚在中端市场有着良好表现的同时,也在低端市场与高端市场挣扎。[①] 诺基亚在扩大智能手机市场时,因为苹果的iPhone和使用谷歌安卓系统的设备在此市场上所占的比重越来越大而失去了一部分市场份额。虽然诺基亚塞班系统在2010年的全球智能手机市场上仍占有28%的比重,仅次于谷歌的安卓设备而位居世界第二,但与2009年相比,其市场份额减少了39%(参见附录4)。诺基亚的塞班系统大部分用于较廉价的移动电话中,而未占领更赚钱的高端智能手机市场。[②] 为了成为在智能手机市场仅次于谷歌和苹果的第三大参与者,诺基亚宣布,2011年开始将与微软合作且大部分诺基亚智能手机将使用Windows移动操作系统。

一个全球化的组织

诺基亚的组织可以划分为三个业务团体(参见附录5)。诺基亚的核心业务领域——设备和服务部门是由移动解决方案(负责智能手机和移动电脑的研发和管理)、移动电话(负责对可负担得起的移动电话的研发和管理)和市场营销(负责管理供应链、销售渠道、品牌和市场营销活动)三部分组成的。除此之外,诺基亚还拥有NAVTEQ和诺基亚西门子网络公司。NAVTEQ是诺基亚全资子公司,主要提供综合的数字地图信息和相关的基于位置的内容,以及为汽车导航系统、移动导航设备、互联网地图应用和解决政府或商业问题服务。诺基亚西门子网络公司是一个与西门子公司合作的联营企业,主要提供移动和固定网络的基础设施、通信与网络服务平台和针对操作者或服务供应商的专业服务。

---

① http://news.xinhuanet.com/english2010/world/2011-01/28/c_13710223.htm,2011年12月18日访问。

② www.eetimes.com/electronics-news/4212987/Nokia-s-CEO-likens-company-to-burning-oil-rig,2011年12月18日访问。

诺基亚是一个高度国际化的组织。为了移动设备的生产，公司在世界上 9 个不同的国家运营着 10 个生产设施。诺基亚高端移动设备生产线设在英国。芬兰萨洛（Salo）、中国北京、韩国马山（Masan）的工厂制造高价值的、中低数量的设备。而其他 6 个生产设施——匈牙利科马罗姆州（Komarom）、罗马尼亚克卢日纳波卡（Cluj-Napoca）、中国东莞、印度金奈（Chennai）、巴西马瑙斯（Manaus）和墨西哥雷诺萨（Reynosa）则生产大量的注重成本的移动设备。

诺基亚的研究和开发活动将短期、中期和长期的需求分开。短期和中期的研发采用市场驱动的方法，以确保移动电话、智能手机和移动电脑的研发过程从始至终都保持非常高的可视性和可靠性，同时也保证更短的上市时间和更高的研发效率。诺基亚在中国北京，丹麦哥本哈根，芬兰的赫尔辛基地区（Greater Helsinki）、萨洛、坦佩雷（Tampere）和奥卢（Oulu），德国乌尔姆（Ulm）、印度班加罗尔（Bangalore）、英国伦敦和法恩伯勒（Farnborough）以及美国迭戈（Diego）的研究和开发有着非常强势的地位。而长期研发更强调超越现有产品、服务、平台和技术的探索性技术的发展。这些研究在全球的研究中心和实验室中展开，通常会与世界顶尖的大学或研究机构合作，例如美国的麻省理工学院、英国的剑桥大学和中国的清华大学。

与大部分的竞争者相比，诺基亚有着很完整的价值链，包括研发、制造、分配和市场营销。截至 2010 年，诺基亚从分布世界的 10 个工厂里运送了超过 4.32 亿个产品，比其他任何一个企业都要多。因而，诺基亚不得不面对由更勤勉的控制与优化大批量生产和供应链物流而产生的巨大挑战。分析师推测，诺基亚的核心竞争力是其高科技的生产和物流，它们使得诺基亚拥有按订单快速制造手机的定制流程。①

丹麦诺基亚：在技术前沿研发移动电话

1996 年，诺基亚开启了在丹麦哥本哈根郊区小镇 Frederikskaj 新建的诺基亚大楼（Nokia House）的大门。这栋建筑坐落于距诺基亚最接近的竞争者三星公司的右边，并与之前有丹麦研发中心的另一个竞争者爱立信公司也很近。在诺基亚之前，这座楼被荷兰的飞利浦电子公司用作研究与开发场所。诺基亚于 1994 年从飞利浦那里获得了该设施并雇用了一部分被飞利浦辞退的工程师。“新大楼的落成展示了诺基亚在丹麦运作的飞速成长”②，诺基亚公司在其 1996 年的新闻稿中写道。有着大约 300 名员工的诺基亚大楼将会在丹麦所有的数字和模拟市场上销售手机与通信工具。另外，诺基亚还将创立一个研发单位专注于未来电话系统发展的研究与开发。

2010 年，诺基亚大楼落成 14 年后，丹麦诺基亚成为有着大约 1200 名员工、除芬兰

① R. Mudambi, "Location, control, and innovation in knowledge-intensive industries," *Journal of Economic Geography*, 8:5, 2008, pp. 699—725.

② 1996 年 8 月 30 日诺基亚新闻稿。

以外最大的诺基亚发展中心。其中,60%是工程师,软件和硬件工程师各占一半。[①] 4名员工中就有1名来自丹麦以外的国家(共有42个不同国籍),约6%的员工在全球范围的诺基亚公司中具有很高的战略管理职位。

丹麦诺基亚的主要功能是研发手机,包括从研发到采购、从物流到市场营销,以及市场划分的每一方面。除了软件,一部普通的手机包含以下几个单独的硬件:一块复杂的线路板、天线、一个LCD的屏幕、键盘、耳机、扬声器、电池和一定数量的其他小零件(参见附录6)。更确切地说,一部手机的研发可以分为以下几个类别:机械、电机、电子和软件;同时,运作、产品验证、质量、外观、分类和顾客关怀都必须纳入考虑范围。所有这些类别组成了组织的项目研发单位。每个团队负责不同的技术和手机的供应链。对于产品研发的管理部门来说,最重要的任务就是确保不同团队和技术支持之间的合作与配合。特别有挑战性的是确保软件和硬件能够完美地结合,不会造成任何麻烦。因为这样的接口管理是最耗费资源的。

丹麦诺基亚每年大约研发6—10款手机,该公司也因为它所研发的许多最畅销、开创性的产品和技术闻名于全球范围内的诺基亚公司。例如,传奇性的诺基亚3310——拥有2亿销量的诺基亚最成功的手机之一,就是在哥本哈根研发的。此外,在诺基亚中端手机中广为应用的40系列平台软件和应用用户界面的软件同样是在哥本哈根研发的。“哥本哈根的员工知道怎样将技术的魅力和商业的成功结合起来”,高级研发副总裁Peter Røpke说道,“不是吹牛,我们哥本哈根在结合技术挑战和商业机会方面是最好的。”[②]

产品的研发过程:从想法到市场

在丹麦诺基亚,手机的研发遵从着通用的创造过程,而基于从产品到资产组合管理的顺序、运用诺基亚或外部合作伙伴提供的多种技术和相关的加工能力来开发新的产品。基于最初从芬兰总部收到的两页关于手机整体意向的规范(例如,总体技术要求、市场区分、价格估计等),产品研发被压缩为三个大的阶段:概念图(CM)、产品研发(PD)和产品维护(PM)(参见附录7)。

第一阶段中的概念图重点明确商业目标并确定商业情况。“在这个阶段,我们有很多不同的意见,需要精选出我们相信可以成功的那一个”[③],丹麦诺基亚的项目管理经理Tomi Kuparinen解释道。这里是将新的想法与技术和包罗万象的顾客分类、上级的指导(例如,计划和产品的界限该怎么划分)完全融合变成新产品的地方。当产品满足了概念内预先确定的标准,它就可以进入下一个阶段了。

第二个阶段的产品研发专注于从概念化的商业案例到产品维护的整个过程。这个阶段可以被划分为从PD0到PD4的五个不同的区分点。这些只有在指定的指导委员

---

① www.go.dk/virksomheder/index.asp? act = profil/13265,2011年12月18日访问。

② *Ingenøren*, 2008年1月12日。

③ 2010年9月,采访Tomi Kuparinen。

会认可下才能进行。PD0 是产品项目的开始；PD1 是产品研发的发表(产品所有的功能)；PD2 是生产通知(产品的所有行为)；PD3 是运送(产品已经准备好进入市场)；PD4 是产品研发项目的终止(移交至产品维护)。这个结构的意图是保证完善的研发过程并对利益相关者保持透明。

第三个阶段与产品维护和给市场发货相关。这里我们主要保证产品部件和技术的完整，从而可以生产成品。这个阶段由一系列标准(诸如工厂是否能够生产该产品、零件是否被仔细地确定并检验、不同国家的销售渠道是否确定且开放等)所控制。此外，减少在产品和零部件的整体开支也是被强调的。这一阶段是为了确保手机能够做好发送到市场的准备。

总而言之，整个过程可以被总结为一个可以将好的意见筛选并转换为适于销售的产品的系统。就像丹麦诺基亚产品研发经理 Ulrik Heins 所说的一样，"概念图创造出许多不同的想法并找到有着最大希望的那个。产品发展在我们有概念的时候基本成熟；而产品维护就是确保产品有效并能整合不同的零件。我们把这个过程分为三个部分是因为每个时期都需要不同的能力和心态。"①

联合研发的模型

2007 年，丹麦诺基亚决定以联合研发的模式将一部分选好的研发产品任务外包给中国台湾的富士康。富士康是世界上最大的电子零件制造商——中国台湾鸿海集团的一个跨国子公司，2010 年有着 593 亿美元的利润和超过 92 万名员工。根据它的年度报告："富士康科技集团是焊口设计、合作发展、制造、组合和对全球计算机、通信和消费型电子产品('3C')的售后服务可靠的伙伴和领导者。"②公司注重纳米技术、热传导、无线连接、材料科学和绿色生产过程。它除了在中国的 9 个城市有 12 家工厂之外，还拥有墨西哥下加利福尼亚州(Baja California)的一家索尼工厂和印度金奈的一家工厂。它最大的工厂——隆化科技园(又称"富士康城")，有雇员 40 万人、15 个工厂以及员工宿舍，甚至在中心区有一个购物场所。尽管媒体上对其有一些虐待员工的争论，富士康仍是许多诸如苹果、戴尔、微软和索尼爱立信这样的大公司的制造商。除此之外，富士康也是苹果著名的 iPhone 和 iPad 的生产商。

一个来自诺基亚芬兰总部、关于将研发手机数量从每年 4 款增加到每年 12 款的规范进一步促使丹麦诺基亚将业务外包给富士康。为了接触到更广大的客户群并让新产品和服务占领更多的市场份额，诺基亚的 CEO Olli-Pekka Kallasvuo 于 2007 年推出了一个略具侵略性的多样化策略。然而，由于内部工程师和在哥本哈根的资源都已经极度

① 2010 年 1 月，采访 Niels Eilersen 和 Ulrik Heins。
② www.foxconn.com，2011 年 12 月 18 日访问。

匮乏，由丹麦管理层提出的每年增加 3 倍的手机发展存在着能力严重不足的问题。丹麦诺基亚的产品研发工程师们都已尽己所能，因此管理层需要找到其他的方法来迎合总部的要求。所以公司决定选择富士康外包一些产品来减轻生产的负担。“那并不是一个从上到下的决定，而是一个从下至上的选择”，Ulrik Heins 回忆道，“每一个分公司都被通知要制造 X 数量的产品，然后由当地的管理层决定究竟应该怎么做。我们没有能力生产所有这些产品，而且我们的人也不能派送这些产品。之后，我们意识到应该进行一些联合研发。”①特别是在发展领先产品（有突破性的创新产品）的时候需要在丹麦的工厂进行，至于“复制产品”（科技性弱且之前有范例的产品），则外包给了富士康。

富士康被选中有几个原因。除去把产品的研发能力转移到中国较省钱这一因素，富士康作为中国在电子配件制造业最大的公司之一，丹麦诺基亚看到了它的潜能——充足的相关知识和专业技术。例如，该公司有着很长的承包全世界电子产品的历史，并且有很多的利益最大化生产过程的经验。此外，在做出完全向富士康外包之前，富士康已经给诺基亚提供配件很多年了。双方在此之前就已经建立了合作关系。

有关普通产品生产的价值链，联合研发的实际过程是在概念图阶段结束时发起的。当时来自富士康的代表们飞到了哥本哈根，以进行为期 2—3 周的合作商议。这样一来，富士康公司可以完全明白应该把产品制造成什么样子，明白对于产品概念性及科技性的期望，以及整个产品生产的进行方向。丹麦诺基亚将项目的掌控权交给了富士康，富士康也将调整并让所有方式都成熟起来，这样就可以在大约 6 个月后运回哥本哈根进行产品维护。为了确保产品的加工可以尽可能地顺利进行，丹麦的管理层已经建议中国台湾的合作伙伴复制在哥本哈根的产品研发组织（参见附录 8，这意味着组织结构和丹麦的相似，且富士康也遵循着哥本哈根制定的相同的产品研发步骤时间表（例如，PD0 至 PD4）。然而，即使已经把项目交给了富士康，丹麦诺基亚还是在整个过程中都有参与。为了监督产品研发项目的周期，丹麦诺基亚和富士康安排了每周的视频会议来讨论项目的状况和具体的科技性、组织性的挑战或者可能发生的转变。此外，每 6—8 周两个合作伙伴就会在丹麦或者中国会面。

联合研发的影响

联合研发始于丹麦诺基亚公司要求有一定实力的富士康公司为它的手机开发一些简易的塑料和构件。过多的管理经费让丹麦的管理层很快意识到这并不是最佳的解决办法。丹麦诺基亚公司的项目经理 Niels Eilersen 解释道：“我们审核了他们的图纸，控制了质量还核对了测试结果是否足够得好。”详细地说，手机电子部分和结构部分的接触面在产品研发过程中是非常关键的，而中国和丹麦的地理距离恶化了对这个接触面的管理情况。作为尝试，诺基亚管理部门决定要求富士康扩大其公

① 2010 年 8 月，采访 Niels Eilersen、Ulrik Heins 和 Brian Lodahl。

司，包括能够和诺基亚测试要求、对电子学的知识相匹配的测试设备，以便使他们可以接管新开发的部分。Eilersen 说："这有点像是我们以力学开始的一个进化过程，但很快发现它是不够的，所以我们要求合作伙伴建立在电子学和测试方面的能力。就此，我们可以启动整个联合研发程序。"①有趣的是，当诺基亚要求富士康增加电子学这种新能力的时候，富士康以通过购买相关的电子公司而获得与要求相匹配的必要知识这种典型的方式回应。"他们的速度简直快得惊人，如果我们需要某种技术，他们会收购包含下个项目中必要技术的当地公司，这个方法有时有用，有时没用。"②Eilersen 说。的确，富士康以灵活而快速的决策而被大众所知，这也是为什么诺基亚把富士康放在第一位置的重要原因之一。

另一个积极的影响与产品研发生命周期及由此而导致的产品上市时间有关。在与富士康联合研发之前，丹麦诺基亚公司的产品研发时间平均为 12—15 个月。然而，当诺基亚管理部门意识到用同样的质量做同样的事情时，富士康只需要 8 个月的时间，他们开始质问其内部的流程和过程。"这到底是怎么回事？他们怎么可能这么快？实际上与富士康一起工作对我们来说是一个警钟，他们证明了他们可以制造跟我们同样水平、同样质量的产品，甚至更快，这对在哥本哈根的很多人来说是个惊喜"③，Ulrik Heins 解释道。哥本哈根的工程师们因此受到激励，并开始学习为什么富士康能这样迅速地运转。最终，通过吸取从富士康获得的知识，诺基亚得以将其产品的研发时间减少大约 6 个月。把挑选出来的产品研发项目转包给富士康的这个决定提高了诺基亚的组织灵活性。通过在研发流程中合并富士康，丹麦的管理部门在更大的程度上可以优先考虑把更多的资源分配给更复杂和增值性更大的项目上。

然而，与此同时，与富士康的联合研发也对丹麦诺基亚提出了一些挑战。例如，对把产品研发项目转移给外部供应商和给外部合作伙伴讲授怎样制造诺基亚手机，在诺基亚工程师中已经产生了大量的内部阻力。Ulrik Heins 解释道："在诺基亚的工作人员认为我们在出售我们的核心竞争力。在设计阶段，工作人员一直对联合研发保持紧张和谨慎的态度。在过去，制造一部好的手机是一件非常复杂的事情。可是，在今天，事实并非如此，任何人都可以轻易地在市场上买到手机零件。但是，如果你在过去的 20 年里做过这些零件，你会认为这始终是公司的核心竞争力。"④因此，想说服和改变诺基亚员工评价产品联合研发的心态始终是一项重要的挑战。

成功将诺基亚和外包的产品研发结合的任务是另一个无法预期的有挑战性的过程。诺基亚管理部门曾希望让外包工程进行自我管理。诺基亚这方也会较少介入，但是他们很快就发现保护措施、误解和错误行为使得对资源的需求比原来想象的多得多。丹麦的管理部门原来认为它们只需将概念图之后的产品交给富士康并在几个月之后收回来做产品维护。但是，证据显示经常性的会议和监管是必要的。基于这个原因，当

---

① 2010 年 8 月，采访 Niels Eilersen，Ulrik Heins 和 Brian Lodahl。

② 2010 年 1 月，采访 Niels Eilersen 和 Ulrik Heins。

③ 同上。

④ 2010 年 1 月，采访 Niels Eilersen 和 Ulrik Heins。

30—50 名工程师在中国研发产品时，约 8 名员工在哥本哈根参与联合研发。另一个问题是，富士康同时给诺基亚的几个大的竞争对手，像苹果、索尼爱立信和摩托罗拉供应产品。一个合理的担心油然而生，即诺基亚的技术将会被富士康的员工盗用并泄露给其他公司。当然，丹麦的管理部门有把握这不是一个问题。但就像 Ulrik Heins 重申的一样："这是完全严密的。我们与他们的合作出现问题是非常必然的。曾有一个真实的事件在苹果发生过，他们的技术被盗用了。我们就问了我们的合作伙伴，他们之后对苹果做了什么，他们的回复是他们不知道。他们甚至发展到不和其员工及工作伙伴交流这件事。这件事被完全封锁了。"①

从文化的角度来说，将一家中国台湾的公司加入产品研发的过程已经造成了值得注意的麻烦。虽然富士康工程师的输出质量很高，但富士康公司极高的人员流动是一个令人气愤的问题。"我们用了很多资源来培训富士康的工程师"，Ulrik Heins 说道，"这些工程师在 6 个月以后就消失去了其他公司。我们还得用额外的资源来培训新来的员工。从某种意义上来说，我们变成了教育中心。"显然，如果富士康可以掌握必要的关于诺基亚产品研发的信息，从而能够在很少干扰哥本哈根的情况下培训、教育他们自己的员工，这将不是问题。然而到目前为止，对于这个问题并没有一个非常好的解决方法。

丹麦诺基亚未来的路

诺基亚公司有着高度分散管理的历史，为的是激励创新能力、领导力和责任感。"这是一个创造人与人之间心意相通的方法。你怎样才能发出强烈的信号表示这是一个精英管理的社会，一个可以让你有一点快乐、可以去胡思乱想和犯错的地方？"②诺基亚主席 Jorma Ollila 委婉地问道。将一部分手机的研发外包给富士康的决定是一个企业家的行为，并使整个公司成为一体。Ulrik Heins 证明说："这真的是通过实践学习。诺基亚是一个随性的公司。我们做的事都没有经过设计。我们勇于尝试，然后调整。"③当然，是时候让丹麦的管理部门理性地思考他们的企业精神了。通过分析对产品研发活动的评估，需要做出对公司未来方向的重要决定。

---

① 2010 年 1 月，采访 Niels Eilersen 和 Ulrik Heins。

② E. M. Olson, S. F. Slater and T. Hult. "The importance of structure and process to strategy implementation," *Business Horizons*, 48, 2005, pp. 47—54.

③ 2010 年 1 月，采访 Niels Eilersen 和 Ulrik Heins。

附录 1　诺基亚公司的关键指标

单位：百万欧元

重点	2010	2009	2008	2007	2006
利润表					
净销售收入	42 446	40 984	50 710	51 058	41 121
毛利润	n. a.	13 263	17 373	17 277	13 379
研究开发费用	(5 863)	(5 909)	(5 968)	(5 636)	(3 318)
销售及市场推广费用	n. a.	(3 933)	(4 380)	(4 397)	(3 314)
行政和日常费用	n. a.	(1 145)	(1 284)	(1 165)	(666)
营业收益	2 070	1 197	4 966	7 985	5 488
税前利润	1 786	962	4 970	8 268	5 723
利润	1 850	891	3 889	6 746	4 306
比例					
营运资本收益率(%)	n. a.	6.7	27.4	54.3	45.8
净负债权益率(杠杆率,%)	(43)	(25)	(14)	(61)	(68)
全体雇员人数	132 427	123 553	125 829	112 262	68 483

单位：百万欧元

公司报告分部产品净销售收入	2010	2009	变动(%)
设备和服务			
净销售收入	29 134	27 853	4
营业收益	3 299	3 314	5
研究开发费用	2 954	2 984	1
NAVTEQ			
净销售收入	1 002	670	50
营业收益	(225)	(334)	33
研究开发费用	751	653	15
诺基亚西门子通信			
净销售收入	12 661	12 574	1
营业收益	(686)	(1 639)	58
研究开发费用	2 156	2 271	(5)

资料来源：诺基亚公司 2006—2010 年年度报告。

附录 2 销售额分布(2009 年)

市场区域的净销售额(%)

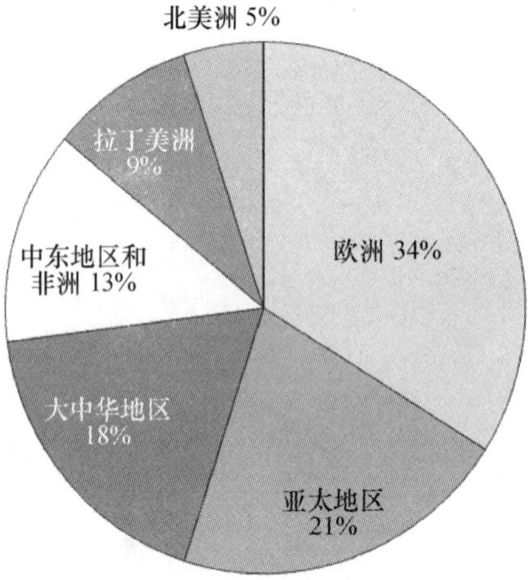

十个主要市场的净销售收入(百万欧元)

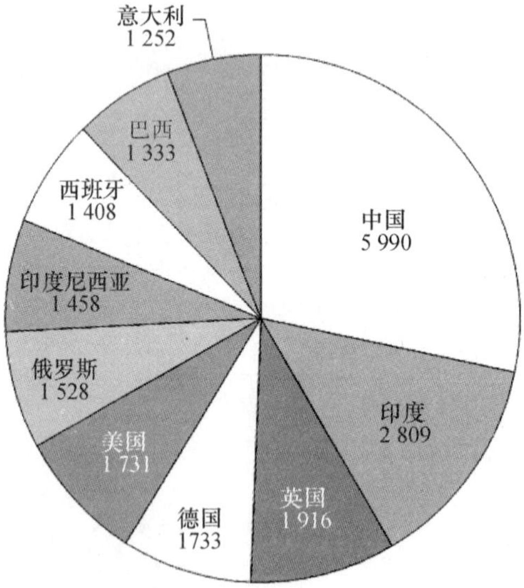

资料来源:诺基亚公司 2009 年年度报告。

附录 3 全球手机市场份额

单位：百万部

销售商	2010 年第四季度发货量	2010 年第四季度市场份额	2009 年第四季度发货量	2009 年第四季度市场份额	年变化率
诺基亚	123.7	30.8%	126.8	37.2%	(2.4%)
三星	80.7	20.1%	68.8	20.2%	17.3%
LG 电子	30.6	7.6%	33.9	10.0%	(9.7%)
中兴通讯	16.8	4.2%	9.5	2.8%	76.8%
苹果	16.2	4.0%	8.7	2.6%	86.2%
其他	133.4	33.2%	92.8	27.3%	43.8%
合计	401.4	100.0%	340.5	100.0%	17.9%

资料来源：IDC 新闻稿，http://www.idc.com/about/viewpressrelease.jsp?containerld = prUS22679411&sectionld = null&elementld = null&pageType = SYNOPSSY。

附录 4 智能手机市场份额

单位：百万部

销售商	2010 年第四季度发货量	2010 年第四季度市场份额	2009 年第四季度发货量	2009 年第四季度市场份额	年变化率
诺基亚	28.3	28.0%	20.8	38.6%	36.1%
苹果	16.2	16.1%	8.7	16.1%	86.2%
黑莓	14.6	14.5%	10.7	19.9%	36.4%
三星	9.7	9.6%	1.8	3.3%	438.9%
HTC	8.6	8.5%	2.4	4.5%	258.3%
其他	23.5	23.3%	9.5	17.6%	147.4%
合计	100.9	100.0%	53.9	100.0%	17.9%

资料来源：IDC 新闻稿，www.idc.com/about/viewpressrelease.jsp?containerld = prUS22689111&sectionld = null&elementld = null&pageType = SYNOPSSY，2011 年 12 月 18 日访问。

附录 5 诺基亚组织结构

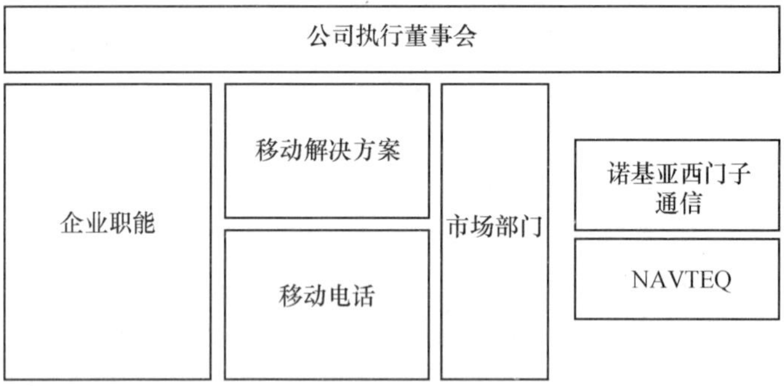

资料来源：www. nokia. com，2011 年 12 月 18 日访问。

附录 6 诺基亚手机的零部件

资料来源：http://electronics. howstuffworks. com/cell-phone6. htm，2011 年 12 月 18 日访问。

附录 7 诺基亚的产品创造过程

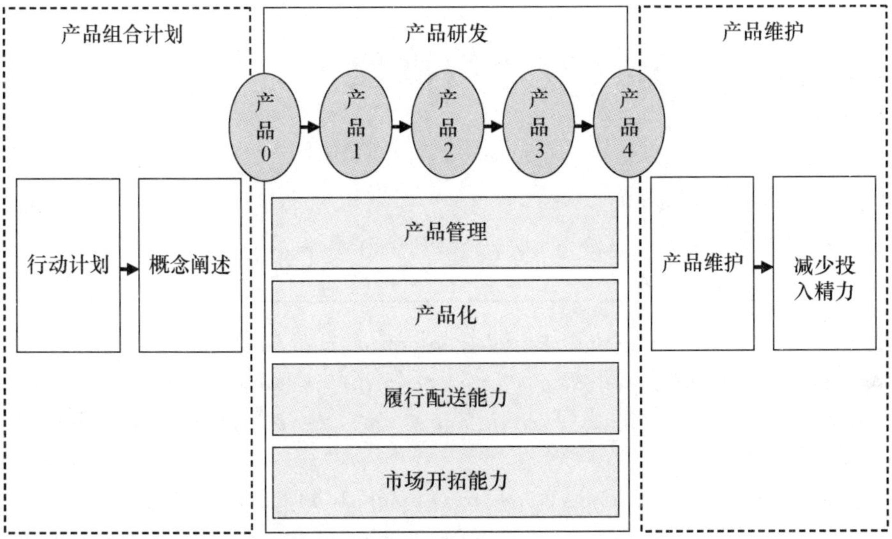

资料来源：诺基亚公司内部报告。

附录 8 联合研发组织结构

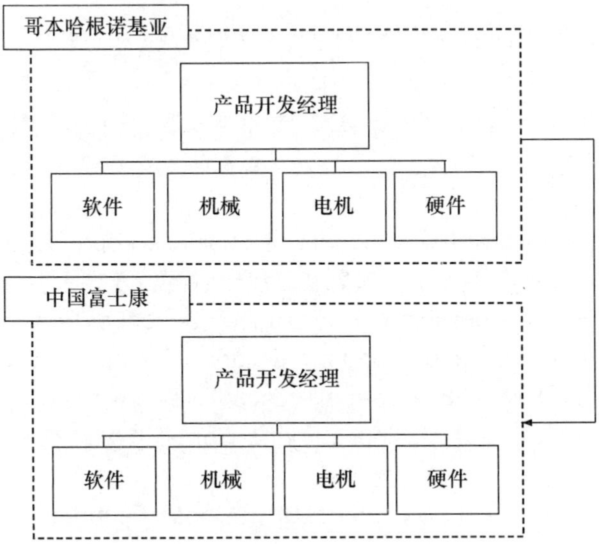

资料来源：诺基亚公司内部报告。

IVEY Publishing

案例 3-3

GDR 与柯达——Bart 胶片扫描仪

作者:Donald A. Pillittere

主题:新产品开发中的团队合作;推出产品的流程管理

引言

Angelo Bella 在一家精致的餐厅里正享受着一杯珍藏赤霞珠红葡萄酒,费用由公司报销,因为他有充分的理由来庆祝。他的早晨从长跑开始,同时准备针对高级管理层的关于近几个月规划的新牙片扫描仪的演示文稿。跑步是他的放松方式,同时给他时间去整理自己的想法,并为会议上常见的提问做准备。下午的会议是一个巨大的成功,因为 Bella 和他的原始设备制造商合作伙伴——BT Wang——展示了一种低成本胶片扫描仪的工作原型。随着管理层批准的到来,Bella 一直在争取的事情已经成为现实。即使他很享受眼前的这杯红酒,但很难控制自己不去思考如何在短短 9 个月后推出这款有销路的、他为之辛苦奋斗的牙科胶片扫描仪——日后它将被命名为 Bart。他想到了那句谚语:"小心许愿。"

Georginelli 牙科研究所(GDR)开始注意到数字技术在牙科成像方面的发展,及其作为一项新技术正逐渐占领传统胶片的市场。这种趋势在教学机构中最明显,数字图像在 PPT 演示文稿中简单易用,正替代老式的幻灯片来进行研究和教学。GDR 知道,数字成像技术对公司的整体利润可能是一个巨大的威胁。项目组把这个新型扫描仪命名为 Bart,是因为它像《辛普森一家》中那个早熟的、拥有叛逆性格并对生活充满激情的儿子 Bart Simpson。团队成员被允许采用独特的方法——突破公司的限制——来开发一台新的扫描仪。这个团队能够开发出一种低成本的且有利可图的数字扫描仪吗?

Bart 项目的一个重大挑战是以前 GDR 的其他团队在开发低成本且有利可图的牙科胶片扫描仪的时候都失败了。许多 Bella 的管理者们过去也都参与过或者见证过这些失败的项目,因此不相信 GDR 的内部成本结构有利于设计出任何便宜的产品。如何消除这些管理者脑中的刻板印象将会是该团队的另一个困难。

无论如何,作为项目经理,Bella 现在已经在为 9 个月后扫描仪的商业化而开始工作了。他与海外合作伙伴进行合作,并在牙科行业中最负盛名的芝加哥冬至牙科设备展上推出了产品。Bart 的推出是为了配合新型牙片生产线的引入,同时为 GDR 产生现金流,继而用于未来的数码产品的开发。在不到一年的时间里设计并推出一台扫描仪将是比创造一个原型更大的挑战。Bart 团队也因此承受着额外的压力。当一天结束时,Bella 问自己:"Bart 团队将如何满足上市时间和成本的目标,并向管理层证明,虽然别人失败了而我们仍能成功?"

GDR 成像

GDR 设计、制造一流的牙科产品,并销售给牙科诊所和相关的教学研究机构。

GDR 只是一家小企业，需要与许多行业巨头，如柯达（Kodak，现为锐珂医疗——Carestream Health）、爱克发（Agfa）和富士（Fuji）争夺客户。GDR 的营销重点放在了教学和研究机构上。它的销售能够进入牙科诊所主要得益于先前那些牙科学生们对该公司和产品的忠诚。较大的与研究相关的销售份额表明 GDR 应该不断改善产品来保持竞争力。

公司希望继续用胶片销售的利润来为正在进行的数字化研发提供资金，但是公司担心市场的变化可能不允许他们有足够的时间来过渡。作为战略规划中的一步，公司如果能够推出一个低成本的扫描仪作为模拟和数字产品的过渡，就能获得更多的时间来推出新的数码产品。公司希望在扫描仪上投入尽可能多的资金，但也有一个现金管理的原则——平稳过渡。由于客户对胶片持续依赖的不确定市场，任何扫描仪不得不在一年内进入市场，并且能够完美无瑕地投入工作。一个设计和制造不精良的扫描仪只会加速客户更快地转向数码产品。

产品

GDR 的创始人 Julie Georginelli 曾是康奈尔大学（Cornell University）的一名牙科学生。她在牙科成像方面的研究带来了公司的第一个胶片产品。她以优异的成绩毕业于康奈尔大学，并且在 3 个月内争取到了风险投资从而创建了 GDR。凭借一个很有前途的牙科成像研究员的声誉和大学的社交网络，Georginelli 用她的胶片专利迅速打开了教学和研究市场。GDR 的产品主要通过经销商进行销售。

GDR 不断扩大，除了胶片，还为牙医开发加工设备、灯箱、胶片分配器和扫描仪。由于胶片产品的高利润和 Georginelli 的独特眼光，GDR 凭借与康奈尔大学的合作以及自身优秀的员工，不断实验新的成像方法。因此，GDR 的胶片和扫描仪产品在关键细节上优于竞争对手。尽管 Georginelli 很享受作为 CEO 的成功，但对她来说，匆匆地穿上实验室工作服和研究团队并肩工作也是很平常的。她在实验室像在会议室一样舒服。

组织

GDR 是一个在美国、欧洲和中国都拥有生产设施的全球性公司。它在美国完成设计，销售网络和营销支持则遍布全世界。GDR 的架构已经从一个小型创业企业发展成一个矩阵式组织。尽管公司的迅速扩张需要一个更明确的组织结构（如对“阶段和节点”的解释），但是 Georginelli 仍然试图使公司保持着创业精神。她的目标是尽一切可能保持公司的灵活敏捷，以使新的想法可以迅速地被商业化和启动。考虑到柯达和富士这样的竞争对手，谁能够投入更多的时间、金钱和人力来开发产品这一点至关重要。

然而，当胶片消亡的初步迹象已经开始显现的时候，GDR 的管理者们已经失去了往日的激情，并有些墨守成规。规划评审是很平常的活动，但有时错过市场机会仅仅是因为公司领导仅凭书面报告的评价就给项目判了死刑。曾经是一家充满雄心壮志的公司，就这样逐渐演变成了处处谨慎并死死抱着各种传统产品不放的公司。Bart 团队将这次产品开发看做让公司重新回到 GDR 初创时期的契机——那个时候公司拥有一群充满竞争精神、有着清醒头脑并能高效实干的人，对他们来说没有什么挑战是不可能实现的，而且满足最终客户是公司唯一的目标。

产品开发

GDR 的商业化过程是世界一流的，有五个阶段和节点：产品概念、技术可行性、产品设计和测试、生产（产品的推出），以及最重要的中止。每个阶段都以节点审查结束，节点审查要求团队成员为节点管理员提供有关项目状况和问题的报告。只有得到所有节点管理员的批准，一个项目才可以继续进行到下一个阶段。在过去的几年里，GDR 的大部分项目都通过了商品化过程，尽管有些最终没能成为“现金牛”而成为了“瘦狗”项目。然而，在现行的“现金为王”的管理策略下，项目被否决已经成为一个普遍的现象。

产品概念阶段需要提交的文档包括市场需求分析文档（MRD）、商业案例分析、竞争对手分析和全球各区域的进入。Bella 向所有的管理层提供了这些文档以供节点审查。所有人中只有一位经理 Joseph Namath 拒绝了。碰巧的是，Namath 是过去一个胶片扫描仪项目中的成员，这个项目因为一个 Excel 表格中的计算错误而被轻易地否决了。尽管修正后的 Excel 表格提供了一个正的净现值，但是管理团队还是中止了项目。Namath 对 Bella 和他的团队所做的工作印象非常深刻，因为 Bella 的团队使用了他参与的那个项目中的有关图形用户界面（GUI）的程序设计。但是他并没有让他们通过节点审查。所以 Bart 最终陷入两难境地，没有从管理层那里获得支持，甚至没有通过第一个阶段和随后的节点审查。

大构思

Bella 是一个固执的人，不愿承认失败。他喜欢挑战其他人不可能做到的事情。于是，他会见了他的准项目团队成员，尝试想出一个办法来推进这个计划。该团队努力想办法通过最初的概念节点，但是第一次会议无果而终。Bella 回到自己的桌前，由于缺乏思路而沮丧，于是决定试试从电话和电子邮件中获得信息。他没有任何理由让 Bart 这个项目胎死腹中，再加上他知道他的同事们也正努力地推动这个项目。扫描仪能把胶片转换成数字图像，并可以使牙片数字化这个不可避免的转换过程比较平缓。

来自 Lynn Tseng 的一个电话改变了项目的整个方向。Lynn Tseng 是一家生产低端扫描仪的中国台湾的原始设备制造商——牙科成像系统(DIS)——的代表。Bella 对 Tseng 的短信感到困惑，因此回电话给她，并约定第二天见面。Tseng 看到 Bella 在公司出版物上写的信息后想知道是否有机会与 GDR 合作。谈话进行得很顺利，Bella 感谢 Tseng 抽出时间来会面，并且承诺如果有机会合作将进一步与她磋商。

第二天，Bella 和他的团队又开了一次会议，并详细地谈了他与 Tseng 的会面。与此同时，他邀请了采购部的 Dwayne Turner 与会。Turner 负责与分布在世界各地的原始设备制造商沟通，这些制造商负责为 GDR 提供低成本的产品。该团队很快意识到，与低成本原始设备制造商的合作关系可以快速启动一个新型的牙片扫描仪项目，满足 Bart 过大的成本压力。由于之前已经准备好了关于规格、数量和成本的所有用于节点审查的文件，团队决定让 Turner 使用这些文件寻求日本、中国台湾和中国大陆的几家原始设备制造商的报价。这里面有很多公司已经为 GDR 制造过扫描仪，所以除了 DIS，他们的名字和声誉已是众所周知了。

挑选原始设备制造商

Turner 的工作效率很高，在两周内就得到了所有原始设备制造商的报价。GDR 有非常严格的供应商选择标准，包括下列项目：

- 有过合作经历且过往的绩效较好；
- 优质的质量管理体系（例如，获得了 ISO 9001:2000 认证）；
- 满足产能增加的能力；
- 准时交货；
- 财务稳定；
- 技术支持；
- 愿意发展为伙伴关系（最优化设计）；
- 总成本（物料成本、库存成本、检验成本）；
- 能力（员工的技能水平、培训、在职教育）；
- 业务改进的记录。

一旦原始设备制造商提供报价，公司将通过邓百氏咨询公司（Dun & Bradstreet）或其他公开渠道获得其财务报告。Bart 团队的主要成员将会现场评估原始设备制造商的质量体系、产能、能力及其与 GDR 合作的意愿。

所有的原始设备制造商都表示有兴趣与GDR进行合作。然而,许多厂商要求举行面对面会议,以便更好地了解最后确定报价之前的产品规格。由于手头任务的重要性和GDR享誉全球的卓越成像仪提供商的形象,面对面澄清有关对Bart的疑问,对GDR和原始设备制造商来讲都是有意义的。Turner安排Bella、项目首席工程师和他自己亲自拜访每一个原始设备制造商,仔细检查其规格并启动资格认证。作为远东之旅的一部分,Bella多次拜访美国加利福尼亚州的牙科经销商,与他们分享了Bart的概念并收集反馈。

在路上

旅行的第一站是旧金山的牙科经销商。经销商会忠诚于任何一家可以给其带来收益的公司的产品。虽然GDR长期存在于这个行业,对于经销商而言,公司的形象只取决于它的上一个产品。即使那些对GDR很忠诚的经销商也认为GDR的牙科扫描仪产品已经老掉牙了。每个经销商向牙医们展示了多种竞争者的扫描仪产品、GDR目前的产品和一个来自未命名的公司(Bart)的概念扫描仪产品,而项目团队作为旁观者并不直接参与这种展示。

许多人对一些低端扫描仪赞不绝口,它们的功能早已超越了GDR的现有产品。GDR放弃原先主导的市场给这些低成本的竞争对手,这大大地损害了公司胶片的销售收入——这让整个团队有所畏缩。然而,Bart也有一个非常积极的反应,他们猜测低成本的公司在概念上一定很落后。大部分的讨论不是新内容,只是对他们已经知道的内容的痛苦回忆。显然,GDR要做更多的工作以赢回客户。

接下来是由团队成员前往不同的原始设备制造商处会见同行,讨论Bart的规格、上市时间和成本目标等具体细节。合作方都很热诚,每天的会议都以享用当地的美食和饮料结束。Bella很享受这些会议。他在早上晨跑的时候,会想到一些思路并在会议当中提出来,从而想出各种办法来使Bart进一步差异化。与该团队会面的所有原始设备制造商都想与GDR合作,尤其是Tseng代表的DIS。

DIS公司的总裁BT Wang和Bella一拍即合。BT不像其他原始设备制造商一样,试图说服GDR放弃一些严格的成像规格,BT承诺DIS可以满足他们,并且仍然能够实现成本目标。BT对他的工程人员和公司的信心是让人振奋的。但事实上,BT并不像一个距离遥远的原始设备制造商而是Bart团队中的一员。GDR中的其他人也有同样的感觉,但都没有Bella那么强烈。Bella认为他可以信任BT,这种信任在商业界很少见。

报价

Bart团队的精彩旅程结束以后就是一个等待的游戏，Turner等人预测在这六个原始设备制造商中谁将为产品提供报价。两周后，基于Bart的销售量（这远低于他们的预期），以及GDR不愿意在成像规格方面让步，两家原始设备制造商没有报价。大多数原始设备制造商承诺在四个星期内报价，但Turner和Bella开始担心没有人会愿意与GDR合作Bart项目。当DIS和其他三个原始设备制造商发来报价时，那种忧虑才消除。

这些报价的不同体现在一次性工程费用（NRE）、模具费用、批量定价和交货条件方面。现在Bart团队需要在Turner的帮助下，根据报价和在实地走访中所采集的数据构造一个决策矩阵。对所有的原始设备制造商，供应商选择标准分别从1（最差）到5（最好）排列，其中最困难的部分是对原始设备制造商财务稳定性的排名。

评估后，DIS和另一个原始设备制造商——Prime Imaging得到了相同的分数。焦点主要集中在DIS的财务状况和Prime Imaging坚持GDR规格要求的意愿（基于它关于一些成像要求的报价的附注）。Bella和Turner继续跟进这两家公司。BT说他将很快得到老板的承诺，来支持Bart项目。然而，Prime Imaging开始质疑Bart项目必须遵循严格的成像要求的理由，Turner和Bella则回复说这是客户调查的结果。Prime Imaging要求再多一个星期来重新审视其报价并确定满足规格所需的额外的一次性工程费用。

让我们开始吧

Bart团队在等待Prime Imaging的新报价的时候，Bella和Namath又进行了一次交心的谈话，讨论还能做些什么以推动项目。Namath意识到了Bart团队进行的原始设备供应商的选择工作，即使在产品上市、功能和成本方面都是成功的，但是这一系列过程仍然让他感到不安。尽管他很喜欢Bella的举措及与原始设备制造商合作将Bart推向市场的创造力，但是DIS仍然是个未知数。时间、距离、与DIS的潜在沟通问题使Namath担心，因为他知道即使所有的资源都在GDR的控制之下，要完成这个项目也非常困难——他曾经的项目就以失败告终。Bart需要依赖于GDR和DIS之间的合作，这怎么可能成功？

不久之后，Bella接到BT的一个电话，他想要知道原始设备制造商选择过程的最新消息。Bella提到GDR正在等待另外一个报价然后再做决定。BT想知道一个确定的决定日期，Bella 说即使报价符合上市时间和成本目标，还有一个最大的挑战，即说服管理层。Bella 告诉 BT 关于 GDR 产品商业化的相应流程，以及自己正被困在概念和技术可行性研究阶段。临近结束，Bella 说如果他能向管理层展示工作原型，即展示一些有形的东西，也许管理层会看到 Bart 成为现实的可能性。

BT 立即做出回应，称 DIS 可以在 3 个月之内，通过修改一个现有的产品为 Bart 团队开发一个原型，而这正好可以赶上芝加哥冬至牙科设备展。BT 表示与 GDR 合作对提高 DIS 在牙科设备市场上的声誉非常重要，所以即使 Bella 的管理层最终决定不向前推进原始设备制造商的方案，他还是愿意这样做。Bella 没有权利批准 BT 的想法，他表示承担建立一个原型的风险只能是 BT 的决定。虽然 Bella 无法用语言来描述他的观点，但在内心深处，他非常想为管理层展示一个可行的 Bart 胶片扫描仪。

展会

3 个月很快过去了。展会即将到来，Bella 焦急地等待来自 BT 关于 Bart 原型的消息。如果 BT 是信守诺言的人（Bella 感到他有充分的理由这样认为），Bella 将很快会接到一个电话或是邮件。Bella 不仅要说服 Namath 关于 Bart 项目的可行性，同时要赢得公司财务主管和另一位对 Bart 项目持怀疑态度的工程负责人的批准，Bella 知道这两个人能够说服 Namath 资助该项目。GDR 在设备展上为与客户会面和商务会议预订了很多房间，Bella 想要为 Bart 的原型展示预留出时间。

展会的前一周，Bella 家里的电话响了。打电话的不是别人，正是 BT。他说 Bart 原型完成了，并问什么时候是为 GDR 的管理者演示产品的最佳时机。Bella 说等他的行政助理核对过公司每位经理的日程之后，就会安排出最佳日期和时间。挂了电话后，Bella 的女儿说："你肯定喜欢 BT，因为每次他打电话你都笑。"Bella 想到他和 BT 之间不断增进的友谊、了解、欣赏，以及为了帮助 GDR，BT 投入的辛勤工作，他笑着回答"确实是这样"。

第4部分

创新管理

Ivey Publishing

案例 4-1

Simbhaoli 糖业有限公司:农民通信服务创新

作者:Murthy VVNS Chebiyyam, KBC Saxena

主题:成功实施创新

G. S. C. Rao 博士是 Simbhaoli 糖业有限公司(SSL,印度北部一家领先的私人糖业公司)的 CEO。对他来说,今天又是一个在办公室忙碌的日子。他刚刚参加了 2009 年 8 月 26—29 日举行的印度糖业技术协会(STAI) 年度会议。在这次会议上,Rao 博士当选为协会主席,这给了他更大的动力去重振萎靡不振的印度制糖业。SSL 的部门负责人 Indeep Bhatia 拿着一份关于"Ganna Kissan" ①的试点报告走进了 Rao 博士的办公室。他们必须认真评估这份试点报告的结果,并最终决定全面部署这种新型移动通信服务的应用范围和程度。

Simbhaoli 制糖厂

SSL 是位于印度北方邦(Uttar Pradesh,UP)的一家综合糖业制造公司。公司于 1933 年成立,每天能压榨甘蔗 400 吨 (TCD),并在 1936 年成为一个企业实体。Simbhaoli 蒸馏厂成立于 1943 年,生产乙醇汽油,于 1989 年公开上市,于 1992 年与 SSL 合并,成为第一家制糖厂。第二家制糖厂于 1996 年在北方邦东部的 Chilwaria 成立。第三家制糖厂于 2007 年在北方邦西部的 Brijnathpur 成立。在同一时期,两家制糖厂每天的产能都达到了 60 千升,并新增了热电联产②设施(34 千瓦/小时)。SSL 整合生产能力,可以生产"45 ICUMSA"③糖和印度国产洋酒(IMFL)。SSL 拥有 20 100 吨的综合入榨能力。

SSL 是印度第一家拥有所有国际质量认证的糖业公司(如 ISO9000、ISO14000、HACCP)。公司拥有配备了尖端技术的独立研究及咨询子公司。另一家独立子公司主要专注于 SSL 的国际贸易业务(参见附录 1)。

创新通信服务的需求

要想了解蔗农对通信服务的需求,就有必要通过研究当地政府的治理方式和人们的日常行为来深入了解一个印度村庄的普通生活方式(参见附录 2)。附录 3 描绘了印度制糖业的背景信息、制糖厂对当地社会的影响和蔗农的信息需求。

SSL 的工厂是许多蔗农赖以生存的地方,那里有相当多的蔗农为国家的糖厂种植和提供甘蔗。从前期生产到发货,来自制糖厂的信息显著地影响着蔗农的工作 (参见附录 4)。

---

① "Ganna Kissan"在印地语(即印度的国家语言)中指"蔗农"。

② 废热发电(CHP,也称为热电联产)是利用热力发动机或发电站同时产生电能和有用的热能。

③ 一种由国际食糖分析统一方法委员会(ICUMSA)制定的划分食糖纯度的国际单位,并直接和糖的颜色有关。ICUMSA 是一个全球性的机构,它为超过 30 个成员国提供统一的食糖分析标准和方法。例如,45 ICUMSA 糖就是一种用于软饮料制作的高品质食糖。

为 SSL 提供原材料的蔗农网络

蔗农提供的原材料(甘蔗)是所有制糖厂的生命线。位于 Simbhaoli 村的工厂与来自 240 个村庄的 4 万个蔗农有关,他们每个季节都为工厂供应甘蔗。整个地区被分为 8 个区域,每个区域平均覆盖 15—25 个村庄。为了建立一个深入到蔗农的管理体系,工厂已经委任 10 位主管和 65 位现场工作人员,每人负责 5—6 个村庄。蔗农可以单独约见现场工作人员,也可以通过电话和工厂内的任何人沟通。由于这些蔗农不仅数量众多,而且零散地分布在如此广阔的区域上,因此工厂发现,快速而准确地传播有关设备故障、付款进度和甘蔗日常耕作的消息都极具挑战性。

通信类型

工厂为蔗农提供了三种类型的信息:甘蔗种植、杀虫剂和农药的相关咨询信息;涵盖甘蔗定价、甘蔗交付时间表、工厂休息变化等的商业信息;天气预报或节日时间表等社会信息。蔗农的活动也通过这个通信渠道反馈给了 SSL。

SSL 的标准沟通流程和挑战

工厂已经采纳了标准的流程与蔗农沟通信息,如分发小册子和向公众公告。蔗农个人也可以致电工厂员工。工厂建立了以蔗农需求为基础的村范围内的会议制度,以反馈关于种植的各种问题。

这种沟通方式耗时很长。信息需要由工厂送往主管,由主管送往现场工作人员,再由现场工作人员送往村里的普拉丹(pradhan)[①]和蔗农。除了这些所花的时间,还有一种可能性,即所有涉及传送信息的人员都可能会歪曲信息;谣言和陈述虚假的信息也会引发问题。工厂也不容易检查公告的准确性。

信息延迟的影响

当信息被延迟送达,将对农业生产造成不利影响。例如,如果甘蔗作物上发生虫害,而信息又没能被迅速传递出去以防止害虫的传播,那么产量就会下降。此外,如果蔗农没有意识到要修改交货时间表,他们将无法为工厂提供产品。

① 普拉丹指在村选举中产生的领导者。

制糖业的挑战

Rao 博士是印度糖业部门为数不多的高素质专业人员之一，也是帮助 SSL 出现转机的人。自 2003 年接任执行董事后，他就逐步将 SSL 转化成为营利性实体。从那时起，他采取了引入新技术和自动化机械的重要举措。这不仅有利于 SSL 公司的财务状况，也对 SSL 在竞争中获取战略优势及促进整个制糖行业采用最佳实践有所影响。2008—2009 年，在北方邦，甘蔗产量较前一年已经显著下降了 31%；由于制糖厂经常拖欠甚至不付货款，蔗农纷纷转而种植替代作物。同期，恶劣的气候条件以及由整个行业的不良财务状况导致的蔗农不能获得足够资源这两个原因导致甘蔗的产量下降 8.16%。

北方邦的相关数据①	2007—2008 年	2008—2009 年	减少(%)
甘蔗产量(吨)	160.8	110.7	31.16
单产(吨/公顷)	56.4	51.8	8.16

此外，工厂修改了甘蔗的销售政策，使得蔗农可以把甘蔗出售给他们自选的工厂。之前的政策限制他们必须将甘蔗销售到离他们最近的工厂。这样，农民可以把甘蔗卖给出更高价的工厂。

这些变化启发了 Rao 博士采取一项新的举措，即通过创新的通信系统——基于语音的 Ganna Kissan——增强 SSL 和蔗农的联系。

Ganna Kissan：新型的通信服务

在印度，电信革命极大地影响了城市和农村地区人们的生活(参见附录 5)。Rao 博士想要探索新型的基于语音的通信服务，这是在语音网络技术的基础上、通过使用手机来支持的(参见附录 6)。

通过 Ganna Kissan 系统，SSL 计划使用一系列公告与蔗农交流。蔗农可以提出有关工厂的问题，并在当天结束之前收到专家用当地语言(即北方邦俚语)发来的答案(参见附录 7)。一旦问题得到回答，农民就会接到一个电话，告诉他们问题的答案已经上传到语音网络系统。他们可以当时就听取答案，或拨打免费电话在以后听取。信息渠道的细节都显示在附录 8 的呼叫流程图中。

① 资料来源：北方邦甘蔗专员办事处。

潜在好处

工厂管理层认为这个系统会带来以下好处：

1. 蔗农能在他们方便的时候用当地的语言和方言快速获取信息。

2. 蔗农可以在任何地方随时发布他们的问题和接收答案，这些问题和答案也将提供给其他农民。

3. 蔗农可以通过聆听对方的问题并用他们的经验和专业知识来回答，从而交换信息。

4. 蔗农可以获得最新的信息，并且利用这些信息来改良他们的种植区域。

5. 蔗农可以随时获取天气预报，这样可以为未来几周的播种制订计划。

Ganna Kissan 的试点部署

项目负责人 Bhatia 与来自技术提供商的 Abhishek Kumar 组织了一个工作室，以便 SSL 的管理团队和供应商团队来讨论试点项目的目标和范围。SSL 同意在第一阶段使用该系统为工厂员工和分布在各个村庄的主管/现场工作人员进行内部测试。在试点的第二阶段，添加网络接口，将公告发布给农民。这个系统也有一个呼入号码，农民可以免费拨打这个电话，并提出问题。该免费电话以位于（印度）首都地区的供应商的主机为基础。所有的免费电话都由电信运营商向 SSL 以每分钟费率标准收费。

Ganna Kissan 试点方案的成果

新通信系统的呼叫模式分析提供了一些令人失望的结果（参见附录 9）。每位拨打系统免费电话的蔗农，都被确认为一个独特的来电。用于提问的来电被认为是“创造问题的电话”。每个被完全地、不间断地记录的问题被认为是一个“合格问题”。没有任何记录的电话（即沉默或者只有背景噪音）被认为是一个“无效呼叫”。

虽然在给定的期间内，“创造问题的电话”有了显著的增加，但是与系统的独特用户的数量并不成比例。更重要的是，使用通信系统提出“合格问题”的人数是比较少的。

近 80% 的、农民所拨打的、想要请教问题的电话没有被正确记录（记录是不完整的、不清楚的或没有音频信号）。70% 的电话是没有任何有用内容的无效呼叫。很多情况下，系统记录到的是蔗农之间的谈话而非他们想问的问题。有些电话持续的时间很长，录音范围为 5—15 分钟。

在系统记录的故意滥用中，大约有 12% 是蔗农在录制歌曲，剩下的 8% 记录了对工厂管理层或一般员工的辱骂。

免费电话服务的长途费用由电信服务供应商计费后送达 SSL。在试点研究中，这些电话呼叫花费了 SSL 约 50 万印度卢比(INR)，即 10 750 美元。①

试点后的情况

为了了解影响试验结果的因素，以及在试点期间农民和主管所面临的问题和挑战，SSL 的管理团队在工厂组织了一次会议。来自 6 个村庄的普拉丹、12 个农民和 8 位主管参加了这场持续 3 个小时的讨论。会议一开始，由来自供应商的代表阐明了会议的目的和讨论范围。

蔗农提出了公告呼叫的组织时间问题，抱怨他们在晚上很晚收到来电(即晚上 10 点之后)，这对他们来说很不方便。大多数农民建议来电应该安排在下午 3 点到 8 点之间。他们说，总的来说，该系统有很大作用。“及时与早期的信息播报对我们非常有益”，Thyagi 先生说。他是一名蔗农，也是讨论中最积极的参与者之一。

蔗农还要求得到另外一些相关信息，具体如下：

- 便于购买杀虫剂和药物的商店。
- 供电和供水的时间表(工厂管理层表示无法提供这一点，因为这些信息的可靠性很差，SSL 要为信息的准确性负责)。
- 动物健康，因为很多蔗农也从事畜牧业。
- 稻田和其他作物。
- 与其他作物相关的药物和肥料。

Chatan Singh 说：“Simbhaoli 为甘蔗提供了杀虫剂和化肥，也应该开一个与其他作物相关的、提供同样物品的商店。”

讨论接着转入电力和水的供应短缺的问题，但是并试图找出可以帮助农民的方法。但是这些都超出了现有通信系统功能的范围。后来，蔗农的讨论又回到了正轨并承认这类问题不是这次会议能够解决的。

“由于 Ganna Kissan 系统的可用性，谁都可以接触到免费电话号码，有几个村里人滥用该系统进行录歌或者辱骂”，Hashupur 村的村民 Samarpal 先生说。“免费电话号码应该给予使用者唯一的注册用户名”，他补充道。

虽然 SSL 曾在各村庄分发了小册子宣传新的通信服务，但是很多农民都不知道如何使用 Ganna Kissan 系统。该公司的管理人员和现场工作人员像往常一样，与农民分享信息并回答他们的问题，这意味着即使引入新的 Ganna Kissan 系统，人为地沟通仍在发挥作用。

Jamalpur 村的普拉丹 Dinesh Sharma 建议，“问题的回复应该及时，这样可以保证信息和

---

① 在整个案例中，1 美元 = 46.5 印度卢比。

系统的相关性。”

当问及系统记录问题所涉及的相关技术挑战(如果有的话)的时候,所有出席会议的现场工作主管表示,他们一直无法连接到通信系统来记录问题,这就表明应该帮助蔗农的主管们对系统的使用都不够熟练。

“呼叫者提出一个问题之后却没有被及时记录,这可能是许多呼叫无效的原因”,Datiyana 村的普拉丹 Jaivir Singh 说。他还建议,“我们应该限制呼叫时间,提问题不要超过两分钟”。主管们也建议听取信息的通话时间应限于 3—5 分钟。

在此次会议中,SSL 的甘蔗部经理 Sudhir Kumar 认为,由于国家甘蔗委员会官员的干涉,农民不能完全利用新型通信服务的功能。新型通信服务也许会在没有这种监管的地方成功实施。

下一步该做什么

在他们花了两个多小时评估试点报告的结果和听取来自蔗农和工厂人员的反馈意见后,Rao 博士问 Bhatia:“你认为我们现在应该做什么?”

Bhatia 走到了白板前开始解释他的观点。

附录 1 Simbhaoli 糖业有限公司——综合糖业复合体

董事会成员	职位
Gurmit Singh Mann	主席兼执行董事、发起人
Gurpal Singh	经理、发起人
G. S. C. Rao 博士	经理、CEO
Sanjay Tapriya	经理、CFO
S. K. Ganguli	独立董事、注册会计师
S. C. Kumar	独立董事、经验丰富的银行家
Yashwant Varma	独立董事、实践倡导者

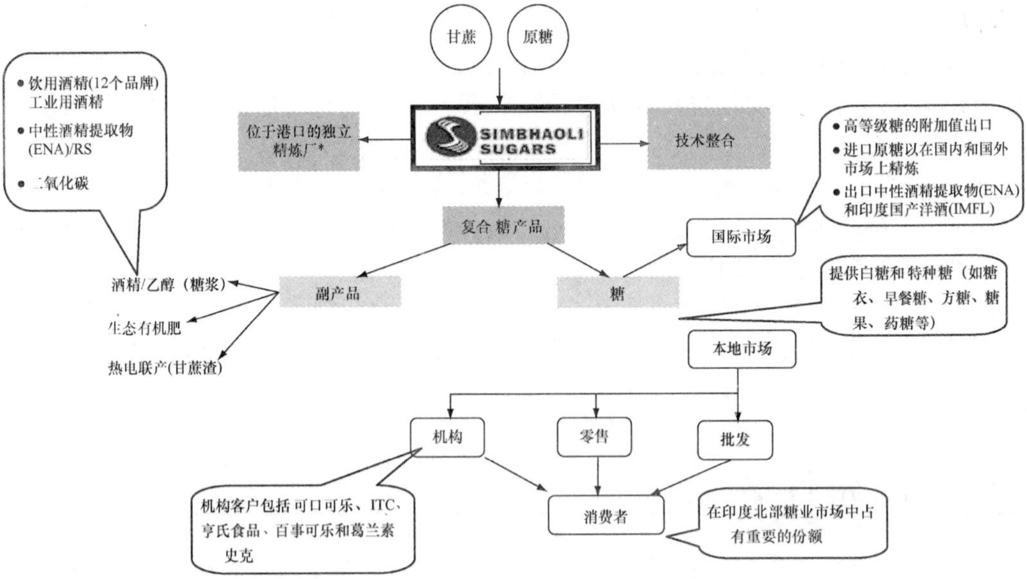

*：项目进行中

Simbhaoli 糖业公司在生产最优质和最多样化的糖和副产品方面有超过 75 年的经验，这是一个专业运行、技术驱动的组织，其产品组合包括一系列精炼的、特制的糖，饮用烈酒，热电厂，中性酒精提取物（ENA），乙醇，生物肥料和技术咨询。它在印度有一个最大的糖业综合精炼厂，并在精炼糖、产品开发和成品（包括精制糖）方面不断进行创新。

公司在多地开设了饮用烈酒、精炼糖和果汁饮料营销办事处。在淡季，公司从事原糖精炼业务，甘蔗压榨工厂能够每年提炼 300 公吨原糖。随着制糖业的发展，公司还与酿酒厂和热电联产企业进行了完整的整合，实现了副产品、能源节约和成本节约的最优化。糖厂附近有 3 个蒸馏厂，每天生产总计 210 千升产品，其中包括 180 千升乙醇、精馏烈酒和中性酒精提取物。公司开发了 10 个 IMFL 品牌，并在各邦销售。它在查漠和克什米尔地区（Jammu and Kashmir）、旁遮普邦（Punjab）、喜马偕尔邦（Himāchal Pradesh）、乌塔拉坎德邦（Uttarakhand）、西孟加拉邦（West Bengal）、喀拉拉邦（Kerala）、阿萨姆邦（Assam）和奥里萨邦（Orissa）都有瓶装酒出售。

Simbhaoli 集团有 13 万个农民和 2 500 名员工。Simbhaoli 的使命是由 Simbhaoli 印度基金会设立的，即成为理想的企业公民。Simbhaoli 印度基金会是一个专门从事教育和社会福利、供水和卫生保障、基础设施和收入等领域的慈善机构。基金会的介入从根本上改变了无数蔗农家庭的生活。孩子们发现了上学的乐趣，而青少年也能通过参加高校招生看到自己的未来。老人在自家门前就能获得高质量的医疗保健。劳作期间，富有创业精神的农民发现了增加收入的新方法。既不卫生又肮脏的排水沟也在维修和更换。村民们理解了卫生设施的价值。此外，村庄还铺设了各季节都能使用的公路，这样，村庄就不再被孤立了。村庄内到处都在传播着对 Simbhaoli 深一层的信任和满意。

财务指标——利润表 单位:百万美元

详情	2010 年 3 月 (6 个月) (未审计的)	2009 年 9 月	2008 年 9 月	2007 年 9 月 (18 个月)	2006 年 3 月	2005 年 3 月
净销售收入	136.3	151.9	93.6	141.2	92.9	81.9
其他收入	9.8	18.5	2.4	1.6	1.4	1.1
总收入	146.1	170.4	96.0	142.8	94.3	83.0
支出	128.2	134.2	90.0	143.6	77.2	67.0
EBDITA	17.9	36.2	6.0	(0.8)	17.1	16.0
EBDITA(%)	12.3	21.2	6.0	(0.6)	18.1	19.3
利息	8.1	13.6	8.5	7.5	4.6	5.5
折旧	4.2	7.9	6.9	5.3	2.7	2.4
现金利润/(亏损)	9.8	23.4	(2.6)	(8.4)	12.5	12.5
息税前利润	5.6	14.8	(6.3)	(13.7)	9.8	10.1

资料来源:Simbhaoli 糖业有限公司文件, www. simbhaolisugars. com,2012 年 6 月 12 日访问。

附录 2 北方邦的村庄生活

北方邦拥有超过 1.67 亿人口,是印度最大的邦之一,也是人口最多的邦。印度是一个以农业为主的国家,多达 70% 的人口都生活在农村。印度的真正灵魂是土地社会下的村庄。北方邦中主要是农村,那里人们的知识都非常匮乏。虽然农村只有 22% 的家庭有电视,只有 28% 的家庭可以用电,但大多数人都有移动电话。

村庄的管理和发展项目都由村务委员会(Gram panchyat)①处理。普拉丹是由村民选举的,可以主持村里的活动,并有能力影响村民的领导者。政府通过普拉丹和村务委员会执行对村庄的发展规划。村里的机构有许多职责、职能和权利,包括培养公共意识的新举措,这样可以使村民慢慢地接受它们。该机构使用不同的通信方式来传播它的内容。②

当任何非政府机构参与考察时,村民们对改变的抵抗往往是激烈的。村民经常无法了解双方的互惠之处,只觉得每一个新的合资企业中只有发起者受益;他们觉得自己被企业利用以赚取利润。因此,成立行为改变交流协会(Bhaviour Change Communication,BCC)来创建一个支持性的和积极的环境或理想的结果是很重要的。BCC 是一个制定沟通策略、消除沟通障碍从而带来积极行为的机构。

① Panchayats 是当地的村级选举产生的管理机构。1958 年村务委员会法案规定由村务委员会负责农村的全面发展。www. indianetzone. com/41/villages_uttar _pradesh. html,2012 年 6 月 18 日访问。

② 北方邦是印度第一个发起改善邦级综合行为改变交流协会(BCC)的邦,本项战略是实现由卫生和家庭福利部门发起的国家农村医疗使命。www. euttarpradesh. org/villages. html,2012 年 6 月 18 日访问;www. sifpsa. org/digitization/bcc_strategy_uploading. pdf,2012 年 6 月 18 日访问。

村庄非常紧密地连接在一起，相互合作和相互依存。知识、财产和感情的分享是很常见的。村里的每一项设施，如水箱、水井、池塘和牧场，都由大家共享，移动电话也经常被家人或有时被其他非家庭成员共享。调查显示，80%的农村家庭共享一部移动电话，50%的移动电话被其他家庭共享。由于缺乏教育和接触，村民经常滥用他们的共享资源，这为政府或非政府组织发起的改善和发展项目带来了挑战。[①] 缺乏对技术的正确理解是阻碍印度农业社会现代化的一个因素。

资料来源：作者原创。

附录 3 印度制糖业

制糖业是一种农村的、季节性的、农业加工型产业。印度大概有 500 万—700 万农民从事与甘蔗有关的种植。虽然许多邦开始实行甘蔗生产合作社制，但除了马哈拉施特拉邦（Maharashtra），其他邦并没有产生预期的结果。印度甘蔗生产和农场/工厂的数据见附录 4。北方邦是印度北部最大的邦，也是甘蔗的主要产地之一。北方邦的甘蔗生产和农业产量在 2007—2009 年有所下降。北方邦大约 85% 的糖是由私营部门生产的。由于土地法，制糖厂采用了外包种植的模式（甘蔗由不受工厂控制的农民生产）。印度土地法对于甘蔗耕种土地的规定是每个独立的农民最多只能拥有 12.5 英亩土地。制糖工业的自由化[②]通过赋予农民更多的自主权而将食糖产量增至 2 800 万吨。与此同时，制糖工厂的加工能力低于甘蔗产量，加上其他作物的利润高于甘蔗，这就导致一些农民开始离开甘蔗产业。为了确保甘蔗的统一供应，制糖厂开始帮助农民。农民以非常合理的价格从工厂购买种子、化肥和农药。盈余的邦包括北方邦、马哈拉施特拉邦、古吉拉特邦（Gujarat）、泰米尔纳德邦（Tamil Nadu）、安得拉邦（Andhra Pradesh）和卡纳塔克邦（Karnataka）。糖从盈余地区流向不足地区。印度 70% 的糖生产于北方邦和马哈拉施特拉邦。[③]

制糖厂是农村活动的纽带。工厂和农民之间定期进行沟通。缺乏沟通使当地政府和有组织的犯罪团体都会对行业造成干扰。农民通常都是文盲或半文盲。移动电话改善了还没有互联网的农村地区的信息沟通状况。有必要用基于语音的通信系统来提高农民的参与度。

制糖厂的社会影响及沟通作用

制糖厂是许多村庄的主要雇主。[④] 除了直接雇用农民，制糖工业也促进了银行、医

① www.euttarpradesh.org/villages.html，2012 年 8 月 17 日访问；www.indianetzone.com/41/villages_uttar_pradesh.htm，2012 年 8 月 17 日访问。

② 1984 年，《印度政府食糖法》（*Sugar Act Gout. of India*）。

③ www.sugarindia.com/ sugar_industryindia.asp，2012 年 6 月 14 日访问。

④ Ibid.

疗保健、交通、基础设施和农村零售连锁行业的发展,如下图所示。

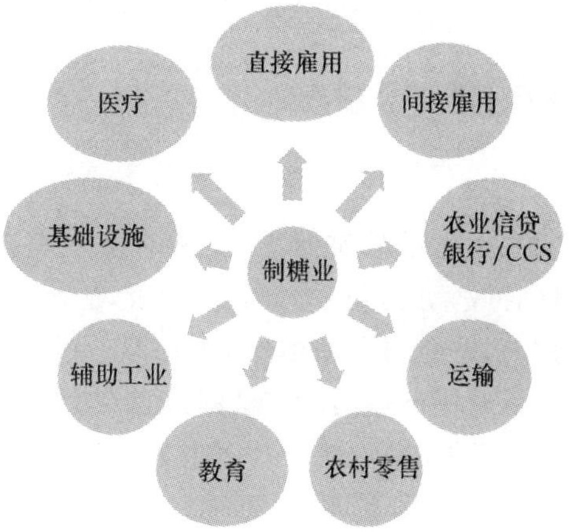

资料来源:作者原创。

附录 4　甘蔗生命周期的信息需求

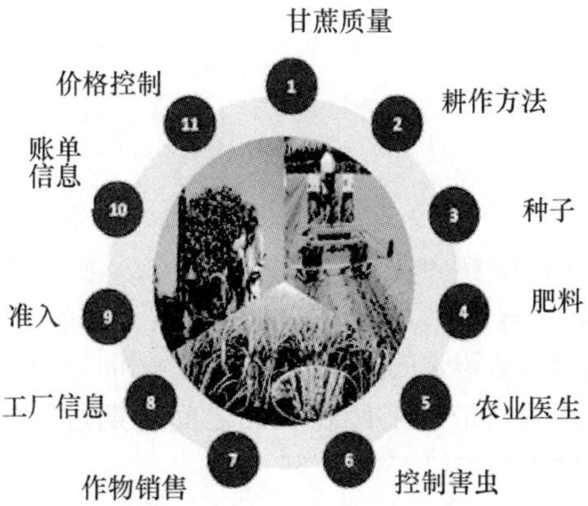

1. 甘蔗质量:高产且抗病虫害的品种
2. 耕作方法:根据之前的作物选择单一耕作或混合耕作
3. 种子:保障高品质种子的供应
4. 肥料:根据土壤肥力保证肥料供给的质量和数量
5. 农业医生:联系地址和咨询费用
6. 控制害虫:感染期和预防措施
7. 作物销售:联系工厂,销售作物
8. 工厂信息:可能影响作物销售的工厂信息
9. 准入:获得向工厂销售的资格
10. 账单信息:账单和查询信息
11. 价格控制:政府宣布的糖价

资料来源:SSL 企业介绍。

附录5 印度农村的电信普及率和服务

印度的电信行业在发达市场和成长市场中已经获得成功。通过电信管理局(TRAI),通信技术和政府政策的推进为印度经济的显著增长做出了贡献。2009 年印度有 5 亿无线网连接用户,并且每月新增加 1 500 万—1 700 万用户。有趣的是,大多数新用户来自印度农村。通过 INSAT 卫星提供高速数据网络的印度空间计划的成功和电信革命,对印度农村人们的生活产生了积极的影响。

农村人口约占印度总人口的 70%。随着社会和经济条件的不断变化,印度农村对该国 GDP 的贡献显著增加。一些基本的消费服务,包括电信技术,进入了村庄。基于手机的一些服务,如远程医疗、手机银行等都被开发出来以满足农民、渔民、零售商等的需求。

相对与大众媒体的沟通,村庄的人们更喜欢面对面的交流。印度新的通信技术通过新型媒体,如网络语音业务和增值服务等,整合了人际关系和大众媒体传播。然而,因为印度农村有很多的文盲,他们都不太理解基于文本及语音的服务。因为印度语言多样化,服务需要提供多种语言,最需要的是印地语、旁遮普语(Punjabi)、马拉地语(Marathi)、孟加拉语(Bengali)、泰卢固语(Telugu)、泰米尔语(Tamil)、英语。

大多数农村人口的需求与农业相关,他们需要有关天气预报、市场价格和农业最佳实践的信息。

几个大型和小型公司开始开发基于通信的服务,以满足印度农村的需要。然而,大多数公司对利润的关注超过了对潜在客户需求的关注,只有少数几家公司成功了。ITC 的 E-Choupal 是被引用最多的成功案例。10 个州和 4 万个村庄的、超过 400 多万的农民通过 6 500 个公共电话亭被连接在一起。E-Choupal 通过互联网连接了农民和渔民。①

农村通信的挑战

尽管印度政府采取了若干举措,并且市场存在着大量机会,但是对于电信行业而言,印度农村仍然充满挑战,包括低人口密度、市场分散、文化差异和高服务交付成本等。然而,通信业在农村地区的前景还是相当可观的。如果创新得到了有效的资助,利益相关者将大大受益。

资料来源:作者原创。

---

① www. indiatelecomonline. com/telecom-penetration-in-rural-india/ ,2012 年 6 月 13 日访问。

附录 6 语音网[1]——基于语音的互联网接入技术

语音网是基于语音的互联网接入技术,可以提供基于语音的万维网服务。它让用户能够通过手机或固定电话进行沟通和接收信息。这种技术可以使营销/服务提供商能够与在金字塔底部的文盲用它们的产品经常沟通。语音网可以创建一个信息生态系统,将有助于通过手机提供类似于互联网的信息服务。

IVR 和语音网之间的区别

人类和计算机之间通过声音和 DTMF(双音多频信号)音频输入的交互被称为交互式语音应答(IVR)技术。

在业务方面,顾客使用电话按键或语音识别软件与服务提供者的主机系统互动。IVR 响应的方法可以是预先记录,也可以是动态生成音频以进一步指导用户。几乎所有的功能都可以被 IVR 应用简单交互的程序控制。这个系统可以处理大量的电话。

从本质上讲,IVR 系统的目的是从昂贵的人工代理呼叫重新定向到电脑,从而降低成本,提高客户体验。典型的 IVR 应用程序包括信用卡、保险和电话银行服务。IVR 服务可以每天 24 小时、每周 7 天不间断地提供。

许多发达和发展中市场采用 IVR 和语音自动操作,来改善客户服务水平并降低成本。如果客户无法找到相关的信息或需要更多信息及帮助,呼叫总是可以被转移到人工代理。

一般来说,IVR 系统对呼叫者的按键自动进行语音响应。这有助于提高处理的呼叫数量,并同时提供了交付信息质量的一致性。[2]

由于设计不佳和缺乏用户资料的识别,IVR 系统偶尔会被批评为无用的、烦琐的。此外,许多用户仍然更喜欢与人对话,并认为自动化系统是个威胁。新的通信系统不同于 IVR 系统。该系统使用了一些 IVR 特性,可以同时使用键盘和基于语音的指令与农民进行互动;它也允许用户听和/或记录公告、与种植和糖厂有关的问题和答案。

语音网技术使人们可以通过语音呼叫创建一个语音接口。相关语音接口可以连接在一起。用户可以浏览语音门户网站,从一个语音接口导航到另一个接口,甚至使用基本的电话进行交互。语音网络在已经使用的电话系统上采用了一个易于使用的语音界面,来创建多种语言和方言的动态内容。这样就使很多人可以用他们自己的语言来上网,并通过电话来获得与他们相关的信息。下图显示的是为 Simbhaoli 制糖厂定制的系统流程图。

---

① 语音网:新技术修改后(出于保密原因)的名称,由供应商专门为用户使用手机访问互联网而开发。

② Buhmip Khasnabish, *Implementing Voice over IP*, John Wiley & Sons Inc., Lexington, MA, USA, 2003, p. 203.

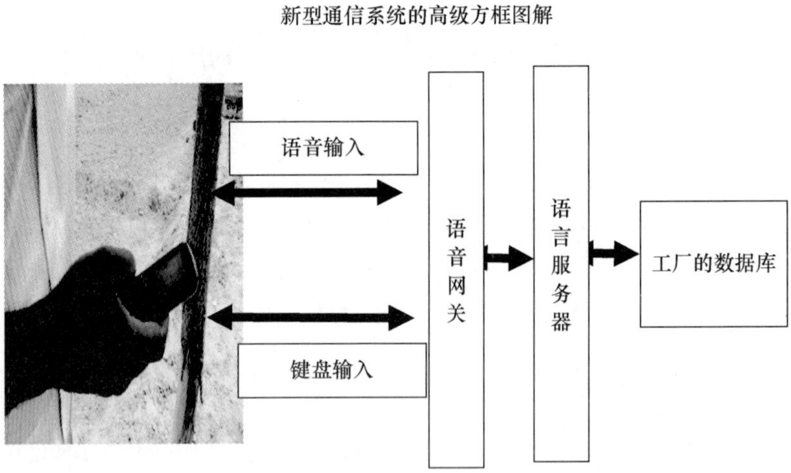

资料来源:作者原创。

附录 7 Ganna Kissan 的沟通渠道

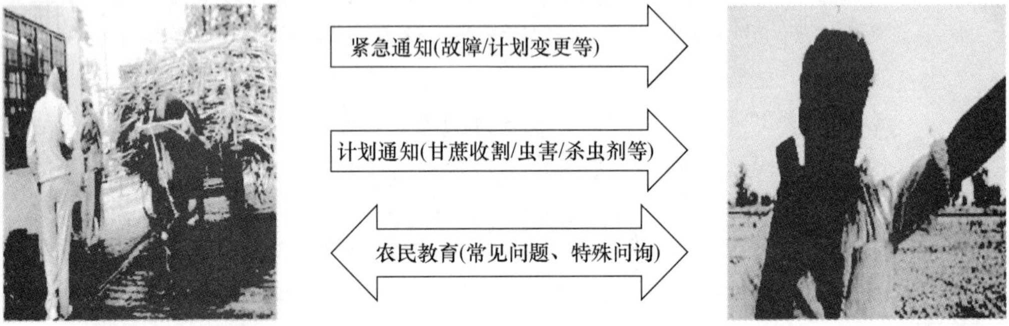

资料来源:由作者根据公司文件制作。

附录 8 Ganna Kissan 的电话流程图

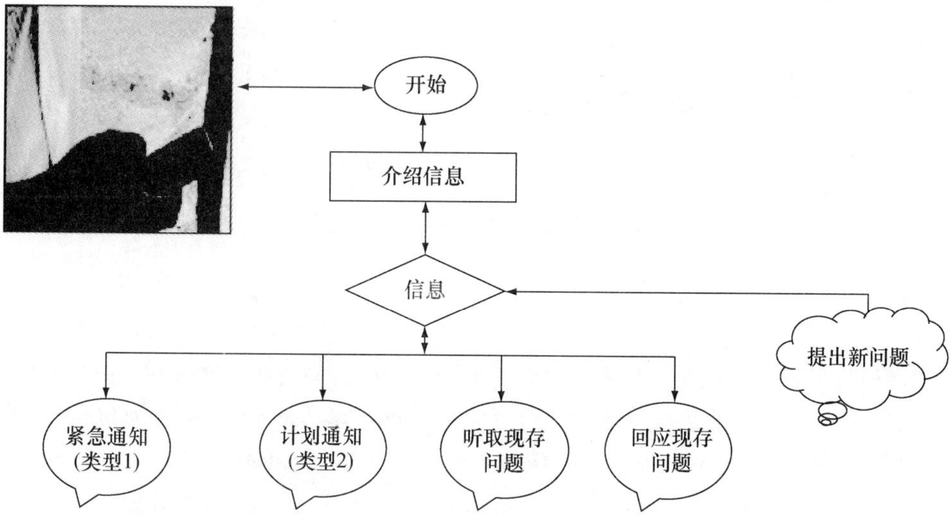

资料来源:由作者根据公司文件制作。

附录 9 基于问答环节的分析图

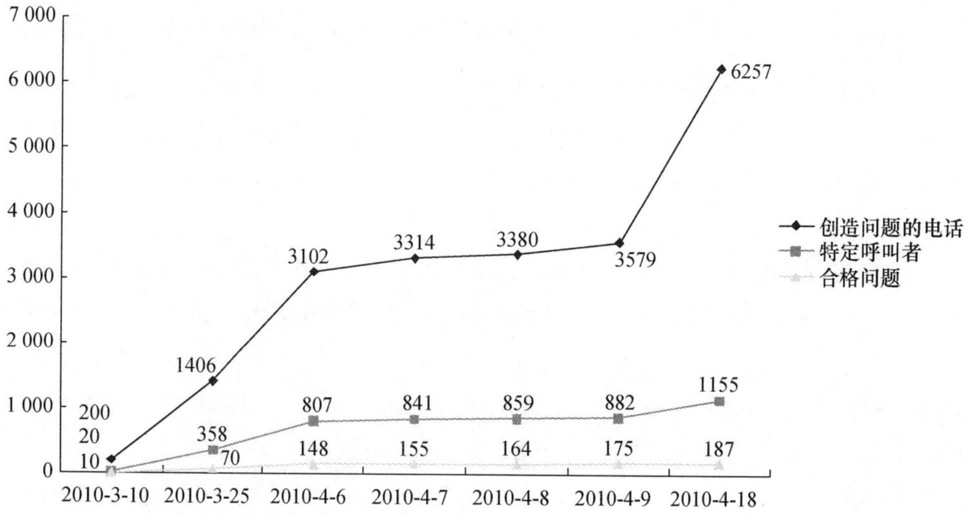

资料来源:由作者根据公司文件制作。

IVEY | Publishing

案例4-2

电子出版:Pothi. com

作者:Rojers P. Joseph, Shishir K. Jha

主题:新企业的进入决策

2012 年的夏天,Pothi. com 的创始人之一 Jaya Jha 坐在她位于班加罗尔的办公室里。班加罗尔是一个位于印度南部的主要的信息技术(IT)中心。随着 Pothi 即将完成颇有前景的两年起步阶段后,她最近一直和她的搭档 Abhaya Agarwal 讨论 Pothi 下一阶段的各种问题。Jha 和 Agarwal 用自身的积蓄建立了公司,在此期间家人和朋友在公司业务上也进行了少量的投资。不同于传统的出版社,Pothi 是一家提供按需印刷(POD)服务的电子出版平台,在印度这还是一个比较新的概念。作为一家刚启动的公司,威胁着 Pothi 的不是那些与之相同的电子出版平台或者已成熟的传统出版社,而是在印度国内市场上称自己为传统出版商的地下的个人出版公司。为了应对这个威胁,Pothi 需要处理以下问题:在潜在用户中建立知名度;宣传由 Pothi 出版的书刊;通过配送、产品/服务革新来寻获更多的缝隙市场;实现可扩展性和随后的长期可持续性。

Pothi. com

2008 年 2 月,在数字化的变革中,Pothi. com 被建立了起来。数字化变革在过去的十年里已经牢牢地抓住了出版业。① 作为班加罗尔 Mudranik 科技私人有限公司旗下公司的 Pothi 在两年里做出了虽小但却非常重要的跨越。

Jha 与 Agarwal 两人都是拥有印度理工学院(坎普尔理工学院)计算机科学和工程技术学士学位的毕业生,并且都有过硬的技术背景。Jha 后又继续在印度(勒克瑙)管理学院学习并作为她所在 MBA 课程的最优秀的毕业生获得工商管理硕士学位。她跳过了该学院的职业培训过程,继而选择为一个初创公司工作,随后在谷歌公司做了一名产品经理,当然这都发生在创立 Pothi. com 之前。Agarwal 毕业后在一家软件公司工作了三年,然后在卡内基-梅隆大学继续追求更高深的研究。在这里,他获得了理学硕士学位。之后他放弃了在卡内基-梅隆大学语言科技方面的博士项目,而去追求他的创业梦想:回到印度后开始与 Jha 合作关于 Pothi. com 的工作。

Jha 与 Agarwal 创建自助出版平台的创意源自其在 2007 年 4 月的一次个人经历。Jha 当时试图出版一本她自己的印地语的诗集,但是她和 Agarwal 意识到使用传统的出版方法将需要他们在这样一个项目上付出太多的努力,虽然她仅仅要发行给一个与自己关系密切的群体。他们两人在印度找不到自助出版的选择,于是就决定自己来做这个业务。

Jha 与 Agarwal 创建了 Pothi,其目标专注于印度市场,提供个人自助式的出版服务。每年增长 10%—15%②的印度出版市场有着巨大的潜力。印度是世界第五大英文出版

---

① "Which Economic Models for Digital Books?" *Paris Tech Review*, October 6, 2011, www. paristechreview. com/2011/10/06/economic-model-digital-books/, 2011 年 10 月 10 日访问。

② "The Size of the Indian Publishing Marker," *Prayatna*, May 11, 2005, http://prayatna. typepad. com/satya/2005/05/the_size_of_the. html, 2009 年 8 月 11 日访问。

市场(在美国、英国、加拿大和澳大利亚之后)。[①] 根据Jha的描述,Pothi.com的目标是在电子内容的灵活性和纸质图书的便利性之间架起桥梁。Jha面对着这样一个事实的挑战:虽然电子出版为内容的重新组织和个性化提供了巨大的机会,但是在印度这样的一个国家,大多数人仍然认为实体文本是吸收书本内容最方便和最经济的方式。Pothi的终极使命是帮助所有想要出版个人书籍的人,让这些人的出版工作变得容易。

图书出版价值链的转型与干扰

传统上,图书出版工业印刷与售出的图书是由纸张与墨水制成的。传统的图书出版价值链包括作者、编辑、审稿人、出版商、中介经销商及最终用户[②](参见附录1)。自从15世纪中期印刷术发明之后,商业出版就经历了一个重要的发展阶段,从此之后历经几个世纪,出版的历史一直与科技革新和社会变革紧密地联系在一起。

在传统出版经济中,四方人员之间的相互影响和他们中力量的平衡扮演了一个重要的角色。这四方人员是:作者、出版商、印刷商/纸张供应商/装订商,以及经销商。一项对图书出版价值链各部分更深入的分析显示,图书的分销花费是最大的一笔支出,大概是图书价格的一半[③](参见附录2)。

内容电子化已经改变了整个出版业的景象——图书出版也没有例外。在互联网、无线网络技术和手机、电子书阅读器等接入设备普及的改变和支持下,按需印刷(POD)、电子书(e-book)、在线图书及销售纸质书和电子书的网上书店等模式应运而生。这种变革主要影响到出版的四个方面:出版技术、出版的经济成本、顾客接触出版产品的方式,以及顾客的偏好。电子化有降低生产成本、存储成本和分销图书成本的潜力,因为生产和存储多一份副本的成本可以忽略不计,同时也因为电子分销不需要中间商的协助。此外,递送的速度、购买和使用的便利程度(如容易的搜索)及商品的挑选和全面性都会得到极大的改善。这些改变造成了出版商与读者之间力量平衡的变化,极大地改变了使用者接触信息的方式,也影响着读者的感觉和偏好。[④]

---

① Sharif Khan,"Penguin Publisher Reveals What it Takes to Get Published:Interview with David Davidar,Former Publisher, Penguin Canada," *Gather*,June 16,2008,www.gather.com/viewArticle.action?articleld=281474977374500,2009年5月16日访问。

② Dahlina Daut Mohmud,*E-transformation in the Publishing Industry*,Ph.D.Thesis,School of Applied Sciences,Cranfield University,Cranfield,2006,https://dspace.lib.cranfield.ac.uk/bitstream/1826/2383/2/Thesis%20Dahlina.pdf,2009年2月18日访问。

③ Dina N. Malhotra,*Book Publishing:Principles & Practices*,Rakesh Press,New Delhi,2008,pp.128—131.

④ S.K.Jha,R.P.Joseph and N.Mankad,"Technology and New Digital Sensibilities:Impact of Digital Text 2.0," *Technology Management for Global Economic Growth*(*PICMET*),2010 *Proceedings of PICMET*'10,IEEE Explore,July 2010,pp.1—8,http://ieeexplore.ieee.org/stamp/stamp.jsp?tp=&arnumber=5603327,2010年12月31日访问。

发展中市场的出版业

随着亚洲和非洲文化程度的提升，出版商在这些发展中市场已经做好了从预期的出版业务增长中收取回报的准备。分销在这些地区仍然是一个主要的阻碍，因为它需要传统供应商使用大量的资源。因为很多地区欠缺实体渠道，图书零售价的 40%—50% 通常都作为交易折扣支付给了中间经销商。[①] 一家网上商店，比如亚马逊[②]，通常收取建议零售价的 20%—55% 作为分销的费用。[③] 对于小型的出版商，亚马逊则收取 60% 的费用作为分销支出，而且生产商还得支付运费。[④]

印度的出版业

印度的出版商同样受到了出版业在过去几十年内全球化发展的影响。印度总体的图书市场规模估计超过 20 亿美元[⑤]（1 000 亿卢比）[⑥]（参见附录 3）[⑦]。对于那些提供给普通读者的图书——主要是大众市场的图书，比如面向普通读者、儿童以及年轻人的虚构小说——被称为贸易图书。对于整个贸易图书市场来说，英语图书的市场价值超过了 5 亿美元（240 亿卢比）。[⑧]

印度的出版业进一步被语言"临界规模"的存在所推动。例如，一种语言有足够多的使用者，使得用这种语言的出版物在经济上是可行的。乌尔都语、印地语、孟加拉语、旁遮普语、泰米尔语、泰卢固语、卡纳达语、古吉拉特语和马拉雅拉姆语的潜在使用者数量远远超出荷兰语、瑞典语、挪威语、希腊语、罗马尼亚语、匈牙利语、捷克语、芬兰语和保加利亚语的使用者[⑨]（参见附录 4）。至 2010 年，印度大约有 16 000 家出版商，每年的

---

① Dina N. Malhotra, *Book Publishing: Pnnciples & Practices*, Rakesh Press, New Delhi, 2008, pp. 128—133.

② 亚马逊始建于 1994 年，源于西雅图，是最大的网上零售商。它最初是一个网上书店，然后开始销售其他产品，像电子产品、家具和玩具。

③ "Book Royalty Calculations at Mill City by Distribution Model and Retailer," Mill City Press, www. millcitypress. net/author-royalties, 2011 年 4 月 10 日访问。

④ Lynn Michell, "Amazon's Profits are Small Publishers'Losses," *Books Blog*, April 7, 2011, www. guardian. co. uk/books/booksblog/2011/apr/07/amazon-profits-small-publisher-losses, 2011 年 4 月 7 日访问。

⑤ 2010 年 6 月，1 美元 = 46.5 卢比，"Historical Price for American Dollar vs. Indian Rupees," *StockFry. com*, www. Stockfry. com/Forex_Watch_Hist. asp?a = USD&MonthYear = Jun-2010, 2011 年 6 月 10 日访问。

⑥ "Comparison of Estimates of the Size of the Indian Book Publishing Industry," *The Publishing Horizon*, November 21, 2008, http://prayatna. typepad. com/publishing/india/, 2009 年 8 月 11 日访问。

⑦ 本案例除特别标示外，所有货币单位均为美元。

⑧ "Comparison of Estimates of the Size of the Indian Book Publishing Industry," *The Publishing Horizon*, November 21, 2008, http://prayatna. typepad. com/publishing/india/, 2009 年 8 月 11 日访问。

⑨ Datus C. Smith Jr., "The Bright Promise of Publishing in Developing Countries," *Annals of the American Academy of Political and Social Science*, Vol. 421, Perspectives of Publishing, Sage Publications, 1975, pp. 130—139, www. jstor. org/stable/1040875, 2009 年 7 月 14 日访问。

图书发行总量约为90 000个品种。[①]

印度有着大约2 000万[②]说英语或阅读英文读物的人口,但是对于印度总人口数来说,这一数量低得可怜。在商业上获得成功的图书的印刷数量甚至低至1 000本。[③] 一些专家将这归罪于出版商过高的定价及低效的分销系统。印度是全世界英语语言市场发展最快的国家,大约有700万—800万的印度人把英语作为他们的第一语言,而且因为印度市场的自由化,这个数量正在快速上涨。[④]

在印度,贸易(一般图书)出版已经开始重新崛起为一个很大的市场。很长一段时间里,它仍然是几个较大出版商掌握的教育出版业务的一个分支。贸易出版的崛起给销售与营销市场发展带来了大量的机会。此外,随着更多的出版商进入印度,这一市场会变得更加有竞争性,图书质量也会得到改善,而且会造就更广阔的目标读者人群和更好的客户体验。[⑤] 尽管刚开始形成,电子书在印度存在一个新兴市场,特别是贸易图书的部分(参见附录5)。

印度出版业的外包

在IT、医疗、银行及金融业成功外包之后,现在轮到印度的出版业把印度作为全球外包目的地推向新的高度。印度的外包出版市场至2007年估计约为30亿美元。[⑥] 印度在出版行业有着很多方面的优势。当一个项目被外包给印度时,成本的减少就可达50%之多。[⑦] 印度可以自夸地说印度国内的英语图书出版印刷有着100年以上的历史,同时有着大批的专家和充满活力、增长迅速的客户群。[⑧] 为了提升效率及减少成本,出版的很多功能已经被逐渐地外包给其他的供货商或者承包商(参见附录6)。一些外包给印度的主要服务项目包括语言翻译服务、网页制作和仓储。[⑨]

虽然印度的出版市场已经经历了连年的快速增长,对于占整个行业约85%[⑩]的中

---

① Balamurugan L. Ananthan, "Challenges of SME Publishers in India," *Economic Times*, April 16, 2010, http://economictimes. indiatimes. com/articleshow/5815708. cms?prtpage = 1, 2011年1月13日访问。

② Sonya D Choudhury, "Publish and be Damned," *Spectrum*, *The Tribune*, September 21, 2003, www. tribuneindia. com/2003/20030921/spectrum/main1. htm, 2009年3月23日访问。

③ Ibid.

④ "The Size of the Indian Publishing Market," *Prayatna*, May 11, 2005, http://prayatna. typepad. com/satya/2005/05/the_size_of_the. html, 2009年3月23日访问。

⑤ Pallavi Polanki, "Indian Publishing Industry is in Transition," *Hindustan Times*, New Delhi, April 28, 2008, www. hindustantimes. com/StoryPage/Print/307447. aspx#, 2009年4月20日访问。

⑥ Stanley Grace, "The New Face of Multilingual Publishing Industry," *PR-Log Global Press Release Distribution*, March 12, 2007, www. prlog. org/10010077-the-new-face-of-multilingual-publishing-industry. pdf, 2009年2月18日访问。

⑦ Ibid.

⑧ Ibid.

⑨ Ibid.

⑩ Balamurugan L. Ananthan, "Challenges of SME Publishers in India," *Economic Times*, April 16, 2010, http://economictimes. indiatimes. com/articleshow/5815708. cms?prtpage = 1, 2011年1月13日访问。

小企业来说增长却不是那么明显。行业中大约 60%—65% 是属于无组织的部分[①],这也可以部分地解释印度的地下私人出版机构的问题(这也是 Pothi. com 担心的一个问题)。

自助出版[②]

出版包含以下过程:准备和编辑原稿、设计封面、印刷、分销及营销。传统上,出版商作为中间人,承担出版刊物的责任,而作者几乎没有多少控制权;而在自助出版中,作者扮演了出版商的角色,承担着所有的出版责任——他们有控制权,可以独立地做出有关出版内容和如何展示出版物的决定。电子出版的增长促进了提供 POD 服务的、基于网络的数字出版平台的出现。这些平台提供给了作者出版自己作品所需要的服务,从而彻底改革了传统的出版模式(参见附录 7)。

通常来说,渴望展示自己作品的业余作家会通过那些自称是传统出版商的小型出版社来自助出版自己的作品。这些出版机构也被称为补贴出版商,它们会签订"地下私人出版"的协议,主要针对第一次出书的作者。它们通常会通过让作者自己购买几百份印出来的图书的方法,从而把全部的出版经济负担加在作者身上。这些出版商控制着所有的相关权利,而且这些书仍然被出版商所保留;作者则收到每卖出一本书的版权费。

那些想要通过 POD 服务自助出版他们作品的作者不用做任何前期投资来发行自己的作品。这套系统的做法是只有在接到顾客的每一份订单之后才印刷相应的书,所以有效地避免了印刷和储存大量的待售图书。结果,POD 方式被用于印刷较少份数的图书,成为传统出版方式的一种可行的且经济的替代模式,原因在于传统出版方式制版的初始成本(最初的份数)使得数量极少的印刷生产(比如,少于 500 本)不能产生利润。在 POD 的出版业务中,哪怕只印刷一本书也是可行的,因为该模式克服了传统出版业中补偿"最低本数"的约束。[③]

POD 服务也为个人作者、出版企业、教育/培训机构和非政府组织/其他对自助出版小批量图书感兴趣的组织提供了很大的帮助。[④] 通过提供小批量印刷的功能,一般来讲,POD 能够让业余作家和非出版商试探市场对他们作品的反应,或者由于预算的约束没有能力进行大规模的印制,他们则可以继续为小规模的读者印刷发行图书(参见附录 8)。这种方法适用于那些想面向缝隙市场印刷图书的出版商(例如,为参加某一特定课程的学生印刷的参考书)和/或为了印刷已经停版,而不能提供大量印刷理由

① Balamurugan L. Ananthan, "Challenges of SME Publishers in India," *Economic Times*, April 16, 2010, http://economictimes. indiatimes. com/articleshow/5815708. cms?prtpage = 1, 2011 年 1 月 13 日访问。

② "Frequently Asked Questions," *Pothi. com*, http://pothi. com/pothi/faq, 2011 年 6 月 20 日访问。

③ 对于一次较大数量(1 000 本或更多)的印刷,传统补偿的印刷方式仍然是考虑到成本及质量方面的首选。

④ 出版商也开始使用 POD 服务去印刷已停版的和版权过期的书籍,哪怕是小量的订单。

的读物。

通常来讲，在互联网上的自助印刷公司通过两种模式当中的一种来运作："打包"或"挑选和选择"。在打包模式中，自助印刷一本著作的整个服务流程都以捆绑的形式提供给客户。打包通常包含了编辑、排版、编排、封面设计、印刷、宣传和分销这些服务。作者可以递交原始稿件，然后收到几份印制好的产品（这项费用包含在打包组合中）。打包模式的缺点是费用会略微高一点，而且作者对于整个流程没有多少控制权；然而，它能节省作者很多的时间。

挑选和选择的平台模式（Pothi 就是其中的一个）把在出版程序中的每一项服务都作为一个单一的产品。一个作者可能会选择购买其中一个或几个，或是全部的服务，但是每一项服务是单独收费的。这个模式更加经济有效，而且能使作者控制整个出版过程，不过因此也需要作者大量的参与（如时间和精力）。

除了印刷/POD 的服务之外，Pothi 还提供两个一般类别的与此相关的服务：一类包括封面设计、打字输入、排版与编辑；另一类属于通过 Pothi 的网上商店提供有关的营销印刷产品的服务业务。客户可以根据他们的需要决定是否使用这些服务（参见附录 9）。

Pothi 的商业模式

区别于传统出版企业，Pothi. com 不是一家出版商，而是一个协助出版程序的平台。Pothi 没有印刷作品的版权，也不对印刷品的内容负责，因为所有的相关权利都由作品的作者或所有人享有。那些想要在图书上看到 Pothi 标识的作者经常会感到失望；按照传统，很多作者喜欢在他们的作品上留下出版商的标识。许多 Pothi 的作者都有与补贴出版商丰富的合作经验，在那种合作形式下，作者必须购买几百本书来以此抵补出版他们作品所花的成本。虽然这些作者看上去通过这些业务协议接受了专业上的服务，但是补贴出版商通常很少为他们所出版的图书做推销，所以即使作者在承担了所有出版流程的经济负担之后，也不太可能实现他们所期待的曝光度和关注度。

Pothi 的商业模式为印刷业务赋予了灵活性（参见附录 10），并且提供了在印度市场上具有竞争力的价格（参见附录 11）。Pothi 宣称自己是印度第一家网上书店，有着预先浏览图书的功能。尽管 POD 在印度是一个比较新的概念，但是 Pothi 的创始人预见到了出版业在印度的巨大潜能，特别是在内容电子化的可能性方面。Agarwal 描述了那些促使 Pothi 诞生的想法：

> 2007 年，当全球经济衰退的迹象开始出现的时候，印度的出版业是受打击最严重的产业之一。随着电子书、POD 的出现及报纸广告收入的减少，出现了将有许多巨大变化的迹象。音乐产业在几年前似乎已经经历过这样的过程。Jha 和我

都对阅读、写作和语言有着特别的喜爱。对于我们这个为印度建立一个 POD 平台的想法,机会和兴趣产生了一个完美的结合。[①]

Pothi 的收入有三个主要来源:卖出产品的版税的分享、作者支付的服务费,以及特别的个性化作品的销售。这个平台包括多种出版工具、服务和网上商店以协助产品的销售。在版税的分享方面,Pothi 设计的方法是基于 Pothi 的利润应该与出版商(作者)的利润等同的假设(参见附录 11)。作者可以任意制定他们想要达到的利润。因此 Pothi 印刷和销售的图书的价格计算为生产成本加上两倍的作者所指定的利润。对于印前服务来说,Pothi 收取了高达 150% 利润的费用(参见附录 12)。Pothi 继续提供网上推广售书的服务并收取作者一次性的费用,尽管 Pothi 到 2010 年中期已经停止了一些该公司的其他辅助性服务,如营销工具包等(参见附录 13)。

公司成立的两年后

Pothi 看到它出版的图书从 2008 年 9 月的 110 个品种达到了 2009 年 10 月的 270 个品种[②]——这是 250% 的增长。图书发行的增长带来了收入的 3 倍增长。到 2010 年 6 月的第一周,Pothi 拥有大约 700 位付费的客户(作者与买家的总和)。考虑到 Pothi 在 2008 年建立,而且印度的电子出版业还处于婴儿期,如果这个上升趋势可以保持的话,就会在不久的将来产生收入上很大的提升。并且 Jha 和 Agarwal 高兴地看到大约 80% 的客户在 Pothi. com 上进行了重复性的购买。截至 2010 年 6 月[③],Pothi 出版了 6 种印度语言(印地语、孟加拉语、卡纳达语、马拉地语、泰卢固语和梵语)的图书以及英语的图书。[④]

根据 Pothi 客户要求的印刷服务,每个订单的处理时间各有不同。印制一本完全经过编辑和格式化的电子形式的手稿只需一天的时间;但是,如果客户购买了附加服务,这个过程就需要两周(不含编辑)到四周(含编辑)。[⑤] 比起传统的印刷模式,这在手稿提交和发布之间减少了大量的时间间隔,因为传统的印刷模式从一份手稿提交到制成一本印刷好的图书成品可以长达几个月到一年的时间,甚至更长。通过 Pothi,作者通常可以在他们提交手稿一周后收到第一本成品书。

从 2008 年 4 月到 2010 年 3 月,Pothi. com 的不重复访客(即独立访客)数量几乎每个季度都在稳步上升。从 2008 年的第二季度到 2010 年的第一季度,不重复访问量上升了大约 12 倍(参见附录 14)。基于这些结果,即使数据无时无刻不在波动,但还是可

---

① "Walk the Talk with an Entrepreneur—Abhaya Agarwal," *vcBytes*, September 13, 2010, www. vcbytes. com/walk-the-talk-with-an-entrepreneur-abhaya-agarwal/,2011 年 6 月 10 日访问。

② Pothi 的年度报告。

③ Jha 提供的 Pothi 内部记录。

④ Pothi 的年度报告。

⑤ Jha 提供的 Pothi 内部记录。

以推断出 Pothi 的网络知名度也在这两年间上升了。然而,没有数据可以显示这些访问者中有多少最终选择了 Pothi 的业务。

Pothi 的潜在市场

Jha 根据每个细分市场的潜力,对一些能够为 Pothi 带来增长的主要细分市场进行了识别、明确和排序(从最重要的开始)。

细分市场(缝隙市场)的出版

这些是关于特殊话题的图书的市场,通常是业余作者的作品,旨在服务市场中的一小部分群体。比如,一部主题为如何制作低成本预算的电影的作品会迎合一个规模很小但对此感兴趣的读者群体,而大的出版公司对于这种项目不会有很大的兴趣。

非正式出版

非正式出版迎合了那些想要给一个小群体发布作品的个人,比如家人和朋友。这些内容通常都是业余的,可能包括父母或孩子写的文章、照片或是轶事。用来作为礼物的图书同样以这种方式印刷。

印度版本的外国图书

这是 Pothi 的第三大潜在市场。很多国际上出版的图书由于在印度没有一个足够大的市场来支付传统印刷出版程序所需要的成本。对于这一小部分在印度市场有潜能的外国作品来说,将它们运送到印度的花费太高。Pothi 的 POD 服务使得那些网上对这些图书感兴趣的读者人数决定了到底要印刷多少册的书,进而通过把这本书的电子版印刷出来,并且运送给在印度订货的顾客。

主流(英文)的贸易图书

印度的贸易图书市场正在变得更加有组织性,并且正缓慢地向学术与专业书籍以外的领域扩展。印度的英语阅读群体在增长,它是世界上第五大英语图书的发行市场,所以预计越来越多的业余写作爱好者将开始用英语写作,从而增加电子平台的商业机会。

地方(民间)语言市场

虽然 Pothi 已经出版过 6 种英语之外的印度语言的书籍,但是 Jha 相信这个市场对于 Pothi 来说是最没有前景的一个。其中一个原因是已经很成熟的地区出版商,这些出版商享受着资深出版商的特权和当地的声誉，并且牢牢掌控着不同地区的市场。

学术出版

学术图书的市场（包括学校课本和大学教材）在出版量方面是印度最大的一个细分市场，但是对于 Pothi 来说潜力最小。学术出版仍然被传统出版社牢牢地控制着。通过严格的同行审查程序进行验证来确保质量是学术出版的一项重要功能，这也可能是阻碍规模较小的出版社（包括电子平台）进入这个市场的一个因素，使之不能够制定出一个合适的商业模式。

Pothi 面临的挑战

Jha 和 Agarwal 知道需要将 Pothi 面前主要的障碍清除，才能达到自身的目标。他们认为 Pothi 只有在成为第一次出书的作者和印度所有独立及小型出版商的自动的第一选择时，才可以说是成功的。在市场中的两年时间帮助他们认清了 Pothi 面临的主要挑战，而为了实现长久的成功，Pothi 需要战胜这些挑战。这些挑战除了进行产品和服务上的创新及妥善处理地下的自助出版商所带来的竞争外，还表现在以下方面：

宣传

作者需要推销其作品的责任，使得 Pothi 的作者处于不利的境地。像 Blurb[①] 这样的网站给作者提供了可以使他们嵌入这些网站的小部件，以此来宣传推广其作品，而且谷歌 AdWords[②] 也可以用来宣传自己出版的图书。然而很有可能许多业余作家没有这种意愿、知识和资源来成功地营销其作品。不过，如果 Pothi 提供宣传帮助的话，那么增加的成本和随后的定价将会使公司的定价模型复杂化，因为现有的模式是基于作者通过 Pothi 出售图书时所希望得到的利润大小来制定的（参见附录 11）。

分销

对于那些业余作家来说，通过 Pothi 的网上商店来分销图书可能无法提供足够的曝光度，除非 Pothi 的受欢迎程度大幅度地上升。一个选择就是与像亚马逊这样已经成熟的网上商店或者其他受欢迎的、有网上商店或较广泛的零售网络的地方零售店结成联盟。但是经销商们通常收取高达 40%—60% 的零售价格作为交易折扣，这个额外的成

① Blurb，一个电子自助出版平台，提供了免费的在线工具，使作者能够分享、宣传甚至销售其作品。

② 任何人都可以通过谷歌 AdWords 做宣传，广告在谷歌上或者在它的合作伙伴的网站上显示；在这些网站上宣传的产品或服务，谷歌会按照点击率收费。

本会迫使 Pothi 重新修订其定价模型。收入分享的程序和合同上的其他条款需要在双方都能够接受的前提下建立,而且不能影响利润及作者的期望。

知名度

POD 服务在潜在客户中的知名度的缺乏对于刚刚起步的数字平台来讲是最令人担心的。这种知名度的缺乏往往被那些自称为传统出版商的地下小型私人出版商所利用。一开始,Pothi 运用了有限的网上营销、搜索引擎的最佳化和口口相传的方法来宣传自己的服务。"通常,在人们发现我们后,会在 3 个月到 1 年的时间内带着他们要出版的作品回来使用我们的服务",Jha 说。从 2008 年第二季度到 2010 年第一季度,Pothi.com 的不重复访问量上升了大约 1 200%(参见附录 14)。如果 Pothi 有能力将其中哪怕只是一小部分的访问者转变为顾客,就会使 Pothi 的业务得到巨大的提升。所以,Pothi 确定它的焦点应该放在将它的业务与网站访问者建立起关系上,识别出他们的问题,并把 Pothi 的商品看做一个解决方案,建立起公司的可信度和声望,由此引导顾客来使用 Pothi 的服务。

竞争

通览行业中竞争的格局,Pothi 看到另一个 POD 平台 CinnamonTeal① 正在印度运营。尽管比 Pothi 早一年建立,但是 CinnamonTeal 在建立后的三年间无法扩大其业务到一定的水平。与此相反,成立于 2004 年的 Lulu.com 每个月出版大约 20 000 个图书品种②,而且提供 6 种语言(英语、法语、德语、西班牙语、意大利语和荷兰语)的多种服务。总部设在美国北卡罗来纳州罗利市的 Lulu.com 已经在美国、加拿大和欧洲地区增设了办事处。该公司采用了"开放式出版"的模式,授权给"更多的创造者来销售更多的内容给更多的读者,并且得到比以往任何时候都要多的利润"。③ 如公司所宣称的,它的产品包括精装和平装图书、电子书、迷你书、写真集、挂历、菜谱、旅游书、CD 和 DVD。Lulu.com 的客户来自超过 200 个国家和地区,并且通过该网站发布他们的作品可以获得他们作品 80% 的利润。④ 作为一个私人出版平台,Lulu.com 没有让自己的名字出现在它出版的图书中,但是如果作者喜欢的话也可以把公司的标志印在图书的封面上。

根据 Jha 所说,Pothi 在印度最接近的竞争者不是其他的 POD 服务提供商或者传统出版商,最主要的威胁来自那些自称是传统出版商的地下个人出版公司。根据 Jha 的观点,印度地方语言的出版大部分是由作者支持的,甚至对于用英语出版的刊物(除了前五位或前六位的出版公司)大多数出版商也向作者收取一定的费用作为

---

① *CinnamonTeal Publishing*, www.cinnamonteal.in, 2010 年 6 月 10 日访问。

② "About Lulu: Corporate Profile", www.lulu.com/about/corporate-profile, 2010 年 6 月 15 日访问。

③ Ibid.

④ Ibid.

出版经费的部分支持。Jha 解释道:"很多作者被'曝光'的诱惑所吸引,但是很少有人能真正地实现其曝光度。"

回顾

Pothi 一直认为自己是一个自助出版的 POD 平台,并且有意识地避免走传统出版的老路。对于那些通过 Pothi 自助出版的作者来讲,如何获得国际标准书号(ISBNs)仍然是一种担心。每一个国际标准书号都是一个唯一的数字标识,代表着一本书特定的版本。传统上,拥有版权的出版商对其出版的书籍都会申请分配一个国际标准书号。Pothi 让作者们不要提及 Pothi. com 是一个出版商,并且建议他们自己去申请国际标准书号,因为公司的创始人觉得将 Pothi. com 误认为是一个出版商对于作者们和读者们来说都是不公平的。在印度,有些数字平台会为在自己平台上出版的图书申请国际标准书号。但是,就 Jha 而言,这不是国际标准书号系统的正确使用方式,因此 Pothi 想把自己和这些平台区分开来。"国际标准书号在印度是免费的,但是许多人并不了解这些。他们登录我们的网页,然后很艰难地试图想真正了解什么是国际标准书号",Jha 打趣地说。

除去公司的创始人,Pothi 只有一名全日制的员工和一个虚拟的由自由职业者构成的团队来为公司提供出版服务。Jha 和 Agarwal 进行了 5—6 个月的关于印刷、纸张类型和寻找可靠的装订工具这些技术方面的研究。现在回想起来,Agarwal 认为,他们也应该花更多的时间专注于业务的其他方面。①

最初 Pothi 是自己做印刷,但是 Jha 和 Agarwal 随后发现他们没有足够的资金来投资于印刷和相关的设备使其能够增长,这促使他们和一个已经很成熟的印刷厂进行了合作。随后 Pothi 与多个印刷厂合作,它们不仅承担了 Pothi 的印刷和装订,而且负责向 Pothi 的顾客运送产品。Jha 解释道:"印刷的外包对我们来讲是很好的,这让我们可以集中精力在出版的技术和工具上。另外,因为外包,我们实际上可以分配我们的生产。我们可以利用建在印度南部的印刷厂家来满足从印度南部来的订单,从而降低我们的物流成本。"获得一个支付通道需要一些时间,而且寻找一个可信赖的会计是公司创始人没有预料到的挑战。"现金流动和客户是你必须总要留意的两个方面",Agarwal 强调。"在注册一个公司之前一定要聘请一个好的注册会计师",Jha 补充道。②

① "Walk the Talk with an Entrepreneur—Abhaya Agarwal," *vcBytes*, September 13, 2010, , www. vcbytes. com/walk-the-talk-with-an-entrepreneur-abhaya-agarwal/, 2011 年 6 月 10 日访问。

② "Abhya Agarwal and Jaya Jha, Founders, Pothl. com," *your story. in*, http://yourstory. in/2009/05/abhaya-agarwal-and-jaya-jha-founders-pothi-com/, 2011 年 6 月 22 日访问。

接下来该怎么做？

Jha 和 Agarwal 还要面临这样的一些问题，比如，Pothi 应该怎样面对竞争？公司应该保留其数字出版平台的方式，还是成为一个出版商从而挫败与其竞争的规模较小的传统出版商？Pothi 能够增强自身的宣传和分销吗？Jha 和 Agarwal 应该怎样筹集到额外的资金来源？这些问题的答案将决定 Pothi 能否崛起成为一个主要的数字出版平台，或者仅仅继续在印度出版市场上扮演一个边缘的出版商的角色。

附录 1 传统的出版价值链

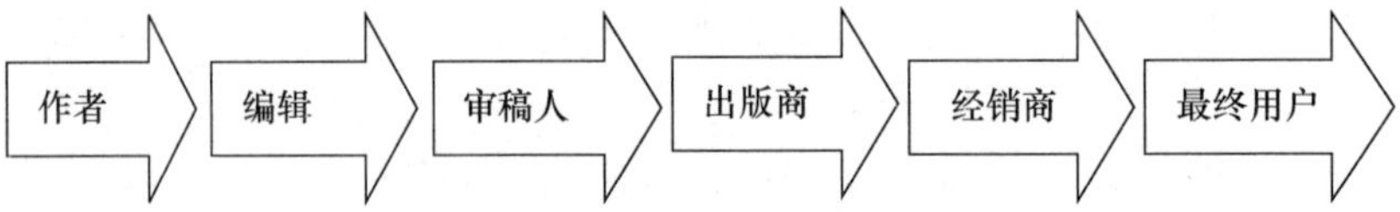

资料来源：A. Scupola，"The Impact of Electronic Commerce on the Publishing Industry：Towards a Business Value Complementarity Framework of Electronic Publishing，" *Journal of Information Science*，Vol. 25，No. 2，Sage Publications，April 1999，pp. 133—145，http://www. uk. sagepub. com/chaston/Chaston%20Web%20readings%20chapters%201-12/Chapter%209%20%2032%20Scupola. pdf，2012 年 6 月 11 日访问。

附录 2 一本 100 美元的精装书的费用构成

单位：美元

费用标题	总额
出版的实体成本（纸张、印刷和装订）	20
费用（管理费用）	20
分销成本（贸易折扣）	40
作者的版税	10
出版商的利润	10
总价	100

资料来源：Dina N. Malhotra，*Book Publishing：Principles & Practices*，Rakesh Press，New Delhi，2008，pp. 128—131。

附录 3 印度不同细分市场的图书生产

细分市场	价值(%)
学校课本	25
大学类	15
非学校教育类	15
字典/参考书	3
儿童与青少年读物	7
小说与绘本	35
总价	100

资料来源："The Future of Publishing in Lndia—a View from Across the Atlantic," *Frankfurt Book Fair*, 2009, www. frankfurt-book-fair. com/en/fbf/, 2010 年 6 月 21 日访问。

附录 4 印度主要语言的图书品种和人均图书产出的数量

语言	品种数量	人均图书品种(每 10 万个讲该语言者所有的品种)
英语	18 752	22.8
泰米尔语	7 525	11.2
马拉雅拉姆语	3 358	8.7
阿萨姆语	1 258	7.7
马拉地语	5 475	6.9
孟加拉语	5 538	6.3
古吉拉特语	3 213	6.2
印地语	21 370	5.0
埃纳德语	1 998	4.8
旁遮普语	1 298	4.4
泰卢固语	3 482	4.2
乌尔都语	2 172	3.9
奥里亚语	763	2.14
总计*	**82 537**	**8.04**

*包括那些没有列在其中的其他语言的品种。

资料来源："Book Titles Output in 2004 Across all lndian Languages," *The Publishing Horizon*, 2007, http://prayatna. typepad. com/publishing/2007/10/book-title-outp. html, 2009 年 8 月 11 日访问。

附录 5 印度电子图书出版市场的各个部分

单位:百万美元

	2007	2008	2009	2010	2011	2012	2013	2009—2012 复合年增长率
电子顾客类*	0	1	1	1	2	4	6	43.1
电子教育类	0	0	0	0	1	3	6	—
电子专业类	+	1	1	1	2	2	3	24.6

*也叫做贸易图书。

+小于 50 万美元。

资料来源:*Global Entertainment and Media Outlook 2009—2013*, PricewaterhouseCoopers, 10th annual edition, 2009.

附录 6 传统出版业的外包

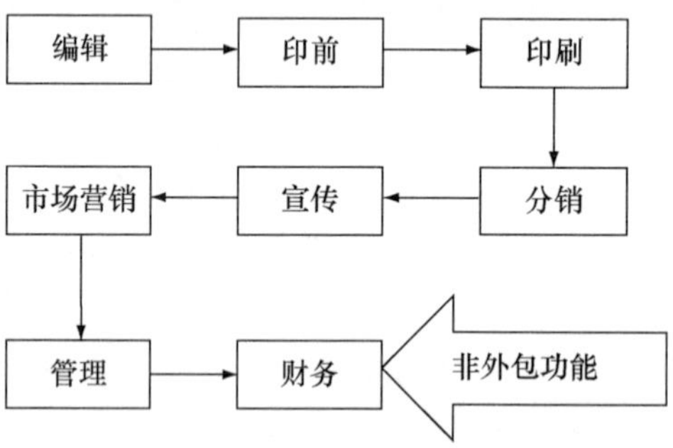

资料来源:Dahlina Daut Mohmud, *E-transformation in the Publishing Industry*, Ph. D. Thesis, School of Applied Sciences, Cranfield University, Cranfield 2006, https://dspace. lib. cranfield. ac. uk/bitstream/1826/2383/2/Thesis%20Dahlina. pdf, 2009 年 2 月 18 日访问。

附录 7 个人出版如何运行？

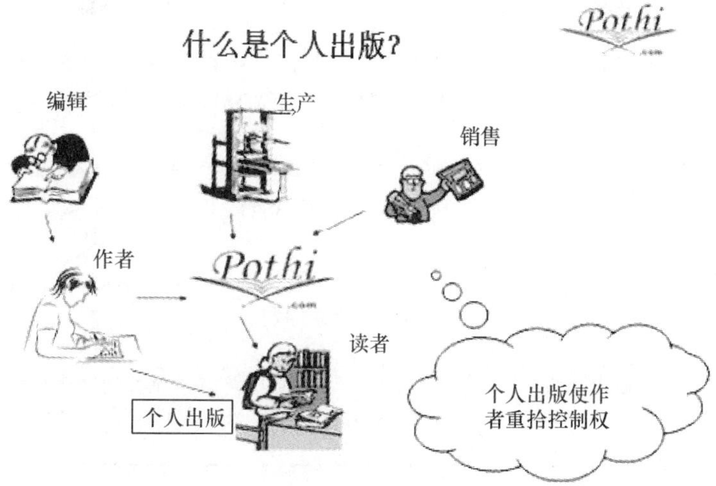

资料来源：Pothi. com, PPT Presentation, *PowerShow. com*, www. powershow. com/view/13727a-MjZkZ/Pothi_com_flash_ppt_presentation,2010 年 6 月 15 日访问。

附录 8 Pothi 不同类型的客户及其受益的方式

客户种类	利益
单一的作者	业余爱好者可以通过制造少量的作品来测试市场，以及为私人的社交圈印刷书籍，避免了预付款项。
出版商	可以测试新书的市场，做短期的再次印刷并且可以针对缝隙市场的读者。
教育/培训机构	可以用出版的图书来补充其内容，利用自己的品牌开拓新的收入来源并且把它作为复印的一个更好的替代选择。
非政府组织和其他组织	可以在没有专家指导的情况下出版，建立一本书的品牌并能管理自己的出版费用。

资料来源："Publish Your Books Easily," http://pothi. com/pothi/,2010 年 6 月 10 日访问。

附录9 Pothi提供的POD出版选择

出版选择	如何运作
出版与销售——自己来做	作者提交已经打印好的、完全版式化的复印本，Pothi会打印(POD)并且通过它的网上商店销售。
出版和销售——可使用的服务项目	作者提交手稿，Pothi将负责打字输入、编辑、设计版式、印刷和通过其网上商店销售。
私人出版——自己来做	作者提交已经打印好的、完全版式化的复印本，Pothi将会基于作者的需要来印刷。
私人出版——可使用的服务项目	作者提交手稿，Pothi将基于作者的需要负责打字输入、编辑、设计版式和印刷。

资料来源："Print Book Publishing at Pothi. com," http://pothi. com/pothi/writer, 2010年6月20日访问。

附录10 Pothi. com的印刷价值链

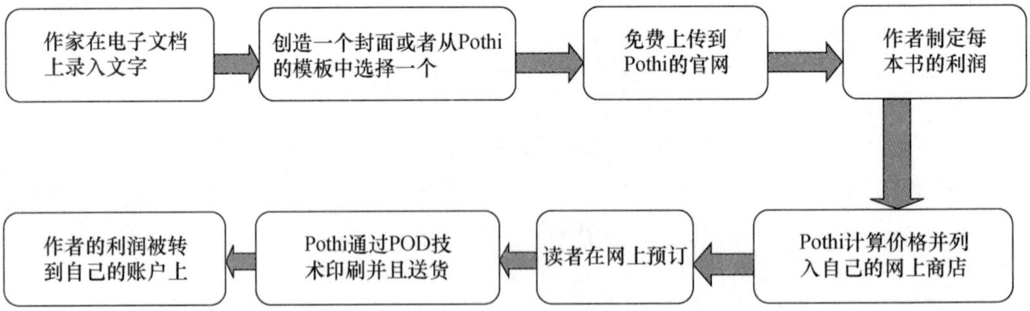

资料来源：摘自"Publishing Process at Pothi. com," http://pothi. com/pothi/publishing-process-pothi-com, 2010年6月20日访问。

附录 11　Pothi 印刷的不同种类图书[①] 的价格表

单位：美元

图书尺寸[②]	页数	平均印刷成本[③]	最低 MRP 零售价[④]	作者的分红	MRP1[⑤]	作者在 MRP1 中的分红	MRP2[⑤]	作者在 MRP2 中的分红	MRP3[⑤]	作者在 MRP3 中的分红
5 英寸 × 8 英寸	50	1.62	2.11	0	2.33	0.22	2.60	0.49	2.82	0.60
	100	2.13	2.79	0	3.01	0.22	3.45	0.66	3.67	0.77
	200	3.17	3.83	0	4.05	0.22	4.49	0.66	4.71	0.77
	300	4.20	4.86	0	5.08	0.22	5.52	0.66	5.74	0.77
A5	50	1.68	2.16	0	2.38	0.22	2.64	0.48	2.88	0.59
	100	2.20	2.86	0	3.08	0.22	3.52	0.66	3.74	0.77
	200	3.30	3.96	0	4.18	0.22	4.62	0.66	4.84	0.77
	300	4.40	5.06	0	5.28	0.22	5.72	0.66	5.94	0.77
A4	50	2.31	2.97	0	3.19	0.22	3.63	0.66	3.85	0.77
	100	3.30	3.96	0	4.18	0.22	4.62	0.66	4.84	0.77
	200	5.28	6.07	0	6.29	0.22	6.86	0.79	7.08	0.90
	300	7.26	8.36	0	8.58	0.22	9.46	1.10	9.68	1.21

注：① 这个表格不包括 Pothi 出版的不同大小和种类的图书。

② 所有的书籍都是平装（完全装订）、内部单色（彩色封面）和一般印刷纸（70—80 克/平方米）。

③ 平均印刷成本。

④ 在印度，MRP 的意思是最高零售价格。“最低 MRP” = 生产成本 + Pothi 的最小利润。Pothi 将此价格定义为“作者价格”。如果有超过 50 个复本要印刷，Pothi 会在最低 MRP 的基础上给出一个折扣。

⑤ MRP1、MRP2 和 MRP3 是做说明的。作者可以收取高于最低 MRP 的任何价格，只要作者的利润没有超过 Pothi 的最低 MRP 的份额，那么全部的利润将是作者的。例如，从最低 MRP 到 MRP2，全部的利润是作者的。而超过 MRP2 的部分则由 Pothi 和作者均享。

资料来源：用 Pothi 的“价格预估”中的价格估算工具进行计算，*Pothi. com*，http://pothi. com/pothi/estimate-price，2011 年 6 月 25 日访问。

附录 12　5 英寸 ×8 英寸书的印前服务利润

单位：%

服务种类	Pothi 的利润（占 Pothi 成本的百分比）
打字	50
设计版式	115
编辑	140
封面设计	150

资料来源：用 Jha 提供的 Pothi 内部记录数据计算。

附录 13 Pothi 提供的附加服务的价格

服务种类	成本	价格
图书的网站	不可行	30 美元(每本书的一次性费用)
营销工具包	于 2010 年中期停止	
写作/发送新闻稿	从来没有提供过	

资料来源:Jha 提供的 Pothi 内部记录。

附录 14 Pothi.com 独立访问量增加的百分比

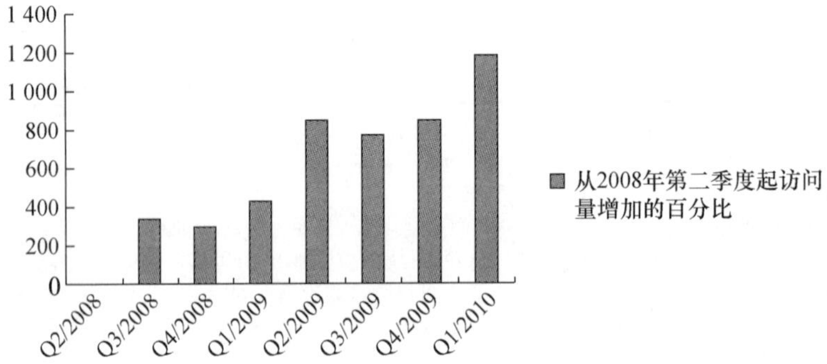

注: Q表示季度。

资料来源:用 Jha 提供的 Pothi 内部记录数据计算。

Ivey Publishing

案例 4-3

Taíno 建材:在中小型发展中国家的创新风险管理

作者:Carmen Rios Figueroa, Julia Sagebien

主题:中小型企业创新的风险管理

Professor Carmen Rios Figueroa and Dr. Julia Sagebien wrote this case solely to provide material for class discussion. The authors do not intend to illustrate either effective or ineffective handling of a managerial situation. The authors may have disguised all names and other identifying information to protect confidentiality.

本案例由 Carmen Rios Figueroa 教授和 Julia Sagebien 博士编写,仅作为课堂讨论的材料。作者无意阐明案例在管理场景中的使用是否有效。为了保密,作者可能在案例中有意隐去了一些真实姓名或其他信息。

2009年2月初,Taíno建材(Taíno)主席Mario Rivera正在他的海景公寓里观看划船比赛。他一边观看比赛,一边思考着即将在未来几天做出的一项决策。Taíno,一家成立于20世纪50年代的家族企业,是圣费利佩(San Felipe,先后被西班牙和美国统治的太平洋群岛)建筑行业的主要原料供应商。Taíno已经成为一家致力于“绿色”建筑概念的公司和高品质混凝土生产的行业领导者。Rivera知道他和公司的管理团队必须制定战略,指导公司应对未来十年国家及世界建筑行业的艰难处境。

圣费利佩的建筑行业正处在危机时刻。许多大型项目被停止,市场销售缓慢。然而,小型建设项目市场(“自己动手”改善和扩建现有住房)是相对稳定的。大多数小型项目需要的是基本的、低成本的材料,这使得高容量/高价值的国际市场对Taíno来说比以往更重要。作为一家专门从事水泥及混凝土业务的公司,Taíno正在寻找战略合作伙伴,以赢得机会进入美国一些受到飓风严重破坏的州的建材市场。

其中一项国际战略是有关公司准备投入大量资金开发能够处理某种可用于混凝土生产的可再生材料的大型设备。Taíno目前正在寻找能够以较低成本提供这些可再生材料的供应商并预期伊斯帕尼奥拉岛(Hispaniola,该岛的建筑行业目前仍然在稳健地增长)有潜在的大客户。另一个重要决定关系到Taíno与全球巨头墨西哥Cementos公司的谈判。该公司既是Taíno在圣费利佩的客户也是竞争对手,同时还是为出口美国市场而取得特许经营权的合伙人。

Taíno在困难时期为本地和全球市场制定的战略必须使公司能够在国际层面上利用其竞争优势,并保护其免受本地建筑行业崩溃的影响。Taíno公司因创新而知名,Rivera思考着如何把所有这些创新投资转化为公司的竞争优势。这需要评估公司创新产品的风险水平,估计市场的潜在风险,决定公司在这些市场中如何定位,并评估公司的财务实力。

公司历史

20世纪50年代,Rivera家族创办了Taíno制品公司(家族企业)。Antonio Rivera用从朋友处筹来的1 600美元买了第一台机器,用于生产水泥块和一些原材料,拉开了公司经营的帷幕。

作为一个易受飓风和台风影响的太平洋群岛,圣费利佩对Taíno的产品有着大量的需求。木质结构的老旧房子需要改建成水泥砖混结构的新房子。Taíno的成长还得益于国家的经济繁荣,以及政府推进工业化的经济增长战略。在当地,Taíno以生产高品质的产品而享有盛名。

80年代,Antonio的儿子Mario,放弃了他做一名工程师的职业规划,成为Taíno的总经理。Antonio去世后,董事会任命Mario为公司总裁兼CEO。

虽然许多公司有兴趣收购Taíno,但是Mario的母亲Rosa Pérez de Rivera(Taíno的主要股东)及Mario和他的兄弟姐妹决定延续自己的家族生意。在母亲的支持下,Mario和他的兄弟姐妹聘请咨询顾问帮助公司进行重组,继而扩展公司的产品和服务。

随着时间的推移,公司实施了广泛的多元化策略。与该国其他公司不同的是,Taíno 实现了水平和垂直方向上的多元化。这种结构能为公司的各条业务线提供如下优势:为施工最后阶段所必需的配料提供原材料。同时,Taíno 也会为客户提供各种产品的售后服务。

公司的企业文化是“快速增长、冒险、创新、服务、社会责任”。公司的使命是“通过研究开发新产品和应用,以提升本地建筑行业水平”。Taíno 的实验室拥有市场上最新技术的设备和检测机器。Mario Rivera 在公司的各个层面寻求创新,这使得公司在承受风险的能力上与众不同。

Taíno 被分为 Taíno Aggregates 和 Taíno Quarries 两家公司。到 2008 年,Taíno Aggregates 销售达到 841.3 万美元。作为一个家族企业,公司不同业务之间需要发生财务交易(参见附录 1)。到 2008 年,Taíno 在圣费利佩的五个城市雇用了约 270 人,并继续其在邻近的伊斯帕尼奥拉岛的经营。

公司以其社会与环保工作而知名。例如,Taíno 种植成千上万的植物、树木和种子;作为圣费利佩社会与教育计划的一部分,Taíno 为监狱服刑人员举办建工培训讲座。在 90 年代初期,Taíno 曾与政府合作,回收该国首都旧楼拆迁产生的大量废料。在管理团队的领导下,Taíno 成为了混凝土回收和再利用的先驱。作为一家具备生态环保意识的企业,公司展开的多项与环保相关的工作为 Taíno 及其管理层赢得了诸多赞誉和奖励。

在圣费利佩及其附近小岛的建设

多年来,建筑行业一直是圣费利佩经济的支柱产业。Taíno 估计,在 21 世纪的第一个十年的中期,当地经济的 25% 直接或间接地与建筑行业有关。20 世纪 90 年代,建筑行业对国民生产总值的贡献(约为 15%)比旅游和农业部门更大。此外,建筑行业平均每年产生约 68 000 个就业机会。90 年代末,在全国开工的建设项目价值总量达到了 66 亿美元。从 2001 年起,建筑行业增长开始明显放缓,政府监管机构开始严格评估提交审议的项目,以确保建筑公司服从当地的法律法规。

圣费利佩建筑行业增速放缓的时期,恰逢其他太平洋岛屿由于旅游业的大发展带来了建筑业的繁荣。由于大多数岛屿太小难以维持这类生产建材的行业,因此Taíno成功地开发了这部分市场以出口产品,使得公司的产品销售收入并没有受到影响。

Taíno 的产品

2008 年,Taíno 提供的产品和服务是广泛的,包括了传统产品和服务,以及在绿色建筑领域的创新产品和专业化产品。传统产品包括:大理石、砂浆、水泥浆、灌浆、人工砂、自动矫平机、鹅卵石、建筑构件和分段容器壁。Taíno 也为客户的园艺装饰提供设计思路。其中,Taíno

开发的创新产品是搅拌与喷涂设备,利用这个设备客户可以将砂浆喷涂在墙壁和天花板上,从而降低劳动力成本和减轻环境影响,因此减少了未来可能出现的索赔风险。

绿色建筑

Taíno 想改变当地人认为建筑是不环保行业的传统认知。公司通过宣传,为行业和消费者提供教育,并开发服务和专业的绿色环保产品来支持绿色建筑。

教育及宣传

Rivera 致力于在圣费利佩立法推广绿色建筑。虽然该提案提交给了国家参议院,但未能获得批准所必要的票数。

Rivera 也致力于成为该国第一个加入美国绿色建筑委员会的企业,该委员会是通过在世界各地建筑物的设计、建造和运行,促进可持续发展的非营利组织。绿色建筑的概念纳入了许多环境方面的考虑,包括选择合适的建造地,节约能源,并尽可能地在施工中使用可再生材料和水。这类技术可以使人类的活动保持可持续性。

Rivera 强调,建筑行业可以转换成绿色产业,但是这需要业界、政府和企业主之间的共同努力。因此,教育是可持续发展和绿色发展的关键。Taíno 设立了一家研发和技术服务中心,与交通运输和公共工程部的实验室密切合作,对各种建筑材料和技术进行研究。一些工程学校,包括圣费利佩工程与建筑大学,也参与了合作项目(来自这些院校的学生进入 Taíno 的实验室,从事新产品的研发工作)。该研发中心为学生和工程师、建筑师、承包商和项目开发商等举办各类技术和教育研讨会。Taíno 为客户的质量控制和持续研发提供技术支持。

绿色产品

因为绿色建筑需要特定的材料,Taíno 开发创新产品时尤其关注各种绿色产品的开发。

粉煤灰

2001 年,Rivera 听取了一个有关在混凝土产品中使用粉煤灰所带来的好处的报告之后,立刻意识到粉煤灰对 Taíno 建材的价值。粉煤灰是一种矿物质添加剂,是燃煤发电的副产品。制造混凝土时加入粉煤灰会带来一系列的好处(参见附录 2)。粉煤灰代替了生产混凝土的部分水泥,因此降低了由于水泥生产带来的二氧化碳排放。美国环境保护署(EPA)已推广使用粉煤灰,取得了显著的效果。[①] 美国联邦政府要求任何联

① EPA 的燃煤合作伙伴计划(C2P2)鼓励所有拟建的建筑物和交通建设使用粉煤灰,还要求所有联邦基金资助的工程都使用粉煤灰混凝土。

邦基金资助的工程都使用这种产品，这也带动了粉煤灰的推广。圣费利佩政府试图跟随 EPA 的指引，推广粉煤灰。

2003 年，Taíno 签署了一份十年的合同，向世界各地的粉煤灰出口大国和经销商购买粉煤灰。为了安全、有效地储存产品，Taíno 在港口设立了一个仓库，作为粉煤灰的一个储存设施和回收设施。2007 年，Taíno 进一步开办了一家循环利用砂浆灰的工厂。工厂与仓库的总投资约为 1 970 万美元。

到 2008 年，Taíno 已经回收了 75 000 吨粉煤灰。这相当于约 63 000 个家庭 24 天的能耗，并减少了 75 000 吨温室气体的排放，或者相当于在圣费利佩的道路上每年减少了约 12 500 辆汽车。

鹅卵石

卡塔赫纳（Cartagena）市政当局计划使用鹅卵石重整圣费利佩早期殖民时期古迹区中的街道，Taíno 抓住了这个机会。每年有 150 万名游客乘邮轮来此地观光，而且使用其他交通方式来此国家参观的 500 万名游客中的大部分人也会前来此地观光。卡塔赫纳的港口和要塞及几个殖民时期的古迹，已被联合国教科文组织（UNESCO）列为世界遗产。

设计和制造这些更换用的鹅卵石需要超过两年的时间。Taíno 用高含量的粉煤灰设计了鹅卵石，以提高耐用性。2006 年，该公司为卡塔赫纳提供的这种产品，其外表呈蓝色，外观与质地类似老城区的旧鹅卵石，并且与卡塔赫纳传统的鹅卵石相比有相等或更长的耐用性。公司还负责安装铺路机，因为在圣费利佩没有拥有该设备或者专业安装知识的公司。

卡塔赫纳的鹅卵石是绿色产品，能够满足绿色环保的所有要求。圣费利佩的文化研究所和国家历史保护办公室支持在历史古迹地区使用这些铺路机。它们还达到了国际混凝土学会和美国绿色建筑委员会的所有规格标准。

日光鹅卵石

公司还引进了日光鹅卵石。该产品包含一个太阳能灯，可用于照明或装饰走廊。

圣费利佩砂石场和伊斯帕尼奥拉的石灰石

海滩和海岸线的侵蚀是影响圣费利佩旅游产业休闲价值的一个严重问题。虽然政府禁止从海滩提取沙子，但这种行为仍然小规模存在。在整个 20 世纪 60 年代和 70 年代，海滩的沙子被用来制作混凝土砌块墙体。众所周知，Taíno 通过研磨山中的石灰石获得沙子。该技术为在工程中使用的海滩的沙子提供了一个替代方案，从而可以更好地保护该国的海滩。尽管承包商没有马上接受这个产品，但是它们最终还是认识到了该产品的优势。

2002年，伊斯帕尼奥拉政府授予Taíno采矿特许权，其所开采的石灰石被用于生产粒料，并出口美国，以满足建筑行业的需求。随后，在2007年，Taíno与新西兰的一家跨国公司就采矿特许权订立了开发协议。该项目的估计成本是2.9亿美元，大部分用来建立港口设施和开采矿山。

公司有一个很好的机会，即将这些产品出口到美国东海岸，特别是佛罗里达州，因为那里的采石场都已经到了地下水位线而无法再使用。2007年，Taíno的一个竞争对手和客户通过对新西兰公司的恶意收购而成为该项目的主要合作伙伴。这个项目目前是搁置的，在等待美国经济好转。

竞争者和消费者

由于Taíno实现了垂直和水平的整合，在圣费利佩没有其他公司可以在服务和产品的范围上与之匹敌，其主要竞争对手只能在局部提供竞争产品，比如砌块和鹅卵石。在混凝土生产中使用粉煤灰方面，Taíno在当地没有竞争对手。在全球层面，该公司的竞争对手是墨西哥Cementos公司，也是其粒料和粉煤灰的主要客户。

尽管全球性公司比Taíno有更多的机会接触大规模经济体，而且圣费利佩的客户普遍认为一切进口的都是好的，但是Taíno胜在对本地市场非常了解而且拥有非常高的信誉。事实上，本土竞争对手往往在其推出的产品上印有与Taíno相似的名称和采用相近的包装，想借此利用Taíno的成功光环。

Taíno在圣费利佩的最大客户是建筑材料供应商，如墨西哥Cementos公司（水泥制造商）和家得宝（零售商）（参见附录3）。许多大型建筑公司也是Taíno的客户。

公司面临的挑战

市场

虽然粉煤灰有很多好处，Taíno在当地市场仍面临着以下几个问题：

- 本产品不利于水泥零售商，因为它的使用使得混凝土中的水泥用量降低，从而降低水泥的销售。
- 混凝土搅拌机公司不愿做出改变来使用粉煤灰混凝土。
- 一些生产混凝土但没有水泥生产厂的独立公司也不想花时间研究如何在产品中使用粉煤灰。Rivera说，“独立公司认为，如果在过去的50年它们都没有使用粉煤灰的话，为什么现在要使用粉煤灰”。
- 由固体废物管理局提供的税收抵免是基于全部回收活动产生的投入进行计算的。

这样的话，该项优惠只是由 Taíno 来享受。那些使用了粉煤灰混凝土的客户却不能享受。

- Taíno 参与粉煤灰进口交易时，燃油成本上升带来的运输成本大幅增加是预料之外的。基于一系列同时出现的问题，如建筑行业严重衰退，粉煤灰收购提价，仓库建设成本，以及市场拓展缓慢等，Taíno 不得不慎重考虑粉煤灰战略。在寻找更低成本的替代品过程中，Taíno 结束了与原供应商的合同，并开始与美国供应商谈判，美国供应商可能会以较低的成本为 Taíno 提供产品（节约 37.5% 的成本）。原供应商提出了仲裁索赔。2009 年年初，Taíno 陷入仲裁案件，估计每方将花费约 100 万美元，而同时仲裁各方也都期待通过仲裁获得数百万美元的收益。公司目前处于困难的境地：如果 Taíno 在仲裁中失败，将赔偿原供应商的损失；反之，原供应商则得不到赔偿。2009 年年中之前，仲裁小组不会公布决定。如果双方都认可仲裁结果，它们就可以采取任何它们所希望的行动。

政府

- 在卡塔赫纳安装鹅卵石是不容易的。公司面临几个项目停工的处境：由于参与安装过程的机构的多样性，这些机构和企业之间缺乏规划和协调。主要的问题是不同机构对同一个项目的看法存在差异。例如，历史保护办公室不希望鹅卵石看起来同原来一样，但卡塔赫纳市政当局却希望如此。
- Rivera 发现圣费利佩政府并没有以整体的方式实现回收活动。回收涉及的激励措施并不适用于回收链的所有参与者。粉煤灰产品没有市场化，因为使用者没有义务把它用在公共建筑中，只有公路交通管理局要求使用联邦基金建设的道路必须使用粉煤灰，也就是说，产品的市场仅限于道路建设。此外，混凝土公司反对在它们生产的混凝土中使用粉煤灰，因为它的高成本不足以替代水泥。该国的固体废物管理局也不要求在公共工程中使用再生混凝土。大型建筑物拆除后产生的再生混凝土被严格规定要现场填埋，钢筋则在市场上出售。在遭受了 240 万美元的损失后，Taíno 放弃了混凝土回收业务。

环保团体

- 许多环保人士指责 Taíno 利用石灰岩山丘采砂破坏了该国的景观。Rivera 强调，这种采砂方式保护了海滩和河流，而过去的方式则摧毁了划分国家沿海边界的美丽的沙丘。
- 圣费利佩大学的一名工作人员认为，Taíno 的采石场含有铀。后来证明铀来自大学实验室。
- Rivera 认为，政府没有公正地处理反对建设项目的风潮。国家宪法中涉及建筑行业的规定仅仅是国家的资源需要以可持续的方式利用。
- Taíno 的一些管理层认为环保运动是极端主义的。它们的行为没有任何法律依据，似乎只有一种使经济崩盘的愿望。在圣费利佩，少数人享有话语权而法律却被忽视了。

建筑行业历史

- 经济周期对建筑行业有很大的影响，这在 2005—2006 财年及 2006—2007 财年有明显的表现。在2005—2006财年,建筑活动比上年增长了2.1%;在2006—2007财年,则下降了6%。下降主要是由于公共建设的减少(在2006—2007财年减少了12%)。房屋建设(私营企业主要的建筑市场)也呈现疲软,这是由于建设材料成本的增加。这种情况导致了住房成本的增加,以及社会保障住房建设的下降。房屋建筑许可证总量从2006年6月的4 248份下滑至2007年6月的3 778份,一年之内的下降超过了11%。2006—2007财年的累计数字反映了建筑活动的急剧下降。与2005—2006财年相比,由法规和许可证管理局(BURPE)颁发的许可证价值减少了6.26亿美元(下降了22.2%)。

- 到2008年,全国建筑行业已经处于危机之中。严峻的经济形势和建筑行业的危机已影响到Taíno及其客户和竞争对手。例如,2008年9月,圣费利佩一家领先的建材供应商申请了破产保护。
- 在此期间,Virgin集团[①]主席 Richard Branson 爵士与 Taíno 签约。Taíno 成为其可持续发展酒店的建材供应商。不幸的是,该项目后来被叫停。
- 2008年,伊斯帕尼奥拉岛拟建的矿山项目被搁置,因为全球经济衰退影响了投资环境。此外,一个采矿公司与伊斯帕尼奥拉政府存在诉讼,这也阻碍了该项目的推进。

机会

圣费利佩市场

- 建设大型公寓楼、办公室和政府项目的本地建筑业几乎瘫痪。但是,Taíno的管理层估计,小型建筑市场是相对稳定的,建材的需求依旧存在。当经济不好时,基础建材的销售会增加。尽管人们不会购买新房子,但是他们可能会扩建现有的房子。
- 2009年,圣费利佩政府为建筑企业(如Master)提供数百万美元的贷款以保证它们的流动性。
- 水泥价格上涨导致粉煤灰的价格相比起来更诱人,这就刺激其销售开始增加。Taíno必须充分利用这一点。例如,Taíno听说当地的一家水泥厂通过使用采用粉煤灰生产的水泥来增加产量,并通过回收粉煤灰开始生产绿色水泥。
- 卡塔赫纳市政府计划用"泡沫"[②]和 Taíno 的建造低成本住房。
- Rivera 认为储存粉煤灰的仓库可以出租或出售。
- 在全球建筑行业扩张期间,墨西哥 Cementos 公司曾在世界各地进行业务并购。现在行业的收缩迫使其出售部分业务以偿债。Rivera 认为可以邀请一些投资者买入该公司在圣费利佩的工厂(如果它愿意卖的话)。

---

① 公司网站 www.virgin.com。

② 泡沫是公认的低成本住房建设和节约能源的材料。

出口市场

• 在 Taíno 正与原供应商解决仲裁案件时，一家化学公司已联络 Taíno，让其向邻近的塔姆波利托（Tamborito）供应粉煤灰，因该公司想用粉煤灰制造混凝土。该协议为公司提供了进入一个使用大量水泥却又缺乏高质量混凝土所需添加剂的市场的途径。Taíno 有足够的粉煤灰来满足这个订单。

• Taíno 想进入美国市场。由于 Katrina 飓风的破坏，路易斯安那州和密西西比州产生了巨大的住房需求。该公司希望开发大陆上的一个采石场，并销售沙子、水泥浆、砂浆和水泥。Taíno 有知识和产品的管理经验。此外，它有竞争优势，因为在这些州没有使用混凝土建房的传统，因此没有竞争对手。Rivera 估计，密西西比州的市场更有潜力，因为该州有更好的重建激励措施。密西西比州还引入了创新的 EMMEDUE 系统①，该系统需要水泥漆漆墙，这就产生了大量的砂浆和喷涂机的需求。

• 美国总统奥巴马在推进使用环保产品的方案对 Taíno 也是有益的。该公司可能通过向美国出口粉煤灰产品而在美国推动这一计划。公司也有可能受益于美国的越冬救助计划。②

• 圣费利佩文化研究所是国际公认的西班牙殖民时期建筑保护的权威机构，它已批准使用卡塔赫纳鹅卵石。这可能是一个很好的机会，因为公司在未来可以出口到其他曾经被殖民的国家，如古巴。

决定

正在观看划船比赛的 Rivera 需要尽快做出决策。

他想到了企业创新过程中的效益，以及《哈佛商业评论》最近刊登的关于企业创新的风险和报酬的文章（参见附录 4）。一个适当的分析需要确定公司创新产品的风险，如“创新是否是真实的（产生收入）”“创新是否是值得的”。③ 正确地回答这些问题将有利于避免失败。

尽管 Rivera 知道他们在创新和绿色产品上做出的投资是一个巨大的战略优势，公司要充分地利用这个优势。然而，公司的一些高层管理者却认为，他们应该什么都不做，只需要静静等待危机过去。不过 Rivera 明白，不管他们做什么或是没做什么，Taíno 都需要更多的销售收入以弥补固定成本。

---

① 一个建设承重墙壁、增强抗震和绝缘的材料的系统。www. mdue. it/es/3/sistema-de-construccion. html，2010 年 1 月 1 日访问。

② 联邦经济刺激计划，意在减少家庭能源消耗并提高使用效率。

③ George Day，“Is It Real? Can We Win? Is It Worth Doing? Managing Risk and Reward in an Innovation Portfolio，”*Harvard Business Review*，December 2007，pp. 1—8.

附录1 资产负债表和利润表

资产负债表　　单位：美元

	2006	2007	2008
流动资产			
现金及现金等价物	635 000	426 000	245 000
应收账款（净额）	1 623 000	1 948 000	2 135 000
存货	2 345 000	2 464 000	2 798 000
日常用品	127 000	132 000	156 000
待摊费用及其他	113 000	106 000	104 000
流动资产总计	4 843 000	5 076 000	5 438 000
非流动资产			
不动产、厂房与设备（净额）	28 320 000	27 542 000	26 896 000
无形资产（净额）	324 000	313 000	254 000
其他资产	3 000	7 000	6 000
总资产	33 490 000	32 938 000	32 594 000
流动负债			
贷款	4 530 000	3 534 000	4 214 000
应付账款	938 000	567 000	1 845 000
应计费用	879 000	1 260 000	1 538 000
其他负债	78 000	46 000	53 000
流动负债总计	6 425 000	5 407 000	7 650 000
长期负债	67 000	48 000	46 000
应付关联公司款	18 340 000	22 569 000	24 890 000
所有者权益	8 658 000	4 914 000	7 400
负债与所有者权益	33 490 000	32 938 000	32 594 000

利润表　　单位：美元

	2006	2007	2008
净销售收入	10 271 000	10 627 000	12 024 000
销售成本	10 491 000	11 119 000	11 973 000
净利润（损失）	（220 000）	（492 000）	51 000
销售、管理与行政费用	4 658 000	4 564 000	4 123 000
经营收入（损失）	（4 878 000）	（5 056 000）	（4 072 000）
其他收入（损失）	173 000	316 000	（152 000）
净收入（损失）	（5 051 000）	（5 372 000）	（4 224 000）
销售（按产品）			
混凝土铺路机	1 953 000	1 701 000	1 108 000
梯形块	3 800 000	4 038 000	3 600 000
砂浆	2 875 000	3 188 000	5 802 000
粉煤灰	1 643 000	1 700 000	1 514 000
总计	10 271 000	10 627 000	12 024 000

附录 2 粉煤灰添加剂的好处

- 处理——混凝土更容易放置，更容易填充空隙。
- 易于泵运——需要较少的能量以泵运混合物，从而能够泵运较长的距离。
- 美观——使建筑有更好的成品外观。
- 减少水分——降低透水性从而减少了潜在的化学侵蚀，减少建筑面的水分。
- 减少隔离——一旦应用，可减少表面的石子和隐蔽的缺陷。
- 减少环境影响——粉煤灰混凝土的使用可以降低 CO_2 的排放。
- 提高产品性能——粉煤灰混凝土可以降低成本，延长产品使用寿命。
- 使用 1 吨粉煤灰产品，可减少 1 吨温室气体（GHG）的排放。

附录 3 圣费利佩的建材供应商（按总销售额的顺序）

公司	2006 年总销售额（美元）	全职雇员数量
家得宝	341 526 000	1 394
墨西哥 Cementos 公司（圣费利佩）	188 000 000	850
Better Corporation	126 418 736	435
Essian Inc.	89 978 000	134
Vassal Inc.	89 000 000	206
Empresas Dones	84 000 000	140
Mater	79 187 000	400
Luzon Inc.	72 211 000	530
Taíno	39 800 000	242

资料来源：作者原创。

附录 4 摘录

IS IT REAL? CAN WE WIN? IS IT WORTH DOING? MANAGING RISK AND REWARD IN AN INNOVATION PORTFOLIO

TOOL KIT

Is It Real? Can We Win? Is It Worth Doing?

Managing Risk and Reward in an Innovation Portfolio

The Idea in Brief

Incremental innovations (small, safe changes to your firm's offerings) make up 85%–90% of companies' development portfolios. But "little i" projects rarely produce competitive advantage. For that, you need "Big I" innovations—offerings new to your organization or the world. Yes, they're risky. But avoid them, and you may strangle your company's growth.

Day recommends a solution: Increase the proportion of major innovations in your portfolio while carefully managing their risks. Two tools can help:

- A **risk matrix** enables you to estimate each project's probability of success or failure based on how big a stretch it is for your firm. The less familiar the intended market and the product or technology, the higher the risk.
- The **R-W-W ("real," "win," "worth it") screen** helps you evaluate projects' feasibility. The first step in using this tool—asking "Is it real" questions—helps you determine whether customers want your innovation and, if so, whether you can build it.

The Idea in Practice

USING THE RISK MATRIX

Assemble a team to assess each innovation project's potential risk using these criteria:

- How closely target customers' behavior will match current customers'
- How relevant the company's brand is to the intended market
- How applicable your capabilities are to the new product

Neglect to assess risk, and you may make a major misstep.

▶ Example:
When McDonald's started offering pizza, it assumed the new product was closely adjacent to existing ones. So it targeted its usual customers. But employees couldn't make and serve a pizza within 30 seconds—which violated McDonald's service-delivery model. And the company's brand didn't give "permission" to offer pizza. The project failed.

USING THE R-W-W SCREEN

Used throughout a product's development, the R-W-W screen exposes faulty assumptions, knowledge gaps, sources of risk, and problems suggesting termination. To employ this tool, repeatedly test each project's viability according to these criteria:

Is It Real?	
A **market** exists for the product if:	The **product** is real if:
• There's a need or desire for the product. • Customers can buy it (for example, they have the money). • There are enough potential buyers. • Consumers will buy (for instance, they're willing to switch to your offering).	• It has precisely described characteristics. • It can be produced with available technology and materials. • It will satisfy the market in its final form.
Can We Win?	
The **product** will be competitive if:	Your **company** will be competitive if:
• It offers clear advantages over alternatives, such as greater safety or social acceptability (think hybrid cars). • Those advantages can be sustained (for example, through patents). • It can survive competitors' responses (such as a price war).	• It has superior resources (such as engineering or logistics). • Managers have experience in the market and skills appropriate for the project's scale and complexity. • Projects have champions who can energize development teams, sell the vision to senior management, and overcome adversity. • It has mastery of market research tools and shares customers' insights with development-team members.
Is It Worth Doing?	
The product will be **profitable** at an acceptable risk if:	The product makes **strategic sense** if:
• Its forecasted returns are greater than costs—considering matters such as the timing and amount of capital outlays, marketing expenses, breakeven time, and the cost of product extensions needed to keep ahead of competitors.	• It fits with your company's growth strategy; for example, by enhancing customer relationships or creating opportunities for follow-on business.

Assessing Risk Across an Innovation Portfolio

The Risk Matrix*

This tool will reveal the distribution of risk across a company's innovation portfolio. Each innovation can be positioned on the matrix by determining its score on two dimensions—how familiar to the company the intended market is (*x* axis) and how familiar the product or technology is (*y* axis)—using the grid "Positioning Projects on the Matrix". Familiar products aimed at the company's current markets will fall in the bottom left of the matrix, indicating a low probability of failure. New products aimed at unfamiliar markets will fall in the upper right, revealing a high probability of failure.

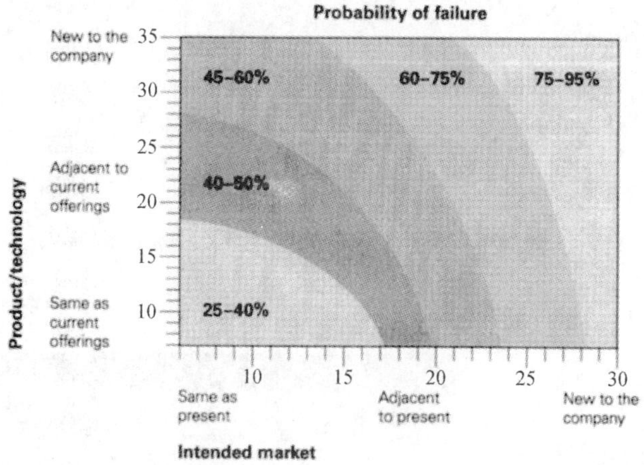

Risk and Revenue

Each dot on this risk matrix stands for one innovation in an imaginary company's portfolio. The size of each dot is proportional to the project's estimated revenue. (Companies may choose to illustrate estimated development investment or some other financial measure instead.) This portfolio, dominated by relatively low-risk, low-reward projects, is typical in its distribution.

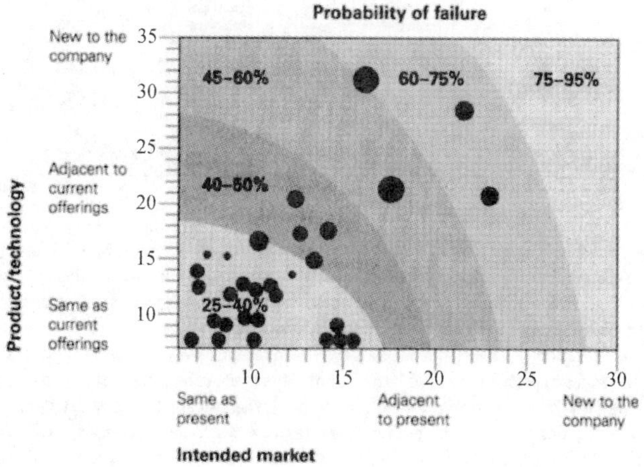

Positioning Projects on the Matrix

Position each innovation product or concept by completing each statement in the left-hand column with one of the options offered across the top to arrive at a score from 1 to 5. Add the six scores in the "Intended Market" section to determine the project's *x*-axis coordinate on the risk matrix. Add the seven scores in the "Product/Technology" section to determine its *y*-axis coordinate.

	Intended Market					
	...be the same as in our present market		...partially overlap with our present market		...be entirely different from our present market or are unknown	
Customers' behavior and decision-making processes will...	1	2	3	4	5	
Our distribution and sales activities will...	1	2	3	4	5	
The competitive set (incumbents or potential entrants) will...	1	2	3	4	5	
	...highly relevant		...somewhat relevant		...not at all relevant	
Our brand promise is...	1	2	3	4	5	
Our current customer relationships are...	1	2	3	4	5	
Our knowledge of competitors' behavior and intentions is...	1	2	3	4	5	
					TOTAL (*x*-axis coordinate)	

	Product/Technology					
	...is fully applicable		...will require significant adaptation		...is not applicable	
Our current development capability...	1	2	3	4	5	
Our technology competency...	1	2	3	4	5	
Our intellectual property protection...	1	2	3	4	5	
Our manufacturing and service delivery system...	1	2	3	4	5	
	...are identical to those of our current offerings		...overlap somewhat with those of our current offerings		...completely differ from those of our current offerings	
The required knowledge and science bases...	1	2	3	4	5	
The necessary product and service functions...	1	2	3	4	5	
The expected quality standards...	1	2	3	4	5	
					TOTAL (*y*-axis coordinate)	

* This risk matrix was developed from many sources, including long-buried consulting reports by A.T. Kearney and other firms, the extensive literature on the economic performance of acquisitions and alliances, and numerous audits of product and service innovations. It broadly defines "failure" as significantly missing the objectives that were used to justify the investment in the growth initiative. Estimates of the probability of failure have been thoroughly validated in dozens of interviews with consultants and senior managers involved in innovation initiatives and are consistent with recent surveys that place the overall failure rate of new products close to 40%. The ranges in probabilities take into account some of the variability in organizations' definitions of failure and in what constitutes a new market or technology for a given company. The probabilities do not apply to fast-moving consumer goods (where incremental innovations have high long-run failure rates) or ethical pharmaceuticals, and don't distinguish whether "new to the company" is also "new to the world." (Although these are distinct categories, in my experience most major new-to-the-company innovations are also new to the world; for the purposes of this article, they're considered to be broadly overlapping.) "Market" refers to customers, not geographies.

Screening for Success

Each product concept in your company's innovation portfolio should be assessed by its development team using the R-W-W screen below. A definite yes or no answer to the first-column questions *Is it real?, Can we win?,* and *Is it worth doing?* requires digging deeply for robust answers to the supporting questions in the second and third columns. Often a team will answer maybe; its goal should be to investigate all possible avenues to converting no or maybe into yes. A definite no to any second-column question typically leads to termination of the project, since failure is all but certain. A definite no to any third-column question argues strongly against proceeding with development. (The full set of questions in columns two and three of the screen come from evaluations of more than 50 product failures within two companies I worked with by teams of auditors who asked, "What questions, properly answered, might have prevented the failure?")

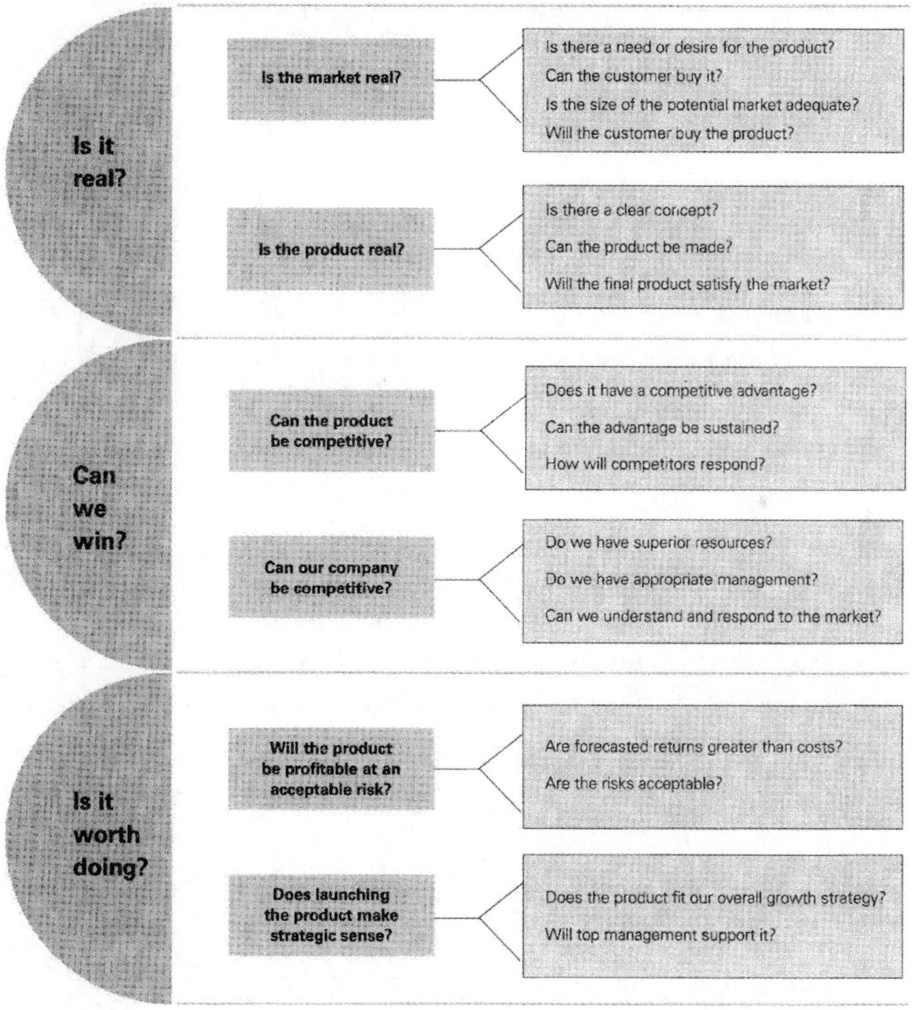

PAGE 8　　**HARVARD BUSINESS REVIEW • DECEMBER 2007**

资料来源：摘自 George Day, "Is it Real? Can We Win? Is it Worth Doing? Managing Risk and Reward in an Innovation Portfolio," *Harvard Business Review*, Reprint R0712J, December 2007, pp. 110—120. 经 Harvard Business Publishing 许可复制。

IVEY | Publishing

案例 4-4

Experience-wine. com：Monte Lauro 葡萄园的故事

作者：Iris Berdrow

主题：创新的战略管理

Michael Belanger 凝视着远方，整个山谷伸展开来像是一条护城河保护着农场，远处的山冈被落日染成深红色、紫色和金色。这个被当地人称为“世界上最美丽的地方”的大多数日子就像现在一样。在这个特别的夜晚，Belanger 的大脑一片混乱。在过去的四周，他已经为自己的目标做了很多很多事情：整修了两间 14 世纪的农舍，清理了大量过度生长的杂草，并在一个新酿酒师的亲自指导下开始带领葡萄园正式步入正轨。但是，Belanger 担心他做的这些事情远远不够，以及自身的能力是否能让美好的愿景成为现实。

问题其实是个老问题：全球经济都在衰退；消费支出已经一落千丈，特别是在产品和服务方面的支出被认为是一种奢侈品；现金流很少。虽然在 Belanger 的心目中，他的新产品根本谈不上是奢侈品。这关乎价值，比如，大多数北美人一生之中总会考虑是否购买第三辆或第四辆车。Belanger 更关心找到适合产品的顾客，而不是试图让产品符合顾客，但是这使之变成了一个关于数量和营销的问题。Belanger 相信他完全清楚其中的奥妙。

核心的挑战是让人们明白这其实是一个很好的机会：花钱感受法国的历史，品尝美味的葡萄酒和享受怡然自得的假期。Belanger 常说，“你拥有 Montlaur 一天，它会在你心里留下一生的美好回忆。”Belanger 相信如果他不停地努力，那么人们就会来到这里。他的目光在山谷中徘徊，随着黄昏降临，视线也开始慢慢地变得模糊不清。在他身后，蜡烛和灯笼在院子里温暖地闪烁着，小小的灯塔在呼唤他回到桌子边，享用他为自己准备的简单食物：面包、奶酪和葡萄酒。“这个地方充满了历史”，Belanger 喃喃自语。

马可波罗有限公司和 Michael Belanger

马可波罗控股及贸易有限公司（Marco Polo Holding and Trading Co. Inc.）的总部设在美国纽约州的萨拉托加斯普林斯市（Saratoga Springs），由 Belanger 于 2001 年创办。这是一个针对北美市场（特别是加拿大和美国）的一个营销及销售组织。其全资子公司 Monte Lauro 葡萄园，作为一个 DBA[①]，成立于 2007 年，其主要资产是一份可延期的（以 3 年、6 年、9 年的方式）La Ferme du Vieux 酒庄的合同，同时与 Jean de Montlaur 签署经营协议，该协议的基础是允许其经营一个面积达 8 公顷的葡萄园。此外，Belanger 还为增强特许经营模式的附加值而进行着另外两份协议的协商。一份是与 Hervé de Montlaur 的协议，授权其定期使用 Montlaur 酒庄，以换取融资和企业的支持从而保证项目进程的稳定性。根据该协议，Belanger 的业务可以进入酒庄，有机会加入 Montaud 资产协会（Association Montaud Patrimoine[②]，为法式酒庄的保护和复兴活动而创立），并可以在市场推广及宣传活动中使用酒庄的图片。另一份协议是取得当地葡萄酒制造商的授权以在北美市场销售它们的产品。Belanger 打算给北美的葡萄酒爱好者带来正宗的

① “Doing Business As”，当企业以虚构的名字而不是拥有者的名字运营的时候，使用的公开注册的企业名称。

② www. montaudpatrimoine. org/.

法国葡萄酒,同时为他们提供极致的到法国旅游的体验,但更重要的是,重建 Montlaur 酒庄。Belanger 说:"作为一个建筑师和一个梦想家,我的首要目标是为酒庄找到产生收入的方法,以使它们获得复兴、重建并拥有可持续生存的能力。"

法国葡萄酒

成为一名品酒师需要激情和为了深入学习的奉献精神,尤其是针对法国葡萄酒,因为它们有一些是世界上最优质的葡萄酒,有着最多的产量和最好的品种。对于法国葡萄酒的选择,就像根据草莓种植园的声誉来选择草莓酱一样,优劣要看葡萄所生长的土地及收获的季节,而不是通过乍一看其是否多汁来选择。

Johnson 和 Robinson 解释了为什么优越的地理环境给法国酿酒师带来了令人艳羡的优势。"法国,被大西洋和地中海包围,接受着它们带来的大量水气;它拥有独一无二的好位置,其气候比大陆更符合地中海气候的特征,但它不具有葡萄成熟潜力受限的葡萄酒产区的缺点,其葡萄酒产区的生长时间是最长的,变化是最有趣的。"①除了地理方面,法国也有一个完善的界定、划分和监管葡萄园的管理系统。

1936 年,法国创立了原产地管理证明(质量控制)法,是现行其他国家的立法模板。《法定产区葡萄酒法》(AOC)规定了葡萄产区②、葡萄品种、酿造过程、葡萄或葡萄酒的产量(每公顷最高产量)③和最低天然酒精含量。名称由国家实名协会(INAO)管理并由每个公社的葡萄种植者工会(Syndicat Vignerons)输入。工会"证明每个葡萄酒产区出产的葡萄酒具备优质的质量和典型的代表性。他们可以提议修改公社的名称,并承担当地开发与政策呼吁的责任。"④

AC 级别以下是优良地区餐酒(VDQS),然后是地区餐酒(Vins de Pays),最后一级是日常餐酒(Vin de Table)。此外,收成的约 20% 被用于制作阿玛尼亚克酒(Armagnac)或白兰地(cognac),或作为多余产品被制成工业酒精。

2008 年的《葡萄酒:全球战略商业报告》⑤预测,全球葡萄酒消费量预计到 2010 年将超过 262 亿公升。根据这份报告,"无论是消费区域还是酒的品类,全球葡萄酒市场

---

① Hugh Johnson and Francis Robinson, *The World Atlas of Wine: 5th Edition*, Octopus Publishing Group, London, 2001, p. 52.

② 定义区域的大小从一个区域、一个公社的群体、一个单一的领域到一个单一的种植园。地籍册中包含所有正式分类记录,详细到面积小于 1 公顷田地的级别。公社是这项分类的基本单位和规模。在法国有超过 36 000 个公社。Warren Moran, "The Wine Appelation as Territory in France and California," *Annals of the Association of American Geographers*, 83. 4, 1993, pp. 694—717.

③ 有说法主张如果葡萄的产量过高,就产不出优质的葡萄酒。每个产地都包括每公顷的最大生产许可,可以低至每公顷 30 公斤。Warren Moran, "The Wine Appelation as Territory in France and California," *Annals of the Association of American Geographers*, 83. 4, 1993, pp. 694—717.

④ Warren Moran, "The Wine Appelation as Territory in France and California," *Annals of the Association of American Geographers*, 83(4), 1993, p. 700.

⑤ "Wine: A Global Strategic Business Report," published by Global Industry Analysts, Inc.

的消费都在稳步增长。到 2010 年,消费预计将超过 262 亿公升,2001—2010 年的复合增长率约为 1.26%"。法国、意大利和西班牙合计共占了世界葡萄酒产量的一半以上。2010 年,美国将超过法国,成为世界上最大的葡萄酒消费国家。按世界各地人均计算,法国仍是全球葡萄酒消费最高的国家之一,每年人均消费 58 公升。

朗格多克地区[①]

在法国南部的朗格多克鲁西永(Languedoc Rousillon)地区,葡萄酒产量超过了法国总产量的三分之一。到 20 世纪 90 年代末,该地区已经独自建立了也许是到目前为止法国最有价值的、最令人兴奋的及最有前景的葡萄酒产区。它是世界上最大的、独一无二的葡萄酒产区,拥有超过 736 000 英亩(298 000 公顷)的葡萄种植面积(波尔多地区有 284 000 英亩,即 115 000 公顷;而美国整个加利福尼亚州的葡萄种植面积为 497 000 英亩,即 198 000 公顷)。30 000 名种植者中的多数人都参与了不少于 357 个合作社进行葡萄种植。

葡萄酒工艺

葡萄酒一直以来被认为是一种艺术形式。一瓶酒的质量与很多因素相关,而不仅仅是评判者的鼻子和托盘。法国葡萄酒业采用的产区法表明,一个特定的葡萄酒产区的特色和竞争优势受地理位置(地质、土壤和气候)的影响。然而,有人认为,经济、政治和文化对葡萄酒也同样有影响力,还有"参与决策的人、政治家、组织和行业"。[②] 葡萄酒的特色是土壤、葡萄和空气,以及生产、酿造共同作用的结果。

友谊

1988 年,Belanger 在加拿大 GE 公司业务发展部任职。他与法国的 Thompson CSF 公司进行关于成立合资公司(JV)的谈判。在达成协议的条款遇到一些问题后,Jean de Montlaur 加入了 Thompson 的团队。Belanger 和 de Montlaur 在谈判桌上见面了,并迅速成为好朋友。大家都清楚地看到,从 de Montlaur 被介绍给团队成员的那一刻起,其所

---

① 该节引自 Johnson, Hugh and Francis Robinson, *The World Atlas of Wine*: *5th Edition*, published by Mitchell Beazley, Octopus Publishing Group, London, 2001, p. 700.

② Warren Moran, "The Wine Appelation as Territory in France and California" in *Annals of the Association of American Geographers*, 83(4), 1993, p. 695.

说的和 Belanger 的观点完全一致;Belanger 感到了一种天然的亲和力。在当天谈判的第一次中间休息时,Belanger 和 de Montlaur 走到一边聊天。出于对完成交易的渴望,de Montlaur 和 Belanger 都尽力将他们的团队转向适当的方向。谈判是成功的,合资公司成立了。

谈判结束后,两人继续留下帮助筹备合资公司并竞标加拿大的军事合同。花了将近一年的时间才完成公司组建,而接下来的竞标过程更是漫长。De Montlaur 和 Belanger 一起在多伦多工作,然后在巴黎进行技术鉴定和评估。两年后,De Montlaur 在法国的 Clemessey 公司获得了一个职位,Belanger 应邀加盟了 GE 汽车公司。尽管有这些变化,但是他们的友情仍旧在持续增进。两家人相互拜访并一起度假。由于同在一个业务圈子,他们很容易接触,当他们在对方居住的国家公干时经常会顺便去拜访一下。

Belanger 喜欢 de Montlaur 是因为他在这个新朋友身上看到了一些自己的影子。De Montlaur 描述自己是一个安装工,Belanger 认为自己是一个建筑师,这是两个相似的职业。De Montlaur 会找来一些坏了但还能用的东西尝试进行修复,Belanger 在看似废墟的东西上面能够看到建造新东西的可能性。例如,de Montlaur 在市场上发现定价过低的路易十四时期的椅子,立即看出了它们是不是真的。然后,他就买下来再用一些必要的工具和方法竭尽全力让它们恢复成原来的样子。De Montlaur 注重细节的奇特能力是令人震惊的。有一次两家人一起庆祝感恩节时,他们两个人去了一家古董店。Belanger 从在大师们身边长大的 de Montlaur 身上获取了艺术敏感性并渐渐地喜欢上了购买油画。他看见了一幅他很喜欢的小画作,但不知道是否值 25 美元的要价①,因为它有点脏,还有一小块被撕裂了。De Montlaur 看了一眼就用 12 美元买下来了,然后把它拿到了底特律美术馆(the Detroit Museum of Fine Art)进行清洁和修复。这幅画是一幅 17 世纪的欧洲艺术家的作品,后来被估价为 25 000 美元。另一幅花 5 000 美元购买的画作在法国被估价为 15 万欧元。De Montlaur 在买时已经认出作品的创作者就是莫奈(Monet)的老师布丹(Boudin),然后才买下来并清理干净。Belanger 说:

> "Jean 是一个了解艺术的有教养的贵族。我基本上是从安大略省的彼得伯勒(Peterborough)走出来的一个乡巴佬。我从小在农场长大,玩的都是跟牛和猪摔跤一类的事情。我找到了自己的生活方式。我和 Jean 之间拥有这种神奇的友谊,这友谊带着我到达了我中意的地方。我已经能够用他在其他人身上不能找到的方式来全面地回报他。"

Belanger 非常欣赏 de Montlaur 的眼光和对价值的感觉。他还意识到尽管 de Montlaur 很风趣、迷人、聪明,但他还是保留了一些贵族特质。比如,他有时会变得专制和霸道。尽管存在这些差异,他们还是很喜欢这种不断增进的友情和合作伙伴关

---

① 本章除另有说明外,所有货币单位均为美元。

系。在本案例编写的时候，de Montlaur 已是印度最大的汽车零部件企业的 CEO，并居住在新德里。

合作关系

在 20 世纪 90 年代中期，Montlaur 酒庄由他们的父亲 Jacques 通过生前遗嘱留给 Jean 和 Hervé 两兄弟。该酒庄包括 La Ferme du Vieux 酒庄、在朗格多克地区的 Montlaur 酒庄和 Saint Roman 酒庄。

Belanger 和他的家人在 1996 年的家庭度假时第一次拜访了 Montlaur 酒庄。De Montlaur 和 Belanger 详细地谈论了 Montlaur 酒庄。De Montlaur 对目前在酒庄里面的佃农的工作方式、农场的年久失修，以及酒庄本身持续走向毁灭的状态感到忧心忡忡。Belanger 感受到了 de Montlaur 对酒庄的爱，并很快发现自己这几年从 GE 学到的东西有了用武之地——找到一种实现酒庄复兴的方法。这是一个重大的挑战。根据法国法律，逐出佃农几乎是不可能的。Belanger 也意识到将酒庄从衰败中复兴要花费数百万美元。

1996—2001 年，Belanger 在 GE 和美国其他企业工作时渐渐形成了自己的工作理念。到 2001 年，他提出了第一份商业计划，但在当时，佃农的租赁尚未到期，而且很有可能的是佃农的儿子会接替父亲的工作并续租，这样不断的续租会长达几十年。从 2007 年 1 月 1 日起，佃农被要求撤出农场和土地，所有的农业权利和农舍都回到了 de Montlaur 手中，并且马可波罗控股有限公司在法国开始了业务。此时，葡萄园已经陷入了严重失修状态，生产的都是低质量的葡萄。

马可波罗控股集团

马可波罗控股及贸易有限公司于 2001 年在纽约注册。该公司提供农场 3 年、6 年、9 年的可选择租赁周期，每年需支付 3 000 欧元的续约金，并可以进入相关的葡萄园和 de Montlaur 的土地。De Montlaur 是合法佃农的生意合作伙伴，也是 Montlaur 地区的葡萄酒合作社的成员。

尽管外人看到的是 Monte Lauro 葡萄园，其实葡萄是长在 de Montlaur 的私有地产（由其维护、服务和管理的地产）上的。在短期内，该协议是利用 de Montlaur 在合作社的会员身份，有权获得 Montlaur 和其他地区制造的葡萄酒并销售。随着葡萄园的装修和改造，公司业务将转向只用自己的葡萄并委托合同制造商来酿造特定的葡萄酒，直到将来自己拥有整套酿造设备为止。其目的是减少资本支出，充分利用现有资源来获得优质产品，并尽快推向市场。

Montlaur 的历史[①]

Montlaur,最初被罗马人命名为 Monte Lauro,已经有两千年的历史。在中世纪时期,欧洲的几条主要贸易路线,包括意大利到法国的中心城市、法国到西班牙、西班牙到意大利,沿着维亚多美亚大道(Via Domitia,跨越该处的一条古罗马时期的道路)在 Montlaur 附近交汇。

Montlaur 城堡始建于公元 950 年,可能是建在古罗马废墟之上,大约在一百年后完工。Montlaur 人一直生活在城堡中直到城堡在 1622 年被敌人攻破。在 2011 年,只剩 17 个真正的 Montlaur 人,像以往一样当中有一位世袭侯爵。虽然头衔历来传给拥有土地所有权的人,但是现在这位侯爵 George de Montlaur,即 Jean 的第二个表弟(实际上是一位法国父亲和美国母亲的儿子,出生在美国康涅狄格州),却没有资格得到 Montlaur 的属地,尽管他在该地区拥有其他葡萄园地产。Jean de Montlaur 伯爵,亦即 Belanger 的商业伙伴,拥有大量的资产及葡萄园。

2008 年的正式生产,标志着 Montlaur 酒庄从两百多年的佃农管理中恢复了对酒庄的直接管理,使其成为世界上最古老的拥有葡萄园的地产,比位于卢瓦尔河谷(Loire Valley)的 de Goulaine 酒庄至少还要早 50 年。据报道,de Goulaine 酒庄自公元 1000 年开始就为 Goulaine 家族所有。可以说,2008 年是 Montlaur 家族历史上一个真正了不起的里程碑。

酒庄是法国一个独特的历史标志,因此,所有与之相关的活动都要在其所有者和美术学院(Academie des Beaux-Arts)的监管之下进行。美术学院是法国建筑遗产保护和开发的有关部门。

Montlaur 葡萄园

多年来的佃农制度要求佃农将租金支付给住在巴黎或者卢瓦尔河谷等其他地方的 Montlaur 家族,这就导致了农场财富逐渐萎缩及葡萄园陷入日久失修的状态。每年的葡萄收成都由佃农卖给了 Montaud 合作社,但由于葡萄的质量差、产量低,他们的收益也在下降。

一般来说,对于这种规模的葡萄园,最高产量可达 3 000 箱。庄园有大约 30 000 棵葡萄树,每 10 棵葡萄树生产 1 箱葡萄酒。[②] 为了确保 Monte Lauro 品牌拥有更优质的产品,就需要对葡萄进行分拣,这可能要剔除近三分之二的产量。质量差的葡萄由合作社

① 参考 www. experience-wine. com。

② 通过对葡萄树的持续种植和品种完善,2010 起每年可生产 36 000 瓶葡萄酒。

拿去用于日常餐酒的生产。其余用于 Monte Lauro 旗下葡萄酒的生产，大约可生产 1 200—1 300 箱高品质的葡萄酒。

第一等级葡萄酒按照 Coteaux de Languedoc 的标准制造，第二等级葡萄酒按照 Vin de Pays D' OC 的标准制造。第一等级和第二等级的葡萄酒分别对应于 AOC 分级标准中的第一等级和第二等级的葡萄酒。

Montaud 葡萄酒合作社

De Montlaur 是当地葡萄酒合作社——Les Celliers du Val des Pins 的持股成员，拥有会员身份，并有权参与合作社的事务。自从 de Montlaur 从他父亲那里继承了遗产，他就一直积极参与合作社的工作，并积极参加年会，尽管他的家族还没有开始酿造葡萄酒。

De Montlaur 的计划是在开始的 3—5 年依靠合作社提供运营与生产能力，因为他们当时无力投资这些设施。下一步是签约一个独立的能够专注于葡萄酒生产的制造商。计划的最后一步是自己投资建设酿酒设施。

合作社的初衷是通过对大型设备的投资来为成员提供葡萄酒酿造和装瓶服务。他们选择了独特的朗格多克地区，因为该地区有超过一百年的量产历史。第一个合作社于 1938 年在朗格多克成立，但该地区自 1980 年才开始进行专业化、注重质量的小批量生产。到 2010 年，该地区已经拥有 360 个合作社及上千家独立的葡萄酒生产商；这 360 个合作社中的许多家为了能够持续经营已经进行了联合。尽管合作社比过去创造了更多的精品葡萄酒，同时原先当地闻名的品种也开拓到了更大的市场中，但是传统品种仍由较小的葡萄园来持有。

农民或者与合作社的经理签约，或者与一个独立的酿酒师签约，酿酒师负责安排修剪、收获、发酵和灌装等全过程。合作社或酿酒师负责修枝及采摘合同、葡萄质量的定级并决定生产葡萄酒的类型。尽管葡萄自身质量有更大的影响，但是合作社，特别是合作社经理，对葡萄酒的质量也有着显著影响。朗格多克地区的葡萄质量普遍较高。手工采摘和分类的方法也不断地改善了葡萄质量。

葡萄园的维护成本一般约为 1 000—2 000 欧元/公顷，但是由于忽视了葡萄园的特性，Montlaur 酒庄最初几年的维护费用是比较高的。

Montlaur

农场(Le Ferme)是由几块土地组成的，包括酒庄、田地和相关的建筑。可耕作面积大约 250 公顷；其中，8.5 公顷用于生产 Montlaur 葡萄酒。De Montlaur 拥有农场、大约一半面积的葡萄园和山脊上一些不适合葡萄种植的土地。Hervé 拥有酒庄、和 Jean 面积相同的葡萄园。Hervé 的葡萄园没有参与 Montlaur 酒的生意。

De Montlaur 对于农场的愿景是想让它成为 Montlaur 旅游业务的执行总部。De Montlaur 的农场整修计划的首选是聘请一个承包商团队,以尽可能地按照真实的原始结构来进行,越快越好,并达到质量、安全、便捷和风格的最高标准。农场还需要进行大量的清洁和维修工作以使其舒适、宜居。

附近地区

在 La Ferme du Vieux 酒庄旁边有十几处私人房舍,在山谷的 Montaud 村大约有 400 个居民。蒙特洛人曾经几乎控制了塞文(Cevennes)山脉和地中海之间的一切。虽然这个家族在当地社区已经没有了以往的权力,这种反贵族的敏感性仍然是当地人集体记忆中的一部分。

凭借 Belanger 家人开放和参与的方式,当地人都非常支持这个投资。事情简单得就像拖出所有的垃圾和开放一堵石墙享受山谷下面美丽的景色一样,这些被证明是"为我好,也为他们好"。农场的邻居对这些改进很感兴趣,经常在 Belanger 工作时过来提供帮助。基督徒 Chiriaeff 和他的妻子 Corinne 是一处乡间小屋的业主,也是立即看到了改进工作的潜力及它是如何有益于社会的早期支持者。他们的支持和帮助有利于成功开展业务。Belanger 结识了这对夫妇,使用他们的网络连接,依靠他们的指导和当地人相处,并和他们签约以得到乡间小屋(gîte)①的住宿管理权(这是开展业务的需要)。

Montaud 的市长竞选即将到来,其中的一项议题就是如何把酒庄作为社区的一项资产进行开发。人们强烈希望能看到在地产上的一些建设性的动作,这是几个世纪以来他们的城镇所忽略的问题,这是一个许多人儿时玩耍及其周末仍然在此野餐的地方。他们都有一个感觉,就是他们将会重拾那种过去的美好感觉。合作社确实对 Montlaur 发生的事有影响力。例如市长,可以不批准许可证,并对修缮工作征税,从而阻碍工作进展。De Montlaur 非常担心这种力量,因为他从合伙协议中获得的收入非常有限。

微租赁(Micro-leasing)

马可波罗控股及贸易有限公司的主要收入来源是销售租期到 2010 年的微租赁,

① Gîte 是一种私有地产,可以出租一个星期(通常从周六到周六)、一个周末或每年的特定时间。Gîte 由 Gîte de France 的全国联合会认证,由用来推广和评估旅游租用地产的旅游部赋予资格。参见 www.gites-de-france.com。

到那时葡萄酒开始带来大量的现金流。鉴于葡萄园的规模和产量，以及 50/50 的合作协议，传统的葡萄酒出口模式每年会为每位合伙人提供约 30 000 美元的收入——这根本不够支付 Belanger 生活、旅游、推广和资产修复的费用（参见附录 1）。此外，法国葡萄酒行业内部的竞争是非常激烈的。因为法国可以提供很多的好酒，一瓶不错的葡萄酒售价仅为 5 欧元。北美地区的售价虽然比较高，但生产商或农民并没有从中得到好处。当中的利润全部被销售过程中像积木一样层层堆积的分销商攫取了。

Belanger 调研葡萄酒出口的真实情况时，他学到了很多关于葡萄酒市场渠道的新东西。如果是一瓶瓶装酒，农夫或葡萄园的主人只能赚到低至零售价值 5% 的利润。一般情况下，葡萄酒生产商从每瓶酒中得到 2 美元，而每瓶酒在美国的售价是 30 或 40 美元。[①] 这个过程包括生产商、总经销商、出口商、进口商、批发商和零售商。几乎所有这些都受法律保护——有一些是法国法律，还有一些是美国法律，尽管全世界的法律是相对统一的。

Belanger 阅读了北美国家各个州和地区的酒类立法并开始把他的计划拼凑到一起。Belanger 了解到携带少量自产法国葡萄酒的人过关是免税的。在美国的一些州，如马萨诸塞州，立法并没有明确规定对携带葡萄酒入境是否征税。在其他州，如纽约州，每个人一年可以免税进口多达 36 箱的自产葡萄酒。总计而言，美国有 34 个州有明确的许可。

在加拿大，安大略省是最困难的省份。该省要求向安大略省酒类管制局（Liguor Control Bourd of Ontario，LCBO）缴税。LCBO 对于运入本省的任何酒类都收取占销售价格 50% 的税。由于自产酒没有销售价格，LCBO 则以生产成本为对象计算应纳税额。这个数额接近 1.75 美元/瓶，加上 3 美元的运费，最终每瓶差不多要缴纳 2.37 美元的最低税费，每箱则要缴纳 28.50 美元。Belanger 认为这是一个合理的价钱。

Belanger 设计了微承租人的想法，这有点类似于以有形和无形的会员权利加入一个私人俱乐部。微承租人将支付会员费用，来获得葡萄园产量的固定百分比的所有权，以及赴 Montlaur 观光的特权。市场测试证实人们愿意为此权利支付 3 000—4 000美元。

微承租人将拥有葡萄酒产量的一定比例的所有权，即总产量的 1/3 000，不包括被葡萄园剔除的部分。如果三分之二的葡萄园产量被剔除出来用于提高质量，每个微承租人的收益会依据这些波动重新计算。

2008 年，微承租的初始定价为 2 198 美元[②]，微承租人将会连续三年每年得到一箱酒（一箱装 12 瓶），及参观 Montlaur 庄园的特权。微承租人获得的具体好处是：

---

① 2011 年 5 月，一瓶 Marquis de Montlaur 在法国的价格是 5.90 欧元，在美国（通过萨拉托加葡萄酒交易所）的价格是 19.94 美元。价格上涨了 250%，这也取决于汇率。

② 2010 年的价格是 3 188 美元。

• 拥有总产量一定比例的葡萄酒，一般情况下每个微承租人一箱，运送到其档案中记录的地址。

• 有权把他们自己定制设计的标签贴在瓶子的另一面，标签由定制页面的网站设计并存储。①

• 根据双方的协议条款，有权以等于或低于正常旅游时期的成本价来庄园参观并住宿②，正常旅游时期指 5—10 月。这里包括位于巴黎的两套公寓中的一套以及其他即将开发的地方。

• 有权参加访问期间该地的所有活动，无论是计划内还是计划外的。

• 随时有权在葡萄园做停留、浏览、与员工和客人吃饭。这条参与规定总是有效的。

• 有权购买一份"礼品"租约——为微租赁人的家人和朋友所设计的一年租约。

• 会员是永久制的。永远欢迎会员，即使他们选择不续签。由于他们作为微租赁人参与，这里将被视为他们在法国的"祖籍"地。

• 为举办特殊活动预留场地和设施的权利。

微租赁人与非微租赁人拥有法国葡萄酒和享受文化假期的成本比较参见附录 2。此外，第一年（2007 年 10 月 1 日—2008 年 9 月 30 日）成为"微承租人"的顾客会获得以下特权：

• 有权在第一年获得朗格多克地区免费赠送的一箱葡萄酒。

• 有权在三年后以原来的租赁价格续租。

• 升级到更高级别租赁权（数量有限）的优先权。

这项业务第一次在美国市场推出是在 2007 年 11 月。现在回想起来，在展会上推出可能是更好的方法，但是首次推出是在网上进行的。Belanger 将网站推荐给对这个想法感兴趣的人，有几个人购买了这项业务，但是 Belanger 觉得并没有达到他的预期目标。来年的经济危机又让 Belanger 出售其美国房产的计划泡汤了，这些都迫使他将推广和差旅费降到了最低。尽管有这些挫折，而且首次推广耗资 175 000 美元，Belanger 仍旧以2 198—2 898 美元的单价出售了 45 个租约。

微租赁只适用于美国和加拿大，它在法国的吸引力被认为是最小的。因为法国人可以以很便宜的价格购买到好酒，也可以方便地参观全国任何一家酒庄。这项业务显然吸引了那些正在寻觅真正的法国文化体验，及想以合理的价格购买优质法国葡萄酒的外国人的眼球。

感兴趣的人士可以通过网站或通过作为独家销售代理的 Belanger 申请。Belanger 筛选所收到的信息，然后联系申请人。Belanger 与他们谈论他们对葡萄酒的兴

---

① 实际的标签是昂贵的，首选的模式将为每个出口国提供一个标签。箱子上的单独标签大大地增加了生产成本。

② 当微租赁人自己来参观 Montlaur 酒庄时，在当地乡间小屋食宿的标准是（床位和早餐住宿均在当地家庭）35 欧元/人。当组团参观时，微承租人的食宿价格是 69 欧元/天。费用包括每日三餐、住宿及品尝葡萄酒。饭菜是根据参与者之间的协议来共同制作的。

趣，他们如何知道 Montlaur 酒庄的，以及他们加入该计划想得到什么。正如 Belanger 所说：

> “从根本上说，我想听到他们说他们做过什么，他们去过哪里，他们感兴趣的是什么，他们如何看待事物。我事实上讨论的是他们参与的可能性。你来到这里可以不必做任何事情，但是要认识到，当我来到这里我要有一个计划，我在这一天要做到这一点，然后我们才会去做。你可以和我一起，或者你可以离开去做你自己的事。你可以做你想做的。”

微承租人拥有有限地退出曾经承诺加入这一计划的权力，Belanger 则拥有决定是否退款的权利。如果成员出了问题，Belanger 可以取消他们的会员资格，并按比例返还给他们会员费。

第一批 45 名成员包括美国华尔街和加拿大海湾街（Bay Street）的金融家、艺术评论家、艺术经销商、独立顾问、医生和教师。正如 Belanger 指出的那样，他们似乎都有真正的兴趣去做些不同的事情。“它不只是一种情调，而是真正吸引我的东西——这是接触欧洲的一种不同的方式，以不同的方式去体验生活。”就像有人说的那样：“啊！这是一件优雅的事；这种体验是与众不同的。”

商业微租赁

2010 年，微租赁方案开发了新版本——商业微租赁。这是为商业客户提供的，并允许客户留在 Monte Lauro 葡萄园。这是一个以企业品牌为特色、改善公众形象、提升顾客关系到新高度的五年计划。具体方案是：将采用个性化标签的葡萄酒发运到他们的美国地址（三种不同的定价选项，参见附录 3）；为商业客户提供每年到朗格多克地区的免费旅游；为主要客户赴 Monte Lauro 葡萄园提供大幅度的旅游折扣。第一个商业微租赁卖给了美国纽约州萨拉托加斯普林斯市的 Grey Gelding Bistro。

推销

Monte Lauro 葡萄酒和微租赁通过以下方式推销：网站、品酒会、葡萄酒展览会和一档被邀请的电台节目。

网站（www.montelaurovineyards.com）①

该网站推广各种微租赁选项，也为微承租人提供了一个论坛以便保持联系。Belanger在网站上发布了一篇博文，谈及庄园的历史及农场的修缮进度。

品酒会

概念测试始于一系列的葡萄酒研讨会，在Montlaur能够生产第一批葡萄酒之前使用的是朗格多克地区的葡萄酒。品酒会之后是一个关于微租赁的介绍。Belanger举办了20—30个这样的活动，每晚邀请12—20个对该理念感兴趣的人。早期的微承租人被请求在他们的家里主持一次活动。每次研讨会花费150—250美元不等。

为了进军美国葡萄酒协会萨拉托加分会，Belanger、Belanger以前参与创立的一家俱乐部及Montlaur葡萄园联合举办了一个名为“葡萄酒狂欢”的品酒会。品酒会选择了五种红酒：70美元的Brunello's Montecino（Belanger的最爱），被评为93分；60美元的Chateau Meni Bordeaux；22美元的Australian Shiraz，被评为90分；20美元的Californian Cabernet，也被评为90分；以及一瓶2007年的Monte Lauro红酒，这瓶红酒在橡木桶里酿了18个月，然后装瓶，即一种成熟时间较短的葡萄酒。这五种酒的价格在20—70美元之间，得分在90、90、91和93之间，涵盖不同年份、不同产地（法国和美国）。30个人被邀请参加品酒会。评分人被分为五组，直接品尝每张桌子上的酒（非双盲评分）。他们要注意葡萄酒的品质，并进行比较。一半人认为Montlaur酒庄的葡萄酒是最好的，而另一半人却将它排在这五种葡萄酒的中间。Parker曾经给Montlaur葡萄酒进行过评级，据Michael的估算其结果应该是90年代早期的一种非常好的葡萄酒。品酒会的结果是非常正面的。

葡萄酒展览会

Montlaur葡萄酒的第一次展览会在多伦多、波士顿和萨拉托加斯普林斯举行，同时计划在楠塔基特岛（Nantucket）和坦格尔伍德（Tanglewood）举办第二次展会。每场展会的参与成本约为2 500—3 500美元，包括旅费、住宿和葡萄酒。展会的结果是有很多人感兴趣但实际销售却很少。

电台节目、文章等

2009年8月版的《葡萄酒评论季刊》（Gualterly Reviecco of Wines）发表了一篇由Susannah B. Mintz撰写的、关于Monte Lauro特色的、标题为“你也可以拥有自己的葡萄

---

① 第一个网站是www.experience-wine.com。后来在微租赁拥有者的建议下改为www.montelaurovineyards.com。

园”(You Too Can Own A Vineyard)的文章。

奥尔巴尼(Albany)市的《Talk 1300》电台节目(凤凰城的主打节目)就 Montlaur 酒庄采访了 Belanger。他们让 Belanger 做一个每周一小时的谈论葡萄酒文化的节目。Belanger 说:“我很确定我能谈一个小时。每一瓶酒都是一个话题。”

Ivey 2008 年秋季版 *Intouvh Magazine*[①] 刊登了一篇有关 Belanger(Belanger 是 Ivey 商学院的 MBA 校友)的文章。文章标题是“Left Turn:Former GE exec Mike Belanger, MBA‘87’is selling a slice of history,washed down by a bottle of good French wine”。

Montlaur 酒庄

虽然收入来自微租赁和葡萄酒出口,但是 Belanger 真正的激情是在衰败中重建 Montlaur 酒庄,这对他来说才是有激情的职业。作为一个自称的建筑师,他相信 Montlaur 的文化遗产可以通过酒庄得以恢复。

酒庄的主人 Hervé de Montlaur 没有足够的资源用于网站的维护和运行。Belanger 一直在寻找一种方法来获得所需的资金,至少可以保证酒庄和网站的运行。费用估计差不多是 80 000 欧元——这只是为了建筑物的维护。将酒庄的修缮任务委托给 Montaud 历史遗产协会(Association Montaud Patrimoine),可以保证所需资金并减少债务负担。不仅 de Montlaur 家族和 Belanger 会受益,整个社区和地区也是一样。这涉及建造一项可以创造收入的教育和训练设施。在这里,Montaud 历史遗产协会的考古学家将为有抱负的考古学家和历史学家提供课程。

最初的考古工作已经完成,充实了网站并了解了修缮要求。估计修缮的工作需要 1 000 万欧元和 25 年的时间。有一种可能性可以获得联邦补助,但 Hervé de Montlaur 和协会必须预先贡献一半的资金。这种模式也许想以 Guédelon[②] 协会为模版——一个位于勃艮第(Burgundy)地区的、全新的中世纪酒庄。这对 Belanger 和 Montlaur 家族来说是一个很有趣的项目,因为它可以自给自足——每年 20 万游客产生的年收入是 200 万欧元。由于离 2020 年的竣工日期越来越近,负责修缮的工匠们也许会开始寻找下一个新的项目。

① “Left Turn:Former GE Exec Mike Belanger,MBA‘87,*Intouch Magazine*,Fall 2008,p. 12.

② www. guedelon. fr/.

附录 1 马可波罗控股及贸易有限公司财物概要

单位:美元

	2010	2009	2008	2007
收入(所有)	65 669	34 288	51 606	98 855
销售成本	24 674	2 700	6 859	0
毛利	40 995	31 588	44 747	98 855
费用				
广告、营销和产品开发	2 917	9 851	11 701	10 287
租赁及租金成本	10 163	13 996	19 593	27 143
车辆/服务/保险	5 378	7 227	7 011	14 538
法律及专业事务	2 726	8 297	1 750	26 100
薪金/咨询费用/佣金	16 757	11 381	13 700	38 258
差旅费	9 542	11 583	19 855	26 523
供货/运输/物流/仓储	20 322	4 936	2 485	2 275
通信及公用事业费	2 348	7 038	6 410	4 082
银行收费、利息及相关费用	7 986	1 081	957	10 786
所有其他开支	2 141	1 369	1 305	13 723
总计	80 280	76 759	84 767	173 715
未折旧前盈利(亏损)	-39 285	-45 171	-40 020	-74 860

资料来源:马可波罗控股及贸易有限公司财务报表。

附录 2 Monte Lauro 葡萄园的参观价格比较

单位:美元

比较项	单个旅行者		双人旅行者	
	自由行	微租赁者①	自由行	微租赁者
旅程				
机票(旺季平均)	800.00	800.00	1 600.00	1 600.00
火车	216.00	216.00	432.00	432.00
总计	1 016.00	1 016.00	2 032.00	2 032.00

① Microlease Holder.

（续表）

比较项	单个旅行者		双人旅行者	
	自由行	微租赁者	自由行	微租赁者
住宿(假设平均 7 天)				
食物	116.00	45.90	232.00	81.00
葡萄酒	29.00	免费	58.00	免费
住宿	203.00	47.25	203.00	60.75
每天总食宿	348.00	93.15	493.00	141.75
7 天总食宿	2 436.00	652.05	3 451.00	992.25
汽车租赁/天	79.75	20.25	79.75	20.25
7 天总成本	558.25	141.75	558.25	141.75
7 天旅行的总成本	**4 010.25**	**1 809.80**	**6 041.25**	**3 166.00**
人均旅行成本	4 010.25	1 809.80	3 020.63	1 583.00
微承租人所节省的费用		**2 200.45**		**2 875.25**
葡萄酒 VS. 微租赁价值				
3 箱葡萄酒	783.00	3 188.00	738.00	3 188.00
运费(通过航空快递从法国南部运出)	609.00	免费	609.00	免费
标签	不适用	免费	不适用	免费
葡萄酒总价值	**1 392.00**	**3 188.00**	**1 392.00**	**3 188.00**
微承租人享受的价值增值		**1 796.00**		**1 796.00**

关键点

- 假设来自美国主要城市的航班至少需要提前 30 天预订。
- 汇率设定为 1 欧元 = 1.45 美元。
- 食物是在 Monte Lauro 葡萄园的设施上进行烹调的，食材由公社提供。
- 葡萄酒是 Monte Lauro 葡萄园餐酒——由自产葡萄或邻近葡萄园的本地葡萄酿造。
- 汽车为公司所有，使用汽车就要符合标准租赁协议的要求。
- 住宿要么是当地的乡间小屋，要么是庄园内的一些设施，包括客房和吉卜赛大篷车。

资料来源：根据 2010 年 Michael Belanger 的预测。

附录 3 Monte Lauro 葡萄园商业微租赁的付款结构

单位:美元

计划	每年的箱数	整个五年计划	第 1 年的费用			总计	每年费用	第 5 年的费用
			首期付款	二期付款	三期付款		第 2—4 年	
108 美元/箱的好红酒	10	6 100	1 270	540	270	2 080	1 080	780
	20	11 500	1 540	1 080	540	3 160	2 160	1 860
	30	16 900	1 810	1 620	810	3 940	3 240	2 940
	50	27 700	2 350	2 700	1 350	6 400	5 400	5 100
	100	54 700	3 700	5 400	2 700	11 800	10 800	10 500
148 美元/箱的优质红酒	10	8 100	1 570	740	370	2 680	1 480	980
	20	1 550	1 940	1 480	740	4 160	2 960	2 460
	30	2 290	2 310	2 220	1 110	5 640	4 440	3 940
	50	37 700	3 050	3 700	1 850	8 600	7 400	6 900
	100	74 500	4 900	7 400	3 700	16 000	14 800	14 300
288 美元/箱的高级红酒	10	12 100	2 020	1 140	570	3 730	2 280	1 530
	20	23 500	2 590	2 280	1 140	6 010	4 560	3 810
	30	24 900	3 160	3 420	1 710	8 290	6 840	6 090
	50	57 700	4 300	5 700	2 850	12 850	11 400	10 650
	100	114 700	7 150	11 400	5 700	24 250	22 800	22 050

注:所有未来年份的价格都根据《纽约时报》报道的美国通胀指数进行了年度调整。
资料来源:马可波罗控股及贸易有限公司。

第5部分

新兴市场中的创新（制度环境）

ISB IVEY Publishing

案例 5-1

诺华公司在印度:创新 VS. 支付能力[①]

作者:Mridula Anand, Anand Nandkumar, Charles Dhanaraj

主题:创新的制度环境;技术管理

---

① 本案例仅基于公开资料撰写。所以,案例中阐述的观点并不一定代表诺华公司或其任何一位雇员的观点。

2012 年 7 月 10 日,印度最高法院正准备听取关于诺华公司起诉印度联邦这个案件的最后陈述。这个案件是自 2005 年印度《专利法》(Patents Act)修订实行以来的第一个案件。所涉及的问题与 2005 年印度《专利法》的第 3(d)条款有关,它的主要目的是防止通过对已存在药品的小改动(往往被称为“常青”特权)而申请更多的专利,该条款强调了更严格的要求以能够证明专利申请的新颖性。民间社会经常指责跨国制药公司使用这样的实践方法。

随着 2005 年新的专利制度的引入,印度开始允许产品专利,瑞士制药巨头诺华公司(Novartis)为旗下的一个名为“格列卫(Glivec)”的药物申请了一个印度专利。虽然格列卫在世界各地的 40 多个国家都已申请了专利,但是印度国家专利局(Indian Patent Office)在 2007 年拒绝了诺华的专利申请。随后,印度知识产权上诉委员会(Intellectual Property Appellate Board, IPAB)驳回了诺华公司的上诉,委员会认为此药物的制作确实具有创新性,但其价格却远远超出印度患者的支付能力。

2009 年,诺华公司上诉至印度最高法院,质疑印度《专利法》中第 3(d)条款的合法性。在印度乃至世界各地,人们对这个问题的意见很不相同。一方面,包括诺华在内的跨国企业,所担心的是很弱的专利保护制度,因为这会很大地影响到它们的投资决策;另一方面,印度许多国内的药品生产商(大多数是专业的仿制药)和一些非政府组织,如无国界医生组织(Médecins Sans Frontières),所担心的是毫无意义的专利可能会影响到印度作为一个向本国及发展中地区提供廉价的、可靠的通用药物的声誉。随着法院对格列卫一案做出裁决的临近,诺华公司必须要根据法院的最终裁决来调整其在印度以及更广泛的新兴市场上的创新策略。

在印度的诺华公司

诺华(在拉丁语中意为“新技术”)是一家瑞士制药公司,它是由以下这三家独立的公司的一系列合并而组成的:瑞士嘉基(Geigy)、山德士(Sandoz)和汽巴(Ciba)。汽巴和瑞士嘉基于 1970 年合并,成立了新的汽巴-嘉基(Ciba-Geigy)公司。而后这个公司又在 1996 年与山德士公司合并成立了诺华公司。自 21 世纪初以来,诺华公司将经营重心放在药品制造的业务上,并将旗下的非医疗业务出售了,包括它的医学营养业务与嘉宝婴幼儿产品业务。到 2011 年,该公司拥有一个广泛的产品组合,包括肿瘤、心血管、神经系统、眼科和呼吸系统的健康产品及研究(参见附录 1)。山德士作为诺华公司的一个部门,负责生产一般药物和活性药物成分,而另一个部门爱尔康(Alcon)则负责眼科药物、外科手术系统和隐形眼镜的制作。公司的疫苗和诊断方面的业务涉及免疫学和血液筛查工具。诺华公司在 2012 年度的总收入约为 600 亿美元[①](参见附录 2)。

诺华公司全球范围的整合可以从它在印度的项目整合上体现出来,那就是将所有三家公司的活动汇集在一起,以能够将重点放在药品制作上。2006 年,诺华公司宣布计划,将在安得拉邦(Andhra Pradesh)的海得拉巴市(Hyderabad)建立一处研发设施并

① 本章除另有说明外,所有货币单位均为美元。

投资约 30 亿美元。它还与印度政府签署了一份相互谅解的协议备忘录，其主要目的是扩展印度国内与医疗有关的信息技术、信息技术的启用服务（ITES）及在印度的研发活动，并且为公司在海德拉巴的后台管理基地创建一个全球中心。[①] 印度诺华公司得到了迅速的增长，2010 年公司在印度的员工数量就达到了 1 000 人左右，并实现了大约 1.09亿美元的营业收入。海德拉巴的诺华发展中心帮助母公司处理了全球数据管理的需求。印度诺华公司的业务包括专利药品、非专利药品、动物健康、非处方（OTC）药品和疫苗。

格列卫——抗癌药

1960 年，两位宾夕法尼亚大学的肿瘤学家 Peter Nowell 和 David Hungerford 发现了“费城染色体”，即一种染色体异常，它是由白血病患者的一个基因突变造成的（慢性髓细胞性白血病，又被称为“CML”）。[②] 在此研究的基础上，由 Elizabeth Zimmerman 博士和 Juerg Buchdunger 博士带领的诺华公司的研究小组，试验了 400 种以上的分子以检测此基因。[③] 经过近十年的发展和测试，诺华公司开发出甲磺酸伊马替尼的 α 版本和 β 版本分子。[④] 而该研究团队也在 1993 年获得了 β 版本的专利。

诺华公司又花了五年多的时间将其研究成果成功地转化成了一种口服药物——格列卫，并在 2001 年获得美国食品和药品监督管理局（FDA）对于 CML 治疗的批准。2002 年，它还获得欧盟的批准，而这是通过欧盟专利药品委员会（Committee for Proprietary Medicinal Products，CPMP）进行的。2003 年，这个药品在美国被推出并命名为“格力维（Gleevec）”[⑤]，而在美国以外地区该药品则被命名为“格列卫（Glivec）”。它被誉为最有发展前景的治疗 CML 的药物。本着扩展这种药物的市场的目的，诺华公司试图将格列卫引入印度市场。2004 年，诺华公司在印度推出格列卫，这是基于《专利法》条款中的一项规定，即独家营销权（EMR）。据估计，印度到 2010 年需要使用格列卫治疗的患者人口将增加到 800 万，而销售格列卫的潜在年收入将超过 3 亿美元。2011 年，格列卫的全球销售额超过了 10 亿美元。

---

① “Novartis Plans R&D Arm in Hyderabad，” *Rediff. com*，November 9，2006，www. rediff. com，www. rediff. com/money/2006/nov/09nova. htm，2012 年 11 月 29 日访问。

② David Cameron，“A slow saga of success，” *Paradigm Magazine*，Spring 2007L，http://wi. mit. edu/files/wi/pdf/84/paradigm-2007-spring. pdf，2012 年 11 月 29 日访问。

③ 一系列的文章是由下列科学家发表，包括：Elisabeth Buchdunger，Jurg Zimmermann，Mett H，et al. Inhibition of the Abl Protein-tyrosine Kinase in Vitro and in Vivo by a 2-phenylaminopyrimidine Derivative，Cancer Research. 1996；56：100—104；J. Zimmermann，G. Caravtti，H. Mett et al.，“Phenylamino-Pyrimidine（PAP）Derivatives：A New Class of Potent and Highly Selective PDGF-Receptor Autophosphorylation Inhibitors，” *Bioorgan Med Chem Lett*，6，pp. 1221—1226；J. Zimmermann，E. Buchdunger H. Mett H et al.，“Potent and Selective Inhibitors of the ABL-kinase：Phenylamino-Pyrimidine（PAP）Derivatives，” *Bioorgan Med Chem Lett*，7，1997，pp. 182—192。

④ U. S. patent application，5521184，“Pyrimidine Derivatives and Processes for the Preparation Thereof，” 1993.

⑤ 为了避免与美国市场上一款治疗糖尿病药物的名称混淆，格列卫（Glivec）在美国被命名为格力维（Gleevec）。

印度知识产权环境的演变

印度的专利制度作为殖民统治留下的遗产，在独立后仍旧延续着英国1911年设计的专利法制度。该法案在1920年和1930年进行了进一步的修订，并首次将专利权的管理划归为行政管理的范畴。这些变化在本质上使印度《专利法》成为一个更广泛的支持创新的专利制度。加上与英国和其他国家的互惠原则的建立，使得印度的专利制度在国际专利的申请上变得更简单。同时，专利年限从14年增加到了16年。这鼓励了一些跨国制药企业，如葛兰素史克公司（GSK）、强生公司、拜耳公司和赫克斯特公司（Hoechst），在许多重要的治疗领域中进入印度。当印度脱离英国统治成为一个独立的国家时，印度的制药行业便被外国的跨国制药公司所支配并被占据了超过80%的市场。而印度本地的制药公司大部分只能在占很少比例的几个较小的治疗领域里经营。[①]

印度在产品专利上所做的废除实验

1972年，为了提高本土工业水平，印度政府修订了有关专利法律并做了彻底的修改，特别是在有关食品、医用药品和药物领域上。主要的修改包括减少专利的年限，从专利开始申请之日起7年或者专利被授予之日起5年（针对的是食品、药品和药物方面的专利，以较短时间者为准）。此外，产品专利被废除，方法专利被采纳。这项法律导致了大量外国的跨国制药企业退出印度的药品市场。到21世纪初，大型的印度制药公司在印度市场上占据着大多数的治疗领域。国家薄弱的知识产权保护意识（IPR）给许多制药公司提供了一个复制和制造原始药物的通用版本的合法手段，并由此让这些公司在通用药物的制作方面积累了大量的专业知识和技能，而且使得这些公司在制作这些药物时能够大幅度地降低成本。2005年，据专业服务公司毕马威（KPMG）估计，印度企业的药品生产成本比西方企业平均低50%（参见附录3）。

2004年的专利改革

1994年，印度成为WTO的成员，并签署了一项《与贸易有关的知识产权协定》（TRIPS）。根据这项《协定》，印度必须在从此开始的十年宽限期后遵守产品专利的政策（即从2005年生效）。为了遵守TRIPS，印度在2005年颁布了《专利改革法案》（Patent Reform Act）（追回到从2004年1月1日起开始适用）。产品专利被再度推出，专利年限被延长到了20年。该法案还建立了一个专门的司法机构，以审理相关的知识产权方面的案件，该机构被称为知识产权上诉委员会。所有这些措施都旨在加强对知识产权的保护。

① www.usitc.gov/publications/332/working_papers/EC200705A.pdf，2012年11月29日访问。

在印度，《TRIPS 协定》的落实是按步骤进行的。第一项修订在 1998 年进行，推出了一项暂时性的条款，给予制药产品和化工产品独家营销权。基于专利权的授予，独家营销权也被授予，并且为申请人提供了一个为期 5 年的独家销售或产品分销权（指的是专利所涵盖的产品）。独家营销权是一个预期上的运营操作，即它只是从被授予专利权之日起生效，而不是追回到申请之日起。原则上，如果专利权被批准，这样的安排给了制药公司独家营销药品的权利。另外，根据《TRIPS 协定》，签署国（如印度）没有义务为在 1995 年之前的专利发明延长专利保护时间。因此印度决定根据这一条款，不为 1995 年以前的专利发明延长专利保护时间。

2005 年修订的印度《专利法》，效仿了欧洲专利法的模式，采用"申请优先"的模式来认证发明创造者。即使是在传统上遵循"先发明原则"模式的美国，在 2012 年进行改革后也逐渐走向这个模式。印度专利系统中另一个重要的和特殊的方面是"授权前的反对"，即允许任何人或机构在印度专利局正式考虑专利申请之前享有提出反对意见的权利。授权前的反对通常主要针对的是不符合专利申请要求的专利产品，以及没有披露遗传资源或传统知识的专利申请。与欧洲专利法一样，印度《专利法》也明确定义了不能成为专利的发明，而美国则没有。一个重要的印度《专利法》中的特色条款，也是在印度和其他地区饱受争议的第 3(d) 条款，其规定是：

> 本条款的目的是，盐、酯、醚、多晶型物、代谢物、纯粹形式、粒子大小、异构体、异构体的混合物、配合物以及其他已知物质的衍生物将被视为同一种物质，除非它们在性质上有明显不同的功效。[①]

换句话说，即任何新的药品专利都要足够证明其所增加的功效，除了非显而易见的、新颖的和能够有一个工业上的应用；仅仅是已存在的化合物的一个"新用途"，在法律规定下是不能被授予专利的。

虽然作为一项法律已被颁布，但专利制度的改革仍旧是公众热议的话题。印度作为"世界的制药工厂"、生产及出口廉价的通用药品的仿制大国，其产品出口全世界，包括欧洲和美国，但印度面临着新的挑战。一些政府部门和政策制定者继续就如何解决下面这个问题争论着，那就是如何在鼓励创新与提供能够付得起的（拯救生命的）药物方面做到平衡（参见附录 4）。专利所授予的垄断权减少了企业在专利期内的竞争，并由此可能导致高昂的药品价格，这样一来也将限制普通人对药品的使用。这是一个普遍的问题，不仅在印度，在任何发展中国家都存在着同样的问题，特别是在非洲。

格列卫在印度的发行

为了遵守印度《专利法》的临时规定，诺华在 1998 年 7 月对其甲磺酸伊马替尼 β

① 《专利法》第 3(d) 条款（1970 年），《专利法》已于 2005 年修订。

晶体提交了一个 EMR 申请。由于印度已经获得了一个转换到产品专利制度的十年期限,所以对于 1995 年以后的申请,一个 EMR 通常是在过渡时期授予的一个特许权。2003 年 11 月,印度专利局批准了一个为期五年的诺华格列卫的 EMR①,而这个案例是这种情况下印度的首例。有 EMR 在手,诺华公司推出的这个药物在印度的成本约为每个病人每月 2666 美元。诺华公司知道,自从格列卫于 2003 年在美国发行后,几个印度公司已经成功地仿制了该药,并且以每人每月 177—266 美元的售价在印度市场上出售。因此,诺华公司同时向法院提出了禁止当地制造商仿制该药的请求。②

意识到这样一种基本药品的价格让很多患者都望而却步,诺华公司建立了第一个全球的直接面向病人的项目,即与 The Max Foundation 基金会合办的格列卫国际患者援助项目(Glivec Intarnational Patient Assistance Program,GIPAP)。它是根据医学和社会经济准则,对于那些满足一些前提条件的患者,提供免费的格列卫药物。GIPAP 在 2002 年启动,主要在发展中地区运行,因为在这些地区没有任何的综合补偿系统或者可供使用的通用药品,如非洲、亚洲、东欧、南美和加勒比地区。GIPAP 还为病人、他们的家人及护理者们提供信息和咨询帮助。③ 印度诺华的执行董事主席 Ranjit Shahani 指出:

> 在印度,诺华公司正面临着一个全球化的困境,而这是许多新兴经济大国的一个共同的特点:一个国家,两个市场。印度一方面有着蓬勃发展的中产阶级,另一方面有着大量极端贫困的人们。我们也知道很多贫穷的患者面临着不能使用医疗药物的困境。出于这个原因,我们正努力实施一个双向的患者战略。我们既要向贫困患者免费提供格列卫,也必须面对印度正在出现的富裕的上层社会所拥有的力量和权利,以及履行我们对这个阶层的职责。④

诺华对 GIPAP 计划的实施基于以下三种模式:全套产品的捐赠、共同捐助(由地方政府、慈善机构与诺华共同负担药物成本)和共同支付(即根据病人的财务状况,诺华和患者共同负担用药成本)。这个项目是针对那些没有医疗保险或者其医疗不能报销的,以及不能独自支付医疗费用的患者。这个计划中的大多数参与者都来自发展中国家,并且只有很小的偿付能力。⑤

---

① 比较奇怪的是,跨国制药公司对印度出台的过渡性规定反应冷淡。除了诺华公司以外,只有三家公司在过渡期内被授予了 EMR。

② "The Novartis Case at Madras High Court Awaits Judgment," *The Hindu Business Line*, June 7, 2007.

③ 诺华公司后来将这个计划扩展至包括尼洛替尼(Tasigna),这是一种新的药物,被批准用于对格力维/格列卫有抗性的 CML 患者。

④ Novartis Patenting Innovation"Is the Best Protection for Patients", May 15, 2008, http://knowledge. wharton. upenn. edu/india/article. cfm?articleid = 4286, 2012 年 11 月 29 日访问。

⑤ GIPAP program, The Max Foundation, www. themaxfoundation. org/GIPAP/Answers. aspx?q = 13, 2012 年 11 月 29 日访问。

格列卫的专利申请过程

随着 2005 年新专利制度的发展,诺华公司及时申请了格列卫在印度的专利。仅在几个月内,公司就开始面临数个印度仿制药品的制药公司对有关(专利)预授权的冲击,其中包括 Natco 制药有限公司、西普拉有限公司、Hetero 制药有限公司、兰伯西实验室有限公司,以及一些非政府组织,如癌症患者援助协会(Cancer Patients Aid Association,CPAA)。营销着格列卫药品的一种仿制版本"维拉特(Veenat)"的 Natco 公司的 Adi Narayana 这样评论道:

> 由诺华提出的(选择)专利请求①会自然而然地导致合理的结论,那就是甲磺酸伊马替尼的 β 晶体已被包含在 1993 年在美国获得的专利中,被授权的是这家瑞士医药公司。如果这个药品有独创性的话,那就只是在发现 β 晶体的有利特性上。也就是说,β 晶体就其本身而论是缺乏新颖性及任何创造性的。

CPAA 也在针对诺华药品的价格进行一场运动。CPAA 的执行董事 Shubha Maudgal 认为,让大多数患者使用如此昂贵的药物几乎是不可能的。

2006 年 1 月,由 Chandrasekaran 博士作为主管的马德拉斯专利局,拒绝了诺华对格列卫的专利申请。拒绝的理由是根据新颁布的《专利法》的第 3(d)条款②,格列卫并没有被充分证明其功效的提升。印度专利局认为这个发明缺乏新颖性,并且它不过是作为另一种已知物质的新形式存在。其基本成分是已在全球范围内拥有专利授权的 α 晶体形式的嘧啶胺类衍生物,并且已在公共领域中使用。

上诉的过程

诺华公司不同意印度专利局的解释,一些法律专家也注意到了就在不是很远的 1996 年,美国专利商标局延长了 β 形态的专利有效性,这是因为新的专利增加了格力维的生物有效性(增加了溶解度并有更少的吸湿性)。诺华公司认为,更高的生物有效性的确是更为显著的功效,而据此就应该在印度获得一项新专利。诺华公司在马德拉斯高等法院就印度专利局的决定提出上诉。在经过了数月的听证会之后,这个案件最终在 2007 年 5 月被提交到了 IPAB。印度政府在这个问题上的立场是由印度大使在 2007 年布鲁塞尔召开的欧洲议会上发表的一份声明来阐述的。其部分内容如下:

> "因为甲磺酸伊马替尼能够控制那些使癌症扩散的细胞的生长但不能完全治愈疾病,所以患者必须在他们的余生中一直服用这种药品。诺华在印度销售格列卫的价格是每位患者每年需花费 26 000 美元。而在印度市场该药品的仿制版本

① (选择)专利是在以下情况下被提出的,即在专利授权后,发现一些属于原专利的化合物被发现拥有出人意料的优势(相比于以前已经发现的那些优势)。而法律要求,这些优势对于本领域的一位有经验的人员来讲不是明显的。

② 见 2005 年的专利修正案,2005 年 4 月。

售价约为每位患者每年 2 100 美元,即少于诺华公司价格的十分之一。诺华公司的收费大约是每位患者每年 25 000—50 000 美元,而这个价格远远高于印度大多数患者的支付能力。诺华公司指出,在印度很少有患者支付这个高价,因为他们已建立了一个格列卫的捐赠项目。2006 年,印度大约有 5 000 人受益于这一计划;但印度每年新增约25 000位 CML 患者。”①

IPAB,其建立的主要目的是允许那些不服印度专利局裁决的创新者进行上诉,它主要由技术人员和司法人员组成。令诺华公司懊恼的是原来印度专利局的主管 Chandrasekaran 博士,从他的岗位上辞职后被任命为 IPAB 的一名技术人员。

IPAB 对此做出回应并驳回了诺华公司对其技术人员提出的异议。它认为,Chandrasekaran 博士是以一个不同的角色在印度专利局工作。因此,尽管对这个专利的拒绝是在他的任期内决定的,但并没有明显的证据表明在格列卫的专利申请决定上他有着直接的参与。IPAB 面临的一个重要的制约因素是,要成为 IPAB 的一位技术员需要具备五年与印度专利局相关的工作经验。这将使它很难找到一个合适的替代人员来处理格列卫的案例。这个对诺华公司要求的驳回导致了与诺华公司新的争执,而诺华公司向高等法院提出上诉,要求在 IPAB 内更换一位新的技术成员。为了解决这个问题,印度政府向这个双成员董事会提出了一个修改方法的建议。当高等法院接受了这个新提出的方法后,它却遇到了来自 Natco 公司的强烈反对,而后者随后也向最高法院提交了上诉申请。

在 IPAB 的上诉是在 2008 年 11 月 17 日进行听证的,而结案陈述则在 2008 年 12 月 24 日进行。本案的焦点是格列卫是否满足专利申请中足够新颖的要求。诺华公司争辩说它们对这个药物拥有合法的权利,但许多反对者则认为其违背新颖这一点的事实是不可避免的:

> 甲磺酸伊马替尼的 β 形态是热力学中最稳定的形式,一旦 β 形态的甲磺酸伊马替尼被获得,其他形式的同种物质将会被转换成这种形式(消失的变形理论)。固体形式的甲磺酸伊马替尼将自动转化为 β 形态(通过受 β 晶种的沾染),而没有其他固体晶体形式的甲磺酸伊马替尼能够被得到。

诺华公司反驳了这一观点,它提出了新盐形式所增加的稳定性被证明了是更加有功效的这种说法,因此应该被授予专利:

> 即使假设,而并不是承认,该化合物只是对一种已知物质的一种新形式的发现,它仍然能够被授予专利,因为它使已知物质(即伊马替尼游离碱)的功效大大增强了。(专利及设计部门的助理总监)应该理解(由诺华)所进行的试验和临床试验的验证,因为其结果表明比起所说的已知物质,它的生物可用性提高了 30%。在药理学领域上,任何物质若有一个 20%—25% 的生物可用性(更多或更少)的方差,就不

① Statement of the Indian Ambassador in Belgium at the Exchange of views on Novartis case(Sect 3d), organized by the European Parliament on April 11, 2007, in Brussels. http://lists.essential.org/pipermail/ip-health/2007-april/010936.html,2012 年 11 月 29 日访问。

应该被认为是与所比较的其他化合物生物等效的,因此不能被称为"相同的物质"。①

上诉委员会的决定

2009 年 6 月 26 日,IPAB 裁定,根据印度《专利法》格列卫不能被授予专利权。此决定基于以下两个理由。

首先,主体没有充分表现出更高的功效水平,因为根据印度《专利法》第 3(d)条款规定:

> (诺华)在它的受质疑的规范中,从来没有任何改善其治疗癌症的功效的目标。相反,它使用改进的热力稳定性发现了新的结晶形式,改进了其流动性能和较低的吸湿性。② 这些物理性质在一个药物中是很重要的,因为它可以用来形成固体剂型中的活性成分,比如胶囊、片剂等,但它没有对提高实际的药物治疗性有任何贡献。③

其次,所提议的治疗方案的花费被认为是过高的:

> 当(诺华)以 EMR 的方式拥有格列卫的所有权时,该公司一般向癌症患者收取每月所需剂量药物的费用为 120 000 卢布(或 2 192 美元)。而在我们看来,这对于印度的贫困癌症患者来讲是根本负担不起的。因此,我们也观察到,如果授予该药物的产品专利将会对被癌症困扰的贫困人口及他们家庭的生活带来浩劫,这同时也将给整个社会带来灾难性的影响。④

诺华公司对法院的判决感到非常失望,认为这对那些具有抱负的创新型的外资企业想进入并服务印度的癌症市场是一种打击。Shahani 在谈到公司对这个判决的反应时说道:

> 令诺华公司感到失望的是,甲磺酸伊马替尼 α 晶型的专利申请被拒绝……我们有 90 天的时间来审查这个决策的优劣,以此来评估并对我们的选择做出决定。我们对印度的专利制度很担心,并正在寻求那些能够在制药领域支持创新的系统。我们目前正在检查之前的决策,并衡量提供给我们的各种选择。⑤

在印度最高法院挑战法律

2009 年 8 月,诺华公司向印度最高法院提出了要挑战由印度法院和印度专利局对

---

① In ORDER(No. 100/2009),IPAB,www. ipab. tn. nic. in/orders/100-2009. htm.

② 吸湿性被定义为一个产品基于空气中的水分含量吸湿和释放水分的能力。

③ Intellectual Property Appellate Board,Chennai,June 26,2007.

④ Jumana Barnagarwala,"India Oncology Market Set to Grow,"*Datamonitor*,December 2009,www. expresspharmaonline. com/20091231/management02. shtml,2012 年 11 月 29 日访问。

⑤ C. H. Unnikrishnan,"Novartis May Challenge Verdict Denying Patent for Cancer Drug,"*live mint*,July 5,2009,www. livemint. com/Companies/6QprF6vOTBrK7rmdIDCdio/Novartis-may-challenge-verdict-denying-patent-for-cancer-dru. html,2012 年 11 月 29 日访问。

所制定的印度《专利法》第3(d)条款的解释和应用。公司希望最高法院宣布印度《专利法》的第3(d)条款与印度的TRIPS协议内容是不相符的。同时,诺华公司还决定撤销一个准备投资30亿美元在印度建立一个研发中心的决定。[①] 该公司开始进行一个主要的活动来专注于处理在这个事情上出现的许多有关问题,而这些问题都是不同的非政府组织在新闻报道中曾经提过的。2012年2月,一些非政府组织在瑞士巴塞尔的诺华公司年度股东大会(Annual General Assembly,AGM)的外面举行抗议活动。这些团体组成的联盟代表,签署了所谓的《伯尔尼宣言》。项目协调员 Patrick Durisch 指出:

> 这里所涉及的利益远远超出了给这种抗癌药物授予专利。这个法律挑战的目的,事实上是要削弱印度《专利法》中的一个合法的和宝贵的公共健康条款,它旨在限制跨国制药公司在现有的药物专利的基础上进行一些微不足道的变化,这是跨国公司的一个普遍的、被称做"常青"的特权。

截至2012年,格列卫已在40个国家和地区获得了专利。格列卫也在欧盟和美国得到了在某些胃癌患者手术后一个较长时间使用的许可。2011年,格列卫为诺华公司赚取了46.6亿美元,成为该公司继高血压药物 Diovan 后的赢利第二多的药物。Diovan 于2012年在美国获得专利权。诺华公司认为,印度拒绝了对公司的知识产权的保护,而公司因此不能够在印度进一步发展其未来的研发业务。在当年的年度股东大会上,该公司的董事会主席 Daniel Vasella 回应了对诺华的批评:

> 最高法院的决定将有可能导致印度不再能够为世界上的贫困人口制造药物这一说法是不正确的。根据世界卫生组织统计,95%的基本药物都不属于专利,如果有变化的话,这只会适用于所推出的新药物,但新药物只能够通过对专利的保护来开发。因此,这是一个深层次的困境,而对这背后的原因,我非常理解。

诺华公司在印度遇到的挑战与在许多发展中国家市场上所发生的问题都是非常类似的。在这些发展中国家里,应该怎样既保持对专利药品的支付能力,同时又能增加对创新的激励呢?制药行业内很多人都不认为差别定价可以解决这个问题。Shahani 说:

> 不幸的是,边界是可渗透的,而且往往药物被重新包装后以成本价的一个很小的部分被转售。这就是为什么跨国公司在过去都不愿引进差别定价的主要原因。如果有一个可靠的公共分配框架来跟踪药品流向并能防范对其他国家的平行进口,那么捐赠和差别定价的方案就可以行得通。[②]

在最高法院准备听取对此事的最终陈述时,诺华公司意识到,这可能不仅仅是对一个诺华公司,而是对全球整个医药行业来说都是一个重要的时刻。

---

① 相反,诺华公司为在中国的研发活动预留了12.5亿美元。"Novartis Says Weak IP Protection Makes India R&D Impossible," *Seeking Alpha*, November 13, 2009, http://seekingalpha.com/article/173179-novartis-says-weak-ip-protectionmakes-india-r-d-impossible, 2012年11月29日访问。

② "Novartis' Ranjit Shahani: Patenting Innovation Is the Best Protection for Patients," *India Knowledge@ Wharton*, May 15, 2008, http://knowledge.wharton.upenn.edu/india/article.cfm?articleid=4286, 2012年11月29日访问。

附录1 诺华公司的销售情况

诺华公司基于不同国家、部门和治疗领域的销售情况(2011年)

收入的地理分布		收入的部门分布①		全年总收入在治疗领域的分布(领先药物)②	
国家	(%)	分布	(%)	治疗领域	(十亿美元)
美国	33	制药	56	肿瘤(格力维/格列卫、择泰、善得定、弗隆、尼洛替尼)	10.066
加拿大	10	山德士	16	心血管和代谢(代文、复方制剂、维格列汀、泰克特纳、可得安稳、阿利克仑)	8.108
欧洲	37	爱尔康	17	神经科学与眼科(兰尼单抗、模块系统、诺康停、利他林、芬戈莫德)	4.775
亚洲/非洲/澳大拉西亚③	20	消费者健康	8	免疫学及感染(Sadimmum、山地明、密固达、密固达、麦考酚钠、Volatrin)	2.828
		疫苗和诊断	3	呼吸(索雷尔)	0.478

资料来源:

① 诺华公司2011年年度报告。

② "Product Sales," *Novartis*, www.novartis.com/investors/financial-results/product-sales.shtml, 2012年11月29日访问。

③ 一般指大洋洲地区,包括澳大利亚、新西兰和邻近的太平洋岛屿——编者注。

诺华公司在不同国家和部门的销售百分比(2011年)

	制药(%)	爱尔康(%)	山德士(%)	疫苗和诊断(%)	消费者健康(%)
美国	31	38	35	37	30
欧洲	36	39	47	33	43
亚洲/澳大拉西亚/非洲	24	22	11	19	17
加拿大和拉丁美洲	9	11	7	11	11

资料来源:www.novartis.com/downloads/investors/reports/novartis-annual-report-2011-en.pdf, 2012年11月29日访问。

附录2 诺华公司的主要财务数据(2008—2010年)

利润表 单位:十亿美元

	2011年12月30日	2010年12月30日	2009年12月30日	2008年12月30日
总收入	59.38	51.56	45.10	42.58
成本(总额)	18.98	14.49	12.18	11.44
毛利润	39.58	36.14	32.09	30.02

（续表）

	2011年12月30日	2010年12月30日	2009年12月30日	2008年12月30日
销售/一般/管理费用（总额）	18.05	15.80	14.33	14.10
研究与开发	9.58	9.07	7.47	7.22
营业费用总计	48.38	40.04	35.14	33.79
营业收入	11.00	11.52	9.96	8.80
税前收入	10.77	11.70	9.92	9.50
税后收入	9.25	9.97	8.45	8.16
少数股东权益	-0.13	-0.18	-0.05	-0.04
净利润	9.11	9.79	8.40	8.20
资产				
现金及等价物	3.71	5.32	2.89	2.04
短期投资	1.37	2.82	14.56	4.08
现金和短期投资	5.08	8.13	17.45	6.12
应收账款账户——交易（净额）	10.32	9.87	8.31	7.03
应收账款总计（净额）	12.37	11.72	10.01	8.57
库存总计	5.93	6.09	5.83	5.79
预付费用	0.71	0.74	0.40	0.40
流动资产总计	24.08	29.69	33.69	20.88
不动产总计（总额）	29.94	28.96	25.90	23.97
累计折旧总计	-14.31	-13.12	-11.83	-10.87
商誉（净额）	29.94	29.69	12.04	11.29
无形资产（净额）	31.97	35.23	10.33	9.53
长期投资	9.98	9.65	19.17	18.89
其他长期资产（总额）	5.90	6.22	6.20	4.61
资产总计	117.50	123.32	95.51	78.30
负债和股东权益				
应付账款	4.99	4.79	4.01	3.40
应计费用	3.01	2.99	2.47	2.08
应付票据/短期负债	5.60	8.53	5.28	5.17
长期债务/资本租赁的流动部分	0.78	0.10	0.03	0.02
其他流动负债总计	8.77	8.25	7.67	5.84
流动负债总计	23.15	24.66	19.47	16.50
长期负债	13.86	14.36	8.68	2.18
总负债	51.65	60.12	38.12	28.01
权益总额	65.84	63.20	57.39	50.29
负债及股东权益总计	117.50	123.32	95.51	78.30

资料来源：诺华公司年度报告，www.novartis.com/investors/financial-results/annual-results-2009.shtml，2012年11月29日访问。

附录 3 印度领先的药品制造企业(2011 年)

公司	1	2	3	4	5	6	7	8	9	销售百分比	销售价格(十亿美元)
兰伯西实验室	√	√	√	√	√	√	√			原料药:22 通用:78	15
雷迪博士实验室	√	√		√						原料药:40 通用:60	0.32
西普拉	√	√		√		√	√		√	原料药 7 通用:93	0.025
沃克哈特				√						原料药:19 通用:81	0.92*
印度辉瑞	√			√	√					通用:100	0.21*
太阳制药	√	√		√	√	√	√			原料药:18 通用:82	1.14
葛兰素史克		√		√						通用:100	0.47
卢平	√			√						通用:100	0.3
克地拉	√	√		√		√				通用:100	0.67*
尼古拉斯·皮拉马尔	√	√	√	√	√	√	√			通用:100	0.41*
奥罗宾多制药	√	√		√	√					通用:100	0.87
百康	√					√		√		通用:90 品牌:10	0.42

注:* 截至 2012 年 3 月 31 日。

1. 心血管
2. 胃肠
3. 眼科
4. 抗生素/抗发炎
5. 中央神经(神经精神病学、抗抑郁药、帕金森、ADD、抗癫痫)
6. 糖尿病
7. 肺/呼吸
8. 肾脏病(肾)
9. 肿瘤

资料来源:诺华公司年度报告。

附录4 全球主要的专利改革

国家	年份	专利制度之前	专利制度之后
日本	1987年	• 日本于1978年推出产品专利,其中窄专利制度受到青睐,并持续到1995年。 • 直到1988年,日本没有遵循"等同原则",这是美国关于专利索赔的一种开放式解释。 • 每项专利只有一个索赔。	• 在专利侵权上允许有限的发现程序 • 从申请之日起20年的专利保护期。
墨西哥	1991年	• 1943年的《工业产权法》(Industrial Property Act)和1976年的《专利和商标法》,排除了对药品专利的保护。 • 卫生部严格控制药品价格。 • 在1943年和1991年之间没有多少研发活动。 • 1987年修订法律,引入了对药品的专利保护,从1997年开始实施。	• 专利保护在1991年的《工业产权法》中得以加强。 • 2002年的法规中规定了在严重的健康条件下减少专利保护期至10年。
中国	1993年	• 1984年实施了第一部《专利法》(不包括药品专利)。1992年进行了修订并包括了药品。2000年再次修订使其符合TRIPS原则。 • 在TRIPS之前,中国保护方法专利但不保护产品专利。	• 现在不再允许使用逆向工程。 • 专利保护从专利提出申请之日起,延长至20年。
印度	1995年/2003年	• 1948年Tek Chand委员会的报告和1957年Ayyangar委员会的报告显示了印度对外资市场的依赖(大约90%)。因此,印度药品在那个时候处于世界的高价位上。 •《专利法》于1970年修订,这个专利法鼓励模仿和当地进行医药生产。 • 产品专利是不允许的,对于制药行业只允许7年的方法专利。	• 第一个变化是1999年的《专利法》(修订),这个立法在2002年再次修订,并于2003年通过。 • 于1995年开始允许持有专利邮箱,而专利的申请过程直到2004年年底才开始。 • 在此期间,如果专利在另一个国家已被授予,可以得到一个独家营销权。 •《专利法》允许授权强制性的许可,这是在专利授权起三年期满后,基于三个理由来授予的。 • 也可以用于国家紧急的情况下。
巴西	1997年	• 授予专利保护的工业产权立法一直用到1945年。 • 修订于1945年,不再包括药品、食品和从化学过程中获得的物质。 • 1969年对于药品取消了方法和产品专利。 • 药品专利在1997年被再次建立,这是基于TRIPS协定。 • 符合专利法。	• 强制性许可,以降低价格和迫使专利拥有者转让技术和知识。 • 普通许可期限为20年。对于在2000年前(1997—2000年)提出的专利申请,专利期限为15年。 • 所有药品专利需经过国家工业产权局(INPI)和卫生部批准。

（续表）

国家	年份	专利制度之前	专利制度之后
美国	2012 年	• 第一部《专利法》于 1790 年颁布。修订于 1793 年，限制的范围只针对美国公民。在 1800 年进行修订后也包括了外国人。 • 专利局建立于 1836 年，并审查了以前的专利法律。 • 现行法律的基本结构建立于 1952 年。	• 美国遵循先发明系统。 • 1994 年后，专利期为 20 年，从提交专利申请日开始。 • 非常有限的强制许可，原因只限于与国家和能源相关的安全性问题。

资料来源：Sakakibara, Mariko and Lee Branstetter, "Do Stronger Patents Induce More Innovation? Evidence from the 1988 Japanese Patent Law Reforms," No. w7066, National Bureau of Economic Research, 1999; www.ase.tufts.edu/gdae/Pubs/rp/ShadlenPoliticsOfPatentsOct09.pdf; www.ungs.edu.ar/globelics/wp-content/uploads/2011/12/ID-197-Caliari-Mazzoleni-Caliari-Privatization-of-Knowledge-Intellectual-Property-Right.pdf; Rachel T. Wu "Awaking the Sleeping Dragon: The Evolving Chinese Patent Law and Its Implications for Pharmaceutical Patents," Fordham Int'l LJ 34, 2010, p. 549; http://ipindia.nic.in/ipr/PatentHistory.htm; www.ladas.com/Patents/USPatentHistory.html, 2012 年 11 月 29 日访问。

ISB IVEY Publishing

案例 5-2

口服胰岛素：百康的突破性创新

作者：Nita Sachan, Prasad Kaipa, Anand Nandkumar, Charles Dhanaraj

主题：转向创新的战略决策；新兴市场

让"印度制造"影响全球一直是我的梦想。我们这一代人和我一样都有这样的梦想。我们一直以来对印度有所亏欠,现在是时候改变了。我们要让它以我们为傲。①

Kiran Mazumdar-Shaw

2009 年 4 月 27 日上午在百康公司(Biocon)的班加罗尔总部办公室举办了一场活动。那天早上,百康公司高级管理层开会讨论新产品——口服胰岛素 IN-105。Harish Iyer(百康公司研发部的领导)与 Anand Khedkar(口服胰岛素项目的高级研发经理),向委员会进行了关于 IN-105 的进度及未来的备选方案的介绍。2008—2009 财年对于百康来说是一段艰难的岁月,受全球经济低迷的影响,公司的税后利润急剧下降。然而,百康公司的研究工作,如 IN-105,刚刚开始并接近成功,同时公司也开始作为印度的创新领导者逐步产生全球性影响。IN-105 的概念是革命性的也是有风险的。II 期研究的初步结果获得了来自美国和欧洲科学家的好评。百康的管理层必须决定下一步的计划。科学建议委员会曾经建议继续进行 III 期研究,但尚未决定研究的规模(如是印度的还是全球性的研究,以及是否与合作伙伴一起研究)。这个项目不同于百康在仿制药领域的其他项目,因为该项目需要巨大的资源投入,却没人能保证它一定成功。但是,如果成功的话,它就会为公司带来重大的全球性增长的机会。

全球生物制药行业

2008 年全球生物制药行业总收入为 6 150 亿美元,过去五年的复合年增长率(compound annual growth rate,CAGR)为 4.7%。预计该行业 2013 年总收入将达到 7 340 亿美元,2008—2013 年间将实现 3.6% 的复合年增长率。② 传统的制药行业中基于小分子构成的特定活性化合物,通常是 20—100 个原子。它们由化学反应制造获得并经过常规化验分析。与此相反,生物技术公司处理的则是由大分子构成的生物化合物。例如,小的生物制剂是由 200—3 000个原子构成,而大的生物制剂则由 5 000—50 000 个原子构成。生物制剂一般是从微生物、植物或动物细胞中合成的,生物制剂对制造过程的性质高度敏感。仅生物技术领域在 2005—2009 年间就实现了 10.2% 的增长,预计到 2014 年年底该产业的价值可达到 3 184 亿美元。③ 生物技术行业主要在发达经济体中发展:美国高居榜首(拥有 1 750 家公司),其次是法国(拥有 824 家公司),然后是韩国(拥有 773 家公司)和西班牙(拥有 659 家公司)。印度拥有 325 家公司,在世界上排名第 11 位;而在亚太地区排名第 4 位,位于韩国、日本和澳大利亚之后。④

药物开发(从最初研发到市场营销),估计需要近十亿美元的投资,而行业的赢利

① Vikas Pota, "Healing the World," *India Inc.: How India's Top Ten Entrepreneurs are Winning Globally*, Nicholas Brealey Publishing, 2010.

② "Global Top 10 Pharmaceutical Companies," Datamonitor, 2009.

③ "Global Pharmaceuticals, Biotechnology & Life Sciences," Datamonitor, March 2010.

④ "India Life Sciences: Vision 2010," report prepared by Confederation of Indian Industry and Yes Bank.

能力也不断遭受挑战，因为成本持续上升而使定价备受压力。业内专家估计，平均而言，每年只有25种新药能够获得销售批准；这些新药被业内称为新化学成分药（new chemical entities，NCEs）。这项批准涉及临床前药物研发和临床试验的大量投资，以及对安全监测的投入。

药物的研发过程很长，一般为10—15年，包括探索阶段（平均3—6年）、临床前试验阶段（平均1年）、涉及人类患者的临床试验阶段（平均6—7年），以及监管审批阶段（1年）①，参见附录1。公司可以为NCE或某种药物的新型生产流程申请专利，一般可以从其申请之日起大约20年之内获得专利保护。从临床试验到推广上市大概需要7—10年的时间。一旦专利到期，通常其他竞争者就会仿制药物。相比原药，仿制药的开发和批准风险小，价格低廉（仿制药一般以原药价格的十分之一出售，或者更低）。仿制药生产商的投资回报率一般约为5%—15%。然而，由于越来越多的竞争者进入以及仿制药的全球化趋势②，这个领域的竞争日趋激烈。有的跨国公司还成立了全资子公司，以生产和销售仿制药，进一步加剧了仿制药行业的竞争。

印度的产业环境

多年来由于政策的变化，印度医药行业曲折发展。独立后的印度并没有生产药物的能力，在很大程度上依赖进口。1911年的《专利和设计法》（英国殖民统治的遗产），强迫印度遵守国际专利法，并帮助印度建立了一些外资公司，而这些公司宁愿从母国进口药品。1970年的《专利法》废除了产品专利，且只允许5—7年的方法专利。其目的是鼓励本国医药行业的发展，并为印度消费者提供低价药品。这鼓励了当地企业用较低的价格和独特的制造工艺仿制其他国家的专利药品。

20世纪70年代，由于大幅降低的赢利能力和失去专有技术的风险使得许多跨国公司选择退出印度。然而，90年代的经济自由化及印度于1995年加入WTO，为印度带来了专利制度并放开对跨国投资的限制。WTO的TRIPS协定要求印度遵守并授予所有NCEs“产品专利”。TRIPS协定的实施延迟到2005年，因为需要将1995年以来的专利进行归档。1995—2005年，约9 000宗专利申请被归档。③ 到2001年，印度制药行业允许国外独资企业进入。

因为药品开发成本飙升，全球制药公司开始寻求新兴市场，如印度和中国（其药品的生产成本比西方国家至少低50%）。④ 在印度这样的市场中，临床试验成本只是美国或者欧盟的30%—65%。由于这些国家拥有庞大的可用患者群体，且容易招募，这反

① “Biotechnology in Asia-Pacific，” Datamonitor，May 2010.

② http://pubs.acs.org/cen/coverstory/8013/8013genericdrugs.html，2010年12月访问。

③ “Will the Lifeline of Affordable Medicines for Poor Countries be Cut? Consequences of Medicines Patenting in India，” February 2005，Médecins Sans Frontiéres Publication，www.who.int/hiv/amds/MSFopinion.pdf，2010年12月访问。

④ “Indian Pharmaceutical Industry：Vision 2015，” report prepared by OPPI and Yes Bank，2008.

过来也缩短了药品的开发时间。[1]

新的专利制度、本地的大型人才库,以及印度侨民在印度建立新企业的热情,使得很多印度公司更加关注探索性研究。[2] 由于资金仍然是一个主要的制约因素,因此一些印度公司采用了横跨探索性研发和仿制药业务的混合模式。[3] 百康公司的创始人和 CEO——Kiran Mazumdar-Shaw 回忆道:

> 一般来说,印度制药业大力发展仿制药。在生物技术行业也是如此,大多数公司都选择生物仿制药。百康平衡了生物仿制药与创新研究项目之间的投资。研究生物仿制药的人才丝毫不逊色于那些投入创新研究的人才。是的,你必须投资,因为你是第一次做这件事。生物仿制药和创新研究之间的差异更多的是管理层的风险偏好而不是人才的差异。

尽管仿制药领域的赢利能力急剧下降迫使许多印度制药公司进军创新药的研究,但是印度的制度环境为此带来了一些阻碍。生物制药企业在寻找合适的人才和风险投资时遇到了困难,晦涩难懂的监管制度和知识产权的执法不严也为企业带来了困难。印度的生命科学领域每年约有 100 万名本科毕业生、15 万名硕士毕业生、2 000 名博士毕业生,医学领域有将近 2 万名毕业生。然而,许多企业领导认为,他们没有受到好的技术培训以适应行业需求。Mazumdar-Shaw 说:

> 找到好人才是一个严峻的问题,特别是在生物技术领域。印度有很多潜在的可训练的人才。毕业生人数这个数字听起来很不错,但是,他们没有熟练的技巧,也未受过专业训练,达不到行业的要求,这就是问题所在。[4]

百康研发部的主管 Harish Iyer 博士重复这一观点:

> 我认为,表面上我们有一支优秀人才组成的研发团队,也时常与世界上最优秀的人才进行交流互动。但是,公司的高层管理人员一直短缺,因为聘请不到合适的人才。我们已经聘请了很多来自全球化公司的人才,我们将继续聘用。但是在我们愿意支付的薪资水平上,仍然很难找到有经验的顶尖专业人士。这毫无疑问是一个挑战。

百康历史

Kiran Mazumdar-Shaw 是一位出生于班加罗尔的科学家与企业家,她创立了百康公

---

① "The Continuing Evolution of the Pharmaceutical Industry: Career Challenges and Opportunities," Regent Atlantic, April 2010.

② "UNESCO Science Report, 2010: The Current Status of Science around the World," UNESCO, 2010.

③ "Ranbaxy Buyout Heats up Indian M&A," *Scrips News*, December 2008; "Bridges that Indian Biosimilar Makers Must Cross to Prosper in International Markets," *Genetic Engineering and Biotechnology News*, August 7, 2009.

④ http://knowledge.wharton.upenn.edu/india/article.cfm?articleid=4144#, 2010 年 12 月访问。

司。她的父亲是 United Breweries 公司的首席酿酒师和总经理，也是著名品牌“翠鸟”（Kingfisher）啤酒的创造者。Mazumdar-Shaw 从澳大利亚的巴拉瑞特大学（University of Ballarat）毕业，获得酿酒师研究生学位后，她发现很难在印度的啤酒厂找到一份工作，因为那时候的印度酿造行业还是以男性为主导。因此，她用 10 000 卢比、一套小型生物技术装备及自己所掌握的发酵技术开始进行研发工作，这一切都在她的车库中进行。[①] 1979 年，她与爱尔兰百康生化有限公司注册成立了一家合资公司。公司的主要业务是向国际市场出口酶。英国联合利华有限公司曾经拥有爱尔兰百康生化有限公司的一些股份，但是在 1994 年，联合利华希望转让其所有权，于是印度的发起人买断了所有外资股份并全资拥有百康。在百康的前二十年，公司仍保持酶制剂业务，重点对各种发酵技术进行内部研究。

1994 年，百康看到了跨国公司外包研发的需求，因此成立了印度第一家提供外包研究服务的公司——Syngene，与一些世界最大型的制药公司，如百时美施贵宝（Bristol-Meyer Squibb）和阿斯利康（Astra Zeneca）合作进行化学和生物学的相关研究。2000 年，百康成立了另外一个实体——Clingene，其重点在临床试验上。[②]

2001 年，百康获得美国食品药品监督管理局（FDA）的批准，生产胆固醇仿制药 Mevacor（洛伐他汀），百康是获得此批准的第一家印度公司。随后，百康开始生产其他他汀类药物，如辛伐他汀和普伐他汀。所有这些药物均通过 Genpharm（一家加拿大公司）在北美地区出售。到 2004 年，百康已经占领了美国一般他汀类药物 50% 的市场份额。[③] 百康的发酵能力在其进入胰岛素市场时发挥了很大的作用，当时的胰岛素市场由全球两大巨头——美国礼来制药公司（Eli Lilly）和丹麦诺和诺德公司（Novo Nordisk）主导。2003 年，百康在市场上引入其自己的产品——Insugen，其价格低于市场价格的 25%，这主要得益于印度较低的劳动成本。Insugen 在一年之内占领了印度 10% 的市场份额。2004 年，百康与百时美施贵宝签订了 9 年的合约，为其供应重组人体胰岛素。

2004 年，百康于孟买证券交易所上市，在 IPO 的第一天获得 32 倍的超额认购，并取得超过 11 亿美元的融资。2008 年，百康出售丹麦公司的酶业务，在瑞士成立全资子公司——百康 SA，进而收购了德国 AxiCorp 公司 71% 的股份（AxiCorp 公司主要承担欧洲市场的医药分销业务）。2009 年 2 月，百康 SA 将持股比例升至 78%。百康认为，该市场分销网络将对其在欧洲推广胰岛素产品大有裨益。[④] 截至 2009 年，百康在全球超过 75 个国家的销售额超过了 7.12 亿美元，成为印度最大的生物技术公司。百康的产品组合包括 36 个重点品牌，囊括 4 个治疗领域，即糖尿病、肾脏内科、肿瘤学、心脏病学（参见附录 2）。

百康以鼓励开放的沟通方式和吸引顶尖人才的文化自豪，无论他们来自著名的印度机构还是海外归来的学子。Mazumdar-Shaw 一丝不苟地听取员工的意见，并让他们

---

① 2009 年印度卢比与美元的平均汇率：1 美元 = 46.55 印度卢比。

② 百康公司 2010 年报告。

③ “Big Shot in Bangalore,” *Forbes*, October 18, 2004.

④ “Biocon Injects Innovation Gene,” *Technology Review*, MIT, October 2009.

参与公司的愿景建设。她会有意识地创造非正式的氛围,鼓励员工畅所欲言而不用担心他们的老板不高兴。通过与不同层面员工的沟通,Mazumdar-Shaw 确保百康内部不存在等级森严的层级结构(类似封建等级制度)。[①]

将研发重点转移到高风险性研究

百康的项目研发资金主要来自内部应计利润,大约占百康利润的 7.5%。20 世纪 90 年代末和 21 世纪初的他汀类药物和胰岛素经验给公司带来了工艺技术及分析和管理风险能力方面的竞争优势。公司的制造能力带来了大量现金流,这给予公司再投资研发的能力。百康着力申请和保护知识产权,这一点和大多数印度公司不同。例如,百康为其固态发酵技术申请了多项专利,这为百康与印度其他仿制药生产商的不同做了铺垫。

Iyer 博士于 2001 年加入百康之前,曾任职于美国基因工程技术公司(Genentech)和 Biogen-IDEC 公司。他是印度理工学院(马德拉斯)化学工程专业的毕业生,而后在著名的美国伦斯勒理工学院(Rensselaer Polytechnic Institute)获得博士学位。2007 年,他被任命为百康研发部的主管。Iyer 回忆百康将重点转向创新研究时说:

> 百康公司开始并没有把重心放在研究上。我们作为一个制造业公司而成立。虽然我们做了研究,但是研究规模有点小,不像 Genentech 一样拥有风险投资。有的生物技术公司一直在做研究,已经好几年不再赚钱,却一直相信未来会发展得很好,而 Genentech 与它们不同,因为它来自不同的文化环境。我们开始有一些重视研究,但也努力保证市场销售,确保能够创造足够的收入是我们文化的一个重要组成部分。因此,你一定要深深牢记我们公司的成长方式,我们从第一天开始就是注重赢利的。

2005 年,尽管仿制药制造业务仍然蓬勃发展,而且利润丰厚,百康决定将其重点转移到更具创新性的产品。Iyer 回忆说:

> 公司对创新有很大的兴趣。原因很简单,如果继续这个同样的业务,你会死的,因为有太多竞争。随着制造成本的上升,利润空间不断缩小,这个领域的技术壁垒也不高。从商业的角度来看,如果每个人都想置你于死地,那就没必要留在这个游戏里了。

截至 2009 年,百康的研究计划包括 BIOMAb T1h(治疗银屑病的抗 CD6 单细胞抗体)、BVX20(治疗癌症、炎症和自身免疫性疾病的抗 CD20),以及与 Amylin 制药公司合作开发新型肽(参见附录 3)。BIOMAb 的研发历程很有代表性。2005 年,百康与古巴研究机构分子免疫学中心(Centre of Modecular Immunology,CIMAB)合作,开始了头部和颈部癌症的研究计划。CIMAB 已经开发了单细胞抗体(MAbs),可以专门针对癌细

---

① Vikas Pota, *India Inc.: How India's Top Ten Entrepreneurs are Winning Globally*, Nicholas Brealey Publishing, 2010.

胞，也可以扩展用于治疗自身免疫性疾病，如类风湿关节炎和牛皮癣。Iyer 说：

古巴从任何意义上来说都不是一个富裕的国家，当然印度也不是一个富有的国家，但很多印度人比古巴人富裕。他们在南部做基础研究并开发出新产品，这是一个惊人的壮举。在与 CIMAB 的合作中，我们无意间发现了几种产品。目前至少有两个或三个产品正在酝酿中。所以对于正在努力挣扎寻找产品的公司来说，这是一笔非常重要的交易。

Kiran Mazumdar-Shaw 的领导是研究的关键。尽管处于印度这一新兴经济体中，但是百康已经将自己定位为全球性公司。Iyer 继续说：

Kiran 在长期研究的风险承担方面发挥着很大的作用，这与 Genentech 这类公司的举动类似。一个刚成立的生物技术公司说，"我会承担把所有赌注压在一个期限 10 年、成功率仅为 10%—20% 的项目的所有风险"。这意味着长期的高风险。我们不是一个资本富裕的社会。在这个行业发展多年来，我们一直是风险厌恶型的，所以这需要时间。例如，口服胰岛素在出现（问题或成果）之前至少需要 5—10 年的探索。如果让我做辛伐他汀（仿制药），我可能期待在 1 年或 2 年之后就有回报。所以你为什么要追求远期的高风险和高收益呢？这对领导层来说是一个考验。

百康做法的特点之一是平衡风险。鉴于其在胰岛素生产上的成功，百康正积极探讨胰岛素的研究方案。

糖尿病治疗

糖尿病的病因是人体不产生胰岛素或胰岛素功能出现了问题，或者两者都有缺陷而导致的血糖水平升高。胰岛素是由胰腺分泌的一种促进组织吸收血糖的激素，它也是一种调节大多数细胞从血液中摄取葡萄糖的主要激素。糖尿病可导致严重的并发症甚至过早死亡，但糖尿病病人可以采取措施来控制病情，降低并发症的风险。[①]

当人体的免疫系统破坏胰岛 β 细胞（参与制造胰岛素、调节血糖）时，便导致了 1 型糖尿病。1 型糖尿病患者需要注射胰岛素才能生存。2 型糖尿病是指非胰岛素依赖糖尿病（NIDDM）或成年发病型糖尿病。2 型糖尿病患者占成年患者的 90%—95%，一般形成于中年。2 型糖尿病与年龄、肥胖、糖尿病家族史及其他一些因素有关。

2009 年，在世界范围内约 6.4% 的成年人（2.85 亿人）患有糖尿病，预计到 2030 年，这一比例将增加至 7.7%（4.39 亿成年人）。可以预见，在 2010—2030 年间，发展中国家和发达国家糖尿病患者将会分别增加 69% 和 20%。2009 年，印度成为糖尿病患

① "National Diabetes Fact Sheet, 2007," Center for Disease Control, 2007.

者数量最多的国家（估计超过 5 000 万人），预计到 2030 年将达到 8 700 万人。糖尿病的全球性支出预计在 2030 年将达到 5 000 亿美元①（参见附录 4）。

1922 年胰腺产生胰岛素的发现使得糖尿病的治疗成为可能。Genentech 在 1978 年发现了人体胰岛素合成过程，并开始大批量生产。1982 年，美国礼来制药公司利用病原菌诱导过程开发了基于基因工程技术的人工合成胰岛素。1988 年，丹麦诺和诺德公司开发了一种基于发酵过程制造胰岛素的方法。到了 20 世纪 90 年代，基因重组合成人工胰岛素已经成为糖尿病的常态治疗方法，而且礼来制药和诺和诺德公司共同占有了全球胰岛素市场 90% 的份额。价值 123 亿美元的胰岛素市场趋于多样化，市场出现了多个品种的胰岛素（参见附录 4）。

Kiran Mazumdar-Shaw 回忆说：

> 印度是世界糖尿病之都，全世界四分之一的糖尿病患者在印度。估计世界上有 1.4 亿糖尿病患者，而印度有 4 000 万人左右。在印度，糖尿病的类型与生活方式无关。印度人有糖尿病遗传倾向。再加上印度日益富裕，这种富裕对印度的影响就像对美国糖尿病患者的影响一样。糖尿病是一种正在不断增长的流行性疾病，而且至今仍有很多未知的领域。很多制药公司和生物技术公司都认为糖尿病治疗是下一个可以大有所为的领域。作为一家公司，我们有非常强大的技术。②

百康的口服胰岛素研究

注射胰岛素是有效的药物输送方法。然而由于使用和保管非常不方便，使得患者不太习惯这种方法。另外，注射的胰岛素进入血液，导致脂肪和肌肉被暴露在高胰岛素的环境中，这会引起体重增加和其他副作用。泵装置和预充式注射笔的引入使得胰岛素给药更加简单和方便。现在口服和吸入型胰岛素的引入使得药物传递更加方便，通过提高患者的使用率更好地控制了血糖。③ 口服胰岛素被定向输送到肝脏，这更有效地控制了患者餐后血糖水平的升高。④

口服胰岛素项目经理 Anand Khedkar 于 1997 年从化学技术大学（University Institute of Chemical Technology，印度首屈一指的化学技术学校）获得药学研究生学位后加入百康，时值公司将其重点从酶制造转移到生物制药。Khedkar 回忆说：

---

① www.hopkinsguides.com/hopkins/ub/view/Johns_Hopkins_Diabetes_Guide/547049/all/Epidemiology_of_Type_2_Diabetes，2010 年 12 月访问。

② http://knowledge.wharton.upenn.edu/india/article.cfm?articleid=4144#，2010 年 12 月访问。

③ "The Diabetes Market Outlook to 2014," *Business Insights*, 2009.

④ C. A. DiCostanzo et al., "Simulated First-phase Insulin Release Using Humulin or Insulin Analog HIM2 is Associated with Prolonged Improvement in Postprandial Glycemia," *Am. J. Physiol. Endocrinol. Metab*, 289, 2005, E46-52; N. Dave et al., "Process and Purification for Manufacture of a Modified Insulin Intended for Oral Delivery," *Journal of Chromatography A*, 1177, 2008, pp. 282—286.

我读了很多关于口服胰岛素的资料，因为百康没有任何正式的项目，所以我非常热衷于开展这方面的工作。我与研发部当时的领导 Shrikumar Suryanarayan 博士交流，问他是否愿意让我研究动物口服胰岛素的传递机制。这不需要很大的资金投入，他也很热情，并在研究中给了我很多支持。

在 2002 年，Khedkar 获得了一批支持口服胰岛素这个方法可行的数据。Khedkar 回忆说：

当时社会对口服胰岛素的可行性有很多猜测。我们得到了支持动物模型的可靠数据。我非常激动，这也让我可以将自己的想法更加深入。我们可以证明，当口服胰岛素用正确的技术进行给药时，血糖值可以降下来。另外，我们已经有了低成本制造胰岛素的方法。

2004 年，Mazumdar-Shaw 出席了美国糖尿病协会会议，会上 Nobex（一家美国北卡罗来纳州的生物技术公司）展示了关于口服胰岛素分子 HIM-2 的有效数据。2003 年 6 月，Nobex 与葛兰素史克公司（GSK）签订了一份价值 2.83 亿美元的许可协议，共同开发 Avandia（GSK 公司糖尿病药物的拳头产品）的伴生口服胰岛素分子。但在 2003 年 11 月，GSK 公司决定放弃该项目，原因不详。Nobex 公司重回实验室，研发出了一种新的胰岛素分子（HIM-2），这种分子更有效，因为它更易于被人体吸收。数月之后，百康和 Nobex 签署了合作研发 HIM-2 的正式协议，其中百康投资约 600 万美元。两家公司还同意合作开发另外两种实验性药物——胰岛素药片和治疗心血管疾病的药片。两种药物都未经人体测试。

由于 GSK 的撤资，Nobex 于 2005 年申请破产。百康以 350 万美元收购了该公司的知识产权，并启动了充分利用内部数据的研究项目。① Khedkar 和他的团队根据现有数据改进配方，并为临床研究开发了一个新版本——IN-105 项目诞生了。第二代口服胰岛素——IN-105——由百康开发，而且其性能比 HIM-2 要好。② Mazumdar-Shaw 回忆说：

我们相信我们有专注于口服胰岛素研究计划的优势。在这样的项目中，商品的成本是取得商业成功的一个重要因素。我们的位置——印度，对我们来说是巨大的优势。实际上，我们可以把商业上可行的口服胰岛素推向全球市场。因为给药方式的创新，口服胰岛素比普通胰岛素的治疗效果更为独特。我真的相信，它有逆转早期糖尿病的潜力。③

百康的 IN-105 被认为是发展最深入的一个口服胰岛素项目。在活跃的口服胰岛素项目中，行业专家比较了除百康之外的四家公司：Emisphere（美国）、Diabetology（英国）、Diasome（美国）及 Oramed（以色列），参见附录 5。很多公司曾尝试研究口服胰岛

① www.redorbit.com/news/health/324227/drug_developer_nobex_files_for_bankruptcy_seeks_buyer，2010 年 12 月访问.
② 百康公司 2008 年报告。
③ http://knowledge.wharton.upenn.edu/india/article.cfm?articleid=4144#，2010 年 12 月访问。

素配方。比如，Autoimmune 公司是一家总部位于美国加利福尼亚州的生物制药公司，该公司开发了一种口服胰岛素制剂（AI-401），并与礼来制药和美国国家卫生研究院合作进行 III 期临床试验，数年之后，项目被弃置而该公司已申请破产。辉瑞公司则开发了一种吸入型胰岛素（Exubera），并于 2006 年 1 月获得 FDA 的批准。然而由于一些副作用的报道，辉瑞公司于 2007 年 10 月将该产品撤出市场。Biosante、Coremed、Cortecs、Eligen、Nobex 和 Protein Delivery 都曾试图开发口服胰岛素，但是它们都失败了。

IN-105 面临的挑战及其未来

从 2003 年第一次发现研究的思路并启动口服胰岛素项目以来，百康已经走过了漫长的道路。BioMab EFGR 对癌症治疗的成功是一个很大的鼓励。现在，IN-105 II 期研究的积极数据正在推动公司进行 III 期研究（该项目是高风险项目）。公司避免采取过于激进的举动，而是始终保持平稳前进，最终要让自己成为创新的领导者。管理委员会将要讨论并决定 IN-105 项目的最终战略，Iyer 和 Khedkar 准备了涉及 IN-105 的三个重要且具体的问题：百康现在应该承担这一高风险的投资吗？百康应在本地还是全球范围内进行临床试验？百康应该独自进行项目研究还是与他人合作研究？公司预计，讨论很可能会超越 IN-105 的范畴，而对公司整体的研发战略进行更广泛的讨论（参见附录 6）。

百康现在应该承担这一高风险的投资吗？

尽管 IN-105 的 I 期和 II 期研究没有出现重大问题，但是管理层对 III 期研究还是予以高度重视。2009 年的财务状况为公司带来了另一个难题：是否要为这个被投资界视为高风险的项目继续投入大量资金。百康的财务副总裁 M. B. Chinappa 在讨论项目是否要进入 III 期时，说：

> 我们应当从一个较小型的生物技术的角度来审视 IN-105。在全球环境中，我们的资产负债表与利润表能支持我们承担这种风险吗？一旦投入资金，而结果却出了问题，钱打水漂的影响是巨大的。所以，你应该尝试以某种方式来平衡它。当我为一项全球性研究投入资金的时候，我需要确保有较大的成功率。一个大的制药公司可以花 5 000 万美元，而如果出了问题，这对它也不会有太大的影响，因为这不是它们整个财年的利润。然而，同样的情况对百康的影响则是不同的。虽然我们想下更大的赌注，但我们对股东是有责任的，对大众也负有责任，因此我们会谨慎地管理资金。基本来说，你必须管理风险，保证一旦出了什么差池，公司还能灵活运转。但同时要明白这会给你带来显著的价值，并帮助公司长远发展。

是否推进到 III 期，即进行最昂贵的临床试验阶段，对于公司是至关重要的，特别是公司刚刚经历了由于全球经济衰退带来的最困难的财年。此外，曾经有印度制药公司涉足这些研究但没有取得积极的成果,因此它们已经削减了对项目的投资。2008 年,在经历临床试验的几个挫折之后,雷迪博士实验室在其愿景陈述中去掉了“探索性引导的全球制药公司”的表述,并令人意外地关掉了其研发子公司 Perlecan Pharma。Perlecan Pharma 在三年前由 DRL 与花旗银行和 ICICI 风投基金合作成立。另一家印度制药公司 Glenmark 公司,曾在 2006 年将数个配方通过许可证的方式授权给默克集团(Merck)和礼来制药。该公司目前正处在一个困难时期,因为 2008 年的临床试验问题,其与两家公司的合约都被终止了。

总体而言,人们一致认为 IN-105 有潜力。然而,与分子制药相关的挑战是巨大的。百康能否以低成本研发和生产并满足价格定位以适销对路?许多组织内部人士认为是否推进 III 期研究并不是一个问题。由于百康的 II 期研究非常成功,应该自然而然地进行下一阶段的研究,但具体的方式仍然需要讨论。

百康应在本地还是全球范围内进行临床试验?

虽然百康在印度开展了 I 期和 II 期试验,但是在印度开展 III 期试验则既有优势又有风险。相对于美国,在印度招募患者快了 3 倍,节约了 68% 的时间[①](参见附录 1)。印度的监管规定 III 期临床试验只要求较少的患者(约 500 人),而在美国需要 1 000—5 000 人。虽然做一个全球性试验需要更长的审批时间且更昂贵,但是印度之外的全球市场也是相当大的。否则(即不在全球范围内进行试验),百康不可能进入这部分市场。Anand 对在印度还是在美国进行临床试验做了如下评价:

> 在印度,III 期临床试验(500 个患病志愿者)将花费 220 万—270 万美元。而在美国,500 个病人的临床试验只构成 IIa/III 期临床试验。我们已经研究了一些元素的疗效,在较大程度上它是一个安全的研究。如果我们在印度进行试验,尽管我们是在冒险,但同时也减少了风险量级。

Chinappa 在做一个大型研究与一个小型研究的费用对比:

> 实际成本产生于医院,包括行政管理费用、医院和医生的费用。如果患者人数由 100 名上升到 200 名,测试对象数量加倍,医院数量也会加倍,成本相应地也会增加。非肿瘤试验的每名患者成本约为 1 万美元,稍微标准的试验成本为每名患者 2 万—2.5 万美元。因此,从 200 名增加到 800 名患者的成本就是从 200 万美元增加到 800 万美元。在早期阶段,我们使用有限的药量来进行测试。对于 IN-105 项目来说,我们是幸运的,因为我们已经拥有制造胰岛素的设备。

百康应该独自进行项目研究还是与他人合作研究?

大多数公司在这个阶段会寻求一家大型制药公司为其提供资金的注入及指导,

---

① “Booming Clinical Trials Market in India,” RNCOS Online Business Research, November 2007, www.canbiotech.com/CommonData/NewsFiles/Booming%20Clinical%20Trials%20Market%20in%20India.pdf.

以便顺利地通过试验和监管审批程序的关键阶段（例如，Nobex 与 GSK）。公司在 2005 年为 IN-105 申请专利，专利保护期限为 20 年。其他公司对此也虎视眈眈，给公司让药物尽快上市造成很大的压力。与财大气粗的全球性伙伴合作，不仅能确保在全球范围内更快速地进行临床试验，也会得到更多的资金注入。然而，科研小组认为 III 期结果很大可能上是支持该药物的，这个结果会大大提高分子药物的价值。Khedkar 评论说：

> 如果你想寻找一个全球性的合作伙伴，你需要考虑此时它能为这个项目增加多少价值。如果我们在验证疗效和安全性的长期研究之后再进行交易，那时候的估值与现在相比有着天壤之别。在制药行业，这笔交易的价值通常占总交易的 7%—12%，而现阶段这笔交易的价值要小得多。价值随着研发进展曲线呈指数级增加。但是，这也只是一个判断。今天，我的药物价值可能很小，每走一步都有较高的失败风险。真正的风险是你得到了消极的成果，进而降低了整个项目的价值。
>
> 从另一个角度看，当你考虑到速度时，它可能有一个非常不同的含义。一个全球性的公司，一旦有概念证明，可能会同时进行多项临床研究。速度就是一切。每延迟一年，你都是在耽误自己的销售高峰。人们可能要问，等待结果是否是在推迟产品上市时间。合作可以为产品增加价值、增加成功的概率，从这一点来说，选择合作伙伴是抵消风险的一种方式。

IN-105 战略会议议程

当天管理层会议的议程主要集中于 IN-105 的战略。总体而言，口服胰岛素的研究项目已经顺利地进行，目前没有太多的问题。III 期由于具有较高的预算和风险，已经吸引了分析师和媒体的广泛注意。Iyer 和 Khedkar 坚信要继续推进项目。Khedkar 说：

> 在过去的一百年，没有人能够改变胰岛素的给药方式。如果百康能够做到这一点，那么它将完全改变糖尿病治疗的方法。即使我们失败了，每一步都将是一个百康长期研发能力的学习过程。

有关 IN-105 项目的决策引起了对百康创新产品组合和研发战略的讨论。Kiran Mazumdar-Shaw 在大会开幕词中表达了她的立场：

> 2008 年全球经济衰退后，经济开始呈现复苏迹象。然而，世界各地市场的变化仍然是不可预知的。为谨慎起见，在这个时刻我们继续致力于以创新为主导的经营策略，我们相信这在可预见的未来会给我们带来强大的竞争力。创新开发的专有产品和工艺让我们可以有效对抗商品化和仿制药行业市场赢利能力的逐渐下

降,从而建立起市场领导地位。我们坚信,创新是把握领导力和赢利能力的关键。[①]

附录1 药物研发过程

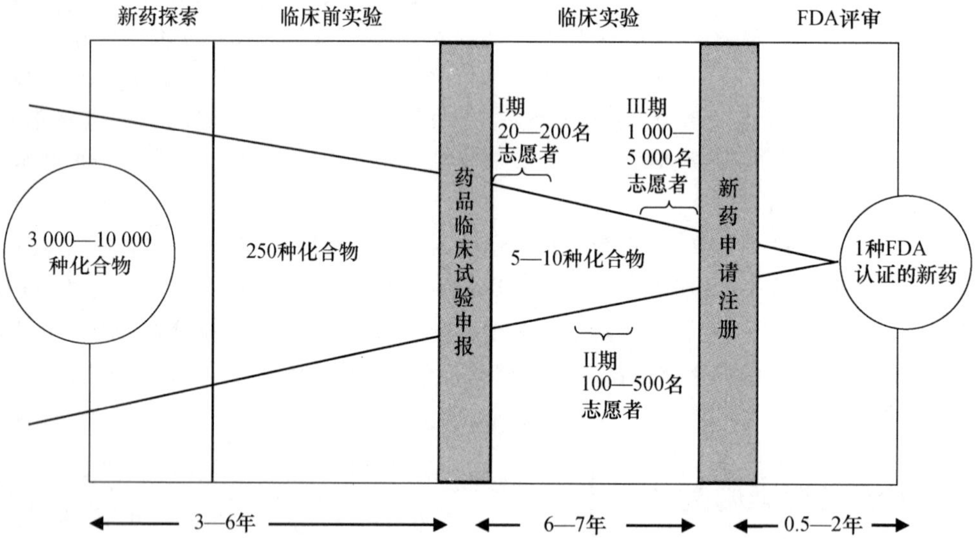

	临床试验阶段[②]	美国成本的均值和标准差[③]（百万美元）	印度成本[④]
I 期	E 临床试验是确定新药物或治疗方法的安全性、剂量范围或副作用的第一次评估。患者组规模:20—200 人。	15.2 ±12.8	比美国的平均成本低 50%。
II 期	在更大的患者群中进行临床实验检验药品或治疗。患者组规模:100—500 人。	23.5 ±22.1	比美国的平均成本低 60%。
III 期	III 期用于确认疗效、监控副作用,并与常规治疗方法比较。患者组规模:1 000—5 000 人。	86.5 ±60.6	比美国的平均成本低 60%。

① 百康公司 2009 年报告。
② "Industry Insight — Clinical Trials in India," Cygnus Business Consulting & Research Pvt. Ltd. ,February 2010.
③ J. A. DiMasi et al. , "The Price of Innovation: New Estimates of Drug Development Costs," *Journal of Health Economics*, 22:2,March 2003, pp. 151—185.
④ 印度临床研究协会。

各个阶段成功概率①　　单位：%

	所有药物	大型公司	小型公司	生物制剂	化学药品	糖尿病药物
I 期	81	73	82	90	84	86
II 期	57	50	59	67	66	65
III 期	57	69	54	70	66	89
累积概率	26	25	26	42	37	50

资料来源；"The Continuing Evolution of the Pharmaceutical Industry: Career Challenges and Opportunities," Regent Atlantic, April 2010.

附录 2　百康财务数据

单位：千万印度卢比

财务年度（截至 3 月 31 日）	**2009**	**2008**	**2007**	**2006**	**2005**
收入（业务）					
制药	1 384	832	742	602	556
酶	—	46	109	85	90
客户调查	225	176	135	101	66
总收入	**1 673**	**1 090**	**990**	**793**	**728**
收入（公司）					
百康	963	912	849	689	661
Syngene	206	160	132	98	66
Clinigene	21	18	9	6	1
Axicorp	480	—	—	—	—
百康 SA	3	—	—	—	—
研发支出					
费用	60	47	39	20	14
资本支出	15	18	10	21	10
研发/利润（%）（百康）	7.8	7.1	5.8	6	3.6
息税、折旧前利润	387	342	287	234	239
税前利润	260	231	211	202	215
税后利润	**240**	**225**	**200**	**174**	**197**

① "Pharmaceutical Development Phases: A Duration Analysis," Bureau of Economics, Federal Trade Commission, www.ftc.gov/be/workpapers/wp274.pdf; C. Adams and V. Brantner, "Spending on New Drug Development," *Health Economics*, 19:2, February 2010, pp. 130—141.

（续表）

财务年度（截至 3 月 31 日）	2009	2008	2007	2006	2005
股本	1 511	1 484	1 069	888	741
负债	524	255	187	105	76
每股账面价值	70.50	71.70	50.90	41.90	34.50
年平均货币价值（印度卢比/美元）	46.55	48.54	39.36	44.50	45.90

资料来源：百康公司报告。

附录 3 百康生物制品研发进展（2009 年 3 月 31 日）

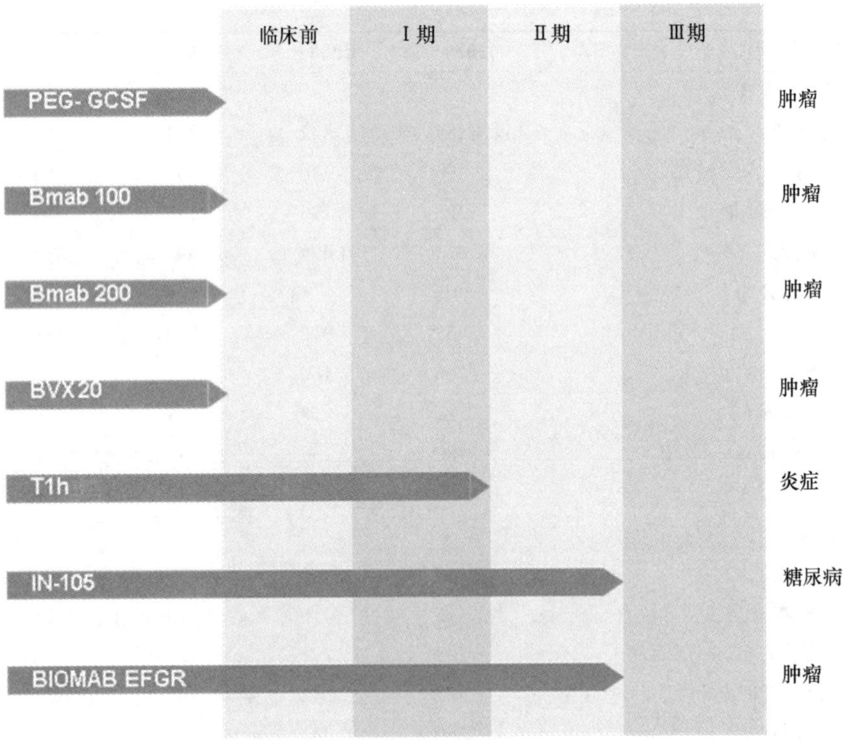

注：PEG-GCSF 或粒细胞刺激因子，用于化疗后刺激白细胞的生成。

Bmab100，一种有潜力的抗癌药物，靶向血管内皮生长因子（VEGF），而 Bmab200 靶向表皮生长因子受体（EGFR）。

BVX20 是一种结合 CD20 的新型人类抗体，可能用于治疗非霍奇金淋巴瘤。

T1h 是治疗类风湿关节炎的新型抗体——CD20 抗体。

BIOMAB EFGR 是用于治疗头部和颈部肿瘤的人源化单细胞抗体。

资料来源：百康公司文件。

附录 4　2007—2008 年全球糖尿病市场

单位：%

药物分类	领导公司名称	2008 年销售额（百万美元）	2007—2008 年销售增长率	2008 年市场份额
胰岛素市场				
人胰岛素	诺和诺德、礼来制药、赛诺菲（Sanofi Aventis）	12 278	19.7	44.9
动物胰岛素	礼来制药	5	4.7	0.1
总计：胰岛素		**12 294**	**19.7**	**45**
基于病因的靶向药物				
Glitizone	武田制药（Takeda）、葛兰素史克、Bilim、Bio-Farma、Srovel、Cobalt Pharma	6 217	−7.9	22.8
Sulfonylurea	赛诺菲、施维（Servier）、迈兰（Mylan）、梯瓦（Teva）	2 001	2.7	7.3
Biguanide	百时美施贵宝、梯瓦、默克、迈兰、美纳里尼（Menarini）	1 954	5.9	7.2
DPP-IV	默克、诺和诺德、美纳里尼	1 725	145.5	6.3
Alpha-glucosidase Inhibitor	武田制药、拜尔、日本三和（Sanwa）、Kagaku Kenky	1 057	11.9	3.9
GLP-1	礼来/Amylin	700	19.8	2.6
Glinide	诺和诺德、Eurimpharm、Kissei Yakuhin、日本第一实业（Daiichi Sankyo）	812	12.7	2.9
总计：基于病因的靶向药物		**14 465**	**7.2**	**53**
其他治疗糖尿病措施		**395**	**16.6**	**1.5**
胰岛素设备（吸入型、胰岛素笔、泵式）	诺和诺德等	140	19.2	0.5
总计：胰岛素市场		**27 294**	**12.7**	**100**

资料来源："The Diabetes Market Outlook to 2014," *Business Insights*, 2009。

附录 5 口服胰岛素替代物

公司	产品	技术	形式	最新进展(2009)
Access Pharmaceuticals	Cobalamin-based insulin	纳米颗粒维生素 B-12	NA	临床前
百康	IN-105	聚乙二醇加渗透促进剂(PE)	药片	II 期
Diabetology	Capsulin	渗透促进剂	胶囊	II 期
Diasome Pharmaceutical	HDV-I	肝靶向胰岛素胶囊(HDV-I)	药片	II 期
埃米斯菲尔技术有限公司	Eligen™	Eligen 载体技术加渗透促进剂	药片	II 期
Merrion PharmaCeuticals	NN1952	基于胃肠道渗透增强技术的增强剂	NA	I 期
NOD Pharmaceuticals	Nodlin	聚乙二醇加渗透促进剂	液体	I 期中止
Oramed Pharmacueticals	ORMD-0801	肠溶衣加渗透增强剂	胶囊	I 期
Transgene Biotek	Unnamed	聚合物纳米粒子	NA	临床前

资料来源:"Nicer than Needles," *Chemical & Engineering News*, 88:22, May 31, 2010, pp. 27—30; "Oral Insulin—A Review of Current Status," *Diabetes, Obesity and Metabolism*, 12:3, 2010, pp. 179—185.

附录 6 决策树

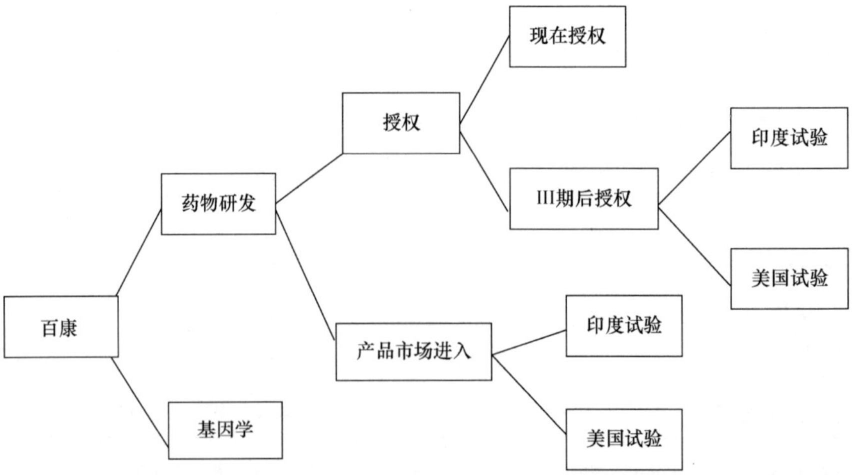

资料来源:作者原创。

第6部分

面向BOP的创新

案例6-1 Baring私募股权投资合伙（印度）有限公司：给孟加拉国穷人提供的银行服务

案例6-2 Danimal在南非：面向金字塔底层的管理创新

IVEY Publishing

案例 6-1

Baring 私募股权投资合伙(印度)有限公司:给孟加拉国穷人提供的银行服务

作者:Ram Kumar Kakani, Munish Thakur
主题:面向金字塔底层的创新

俗语有云："钱生钱。"当你拥有一点金钱后，总会容易得到更多的财富。其困难之处就在于去得到那一点金钱。

——亚当·斯密（Adam Smith），《国富论》①

小额信贷行业现在已经僵化了！它促进了集团性的小型企业的借贷产品，但阻碍了穷人们所急需的各种服务和产品——灵活储蓄、约定储蓄、教育和健康贷款、小额保险及信贷额度。

——David Hulme（《消除贫困的金融》的合著者）②

背景

2007年年底，Baring私募股权投资合伙（印度）有限公司（Baring Private Equity Partner India Limited，BPEP），一家针对在印度投资的大型私募股权投资公司，对Infrasoft科技有限公司（一家提供可即时部署软件产品的综合软件方案提供商）进行了2 700万美元的投资。2008年7月的一天，BPEP的高级合伙人N. Subbu Subramaniam与BPEP的主管Aakash Moondhra刚刚结束了繁忙的工作，他们这一天在审核会上与他们的顾客Infrasoft科技有限公司进行了互动交流。然而，由于被新鲜的想法所鼓舞，两个人都没有感到疲倦。在和Infrasoft员工的交流过程中，他们无意间发现了一些很有趣但是很令人吃惊的信息：他们了解到Infrasoft的大部分未来收入将会来自小额信贷机构（Microfinance Institution，MFIs）。Infrasoft的产品——OMNIEnterprise软件有超过30个银行客户，主要是银行合作社领域（包括城市合作社及乡村合作社），而且Infrasoft成功地优化了其OMNIEnterprise的解决方案来满足小额信贷部门的需要和要求。

Subramaniam和Moondhra对这个消息感到十分惊喜。他们从来没有考虑过与小额信贷机构（这个被大多数人定义为慈善性的、社会性的及在他们看来不务实和没有效率的机构）进行合作能够产生利润。进一步地阐释表明了这样一个事实，即不仅与小额信贷机构合作可以赚钱，而且小额信贷行业本身也是有利可图的。于是他们想起了最近与几个投资者的会议，这些投资者都对以一种有社会责任感的方式获取好的收益感兴趣。Subramaniam和Moondhra在考虑是否有可能对包括印度、巴基斯坦、孟加拉国、尼泊尔和斯里兰卡的南亚次大陆飞速增长的小额信贷行业进行投资。于是他们决定对孟加拉国的小额信贷行业现状进行一次深入的研究，以决定一个商业模型是否可以在其他南亚国家，尤其是印度，进行成功地复制。Subramaniam决定去见几个在达卡（Dhaka）③的朋友，他们对孟加拉国的小额信贷部门有着更透彻的认识。

---

① Aiden Hollis and Arthur Sweetman，"Microcredit：What Can We Learn from the Past?，" *World Development*，October 1998，pp. 1875—1891.

② David Hulme，"Is Microdebt Good for Poor People? A Note on the Dark Side of Microfinance，" *Small Enterprise Development*，March 2000，pp. 26—28.

③ 达卡是孟加拉国的首都，截止到2008年拥有超过1 200万的人口。

据估计,在孟加拉国有超过 30 家机构对超过 10 000 个成员提供小额信贷服务。①它们当中有 3 家主要机构,分别是社会进步协会(Association of Social Advancement,ASA)、孟加拉国农村发展委员会(Bangladesh Rural Advancement Committee,BRAC)和孟加拉国乡村银行(Grameen)。除此之外,还有许多中小型的机构。在小型机构中,有一些在孟加拉国进行了有趣的实验,并由此正在改变针对穷人所提供的银行服务的方式。其中一个项目称做 *Safe*Save,这是一个由 Stuart Rutherford 教授和一位在达卡曾经为贫民窟居民管理过一个储蓄俱乐部的家庭主妇 Rabeya Islam 发起的组织。

孟加拉国

孟加拉国是一个位于南亚的国家,除了一小部分与缅甸接壤外,其余都被印度环绕。2006 年,孟加拉国有 1.5 亿人口,是世界上人口数排名第七的国家(参见附录 1)。因此,孟加拉国是除城邦国家(以一个单独的城镇为中心的国家)外世界上人口最密集的国家之一。孟加拉国人均收入很低。自 1971 年从巴基斯坦分离出来独立后,这个国家的经济和社会福利指标的发展进程缓慢。在 21 世纪初时,孟加拉国仍旧是世界上最不发达的国家之一。

几乎半数的孟加拉国人的生活处于贫困线以下。基于贫困的本质及程度,对那些由不同机构发起的发展项目来说,重中之重就是这些项目能够接触到那些贫民;然而,这些项目很少能成功地实施并达到其目的。很多原因都造成了这种发展欠缺的局面,包括治理不良、基础设施不足、工业薄弱、恶劣的气候条件、人力资本落后(尤其是在贫民中),以及在制度上和个人程度上的资源短缺。这些穷人们被划到了正式的金融业务的服务范围之外,因为他们被认为是没有能力支付以及参与这些金融活动的客户。他们也被认为是毫无价值的人群——没有自尊,没有谋生能力,不能管理好自己的财务。换句话说,孟加拉国国内和国外的很多人都认为这些穷人是国家的一个负担。

Muhammad Yunus 教授

Muhammad Yunus 是一位有着经济学博士学位的教授,他决定要改变对孟加拉国穷人轻视的现状。Yunus 出生在孟加拉国吉大港(Chittagaon)的乡下,在孟加拉国和巴基斯坦完成了基础教育后,他在达卡大学担任一名讲师。后来,他在美国的范德堡大学(Vanderbilt University)获得了他的博士学位。回到孟加拉国以后,他对解决孟加拉国穷人的问题比教授经济理论更加关心,尤其是在经历了 20 世纪 70 年代的饥荒和石油

① Cécile Lapenu and Manfred Zeller, "Distribution, Growth, and Performance of Microfinance Institutions in Africa, Asia, and Latin America," *International Food Policy Research Institute*, FCND Discussion Paper No. 114, IFPRI, Washington D. C., 2001.

危机以后，他觉得教授经济理论是十分迂腐的。Yunus对政府的工作、援助机构和非政府组织所做的努力提出了批评，因为它们没能够对穷人的生活做出影响和改变。

基于对经济理论深厚的认知和对孟加拉国社会架构的深入了解，Yunus希望能够找到一个解决方案，以此可以让这个被排除在经济活动以外的阶层能够参加到经济活动中来。许多银行拒绝给被认为没有能力偿还贷款的穷人和中产阶级的下层成员提供贷款。对于任何一个银行从业者来说，借钱给那些既没有附属抵押品（以此来获得贷款）又没有让投资翻倍的技能、处于经济活动之外的群体是一个笑话。银行官员们认为这个被排除在外的阶层群体会把贷款浪费在没有用的消费上面，而不是用贷款去投资那些能让收入提高的资产。[①] Yunus不同意这个主流观点。他认为，通过一些涉及所有利益相关者的创新方法来实现包容性经济增长是可行的。他确定这样的一个解决方案是可以实现的——给穷人提供小额贷款，给他们提供财务管理的培训，让他们通过培训来提高自己的能力，通过培训去投资那些能让收入提高的资产。他在1976年的第一次实验中，把自己的一小部分钱借给了几位在吉大港郊区的女人。几个月后，他的信念成为了事实——那几位女人归还了贷款。

孟加拉国乡村银行

1979年，在Yunus取得了最初的成功以后，一个由孟加拉国中央银行支持的试点计划开始实施。1983年，这些努力被制度化，成立了孟加拉国乡村银行。该银行90%以上的成员都是贫困女性，她们同时也持有该银行的大部分股票，其余的股票由政府持有。孟加拉国乡村银行像是一家为穷人开设的银行。其贷款被贫穷女性用于建立小型企业或者购买收入增长性资产。她们被要求用等额分期付款的方式偿还初始贷款金额加上利息。换句话说，Yunus希望正式的银行服务能在大众中普及。为了实现这个目标，孟加拉国乡村银行建立了两个系统：传送系统（银行/供给方面）和接收系统（客户/需求方面），参见附录2和附录3。

接收系统有三个层面。贫穷的乡下个体成员在最低一层。任何拥有少于半英亩土地的人都可以成为这个层面的成员。第二个层面由不少于5个成员组成的小组构成。为了避免出现组员搭便车的问题，组员们不可以是近亲或者同一家族的成员。不过，还是希望组员之间有不错的非正式的关系和类似的兴趣。因此，组员关系是建立在对彼此的信任上和以非正式方式进行的。组员们会选举出一位主席和一位秘书，并且每年会进行替换，这样所有的成员都可以得到由担当这份责任所带来的学习经验。[②] 第三

---

① 穷人收入微薄所以很难得到银行贷款，因为：(1) 银行不为少量的需求提供贷款（因为小型贷款会增加银行成本）；(2) 穷人不知道如何与银行打交道；(3) 银行方面认为穷人没有信用；(4) 穷人不知道如何有效地使用贷款。

② 主席的职责就是负责小组内的行为和处罚，以及监督成员们的贷款使用。成员们在每周强制性的会议上，通过主席来与银行商谈生意。

个层面就是组织的"中心"。中心是由数个小组组成的,每周都有例会。小组的主席们选出中心的主管和副主管,每年选举一次。主管(或者副主管,主管不在的情况下)保证成员们出席全体大会,按时分期付款并确保成员们的整体纪律。银行官员们参加中心会议,而且所有的交易都在成员们面前公开进行。与政府机构不一样的是,经过了多年的发展,孟加拉国乡村银行有了一个分散化的权力结构。

虽然接收系统更多地运作于乡村这一层面上,传送系统则用于不同的层面,包括从乡村到资方的各层。在所有层面的最底层是分支办事处,它可以说是孟加拉国乡村银行的主要运行机构,而且是作为一个赢利中心来运营的(参见附录 3)。一个分支办事处为 120—150 个中心服务。每个分支有 1 名经理、6—7 名工作人员、2—3 名培训人员和 1 名会计。第二个层面是区域办事处,主要负责大约 10—15 个分支办事处的运营。分区办事处位于地区总部,是传送系统的最高层。它负责区域办事处的活动并作为一个支持组织来运转。[①] 而公司办公室就类似于秘书处或信息交流中心,负责管理、评价、反馈、发展、监督、培训及一系列相似的活动。银行收到了来自于国际援助组织和政府的慷慨的补助金。

Yunus 设计出了一个关于贷款和还款的非常好的方法。成员们需要在为期 50 周的时间内分期还清贷款。然而,还清个人贷款的责任同样也属于整个小组。组内的规范条例能够促使成员们更加努力的工作。而只有在初期贷款被还清以后,组员们才能申请更大额度的贷款。如果有成员没有履行还贷责任,那么整个小组都要一起来承担责任。一个新的小组在贷款被审批之前会受到一个月的审察,这是一种非正规的方法,用来评估组员们的意愿和能力,看他们是否服从银行的条例和小组自身的规范。而贷款信用也不会一次性地发给所有的成员。最开始只有两个成员会收到贷款,第二个月后另外两个成员会收到贷款,以此类推。[②] 贷款不需要货币抵押,因为组内规范已经成为抵押的替代品。换句话说,信用评价和评估是由组员们自己决定的,这就和传统的银行系统有很大的不同。

截止到 1998 年,基于这个系统,孟加拉国乡村银行取得了很大的进步。它对许多穷人的生活产生了永久的影响。这个模式也很独特,因为所有的贷款都是发放给女性的。这是个明智之举,因为大部分男人经常浪费钱财,而大部分女性能够把钱财用于生产性的目的。迄今为止,在全球范围内,还从来没有过任何一个这样的、以这种大规模的方式,而且包括了绝大多数穷人的实验做得如此成功。

其他机构:BRAC、ASA 和 Proshika

尽管孟加拉国乡村银行的成功很有示范意义,其他一些大型的机构也在孟加拉国

① 分区经理负责管理账户、经营基金,以及监督、评估和管理社会发展项目。

② A. E. Sarker, "The Secret of Success: The Grameen Bank Experience in Bangladesh," *Labour and Management in Development*, Vol. 2, No. 1, 2001, pp. 2—17.

实施了相似的工作。消除孟加拉国的贫穷是这些机构的共同驱动力量之一,这些机构中最大的三个是:孟加拉国农村发展委员会(BRAC)、社会进步联盟(ASA)和普罗西卡(Proshika,孟加拉国的一个非政府组织)。

20世纪70年代初期,当孟加拉国国内爆发饥荒时,Fazle Hasan 创立了 BRAC。最初,BRAC 致力于支持和重建孟加拉国乡村。然而,过了一段时间后,这个组织扩展了它们的活动,包括基础教育、技能培训和健康等。随后,BRAC 也追随孟加拉国乡村银行的脚步开始提供小额信贷服务。2009年,BRAC 仍然在继续提供这些多方面的发展性服务。

ASA 成立于1978年,它的领导活动者是 Mohammad Shafiqual Choudhary。ASA 致力于推广社会意识并且培训当地的接生护理人员和新闻工作者。ASA 也把这些活动扩展到了教育行业。在20世纪80年代早期,ASA 进入了小额信贷行业,而到了90年代初期,它又把活动范围扩大到了小额信贷的其他活动。2004年,ASA 重新开始专注于以量为基准的小额信贷服务。

70年代末的社会经济背景和条件同样也导致了 Proshika 的创建,这是一家专注于社会意识、培训及供应一些信用服务的机构。之后 Proshika 也开展了小额信贷的业务。

这些机构和孟加拉国乡村银行一样,在体制结构上有几个共同点。① 首先,它们所针对的都是没有土地或者只有很小一块土地的农民。其次,贷款都是通过以连带责任为准则的小组形式提供给个体组员。客户不需要提供任何物质性的抵押品。进一步的信贷额度取决于小组之前的整体表现。再次,这些机构都对成员进行包括维持小组账户、组织小组会议、技能发展(手工艺)、社会意识宣传(计划生育和健康知识)及创业发展等一系列的培训。最后,组员们都需要贡献一些资金来建立一个小组投资基金,以在紧急情况发生时组员们可以使用。

少数不足

到20世纪90年代后期,这四家大型机构在孟加拉国的发展形势下都已成功地建立了起来。然而,这个孟加拉国乡村银行式的模式还是有一些缺点。许多人批评这个模式不能接触到穷人中最穷的那一部分人或者赤贫者(参见附录4)。最主要的原因是那些最贫穷的群体很难做到定期付款来偿付银行贷款,而这是标准的银行贷款模式下的一项严格规定。孟加拉国的最贫穷者的收入十分不稳定,以至于不能确保按期还款(参见附录5)。这个阶层的人经常会被排除在小组的组建之外,因为组内其他成员不能确定这些人是否有能力满足每周的贷款偿付,以及遵守每周例会的准则。而且,由于受到社会上的排挤,这些人很难参加那些培训项目,不能有效地在会议中表达自己,没有能力缴纳会员费用,不能参与到一些合作组织当中。这些穷人中的少数由于没有资

① Manohar Sharma and Manfred Zeller, "Placement and Outreach of Group-Based Credit Organizations: The Cases of ASA, BRAC, and Proshika in Bangladesh," *World Development*, Vol. 27, No. 12, 1999, pp. 2123—2136.

产所以觉得使用上述贷款有太大的风险,害怕自己掉入一个债务陷阱。[①]

分析还指出了这个标准化模式中缺乏一种非正式性。因为家庭成员和亲属不能成为小组的一员,成员们觉得很难从中感受到一种熟悉感和亲切感,并从这样的感受中受益。这个模式在城市不会那么成功,因为城市的贫困人口不大可能有固定的住址,因此,成员间很少有机会进行社会联系。迁徙是最穷的人生活中最常见的现象,尤其是在城市地区。由此导致的贫困群体中薄弱的社交联络就不能满足其社会抵押的条件。另一种批评是这个模式的呆板性(不灵活性),因为当为了生存而最需要它的时候,这个模式不会提供金融援助。最穷的穷人们需要贷款来谋生并且维持其社会花费[②],包括生命周期的需要(即结婚、出生、死亡)、应急需要(即生病和自然灾害)和其他社会需求。大多数小额信贷产品和服务所针对的都不是这些情况,而是针对投资活动和小型企业。这个模式的规则通过小组公约来强制实施。少数批评者同时指出了将孟加拉国乡村银行模式在一个高度不平等的社会中进行复制的限制。[③]

当然,解决以上这些问题是十分困难的,但是观察者们在思考是否有一个既可以触及最穷的穷人们又能创造经济上持续性运营的机制。许多专家希望可以找到另外的方法来解决这个难题。据经济学家 Sumiter Singh Broca 所说:

> 发展中社区看待小额信贷的方式必须要有所改变。过去,小额信贷机构认为贷款应当仅仅用于生产性投资,而不是消费。但是实施这个政策却让小额贷款服务变得浪费(不经济)。[④]

几个支持者列出了以下应该为那些最贫穷的群体提供贷款的原因。第一,消费性贷款也同样是有可能被偿还的。第二,消费性贷款也是对这些非常穷的穷人们的一种投资。对一个富裕国家的公民来说,"消费"或者"消费者产品"指的是那些奢侈品,可是对发展中国家而言,这两个词仅仅意味着购买食物的能力,即一种对贫困者自身的投资。正如诺贝尔经济学奖得主 Robert Fogel 所指出的,"挨饿的人没有能力靠自己走出贫穷"。[⑤] 所以,储蓄首先需要和贷款有效地整合成一个金融系统。其次,对小额贷款使用上的控制需要取消。最后,贷款机构需要以社区为基础,这样这些组织就不会浪费时间和资源在文书工作上面。

到 2001 年,一些观察员们提出了一些关于孟加拉国乡村银行的作用和操作问题,其中一位杰出的观察者做了如下报告:

---

① Manohar Sharma and Manfred Zeller, "Placement and Outreach of Group-Based Credit Organizations: The Cases of ASA, BRAC, and Proshika in Bangladesh," *World Development*, Vol. 27, No. 12, 1999, pp. 2123—2136.

② Stuart Rutherford, *The Poor and Their Money*, Oxford University Press, Delhi India, 2001.

③ Malcolm Harper, "Grameen Bank Groups and Self-Help Groups: What Are the Differences?" in *Beyond Micro-Credit: Putting Development Back into Micro-Finance* by Thomas Fisher and M. S. Sriram, Oxfam, Delhi, India, 2002, pp. 169—198.

④ Food and Agricultural Association of the United Nations, "Banking for the Poor," www.fao.org/WorldFoodSummit/english/newsroom/focus/focus5.htm, 2008 年 11 月 20 日访问。

⑤ Food and Agriculture Organization of the United Nations, "State of Food Insecurity in the World," FAO Agriculture Series, 2002, p. 10.

我们这些住在孟加拉国的人越来越多地听到关于还贷利率一直在下降的消息，然而地方分支机构的经理们却一直在操纵他们的绩效指标，继续给违约者们发放新的贷款。这些新贷款会立即用来偿还那些所欠的贷款金额并由此隐藏了违约的问题。同时还存在着对银行的性别成就所做的批评：虽然只给女性提供贷款而她们是不是又直接给了她们的丈夫呢？而且，对 Yunus 所提出的观点也有许多持异见者。Yunus 认为孟加拉国乡村银行的每一笔贷款都用在了小型企业上，而且每一个小型企业都运转得很成功。然而，一些独立的实地调查发现，孟加拉国乡村银行的客户们把贷款用在了各种各样的用途上，包括经商、食物消费、健康、教育，甚至嫁妆。也就是说，孟加拉国乡村银行的贷款没有被用于小型公司这样单一的具体性的投资；相反，它们被用在了低收入家庭所进行的复杂的金融投资组合上。[①]

Stuart Rutherford 教授

和 Yunus 教授一样，Rutherford 是曼彻斯特大学发展政策与管理研究所（IDPM）的一名教授，他还是一位院士。他早些年开始在孟加拉国实施救助行动（Action Aia）的项目，并继续在那里工作了几年，致力于为最穷的那些穷人设计出更好的金融工具。根据其 30 多年在世界各地的发展经验，Rutherford 教授希望能够测试他的观点——穷人更欢迎小额信贷机构，因为它能够提供灵活的储蓄和能用于消费的金融贷款服务，而不是只提供贷款给投资项目和小型企业。他以前的经验使他对依赖于小组和共同责任制这样的标准化产品的使用充满了怀疑。他说道：

穷人也可以存钱，也想要存钱，但是当他们不储蓄的时候，不是他们没有能力，而是他们没有机会。在生活中，他们很多时候需要的钱比自己手上所拥有的钱的数量要多，而唯一获得这笔钱的可靠途径就是从他们的积蓄中一点一点地积累。他们需要这笔钱来解决生命周期中的需要、处理紧急情况，以及抓住获得资产或开展商业活动的机会。所以，金融机构提供服务的真正目的就是给穷人提供一种机制，把他们的存款转换成可用于多方面用途的大额资金（而不只是经营小型企业）。[②]

Rutherford 教授一直在想是否可以创造出一个比孟加拉国乡村银行标准化模式更能产生共鸣的新模式，使其能够服务于最贫困的人群。为了解决这些问题，他在 1996 年发起了 *Safe*Save，这是一家位于达卡贫民窟的小额信贷机构。

---

① David Hulme, "The Story of the Grameen Bank: From Subsidised Microcredit to Market-based Microfinance," *Brooks World Poverty Institute*, Working Paper No. 60, 2008, http://ssrn. com/abstract = 1300930, 2009 年 6 月 24 日访问。

② Stuart Rutherford, *The Poor and Their Money*, Oxford University Press, Delhi, India, 2001, p. 5.

*Safe*Save

*Safe*Save 开始于 Rutherford 和 Rabeya Islam 的合作,基于《合作社法案》(*Cooperative Societies Act*)而建立。因为孟加拉国乡村银行模型还没有渗透到城市贫民窟中,*Safe*Save 把目光瞄准了拥有这个国家最多贫民的贫民窟城市——达卡。[①] 大部分贫民窟的成年居民都很穷而且只有暂时的工作,且这些工作大部分都属于没有组织的领域。他们的工作都很卑微,大多是捡破烂的人、司机、苦力、家佣、劳工、机修工或者建筑工人等,也有一些人在服装厂里工作。贫民窟内部的经济活动也很活跃,但是没有正式的金融机构提供服务。贫民窟居民的收入很不固定也不稳定(参见附录 6)。他们需要为看医生或者买衣服这样很基本的活动存钱、借钱。他们日常使用的就是自己那点少得可怜的积蓄、在朋友那里借的钱(被称为"手贷")、参加储蓄贷款俱乐部[②],以及借高利贷——而这些来源都不是很可靠。与其提供传统的高成本的银行金融产品和服务,*Safe*Save 决定用一些创新的方法来满足一些有针对性的特别需求,以解决非常穷的这些人的现金流紧张的问题。比如,*Safe*Save 针对个体而不是一个小组,客户们不需要贷款的保证人,也不用参加每周的会议。与其他较大型的小额信贷公司相比,*Safe*Save 更强调储蓄而不是借贷。并且雇用同样来自贫民窟的员工让客户们感到更能够被人理解和尊重,因为这些员工懂得他们的需求。[③]

*Safe*Save 提供了没有限制其用途的贷款和储蓄服务[④],而且其客户可以是男或女,也可以是年轻人或老年人。*Safe*Save 对其分支办公室一平方千米范围内的居民提供储蓄账户服务。产品服务条款会以书面方式告知所有客户,而其服务热线(处理投诉)则是由总部的员工负责的。收集贷款的人大多为女性,她们被称做"Ajibon"或收账人。[⑤] 这些人每天都会挨家挨户地或去工作单位进行包括储蓄、取款、付款、还款等交易的一系列活动。访问家庭的这个模式特别重要,因为大部分客户都是女性,而女性戴面纱的习俗极大地限制了她们在公共场合的活动范围。尽管交易的数量取决于客户的个人需要,但是每个收账人每天都要见平均 200 个客户。

在贫民窟居住了一年以上的客户可以成为 *Safe*Save 的成员。*Safe*Save 没有做过多的

---

① 一个典型的家庭包括 6—7 个家庭成员,住在一个小屋里面。他们用明火做饭,从附近的水管接水。一般地,每个家庭成员只有一套换洗衣服。

② 在一个储蓄贷款俱乐部,每个成员会买一个月的彩票,赢家将赢得的钱进行投资。一般来讲,这些俱乐部处于一个社区和居住点或者服务于同一个种族群体,且都有各自的规定。

③ 2007 年 *Safe*Save 年度报表,www. safesave. org/Annual% 20Report% 202006-07. pdf,2008 年 10 月 27 日访问。

④ 尽管没有性别的要求,*Safe*Save 的客户主要都是女性。16 岁以下的孩子不能借款。

⑤ 孟加拉国乡村银行避免担保的方式就是提倡团体贷款,即由整个小组来承担个人违约的责任。如果全体成员因为一个违约者而都受到损失,小组就会处理那个违约者。另一方面,以社区为基础的出借人知道谁有信用和谁没有信用。因为他们不需要抵押,就可以省下很多的文书工作;而如果他们不需要问贷款原因的话,就可以省下更多的文书工作,*Safe*Save 就是这样的。

宣传,每个成员都是经部门经理或收账人注册成为成员的,注册记录被保存在分支办公室。在储蓄方面,当每天收账人到访的时候,客户可能只存入小到1塔卡的钱(孟加拉国货币,1塔卡=0.015美元)。多于1000塔卡的储蓄账户可以得到高达6%的年利率。[①]客户每天在家中的取款额度是500塔卡,在分支办公室的取款额度则是每天5000塔卡,这样的取款交易只需要10分钟。只要贷款和其他费用已经清零,客户可以随时关闭账户。

好比信用卡债务一样,贷款没有固定的期限和还款计划。所有借款人最初的贷款限额都是3000塔卡。在任何时候每家都只允许有一项贷款,未偿还余额的贷款利率是每月3%。最小的储蓄余额需要等同于贷款余额的三分之一[②],除此之外再没有其他要求。每月最小的还款数额就是偿还利息,而本金的偿还是很灵活的。不像孟加拉国乡村银行的标准化模式,贷款不是强制性的并且不需要最低本金的要求。最有趣的是,还款额度可以小到仅1塔卡。只要有稳定的还款进程就可以挣得信贷限额的上涨,这种方式间接地鼓励了人们快速地偿还借款。[③] 大概有三分之二的客户持有贷款,平均为3850塔卡。

*Safe*Save的服务是基于"穷人和我们唯一不同的是,他们对友好的隔壁银行经纪人有着更大的需求"的理念。他们不大可能有现金去应付一个突发的疾病,甚至没有几个塔卡来买做饭用的油。*Safe*Save可以提供给他们钱,或者通过贷款,或者通过客户的储蓄,而且*Safe*Save可以在他们提出要求的那一天就满足他们的要求。举一个例子,Jhorna有一天晚上生病了,她取出了存款到医院进行治疗。她的丈夫一直不相信*Safe*Save并反对Jhorna加入。Jhorna说:

> "我丈夫的黄包车坏了,他需要100塔卡来修理。可是他弄不到现金。我告诉他,我可以从我的*Safe*Save账户里取,但是他笑了。不管怎样,收账人允许我当场取100塔卡,我的丈夫十分惊讶,他说在所有形式中这才像一家真正的银行。"[④]

当1998年的洪水冲进了达卡的一个贫民区(*Safe*Save运营的地方)时,没有发生大量的存款外流。客户们把他们在*Safe*Save的账户看做对未来的保障,而不是在洪水发生时急于将存款取出来,有些客户即使挨饿也存了钱。

*Safe*Save有1个总部和8个分支(参见附录7)。主管和总经理在总部工作,还有1个会计和1个内部控制专员。剩下的员工,包括收账人,都在各个分支办公室及现场工作。总部的成员和主管受主席领导,而主席向由6个人组成的执行委员会报告。每一个分支办公室都有1位经理、1位副经理、1位办公室助手和8—11位收账人(人数取决于其所管辖地区的大小)。所有的收账人都是上过几年学的可信赖的贫民窟居民。

---

① 小额存款的利率为每月1%。

② 一般没有为最穷和赤贫人群提供的贷款。对那些相对好一点的人(比如拥有小型企业的人们)来说,可以从本地借款人那里借到贷款,其每月利率为6%,平均为10%。

③ 所有客户都能贷款并且可以把贷款花在任何他们喜欢的地方。最初贷款数额是在客户存款的数量上加1000塔卡,但是随着时间增加可贷的数额会增长。获取一项贷款的费用是100塔卡,所以对小数量来说,最好是取款而不是借款。当客户的存款达到1000塔卡后,他们会收到机构的250塔卡,这个方式类似于客户通过传统银行能获得的固定利率。

④ "*Safe*Save Bangladesh in the Spotlight," *The Newsletter of the Finance & Development Research Programme*, November 1999, www.devinit.org/findev/fin&dev.pdf,2009年6月24日访问。

*Safe*Save 的员工在一个简单的单间办公室工作,有很少的家具及一辆自行车。每个月 *Safe*Save 的收账人要解决超过 100 000 个小额交易(参见附录 8)。截至 1999 年 8 月,来自 3 个分支的员工们为 3 100 个客户服务,而到 2007 年 8 月增加到了 13 000 个客户。

分支的管理费用被尽量降到最低以谋求效率的最大化。① 每位员工的月工资相当于 60 美元。每个分支有 10 位这样的雇员、1 位经理(月工资相当于 110 美元)和 1 个数据员(月工资相当于 65 美元)。每个月每间办公室的其他费用(包括租金和管理费用)大概是 175 美元。所以每个月非金融性质方面的费用总和大概是 950 美元。尽管存款每月消耗了 *Safe*Save 1% 的利率,但其贷款的利率是 3%。这种收入上的盈余可以有效地抵消由不规则还贷行为造成的贷款损失和由通货膨胀等其他原因造成的资本流失。

除去使用可靠的和高素质的员工,*Safe*Save 还开发出一套可靠的信息系统来投入运营。*Safe*Save 最初发现对于高度集中的日常性交易,记录其交易信息很困难的。于是在 2001 年,*Safe*Save 开始了一项基于业务成本的活动(Activity based Costing,ABC),并因此得到了更高的效率,特别是在提高贷款回收率方面。从 2003 年开始,贷款收账人开始使用手提电脑。这些设备的使用只需要收账人有最基本的阅读和数学能力。手提设备不仅增加了组织的内部控制能力,而且降低了成本,并把管理人员和员工们从没有效率的活动(例如,利用系统信息来更改客户的存款记录簿)中转移出来,还使工作人员能够进行更富有创造性的活动(例如,客户服务和客户动员等)。

新模式的可持续性

帮助穷人不是 *Safe*Save 所关注的唯一问题,Rutherford 坚定地相信这个组织的可持续性不能依赖于慈善机构或者企业的快速增长。② 要实现可持续性,下面的几个因素都非常重要:创业动机、赢利能力、随着时间的可扩展性、对于顾客的成本及便利条件,以及社会影响。

专家们指出,国家提供的或慈善机构的努力其实在帮助穷人上、在以上所列出的因素中的一个或多个方面有很大的限制。尽管国家的努力由于不具有企业的性质而缺少动力,但慈善上的动力一般都是短期的,而且经常缺少必要的资源。根据这些标准,Rutherford 教授和他的团队有着高度的动力。*Safe*Save 对它的客户们有共鸣感,而且更主要的是,它是赢利的。客户们从 *Safe*Save 的服务中得到了很多。在对达卡贫民窟的调查中③,比起其他的小额信贷机构,客户们表示他们更喜欢 *Safe*Save 的服务,因为他们不想参加一个集体银行模式。客户们觉得集体银行模式可能会因为小组规范和压力

---

① 分支经理负责划分收账人的工作范围(分支办公室 5 分钟步行的范围内)。收账人的工作区域安排尽量做到有效率地分配,以避免重叠。

② 把此方法与孟加拉国乡村银行和其他大型的小额信贷机构系统和增长率做比较。

③ Erika Calles,"Microfinance According to *Safe*Save—A Better Way to Target the Poorest?," *A Minor Field Study from Bangladesh*, Department of Economics, Uppsala University, Uppsala, Sweden, 2005.

给他们带来烦恼。调查还显示，尽管没有还贷的强制截止日期，*Safe*Save 的还贷率还是很高的，原因就是客户们不想失去获得金融服务的机会。每天出现的收账人提醒着客户们的责任，并且也激励他们更加努力地工作来还贷(参见附录 9)。

2005 年，亚洲发展银行研究院(Asian Development Bank Institute，ADBI)进行了一项关于 *Safe*Save 要提高利率的决定的研究。研究发现 *Safe*Save 已经实现了财务上的可行性。一些评论员认为 *Safe*Save 的实验没有什么新意，与给南亚的村庄和小镇里的穷人提供的非正式信贷方式是很相似的。*Safe*Save 的方法就是在客户不好的时候提供贷款，在好的时候收回贷款。这些实践方法与南亚次大陆的贫民们的生活是息息相关的。贷款一般来自非正式的来源，包括朋友、亲人、借钱机构及农业投入的供应商。还有一些评论家批评了 *Safe*Save 提高利率的决定，但是达卡贫民窟的居民们对此表示欢迎和接受。

基于 2007 财年超过 8% 的税后股本回报收益，*Safe*Save 实现了财务上的可持续发展。这个组织在 2006 年从银行贷款了 200 万塔卡，而其商业借款在 2007 年年底达到了 420 万塔卡。长期贷款的损失率约为 3% 。一些调查显示，*Safe*Save 能够比其他小额信贷组织(包括孟加拉国乡村银行、ASA、BRAC)更好地为最穷的群体服务(参见附录 10a、10b、11、12、13 和 14)。就像 Rutherford 打算的那样，*Safe*Save 一直以一个缓慢但稳定的速度增长。到 2008 年 3 月，它所服务的客户超过了 13 000 个，平均每个账户中有 25 美元。*Safe*Save 有 8 000 多个有效贷款，平均金额为 60 美元。客户们愿意支付一个更高的利息，因为他们喜欢 *Safe*Save 所提供的很灵活的贷款方式，而且这种贷款可以从每天上门服务的友好的收账人那里得到。

一些国际机构在其他方面也一直实施着相似的活动。事实上，Rutherford 也把 *Safe*Save 的方法在一个乡村进行了实验。2002 年，Rutherford 在 Hrishipara(一个位于孟加拉国中心地区、距离达卡 90 分钟车程的村庄)建立了 Shohoz Shonchoy。Rutherford 发展并实验了创新的方法，为非常贫困的村民们提供金融管理服务。关于 *Safe*Save 的未来发展，Rutherford 说："*Safe*Save 会保持自己的小规模，并继续作为一个为穷人们提供有效储蓄、贷款和保险产品的创新与发展中心。"①

从 *Safe*Save 中得到的启示

*Safe*Save 的灵活性和面向最穷群体的成功给孟加拉国乡村银行和其他的小额信贷服务机构提供了一个很好的例子。孟加拉国乡村银行意识到可以进步的空间，并由此开发了"孟加拉国乡村银行 Ⅱ"，其沿用了 *Safe*Save 的发展模式，为城乡里最穷的群体提供服务。孟加拉国乡村银行 Ⅱ 的主要特点是：(1) 主要关注于成员和公众的储蓄②，

① www.devinit.org/findev/fin&dev.pdf，2008 年 11 月 20 日访问。

② David Hulme，"The Story of the Grameen Bank：From Subsidized Microcredit to Market-based Microfinance，" *Brooks World Poverty Institute*，Working Paper No.60，2008，http://ssrn.com/abstract=1300930，2009 年 6 月 24 日访问。

包括储蓄、定期存款和一个孟加拉国乡村银行的退休金计划服务。(2) 为成员们提供灵活的贷款。这些贷款可以是不同的数额,可以在 36 个月内还清。还款的日程安排比较灵活,利率取决于贷款金额的大小、还款的时间长短及宽限期的长度。(3) 连带责任制度被取消(类似于 *Safe*Save 的方法)。(4) 为非常穷的群体提供了一个特别的项目(如"挣扎中的成员"项目),包括给乞丐提供补助性贷款。换句话说,从前那个以集体为基础的小额信用组织现在已经成为一个提供广泛的多方面金融服务的组织,包括从保险到储蓄。这些金融产品被打包或配套卖给孟加拉国乡村银行的现有成员们。

有了这些改变,孟加拉国乡村银行对自己重新进行了定位。成立 25 年后的 2001 年,孟加拉国乡村银行拥有了 250 万个成员,后又只用了 6 年时间将自己的客户数量增加了 450 万。它的贷款组合比储蓄组合变得更小了。孟加拉国乡村银行同时也为坏账做了足够的准备(参见附录 11)。2008 年年初,大约 5.6 万名成员属于其"挣扎中的成员"项目。①

与此同时,其他大型的小额信贷机构也开始了相同形式的转型。这些组织都根据变化中的条件迅速地进行了调整,虽然每个组织都有着一些自己不同的方式(依据于自己过往的发展道路和目标)。尽管 ASA 贷款的做法及产品和孟加拉国乡村银行有诸多相似之处,但是在团体的大小和产品的标准化上与孟加拉国乡村银行相比还是有着根本性的区别。因此,ASA 在改变其方案中进一步标准化了它的小额信贷产品,扩大了它所处理的团体规模,同时把业务范围缩小到了储蓄和借贷上(参见附录 10b 和附录 13)。另一方面,BRAC(主要关注教育领域)也更加强调其小额信贷方面的活动,包括保险(参见附录 10b 和附录 14)。与此同时,小额信贷行业丰厚的利润和良好的发展前景也开始吸引那些商业银行加入进来。例如,看到可以在这方面获得收益,三角洲人寿保险有限公司(Delta Life Insurance Company)开发了一个名为 Gono Bima 的小额信贷产品,着眼于孟加拉国巨大的贫困人口。

Subramaniam 的选择

Subramaniam 和 Moondhra 与专业人士的会谈结束了,现在他们需要分析一下形势。他们都意识到在拿出正式的提案之前,要对一些重要问题的答案做好准备,例如小额信贷行业是否是一个有吸引力的投资机会?如果答案是肯定的,那么,BPEP 应该实施哪种商业模式和组织形式?最后,BPEP 需要做哪种类型及多大规模的投资?

作者对 M. Sriram 教授(IIM Ahmedabad)、Biswatosh Saha 教授(IIM Calcutta)、Anubha Srivastava (McGraw-Hill Delhi)和 Karan Paramanandka(XLRI Jamshedpur)提供的宝贵的反馈信息表示感谢。

① 约 2500 万的孟加拉国人口被定义为"挣扎中的成员",这些成员的平均贷款数额为 6 美元,每个成员的平均储蓄金额为 1 美元。

附录1 国家基本指标

	墨西哥	斯里兰卡	玻利维亚	南非	印度	巴基斯坦	孟加拉国	尼泊尔	美国
人口									
人口数(百万)	104.3	19.1	9.2	47.9	1 134.4	158.1	153.3	27.1	296.5
国土面积(以1 000平方千米计)	1 964.4	65.6	1 098.6	1 219.1	3 287.3	796.1	144	147.2	9 632
人口密度(每平方千米的人数)	53	291	8	39	345	199	1 065	184	30
人口年增长率(1990—2005年)	1	0.4	1.7	0.5	1.4	1.9	1.6	1.9	1
平均生育率(每个妇女)	2.4	2	4	2.8	3.1	4	3.2	3.7	2.1
劳动力(百万计,2004年)	34.73	7.26	3.8	16.63	482.2	45.43	3.8	10	147.4
城市人口(%)	76	15.1	64.2	59.3	28.7	34.9	25.1	15.8	80.8
经济									
国民生产总值(十亿美元)	768.4	23.5	9.3	239.5	805.7	110.7	60	7.4	12 416.5
以购买力平价计算的国民生产总值(十亿美元)	1 108.3	90.2	25.9	520.9	3 779	369.2	291.2	42.1	12 416.5
人均国民生产总值年增长率(1960—1975年)	1	3.2	-0.2	-0.3	3.4	2.5	2	2	2
人均国民生产总值年增长率(1990—2005年)	1.5	3.7	1.3	0.6	4.2	1.3	2.9	2	2.1
国民生产总值分配									
农业	4	11	14	3	18	19	20	35	1
工业	26	31	33	31	29	27	28	17	23
服务业	70	58	53	66	52	53	52	48	76
消费者价格指数(%)	4	11.6	5.4	3.4	4.2	9.1	7	6.8	3.4
汇率(兑美元)	11.166	104.55	8.222	5.682	43.47	61.22	61.07	74.12	
人类发展									
平均寿命(年)	75.6	71.6	64.7	50.8	63.7	64.6	63.1	62.6	77.9
婴儿死亡率(‰)	22	12	52	55	56	79	54	56	8
成人识字率(%)	98.2	90.7	86.7	82.4	61	49.9	47.5	48.6	99
男性识字率(%)	93.2	92.3	93.1	84.1	73.4	59.5	53.9	62.7	99
女性识字率(%)	90.2	89.1	80.7	80.9	47.8	35.4	40.8	34.9	99
联合国开发计划署人类发展指数	0.829	0.743	0.695	0.674	0.619	0.551	0.547	0.534	0.951

(续表)

	墨西哥	斯里兰卡	玻利维亚	南非	印度	巴基斯坦	孟加拉国	尼泊尔	美国
贫穷与不平等									
国家贫困线以下(%,1990—2004 年)	17.6	25	62.7		28.6	32.6	49.8	30.9	17
日收入 1 美元以下(%,1990—2005 年)	3	5.6	23.2	10.7	34.3	17	41.3	24.1	13.6
人口贫困指数	6.8	17.8	13.6	23.5	31.3	36.2	40.5	38.1	15.4
基尼系数(%)	46.1	40.2	60.1	57.8	36.8	30.6	33.4	47.2	40.8

资料来源:联合国开发计划署和世界银行网站。www. worldbank. org/data 和 http://hdrstats. undp. org/countries/,2008 年 9 月 10 日访问。

附录 2 孟加拉国乡村银行等级示意图

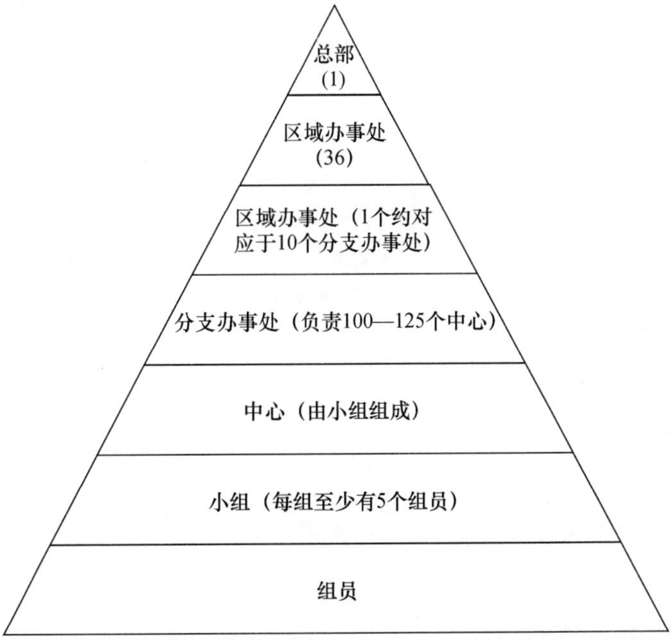

注:小组和中心都是民主性运营,由组员选出其代表。组员们选择组内成员,而组内成员选出所有的中心成员。中心与各个分支办事处联系。

资料来源:作者估测。

附录 3 孟加拉国乡村银行——接收及传送系统

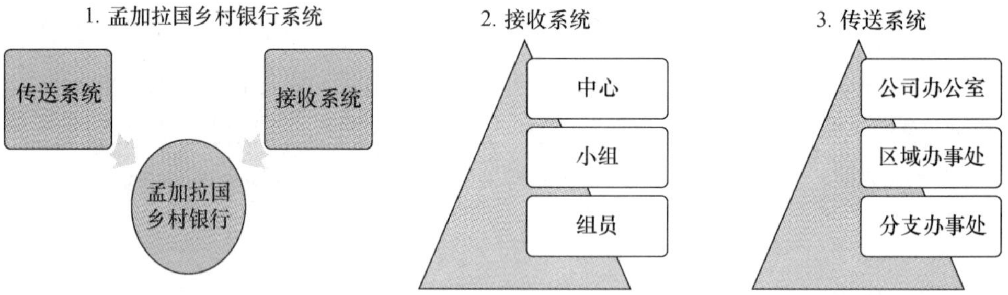

资料来源:作者估测。

附录 4 全球收入等级表及金融服务可用性

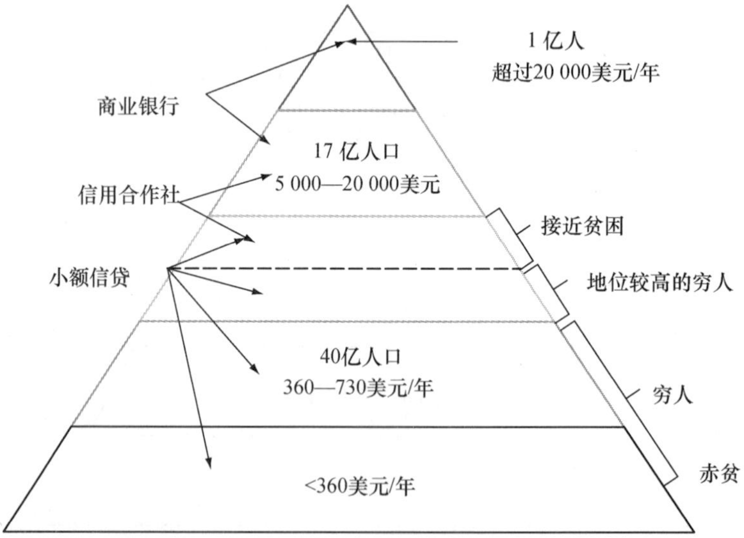

资料来源:VISA 国际和世界银行,http://rru. worldbank. org/FPDForum/presentations/2JohnElkins. pdf,2009 年 7 月 23 日访问。

附录 5　孟加拉国两位贫困女性的月收入及月支出流量表

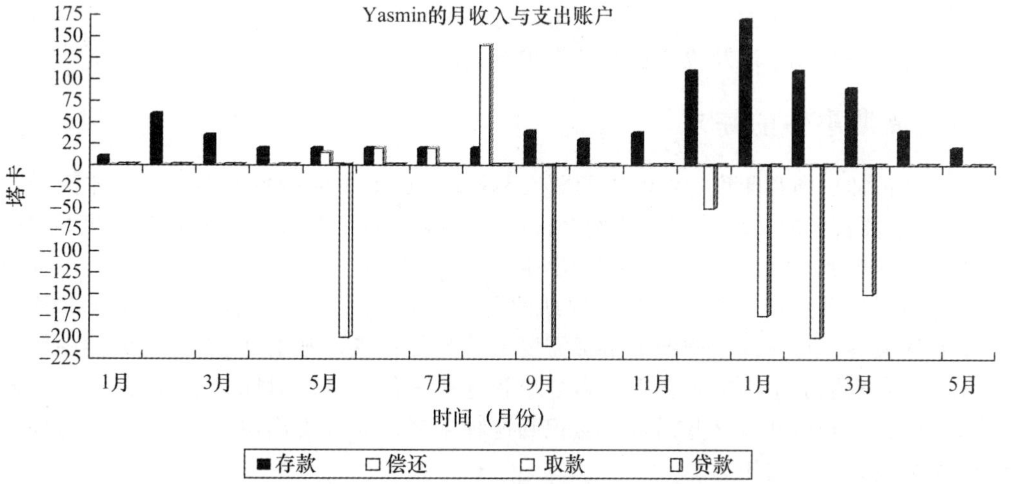

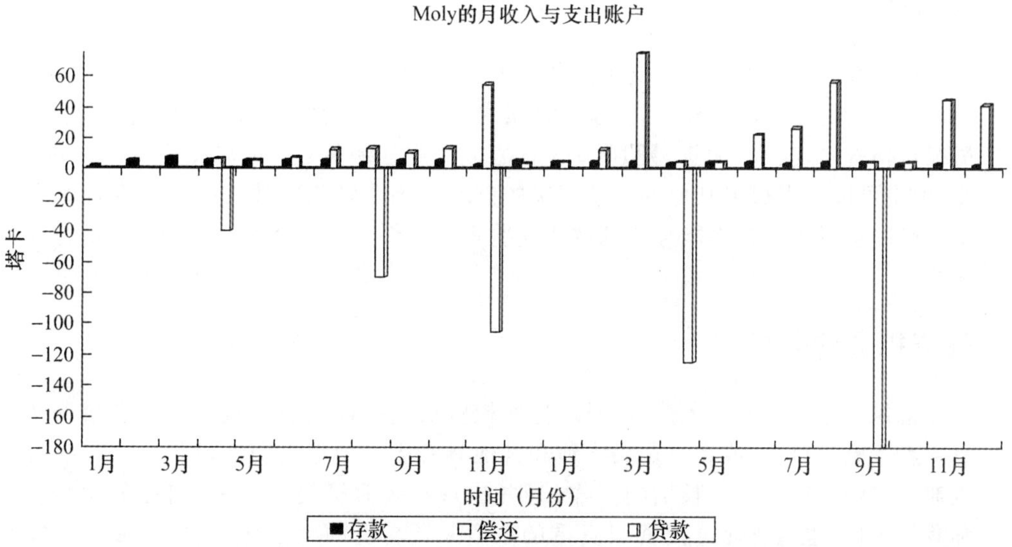

资料来源：Imran Matin，“New Thinking and New Forms of Micro Financial Service Provision in Bangladesh：A Comparative Stuby of ASA，*Safe*Save，and Gono Bima，” *Institute for Development Policy and Management*，Paper No. 37，University of Manchester，Manchester，2002。

附录 6 Rutherford关于穷人及其金融需求的观点

人穷并不代表他所有的花费都是小数目，也许他每次都买少量的食物或衣服，但是偶尔他也会需要花大笔的钱。我们可以把这些情况划分为三个类型：生活周期事件的需求、紧急的需求，以及投资机会的需求。

生活周期事件的需求

在孟加拉国和印度，嫁妆的习俗使得嫁女儿成了一件昂贵的事情。在非洲的一些地区，埋葬去世的父母的葬礼花费会很高。这些只是穷人们需要在生活周期上积攒大笔钱的两个例子而已。其他像孩子出生、接受教育、建房子、守寡、老年生活，以及老人想为后代留下遗产等都算是生活周期的需求。除此之外，还有像Eid和Diwali这样的节日庆典等。每一件这样的事情都需要穷人筹集一笔可观的钱，而这个数量一般来讲比一个家庭能够拿出的钱要多得多。尽管这些事件的具体时间可能没有一定性，但穷人们会预先开始准备这些需求。意识到这种未来的大额支出越来越接近，会为许多贫困家庭造成很大的压力。

紧急的需求

需要大笔的但无预期的支出的紧急事件有两种：个人紧急情况和非个人紧急情况。个人紧急情况包括疾病和伤病、家中顶梁柱去世、失业、被盗和被骚扰等。非个人紧急情况包括战争、洪水、大火、飓风和政府把贫民窟强制拆迁（对贫民窟百姓来说）。同样，你也可以想出很多其他的紧急情况的例子。每个紧急事件需要的钱都比家庭平时所拥有的多得多。如果能够找到解决这些紧急事件的方法就能让成千上万的穷人受益无穷。

投资机会的需求

就像满足需求要用大量钱一样，把握投资机会同样也需要钱。也许有投资现有生意或新生意的机会，或者有购买土地和其他具有生产价值的资产的机会。一些穷人可以通过贿赂来得到一个长期的工作（通常出现在政府机关）以改变自己的生活。穷人和我们一样，也想要通过投资很贵重的东西来让自己的生活变得更好，如一个好的屋顶、更好的家具、一台风扇、一台电视等。其中一种投资机会（开始新的生意或者扩大现有的生意）开始吸引越来越多的慈善组织和新一代与穷人合作的银行机构。其实商业投资机会只是让穷人支出大笔金钱的众多需求和机会中的一个而已。

资料来源：Stuart Rutherford, *The Poor and Their Money*, Oxford University Press, Delhi, India, 2001, pp. 2—3.

附录 7 *Safe*Save 的等级示意图

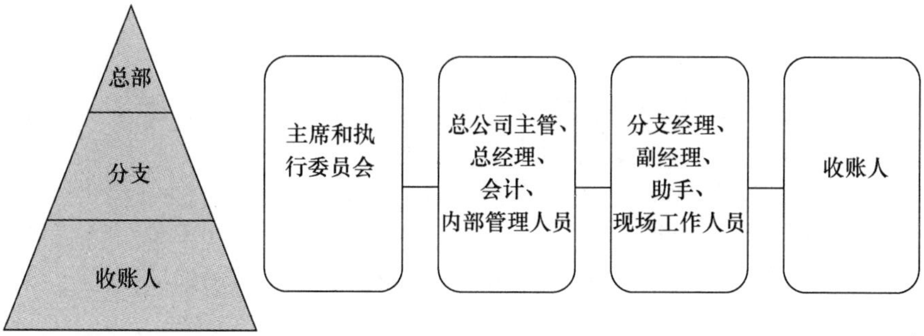

资料来源：作者推断。

附录 8 *Safe*Save 2004 年 12 月的单月交易量

项目	总计
存款	56 981
偿还贷款	25 693
偿还贷款费用	16 684
取款	1 239
贷款支出	345
所有交易类型	100 852

资料来源：*Safe*Save 2005 年度报告，www. *Safe*Save. org/*Safe*Save%20Annual%20Report%20for%202004. pdf,2009 年 3 月 2 日访问。

附录 9 灵活的小额信贷产品与标准化的小额信贷产品

行为	灵活产品 （如 *Safe*Save）	标准化产品 （如 20 世纪 90 年代的孟加拉国乡村银行）
储蓄行为	• 经常或者偶尔储蓄 • 在规律或不规律的间隔内存相同或不同数目的钱 • 存钱、不借钱	强制性地、有规律地进行相同数目的存款
取款行为	经常取款或不常取款，或者存很长一段时间	有提款限制
借款行为	• 选择不借钱 • 任一间隔内规律或不规律地借款	有规律的间隔内持续借款
还贷行为	• 快或慢，没有固定的期限 • 分期或一次性付清 • 规律或不规律地间隔还贷	• 有规律地分期还贷 • 在一定时间内分期偿还贷款
借款对储蓄行为的影响	• 拥有贷款的同时不再储蓄 • 保持原有的储蓄速度或增加储蓄速度	无影响

资料来源：Elisabeth Rhyne, *Mainstreaming Microfinance: How Lending to The Poor Began, Grew, and Came of Age in Bolivia*, Kumarian Press Inc., West Hartford, CT, 2001, p. 93.

附录 10a 孟加拉国乡村银行和 *Safe*Save 的业务指标

单位：个

业务指标	孟加拉国乡村银行				*Safe*Save			
	年份				年份			
	2004	2005	2006	2007	2004	2005	2006	2007
借款人	2 871 585	3 680 180	4 859 735	5 957 511	5 950	7 200	7 785	8 000
客户	3 123 802	4 059 632	5 579 399	6 908 704	9 443	11 371	11 371	12 000
分支	1 195	1 358	1 735	2 319	7	8	8	8
员工	11 308	12 061	14 108	18 514	76	98	98	100
小组	na	na	877 142	1 086 744	na	na	na	na

注："na"是指数据无法获得。
资料来源：孟加拉国乡村银行和 *Safe*Save 的年度报告。

附录 10b ASA 和 BRAC 的业务指标

单位:个

业务指标	ASA			BRAC		
	年份			年份		
	2005	2006	2007	2005	2006	2007
借款人	4 181 594	5 163 279	5 422 787	4 160 000	4 550 000	6 400 000
客户	5 988 134	6 455 979	6 663 734	4 840 000	5 310 000	7 370 000
分支	2 291	2 931	3 333	1 381	1 383	2 867
员工	14 869	18 400	25 125	12 582	17 271	34 841
小组	137 091	178 904	239 695	160 197	170 277	260 785

资料来源：ASA 和 BRAC 的年度报告。

附录 11 孟加拉国乡村银行财务报表

单位:百万塔卡

	2004	2005	2006	2007
资产				
现金及现金等价物	798	1 000	901	936
未偿贷款	20 846	28 897	34 145	37 546
投资、存款及其他当前资产	11 103	13 772	23 293	29 357
固定资产	906	955	1 045	1 115
总资产	33 653	44 624	59 384	68 954
负债与净值				
负债				
客户存款	6 928	11 494	17 020	22 473
成员存款	13 905	20 277	27 321	29 605
借款	2 896	1 917	1 855	1 793
预留及其他负债	5 210	6 222	7 076	9 217
总负债	28 939	39 910	53 272	63 088
净值				
补助金及相似收入	4 396	4 396	5 668	5 454
留存收益/累计亏损	0	0	125	94
股本	318	318	318	318

（续表）

	2004	2005	2006	2007
总净值	4 714	4 714	6 111	5 866
总负债与净值	33 653	44 624	59 383	68 954
收入				
消费者收入	3 489	4 746	6 336	6 791
银行利息	655	852	1 694	2 970
营业外收入	550	1 797	1 401	878
总收入	4 694	7 395	9 431	10 639
支出				
利息支出(总和)	1 583	2 286	3 471	4 506
借款利息	0	0	0	0
贷款损失预留款	1 019	1 729	1 583	2 337
员工工资	1 247	1 669	2 025	2 473
其他行政支出	423	711	954	1 216
毛利润	422	1 000	1 398	107
税款	0	0	0	0
净利润/净损失/净盈余	422	1 000	1 398	107

资料来源：孟加拉国乡村银行年度报告。

附录 12 *Safe*Save 财务报表

单位：百万塔卡

	2002	2003	2004	2005	2006	2007
资产						
现金及现金等价物	1.2	1.5	1.7	1.6	2.1	2
未偿贷款	10.4	12.4	18.7	22.2	27.5	30
存款及其他当前资产	3.9	3.9	2.2	2.5	3.7	7.2
固定资产	0.6	0.5	0.5	0.7	0.8	1.1
总资产	16.1	18.3	23.1	27	34.1	40.3
负债与净值						
负债						
客户存款	7.8	9.4	12.3	14	17.4	20.2

(续表)

	2002	2003	2004	2005	2006	2007
成员存款	0	0	0	1	1.2	0.7
员工存款	0.4	0.5	0.6	0.6	0.8	1
借款	8	8.1	9.3	0.1	1.8	4.2
预留及其他负债	0	0.3	0.3	0.5	1	1.3
总负债	16.2	18.3	22.5	16.2	22.2	27.4
净值						
补助金及相似收入	0	0	0	10	10.1	10.1
留存收益/累计亏损	-0.21	-0.37	-0.1	-0.1	0.8	1.7
股本	0.01	0.4	0.8	0.9	1	1.1
总净值	-0.2	0.03	0.7	10.8	11.9	12.9
总负债与净值	16	18.33	23.2	27	34.1	40.3
收入						
消费者收入	4.2	4.8	6.4	7.7	10.4	10.9
银行利息	0.3	0.3	0.2	0.2	0.2	0.5
营业外收入及未确认调整	0.3	1.1	0	0.4	0.1	0.3
总收入	4.8	6.2	6.6	8.3	10.7	11.7
支出						
客户储蓄利息	0.4	0.3	0.5	0.7	0.9	1.1
员工储蓄利息	0.1	0	0	0.1	0.1	0.1
借款利息	0	0	0	0	0.1	0.3
贷款损失预留款	0.5	1.5	0.6	0.6	1.1	0.9
员工工资	2.6	3.2	4.2	4.5	5.3	5.5
其他行政支出	1.1	1.4	1.2	1.8	2.1	2.5
毛利润	**0.1**	**-0.2**	**0.1**	**0.6**	**1.1**	**1.3**
税款	0	0	0	0	0.3	0.3
净利润/净损失/净盈余	-0.2	-0.2	0.1	0.6	0.8	1
孟加拉国塔卡兑美元汇率	57.1	57.5	57.9	63.8	72.4	70.0

注:1. 公司的有息存款的利率范围是 9%—13%。
2. 公司的固定资产仅包括两项——电脑和家具。
3. 2006 年,公司使用了第一笔价值 200 万塔卡、年利率为 15% 的商业贷款。
资料来源: *SafeSave* 年度报告。

附录 13 ASA 财务报表

单位：百万塔卡

	2004	2005	2006	2007
资产				
现金与现金等价物	1 137	1 024	1 237	1 658
未偿贷款	11 501	16 452	20 924	24 703
存款及其他当前资产	3 057	1 806	1 655	1 700
固定资产	206	456	698	755
总资产	15 901	19 738	24 514	28 816
负债与净值				
负债				
客户存款	1 443	3 008	4 227	4 480
成员存款	2 832	3 069	3 748	4 603
员工存款	340	530	710	911
借款	3 112	2 020	1 126	740
预留及其他负债	83	58	34	82
总负债	7 810	8 685	9 845	10 816
净值				
会员基金/资本	6 910	9 605	13 862	16 813
储备要求及其他	1 181	1 447	807	1 187
股本	na	na	na	na
总净值	8 091	11 052	14 669	18 000
总负债与净值	15 901	19 737	24 514	28 816
收入				
消费者收入	3 340	4 230	5 446	6 011
银行利息	130	221	127	156
营业外收入及未确认调整	28	46	80	143
总收入	3 498	4 497	5 653	6 310
支出				
利息支出（总和）	91	112	167	196
员工储蓄利息	1	14	13	13
借款利息	284	343	311	311
贷款损失预留款	36	50	62	242
员工工资	753	1 068	1 580	2 152
其他行政支出	135	174	234	434
毛利润	2 198	2 736	3 286	2 962
税款	0	0	3	12
净利润/净损失/净盈余	2 198	2 736	3 283	2 950

注："na"指数据无法获得。
资料来源：ASA 年度报告。

附录14 BRAC财务报表

单位:百万塔卡

	2005	2006	2007
资产			
现金及现金等价物	1 250	1 215	4 594
未偿贷款	17 092	23 255	34 553
存款及其他当前资产	8 415	9 400	15 548
固定资产	4 733	5 183	5 468
总资产	**31 490**	**39 053**	**60 163**
负债与净值			
负债			
客户存款	29	692	97
员工存款	9 159	10 595	13 467
借款	9 959	10 209	24 911
预留及其他负债	2 629	5 374	8 224
总负债	**21 776**	**26 870**	**46 699**
净值			
资本(无限制)	9 527	11 932	13 074
资本(有限制)	186	250	390
股本	na	na	na
总净值	**9 713**	**12 182**	**13 464**
总负债与净值	**31 489**	**39 052**	**60 163**
收入			
消费者收入	8 965	11 686	14 014
银行利息	671	706	875
营业外收入及未确认调整	4 332	5 674	6 642
总收入	**13 968**	**18 066**	**21 531**
支出			
利息支出(总和)	na	na	na
员工储蓄利息	na	na	na
借款利息	na	na	na
贷款损失预留款	na	na	na
员工工资	na	na	na
其他行政支出	na	na	na
毛利润	**1 864**	**2 535**	**1 371**
税款	29	66	45
净利润/净损失/净盈余	**1 835**	**2 469**	**1 326**

注:“na”指数据无法获得。

资料来源:BRAC年度报告。

GORDON INSTITUTE OF BUSINESS SCIENCE
University of Pretoria

IVEY Publishing

案例 6-2

Danimal 在南非:面向金字塔底层的管理创新

作者:Verity Hawarden, Helena Barnard

主题:面向金字塔底层的创新

2010 年 6 月一个干冷的冬日，南非达能的 Maria Pretorius 坐在她在博克斯堡(Boksburg)的办公室，考虑 Danimal 的未来。Danimal 是针对低端市场推出的一款酸奶，在五年前被成功地推向市场。作为巴西人的 Pretorius 将南非当做自己的家。她在这款产品的开发方面发挥了举足轻重的作用，并积极参与了其后的过程。她承认虽然许多好的机会摆在面前，但她对同时存在的复杂挑战也有深刻的认识。另外，她已经晋升为财务总监，不能对这个(研发)项目再投入和以前一样的精力。为了确保 Danimal 产品的延续，她需要确保围绕着这款产品有足够的内部管理流程和重点。但怎样做最有效呢？

达能集团

达能集团是一家总部设在法国的国际乳业公司。它在世界数个国家拥有业务分部(CBUs)，并于 1997 年在南非设立了一个业务分部。南非达能(SA)位于豪登省(Gauteng)中心，因为豪登省是南非经济活动的枢纽，而且是达能的主要市场。夸祖卢-纳塔尔省(KwaZulu-Natal)也是公司的主要区域，因为主要的牛奶生产商位于该省。南非达能的主要活动是生产发酵乳制品，如酸奶和 Inkomazi[①](南非达能拥有其 30% 的市场份额)。南非达能的其他活动包括市场推广、销售及管理外包出去的分销网络。南非达能的产品分销外包给了物流公司 Imperial，且这一业务由 Imperial 及其长期合作伙伴 Clover 公司共同承担。即使是和一家专业的物流供应商合作，冷链管理仍然是南非业务部门面临的一个挑战。

南非的业务分部共有员工 380 人。人员招聘一直是一个具有挑战性的问题，该公司在中层管理人员和高层管理人员的招聘上都曾经历过危机。在初始投资阶段，达能赔了钱，并认为南非的高层管理人员不够有活力，不能深入地融入达能的文化，最后决定南非达能所有的高层管理人员均是外派人员。这些外派人员带来了丰富的达能国际的文化经验，但是他们对当地的知识往往是有限的。

达能并不是一个非常层级化的组织，正如 Pretorius 所说："达能给予当地业务分部和市场经理惊人的自由。我认为，大多数的跨国公司不知道在那个国家所发生的事情，所以它们不能给予那个国家的业务分部提出主张的自由。"[②]达能有标准、常识性的经营原则、做法和程序，但这些都不是刚性的。南非达能定期向总部汇报，但该分部有权决定什么是最适合这个国家的并自主运营。例如，营销经理从总公司得到一笔预算，可以将其自由分配。

公司推行自由的观念，但一切都在最高层讨论，并且决定花费预算必须要有理论根

① Inkomazi，一个真正的南非传统品牌，是一种富含奶油的浓稠的酸奶(纯牛奶发酵)。许多南非人钟情它的味道并作为日常的主要食品。它由 Clover 达能引进，含有丰富的钙、维生素 A 和维生素 B，适用于烹饪，作为饮料饮用，或与粥、面包或糖混合食用。参见 Clover 网址，www.clover.co.za/content/355/inkomazi，2010 年 5 月 25 日访问。

② 2010 年 5 月 20 日，采访 Maria Pretorius，南非博克斯堡。

据。基于这种方法,达能非常灵活,并能快速响应新变化和新机遇。达能允许员工自由冒险和失败,前提是该想法经过成熟的研究并可以利用组织自身的能力。这有助于达能成为一个创新型的组织,并有别于其他很多的跨国公司。

南非达能的营业额每年约为21亿南非兰特。[①] 由于过去五年私人乳制品企业的发展,公司已经逐渐丧失它的市场份额。例如,Woolworths超市已开始生产自有品牌的产品,其他大型零售商也相继推出了自己品牌的乳制品。南非达能的竞争对手(Parmalat和Dairy Belle)正经历着类似的挑战。

研发的必然要求

南非达能进行了大量的研发工作,参与了法国达能的研究进程并做出了贡献。大多数业务分部有自己的内部研发部门,其中一项任务就是创新。口味、营养成分、口感和饮用酸奶方面的创新被广泛鼓励。总部也非常看重所有业务分部在最佳实践和创新方面的分享。酸奶产品Nutriday(不含水果块)是由Pretorius和她的南非团队为拓展达能品牌所开发的。大多数其他地区的业务分部如法炮制,将这款产品推向自己的市场。南非达能还开发了玉米/麦片粥的混合型饮料,在当地市场取得了巨大成功。

南非达能与多家南非的大学合作开展特定类型的研究活动。南非达能曾与南非医学研究理事会合作,以在南非宣传益生菌的好处。但是,当具体到产品的研发时,达能内部的专业知识和技能限制了其与外部科研单位的互动。研发过程是建立在广泛的市场调研基础上的。与此同时,如果没有深入的前期研发,公司将不会投资新产品。

2003年法国总部表示,希望南非达能为金字塔底层(Bottom of the Pyramid,BOP)引进乳制品产品(参见附录1)。[②] 这个项目是一个试点,以测试向这些有着强烈需求却被有意无意忽视的底层民众提供可赢利服务的可行性。南非是世界上收入差距最大的国家之一[③],这个国家的特点是同时拥有世界级的优秀人才和大量的贫困人口。因为南非既有发达地区的发展经验,同时也拥有一个巨大的“生存实验室”,在这里,面向低收入市场推出的产品和服务会遇到的挑战和机遇都可以被测试出来,因此南非是一个BOP服务可行性测试的理想地点。南非达能意识到,其他曾试图给这个市场提供物美价廉的产品的跨国公司都失败了。通常情况下,当一个公司只是试图向穷人介绍其最便宜的现有品牌和产品线时,这个公司就会失败。正是因为要对每一分钱都精打细算,所以穷人往

① 南非兰特:1兰特=0.13美元(2010年5月25日),www.x-rates.com/d/ZAR/USD/graph120.html,2010年5月25日访问。

② 金字塔底层指的是每天生活费在2美元以下的、不被大型的私人部门服务或服务不足的40亿—50亿穷人。C. K. Prahalad, *The Fortune at the Bottom of the Pyramid: Eradicating Poverty Through Profits*, 5th edition, Wharton School Publishing, New Jersey, 2009.

③ D. Pressly, "South Africa has widest gap between rich and poor," *Business Report*, 2009, www.digitaljournal.com/article/279796, 2010年12月3日访问。

往是市场上极具辨识力的客户。那些和他们没有密切相关性的产品最终都不会成功。

南非达能不想投资于额外的设备，因为该公司的现有设备仍然有产能。无论最终选择引入何种产品，都必须利用现有工厂的能力。最后，达能决定聚焦于开发酸奶产品。口味偏好在较小的年龄就形成了，然而很多贫穷的成年人从未有机会接触酸奶。如果公司想开发这个市场，最好把重点放在儿童市场。

因为贫困家庭的儿童很少住在有电和冰箱的家里，因此必须开发一种全新的产品。该产品还必须区别于可能的替代品，而 Pretorius 认为，在产品配方中为这些往往营养不良的儿童解决营养不足的问题是一个明显的附加价值。随着 Pretorius 开始思考为来自贫困家庭的儿童开发酸奶所面临的挑战，她意识到支付能力、相关性和可用性等常用营销理念需要得到满足，以确保项目的成功。然而，传统的 4P 理念①在这个类型的市场中必须重新解释的事实触动了她。

Pretorius 在巴西度过了大部分的童年时光，但她是在纽约完成的研究生教育。在青少年时期，她曾参与了一个巴西贫民窟②的社会振兴项目。她的座右铭是："我们来到这个世界，以使它更好。"③Pretorius 于 1998 年开始在南非达能工作。她以前的营销总监及导师 Marcelo Palmeiro，也是一个曾在贫穷市场工作过的巴西人。巴西与南非有很多相似的社会经济问题，例如，收入不平等、贫困和贫民窟等。Palmeiro 的许多见解在南非也是可行的。Pretorius 大量地吸取了 Palmeiro 的专业知识，并意识到，如果跨国公司想在一个新兴国家做生意，它需要借鉴其他新兴国家和组织的经验。

追随导师 Palmeiro 的步伐，Pretorius 使用全球定位系统，针对目标小镇（索韦托（Soweto）、亚历山德拉（Alexandra）和豪登地区的相邻乡镇）④进行了一次地图上的普查和标注。仅此一项过程耗时约三个月，但达能得到了一个数据库，包含所有这些地区的小学、旅游景点、非正式的小卖部、超市和地区商店⑤的细节，甚至这些地方有无冰箱。Palmeiro 曾做过一个"接近分销"的项目，并认为每一点都必须被标注，以制定营销、沟通和销售的战略。⑥ 由于金字塔底层的低利润率，制定最有效的路线至关重要。

南非达能对产品需求也进行了广泛的研究，包括价格、尺寸和风味等因素，以便更好地理解应为该市场投入什么类型的产品。为了解决贫困家庭孩子普通饮食中的营养不良问题（尤其是缺乏维生素 A、铁和锌），公司希望在酸奶中加入这些营养物质。开始，达能并未意识到将铁与乳制品混合的难度。第一次将铁混入酸奶后，酸奶在两天之内变成了明亮的橙色。事实也证明了锌会使酸奶的味道变苦。南非达能的研发部门、外部供应商和全球达能集团合作，寻找到了不会与产品发生不良反应的铁，还解决了如何消除锌的苦味的问题。

---

① 营销 4P 指营销决策一般涉及以下 4 个方面：产品、价格、促销和地点。该理论由 E. Jerome McCarthy 基于组合营销理论（Neil H. Borden 于 1964 年提出）而提出。参见 www.netmba.com/marketing/mix，2010 年 5 月 25 日访问。

② 在巴西贫民窟指棚户区。

③ 引自与 Maria Pretorius 的电话访谈，2010 年 9 月 28 日。

④ 南非的种族隔离区域（非洲黑种人或有色人种）由种族隔离政府严格建立。

⑤ 地区商店指个人或家庭经营的摊点、从事消费品交易的小型零售商。南非至少有 10 万个地区商店（大概有 4 万个位于豪登省）预计每年销售额超过 70 亿兰特。www.spazanews.co.za，2010 年 5 月 25 日访问。

⑥ 2010 年 5 月 20 日，采访 Maria Pretorius，南非博克斯堡。

2003—2005 年,南非达能还注重包装开发和成本核算,因为这种新产品是完全属于达能传统的产品范围之外的。公司要求进行各种产品测试,例如,因为只有很少的非正规交易商拥有制冷设施,酸奶需要在冷藏室和冷链外拥有一个足够长的保质期。包装尺寸的问题也很重要,因为该公司需要平衡财务方面的考虑和适宜儿童的分量。Pretorius 强调,基于证据的方法是迎合金字塔底层需求创新的关键。她说:"在推出之前需要做大量的研究。这是创新最重要的部分,因为这和大多数公司的做法是不同的,大多数公司带来最廉价的品牌或产品并强行进行渠道分销。我们为金字塔底层创造产品,这是特别结合了金字塔底层需求的。"①

最终,在 2005 年 2 月,这款针对金字塔底层的新产品由南非达能推向市场。为该产品寻找一个合适的品牌名称也是一项挑战:因为南非使用 11 种官方语言,找到一个有意义的、吸引人的且适合各种语言的名称是很困难的。最终,经过反复讨论,这款酸奶被命名为"Danimal"("达能"和"动物"两个词的组合,它体现了一种非洲自豪感),并提供 75 克装的草莓口味产品。色彩缤纷的标志描绘了一个充满活力的豹子,以吸引儿童;包装袋(产品成分表)显示了维生素和矿物质的含量,这些会使产品得到家长们的认同(参见附录 2)。该产品最初被引入豪登省,后来扩大到其他两个省——夸祖卢-纳塔尔省和自由省(Free State)。2005 年 Danimal 刚被推向市场时的售价是 1 兰特。这是一个非常有利的定价策略,因为购买该产品只需一个硬币的简单互动。鉴于产品的目标人群是儿童,这种简单性是非常有价值的。售价印在包装盖子上,因此零售商不能抬高最终的售价。

分销渠道的创新

最初,南非达能得益于补贴,能够设法保持 Danimal 低廉的价格,但公司很快意识到,如果没有创新的销售渠道,Danimal 不能成为一个可持续发展的产品。Danimal 不适合传统的分销渠道,如超市和其他零售商,因为这不是目标客户的购买场所。此外,现有产品线的定价必须为超市与物流留有利润空间,并且要给分销商销售回扣——这是正常的交易需求。如果达能选择了通过传统渠道销售,则可能面临双重财务压力:一是补贴 Danimal 业务;二是鉴于 Danimal 的产品质量和独特的优势,会对通过正常销售渠道的现有产品造成挤压。达能甚至不在包装袋上打印条形码,以确保 Danimal 无法通过传统渠道销售。但它必须重新考虑分销模式。

Danimal 业务有两大支柱:小微分销商和卡车分销商。小微分销商包括 Danimamas 和 Daniladies。南非达能与 Danimamas 有直接的联系,而 Daniladies 要向 Danimamas 汇报。Danimamas 通过正式的招聘上岗;这项工作最初由 Pretorius 负责,后来由 Danimal 项目经理 Joelle Berry 负责。招聘广告登在当地报纸上,通过电子邮件或邮寄方式接收

① 2010 年 5 月 20 日,采访 Maria Pretorius,南非博克斯堡。

简历,然后按照标准进行筛选。候选人必须是小镇居民,无业或兼职。他们需要满足一个基本的条件:自己负责运输,拥有自己的银行账户,能够接入互联网。候选人的筛选还建立在其是否有创业的愿望上。选定的候选人与公司签约,公司为一组候选人确定培训日期。在申请人被邀请参加培训之前,公司会对每一个人进行信贷审查。

"住在乡镇上的南非年轻黑人不得不面对那些隐藏在社会中的、令其难以接受专业培训的各种壁垒。这一点令人感到非常遗憾。通常,他们接受教育并希望取得成功,但他们没有或很少得到家人的支持,英语口语很差,甚至得不到在企业中竞争的机会。他们没有任何的金融工具,最终心灰意冷并陷入困境,只得接受任何类型能维持生存的工作。这是对年轻人自尊的打击。他们需要的是有人相信他们并告诉他们如何去做。"①

Pretorius 和 Berry 举办了一场关于销售、营销和财务的为期两天的培训活动,并为没有互联网使用经验的 Danimamas 组织了一场培训。培训结束后,大约 20% 的申请者退出了,且没有缴纳罚金。为此,南非达能损失了一部分投资。尽管如此,公司认为在一个较长的时期内,它将从具有更多的包容性的选择标准中受益。如果选定的参与者在更好地理解要求后,认为他不适合这个岗位而退出,这对达能也是有益的。

培训结束后,公司为申请人指定销售区域,免费提供初始资产:车载小冰箱、手推车、工作服、遮阳雨伞、宣传单和拥有第一个客户的奖金。这为她们初次创业提供了所需的一切。她们还免费获得了第一箱产品。因为 Danimamas 无须前期支付现金,双方的合作建立在信任的基础上,因此公司承担了较高的风险。但事实上,坏账相对较小。在免费提供初次的产品之后,公司的所有产品通过寄售方式销售。一个 Danimama 可以订购的数量由她为前期产品的支付情况所决定,每周最少订购 10 箱(招募阶段之后)。一旦付款成功,她们可以再次订购。库存流动得很快,这很重要,因为产品在冷链之外只有一个月的保质期。为了创造和提升忠诚度,Danimamas 每购买 50 箱,可以免费得到 10 箱。一旦 Danimamas 启动和运行,达能几乎无成本。达能不为任何分销商提供贷款,也没有任何企业赞助。

2010 年年初,大约有 60 个 Danimamas,这些人又在豪登省、夸祖卢-纳塔尔省和自由省招募并管理了 380 个 Daniladies。大部分 Danimamas 都是失业青年、退休教师或曾经参与过小型分销业务的女士。Daniladies 挨家挨户地或坐在校园、自己家里售卖产品。她们没有任何正式的资格要求,南非达能与她们也没有直接的联系。在项目最初启动时,达能与 Daniladies 有过联系并直接将产品分配给她们。然而,这种模式使得 Pretorius 对系统的控制成为了不可能,并为盗窃打开了一扇大门。例如,卡车司机获得了现金但并不总是入账。实际上,最终几乎不可能找到一个为此负责的人。Pretorius 指出,为金字塔底层市场工作时的现金管理仍然是她面临的最大的挑战。

2008 年 9 月,当 Pretorius 开始全日制管理 Danimal 的业务时(此时她是南非达能的市场部经理,带领一个团队同时管理数个品牌的营销),她认识到需要加大问责制度的

① 引自与 Maria Pretorius 的电话访谈,2010 年 9 月 28 日。

设计，因此改变了达能和分销商之间的关系，以及资金处理方式。

Pretorius 改变了报告结构，因此公司只与 Danimamas 存在关系，与 Daniladies 不再有联系。Danimamas 每周与南非达能进行一次沟通，并通过电子邮件发送会计报表。不再使用现金，所有事务通过电子方式操作，Danimamas 为其所有的分销商（Daniladies）全面承担财务风险。一个非常有效的创新是，每个 Danimama 在注册时拥有一个密码。付款和报表被分配到每个 Danimama 的个人账户。因此，无论是司机还是 Danimama，都不需要携带现金。Pretorius 说这是一个“虚拟货币”的过程。

反过来，每个 Danimama 都要与向其汇报的 Daniladies 进行现金交易。但因为她们一般都来自同一个社区，且 Danimamas 非常明确自己与谁进行交易，她们相当严格，确保自己直接得到现金。管理结构尽可能地被简化，沟通都基于手机进行。

公司试图在不同的地区招聘分销商，以避免两人在同一地区竞争，这使得卖家的网络分布更加均匀。然而，尽管南非达能使用了 GPS 数据库分配销售区域，但是它并未给予一个地区的排他性。如果销售额过低，公司会首先调查分销商以找到原因，如果需要的话，将更换分销商。如果区域面积过大，会增加新的分销商。通常，通过市场的潜力和人口可以预测该区域的销售量。由于事先采用了非常精确的 GPS 地图，区域得到了很好的确定，内部争夺与紧张的关系被降到了最低。

每年，南非达能都会在豪登省为所有 Danimamas 举办为期两天的培训和信息交流研讨会，以及正式的年度颁奖仪式。“我们奖励表现最好的卖家，最好的业绩；每件事都有最好的。所有人都期待这个年会。她们喜欢社交、被接待和奖励”，Pretorius 这样说。[①] 这对参与者来说是一个激励和体验，因为她们可以了解其他成功的 Danimamas，并认识到通过努力和决心，她们也可以实现高销售额。

对 Danimal 产品进行销售预测是 Pretorius 的职责之一：“预测依赖于下面几个问题的答案，如我们需要招聘人手吗？我们有资金招聘吗？我们要招聘多少？”[②]预测提前一年进行，主要基于招聘数据。这些预测通常都非常准确。公司考虑的方面包括：公司是否招聘了多余的 Danimamas，可供招募使用的资金数额是多少，以及卖家是如何积极地推进销售的。一旦实现一定的赢利水平，大部分的卖家都会感到满意并停止销售和增长业务。当这种情况发生时，Pretorius 不得不鼓励卖家给数据库中的买家打电话以增加销售额。

另一部分的 Danimal 业务由卡车分销商完成。南非达能最初有两家卡车分销商公司：一个是乡镇分销商[③]，它不如另一家更大、更正式的公司有组织性。乡镇分销商认为产品的利润空间太低，无法获得足够的利润。另一个是 Hauliers 快递，实力足够强并能够应对低利润空间的产品。Hauliers 快递的另一个优点是在企业形象方面，它得益于经常服务于社会性项目并得到了黑人经济授权（Black Economic Empowerment，BEE）

---

① 2010 年 5 月 20 日，采访 Maria Pretorius，南非博克斯堡。

② 同上。

③ 一个乡镇分销商是指一个人在乡镇社区拥有自己的小货车或皮卡车，可能会或可能不会在社区内雇用一个或两个员工。一般情况下，一个小商店带来的高开销使他很难在非常低的利润环境下获得成功。

行动的信任。① 通过参与服务社会性项目的业务，Hauliers 快递将公司定位于为 BEE 行动做贡献。南非达能也将 Danimal 归入 BEE 广泛的评级系统中。

自 2005 年 2 月首次推出 Danimal，其销量在同年年底翻了 1 倍多。2006 年 9 月，公司引入香蕉口味，使得销量增加了 10 倍。但到了 2007 年 11 月，1 兰特的价格已经不可行，必须提升到 1.3 兰特。提价姗姗来迟，且仅限于盈亏平衡点，因为 Pretorius 知道市场对价格极其敏感。不幸的是，涨价导致销售活动必须涉及 3 分或 4 分的硬币。如公司所担心的那样，涨价与更加复杂的销售活动对销售带来了很大的消极影响，一个月之内销量下降了 30% 以上（参见附录 3）。两年后，销量仍没有完全恢复，尽管 2008 年 5 月推出的新口味确实带来了销量的增加。

增加人类的成就②

在某些情况下，Danimamas 从一无所有（没有职业，没有资产，没有积蓄）开始创业。有些人获得了成功，能买得起自己的卡车，并销售其他产品（南非达能不要求排他性）。相反，公司明白一个可行且相关的产品的力量和可持续性。一个中等规模的分销商开始卖牛奶、鸡蛋、鸡肉等产品，每月可赚取约 60 000 兰特的收入。其他分销商没有扩大产品范围，但向更广泛的客户展开销售，例如，AIDS 收容所和 hostel。③ 54 岁的 Joyce Daka 是一个 Danilady，她失业了但很努力地养活她的家人，其中不仅包括她自己的孩子，还有亲属的两个孤儿。加入该项目不久后，她每月可赚取超过 20 000 兰特的收入。"早上我挨家挨户售卖，下午则寻找一个繁忙的地方继续做生意。这个项目为我的生活带来了巨大的改善。"④

这个项目的社会效益是：南非达能教会以前没有工作或希望的人一些商业原则，为她们的创业提供支持，并为她们的成功庆祝。

成功的 Daniladies 和 Danimamas 与其他人的区别在于激情和奉献精神。此外，Pretorius 也意识到诚实将带来更大的成功。Pretorius 说："我发现，如果一个人是诚实的，她会对业务有着完全的、纯粹的兴趣；因为它是纯粹的。当一个人不诚实时，她会想着

---

① 南非的 BEE 过程包括：人力资源开发、公平就业、企业发展和优先采购，以及投资、所有权和企业及经济资产的控制。BEE 寻求通过实质性及平等地向绝大多数公民转移所有权、管理、行业和运营知识，以及南非金融与经济资源的适当比例的控制权的方式来纠正过去的失衡状态。www.southafrica.info/public_services/citizens/travelkit-bee.htm，2010 年 5 月 1 日访问。

② G. Hamel, with B. Breen, *The Future of Management*, Harvard Business School Press, Boston, 2007.

③ 由于南非种族隔离制度和劳动力大量迁移的演化，20 世纪初在黑种人中兴起了一种叫做"hostels"的住宿形式。大批各地黑种人被迫离开家人，来到窑矿和工厂工作。公司在各大城市与行业聚集地附近建立了同性工人的"hostels"。参见 www.pbs.org/newshour/updates/health/jan-june09/sa4_0220.html，2010 年 7 月 15 日访问。另见"Hostels were an abnormal housing measure taken within abnormal conditions," www.info.gov.za/speeches/2003/03060316461001.htm，2010 年 7 月 15 日访问。案例编写时 hostels 仍是南非的一种住宿形式，因为合适的住宿对大部分流动工人仍是不可得的。

④ "Corporate giants aim to tap bottom of the pyramid," *Business Report*, June 4, 2007, www.busrep.co.za/index.php?fSectionld=&fArticleld=5016898，2010 年 5 月 18 日访问。

如何将钱拿走，从而分散了自己开拓业务的精力。"[①]当不诚实行为被揭发时，一些分销商给出了有创意的故事，但大多是编造的借口。Pretorius 说，这是很难控制的，但她不断重申诚实对 Danimamas 的重要性。她警告她们，也许从公司偷东西很容易，但是一旦被发现，她们将永远不会有第二次机会，也不会得到南非达能的就业推荐信。她不断对所有的 Danimamas 强调，如果她们被踢出这个项目，这将危及她们的未来。

最初的想法是只对女性分销商开放这个项目，因为达能想帮助妇女提高在社会中的地位。但因为有太多的失业男性进行询问，公司引进了 Danipapas。到 2010 年，15% 的分销商为男性，而且，他们的总销量已经开始超越 Danimamas 的销量。这可能是由于南非仍然是一个由男性主导的社会，这也提出了关于社会改造的重要问题。当南非达能将更多的机会给予 Danipapas 时，Danipapas 能够在经济上改善自己，并让更多营养不良的孩子们能够获得酸奶。然而，该计划的一个重要目标——提升妇女权利，却受到了阻碍。

自由与激情实现创新

面向金字塔底层的产品的最初想法源于达能法国总部，Pretorius 的创新角色在于提出"是什么"和"怎样做"的想法。一旦项目开始，她还负责产品开发的细节：她确定了产品最终的味道、口感和颜色，并决定如何进一步改善产品。最后，她也是实施者，评估做什么和不做什么，例如关于组织架构、分销和银行方面的问题。

Palmeiro 和 Pretorius 在巴西开展业务所带来的经验和教训是 Danimal 产品成功的关键。作为一名巴西人，Pretorius 注意到，在南非的历史上，由于种族之间缺乏互动，人们很难看到自身世界之外的商业机会。在巴西和印度，富人与穷人的住处接近。Pretorius 认为，由于这种接近，"一个巴西人即使很有钱，也依然生活在贫困的氛围中并时刻闻到贫困的气息"[②]，因此巴西人更容易看到和意识到不同的环境和机会。

Danimal 的经营策略在战略与运营上给法国达能的传统商业模式带来了挑战。Danimal 是一项全新的业务，南非达能认识到思想转变对于其他市场是必要的。Pretorius 被赋予管理 Danimal 的权力，因为她的高级管理人员意识到，传统的营销技能是不够的。她作为土木工程师毕业，拥有金融专业的 MBA 学位。此外，她不反感进入黑人城镇，这对想在黑人社会做生意的人来说是最基本的，而一些高管对此退避三舍。此外，Pretorius 与 Danimamas、Daniladies 和目标受众的互动需要激情和倾听的意愿。

Pretorius 个人的激情与精力也是这个项目成功的一大原因。她从一开始就全身心地投入，每天还多花费数个小时的私人时间。她不仅仅把它当做一份工作，她的电话 24 小时开通，有时在办公室外还会借给焦急的 Danimamas 使用。Pretorius 承认工作充

① 2010 年 5 月 20 日，采访 Maria Pretorius，南非博克斯堡。

② 同上。

满困难，但也得到了收获和乐趣。事实上，Pretorius 对此是引以为乐的。有一年，南非达能的年会规定所有参加者都必须戴帽子，Pretorius 为此自己设计并制作了一顶有趣的帽子，她让一个 Danimama 的玩偶坐在了帽子上面。

该项目没有获得任何政府或非政府组织的支持。Pretorius 曾向一个政府支持的不以赢利为目的的组织寻求对目前三省之外的小微分销商的就业支持，但她没有成功，因为该组织的资源极其混乱。Pretorius 从不害怕采取如此大胆的举措。她声称，她的勇气来自改善贫困人民生活的激情及她对市场的了解，并认为对市场的了解几乎完全消除了项目的风险。

然而，南非达能的员工没有真正并公开地积极响应 Danimal 产品。Pretorius 正试图改变这一点；她承认，达能员工对该产品没有足够的了解。她举行演讲，播放与项目有关的电影，因为她想改善该项目各层级之间的沟通。公司鼓励员工的参与——工厂车间设有意见箱，让员工分享他们的想法，最好的建议者会得到金钱奖励。尽管如此，有时候好像大多数员工对公司的运作和 Danimal 项目存在的价值理解起来仍有难度。

培育过程中的创新是至关重要的

Danimal 项目代表了产品和业务模式的创新。它关注多重底线，包括经济和社会底线。[①] 不过，产品本身并未给公司带来利润，它只保持了收支平衡。向低收入市场引入产品采用的是薄利多销的业务模式，毫无疑问，通过进一步扩大 Danimal 的分销可能实现规模经济。但是对这种投资回报率很低的项目进行大量投入是有风险的，包括财务投入和不同组织流程的投入。因此，南非达能目前将该项目定义为社会性、营销性的首创项目。

南非达能在电视、报纸和杂志广告方面进行了数百万兰特的投资，来推广它的一般性产品。Danimal 采用了完全不同的方法：直销传单、小册子、每月的路演、给儿童的 T 恤赠品、产品试吃和口口相传等。与一般性产品的广告预算相比，Danimal 的营销费用是微不足道的，但其对达能的价值几乎是不可估量的。Danimal 的营销方法似乎是有效的，因为该产品在豪登省销售最好的酸奶中排名第九。当然，测量不同营销策略的效果是一件很难的事情。

幸运的是，南非达能明白其将会在以后更长的时间内从现在的营销中获益，而人们从高品质、高营养、美味且实惠的产品中受惠。达能明白，如果一个饥饿的孩子饮用了达能酸奶，他长大后将会对这个品牌具有忠诚度。公司还明白品牌体验的强大，嗅觉和味觉的体验是一个有价值的营销工具。Danimal 的主动性举措的优势是很难衡量的，但它确实带来了来自低收入市场的更多的品牌认可。

① T. Thieme, "Case Study: Danone Clover, Danimal," 2008, www.danimal.co.za/index.php?id=20, 2010 年 5 月 18 日访问。

公司并不担心其他竞争者对 Danimal 市场的争夺。当地的竞争者对以此方式工作和进行控制的项目并未做好准备。如果竞争者在寻找一个有利可图的商业机会，那么 Danimal 模式是难以复制的。如果竞争者寻求造福社会和营销推广的机会，那么这可能会带来风险。但竞争对手似乎只能做些偶发性的、利用低价格产品的倾销活动。这些都是一次性的，并不能给 Danimal 的销量带来重大影响。

挑战可能成为引领的动力[①]

2009 年 11 月，Pretorius 晋升为南非达能的财务总监，不再管理 Danimal 项目的细节。Joelle Berry 接任项目经理，因为达能没有其他人能够更好地理解 Danimal 的商业模式。Berry 不是公司的永久员工而是合约工，协助 Pretorius 运作项目。Pretorius 与 Berry 每周见一次，Pretorius 控制资产和付款，而 Berry 更关注于运营。因为是合同工，Berry 并不参与战略层面的事务。她的项目经验及与 Pretorius 的长期合作关系在短期内很可能会减轻这种限制，但从长期来看，这是令人担忧的。项目的另一个威胁是，它基本上只由一个人（Pretorius）的激情来支持，而从长远来看这是不可持续的。

来自组织的进一步的挑战是高层管理人员每 3—5 年的轮岗。高层管理者都是外籍人士，且因为南非达能对达能集团来说并非一个大的业务分部，而他们都渴望继续提升，争取到其他地方的更大的业务分部任职。从项目历史来看，Pretorius 明白高层的信念对于一个项目成功的重要性。轮岗为该项目带来了困难：没有参与过该项目的管理者接手这个项目之后不会马上对它产生兴趣。该项目是可以自我维持的，但它不是一个明显的“赚钱机器”。如果该项目没有被给予必要的重视以获得长期的发展，它势必会被新的管理层怀疑。这样的风险总是存在的。

Danimal 产品的成功推出体现了南非达能在业务、产品和战略创新方面的成功。Danimal 产品已经被推向国际市场。2007 年，中国、波兰、巴西和墨西哥都推出了 Danimal。由于每个国家的市场都是不同的，因此推广 Danimal 的方法同南非的推广方式都略有不同，但世界各地的达能分部已经能够分享和利用在南非的经验和教训。

Danimal 模式的可持续性完全依赖于公司的反应。Pretorius 承认：“这不是一个可持续的商业模式，但如果你把它看做社会化营销与对品牌的一见钟情，那么它是完美的。”[②]如果高层管理人员承认该产品的价值主要在于品牌的长期发展，而不在于直接的回报，那么它是可持续的。然而，价格和赢利能力的问题仍然需要定期审议，并且通过品牌和营销的收益来评估。考虑到外派管理人员的轮岗，内部管理面临着巨大的挑战。新的执行董事曾表示，他理解 Danimal 的重要性，并考虑在全国范围内扩大 Danimal 项目，Pretorius 对此感到欣慰。

① G. Hamel, with B. Breen, *The Future of Management*, Harvard Business School Press, Boston, 2007.

② 2010 年 5 月 20 日，采访 Maria Pretorius，南非博克斯堡。

公司在讨论发展更多口味(如西番莲或焦糖),并创造一个长保质期的产品。这些创新肯定会增加销量并令人振奋。作为新鲜产品的酸奶,与薄弱的冷链运输相关的问题也需要进一步讨论。但在 Danimal 项目的现阶段,公司还没有任何革命性的目标。使 Danimal 成为达能产品组合的核心产品将从根本上挑战现有的组织实践,或许这样过于具有革命性。

Pretorius 认为,未来的机会是巨大的,她已经成功地为面临营养不良威胁的孩子开发了一种既营养又美味的产品。该商业模式不仅使得孩子,就连他们所在的社区,都从 Danimal 酸奶中受益。这些孩子及那些没喝过酸奶的孩子长大后,很可能迁移到达能的核心目标市场,这似乎是更重要却没有被发掘的市场,南非达能应该拓展并占领这个市场。她怎么确保 Danimal 项目继续其上升的轨迹呢?

附录 1　经济金字塔

经济金字塔

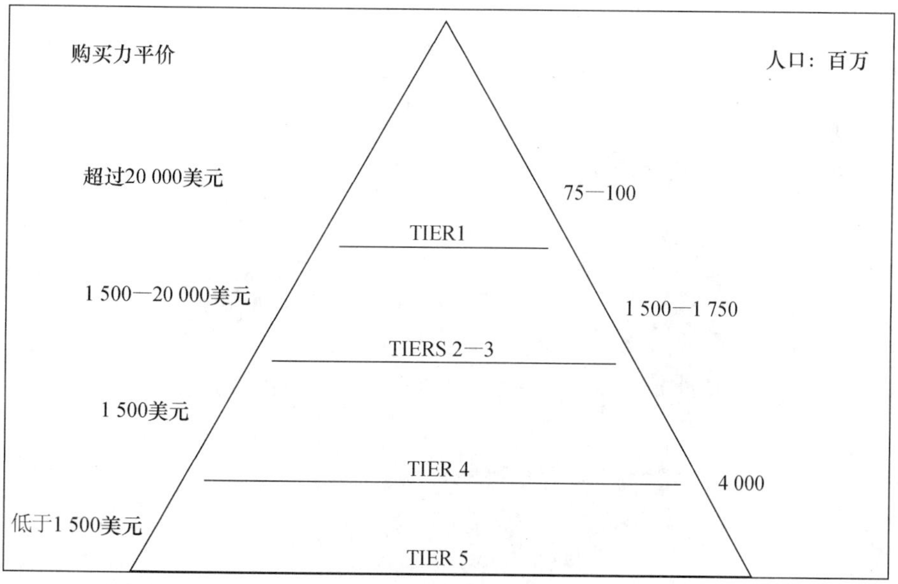

资料来源：C. K. Prahalad, *The Fortune at the Bottom of the Pyramid: Eradicating Poverty Through Profits*, 5th edition, Wharton School Publishing, New Jersey, 2009, p. 28.

附录 2 商标：Danimal 和浓缩之源——Daniboost

资料来源：Danimal and Daniladies Update：February 2009，Maria Pretorius 的 PPP 展示。

附录3 2005—2008年的销售演变

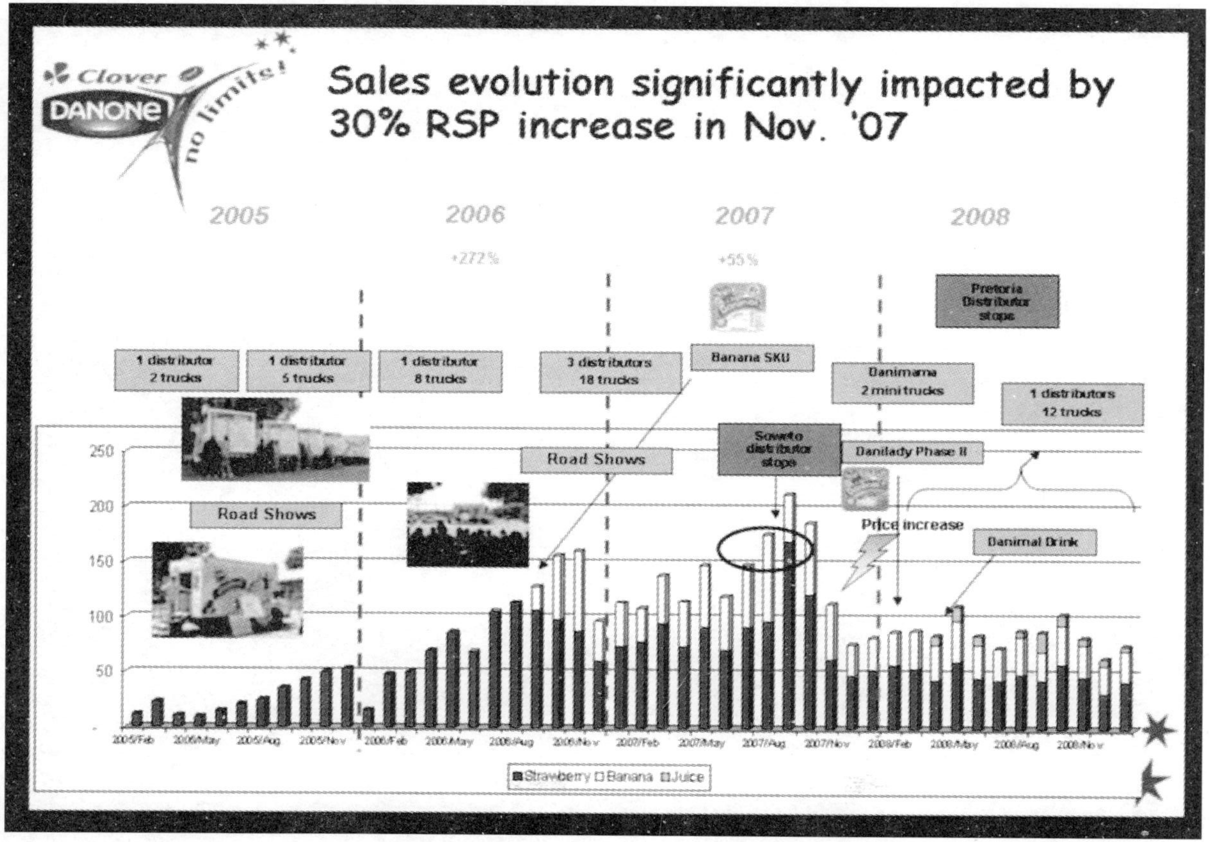

资料来源：Danimal and Daniladies Update：February 2009，Maria Pretorius 的 PPT 展示。